出土文獻的同源詞族研究

李冬鴿　著

中華書局

圖書在版編目（CIP）數據

出土文獻的同源詞族研究/李冬鴿著. —北京:中華書局,
2024. 5
　　ISBN 978-7-101-16606-4

　　Ⅰ. 出…　Ⅱ. 李…　Ⅲ. ①漢語-同源詞-研究②出土文物-
文獻-研究-中國　Ⅳ. ①H139②K877. 04

中國國家版本館 CIP 數據核字（2024）第 080837 號

書　　　名　出土文獻的同源詞族研究
著　　　者　李冬鴿
責任編輯　張　芃
責任印製　陳麗娜
出版發行　中華書局
　　　　　　（北京市豐臺區太平橋西里 38 號　100073）
　　　　　　http://www. zhbc. com. cn
　　　　　　E-mail:zhbc@ zhbc. com. cn
印　　　刷　三河市宏盛印務有限公司
版　　　次　2024 年 5 月第 1 版
　　　　　　2024 年 5 月第 1 次印刷
規　　　格　開本/710×1000 毫米　1/16
　　　　　　印張 27½　插頁 2　字數 410 千字
印　　　數　1-900 冊
國際書號　ISBN 978-7-101-16606-4
定　　　價　168. 00 元

序

　　漢語同源詞的研究曾是訓詁學的前沿高地，也是清代乾嘉學派貢獻最大的一個學術領域。進入現代以來，經過章太炎、黃侃、王力等一批大師級學者的參與和推動，漢語詞源學已經脫離訓詁學的範疇而成爲獨立的學科。但遺憾的是，根據從業人數和發表的學術論著來看，漢語詞源學的研究應該算是真正的“冷門絕學”，比起大家公認的音韻學、古文字學等“冷門絕學”要冷清許多。我生性顓魯，碩士生階段從許紹早先生學習漢語音韻學，博士生階段從王寧先生學習訓詁學，得以接聞乾嘉學派和章黃學派之緒餘，曾有志於漢語詞源學的研究，最終還是當了一名逃兵。冬鴿同道淡泊寧静，好學深思，在一些“冷門絕學”逐漸成爲“熱門顯學”的學術背景下，仍矢志不渝地在詞源學這個真正的“冷門”領域勤奮耕耘，先後主持多項與同源詞相關的科研項目，并最終在國家社科基金項目結項成果的基礎上完成了《出土文獻的同源詞族研究》這部學術專著，作者所承受的學術壓力和背後的辛苦付出蓋非常人所能體會。

　　漢語詞源學的研究之所以成爲真正的“冷門”，是因爲它對於研究者學術素養的要求極高。乾嘉學派的代表人物段玉裁、王念孫和章黃學派的代表人物章太炎、黃侃之所以能夠在漢語同源詞和漢語詞源學領域卓有建樹，跟他們具有的雙重學術身份是分不開的：既是音韻學家，又是訓詁學家。因爲不熟悉音韻學，則無以知其語音之來源；不熟悉訓詁學，則無以知其語義之來源。

　　但時代在發展，學術在進步。段王章黃雖然在同源詞和詞源學方面成績斐然，但他們最終不能不受制於時代的局限，他們的研究基本没有超越傳世文獻的材料。近一百多年來，出土文獻材料由零星的發現，到井噴式的涌現，大大彌補了傳世文獻的不足，爲同源詞和詞源學的研究提供了較之傳世文獻文本真實性更高、時代更爲確切的語料。冬鴿同道正是敏鋭地看到了這一點，從一開始就把自己的同源詞研究建立在出土文獻資料的基礎之上,更確切地説是把自己的研究建立在出土文獻資料和傳世文獻資料相結合的基礎之上,所以她在這部書中可以有屬於自己的獨特貢獻,可以爲當代漢語詞源學的實踐研究和理論研究提供有益的借鑒。

作者在本書中把同源詞族的範圍嚴格控制在同聲符的範圍内,很容易使人給本書的研究貼上"右文説"的標籤,其實本書所做的研究是在現代詞源學理論指導下的同源詞研究,與昔日的"右文説"不可同日而語。根據我的體會,作者之所以把同源詞的研究限制在同聲符的範圍内,主要是爲了更好地控制同源詞判定的語音標準,這樣不但可以避免在聲韻兩方面把握過寬而失之於"濫",也可以避免在聲韻兩方面把握過嚴而失之於"拘"。冬鴿同道正值盛年,我們期待她能夠像許多前輩一樣,最終超越聲符的限制,爲漢語同源詞和漢語詞源學的研究做出更大的貢獻。

漢語詞源學雖然早已獨立,但漢語同源詞的理論研究和實踐研究都還有很長的路要走,需要一大批同道爲之進行持續不懈的努力。我們衷心希望本書的出版能夠引發同道的批評,激發後學的興趣,推動學術的進步!

孟蓬生

2024 年 4 月 1 日

目　録

上編　同源詞族（組）考證

下編　利用出土材料繫聯同聲符同源詞族(組)相關問題的探討

緒　論

　　本書研究出土材料背景下的漢語同源詞，以出土材料本義與《説文》本義不同的聲符爲基礎，儘可能窮盡繫聯同聲符同源詞族，并對聲符與同源詞的關係、出土材料與同源詞繫聯的關係、詞源意義的相通等問題進行探討。

一　研究對象

　　1.同源词的定名與界定
　　(1)同源詞與同族詞
　　對於漢語中有同一語源、音義相關的詞，學界有不同的稱述，一是稱之爲同源詞，如王力："凡音義皆近，音近義同，或義近音同的字，叫做同源字。這些字都有同一來源"，"我們所謂同源字，實際上就是同源詞"①。王寧："由同一詞根派生出的詞叫同源派生詞，簡稱同源詞。"②另外，還有學者爲了與親屬語言間有同一來源的詞相區別，力主稱之爲同族詞，如嚴學宭："同源詞指漢藏語系親屬語言間來源同一的詞，同族詞指漢語内部具有同一來源的聲近義通的詞。"③張博：同源詞"指親屬語言中由原始共同語的某一詞源形式（etymon）派生出來的在語音、形態和意義上相關的詞"，"同族詞指一種語言内部由源詞及其滋生詞、或同一來源的若干個滋生詞構成的詞語類聚"④。

　　無論稱之爲"同源詞"還是"同族詞"，其指稱對象都是一致的，即同實異名。張博論證爲何選用"同族詞"這一術語，提出了四個主要理由：一是"同源詞"的名稱本身蘊含着不計源詞或根詞、只限於孳生詞的意

---

① 王力《同源字典・同源字論》第 3、5 頁。詳細版本信息參見本書後所附參考文獻，下同。
② 王寧《訓詁學原理》第 135 頁。
③ 嚴學宭《論漢語同族詞内部屈折的變換模式》，《中國語文》1979 年第 2 期。
④ 張博《漢語同族詞的系統性與驗證方法》第 35、30 頁。

思,而事實上人們在使用這個術語時往往包含源詞;"同族詞"這個名稱就可以涵蓋源與流和同源之流兩種情況。二是"同源詞"的名稱會引導人們把注意力放在追究什麽是"源"上,而尋找源詞又是很難的;"同族詞"則表明更注重這類詞的族屬關係,而不刻意求索它們的源詞。三是"同源詞"有多義性,早就用來指稱親屬語言間來源同一的詞,再賦予新的内涵會引起混淆。四是"同族詞"與"詞族"的概念更相配①。

我們以爲,第一點,"同源詞"字面上理解,即同出一源的詞,確實直接指向的是派生詞,但源詞與派生詞是成對的概念,有派生詞必定有源詞。第二點,首先,"同源詞"的名稱并不一定會引導人們非要去溯源,它也直指同源的"詞";其次,稱其爲"同源"是更着眼於這些詞的來源,稱其爲"同族"是更着眼於這些詞的關係,來源決定關係,關係可以揭示來源,二者只是命名時選取的角度不同;再次,有些同源詞之"源"難溯,是事實,但有些還是清楚的,而且,無論"源"是否難以追尋,這都是同源詞研究中不可或缺的部分。所以,稱"同源詞"更能彰顯此項研究源流兼顧的特點。第三點,"同源詞"的名稱雖然是多義的,但將其限定在同一語言内部,指稱還是明確的。第四點,"同源詞"與"詞族"的概念也可以搭配,而且更不易引起混淆;"同族詞"與"詞族"則容易導致混亂,張博就專門對二者進行了辨析②。有鑒於上述認識,本書還是按照傳統的稱述,稱其爲"同源詞"。

(2)同源詞與同源字

在界定同源詞時,同源詞與同源字這兩個概念之間的關係也是必須搞清楚的。這一點逐漸受到學者的關注,其間的關係也由最初的模糊不清到目前的基本明確:詞族與字族有着本質的區别,同源詞與同源字是既有聯繫而又實質不同的語言現象。

王力曾旗幟鮮明地指出:"我們所謂同源字,實際上就是同源詞。"③他的同源詞、同源字均指向詞彙而非文字,并没有區分這兩個概念。

陸宗達、王寧在同源詞研究的理論與實踐方面均做出了巨大貢獻,他們指出:"訓詁學裏的'字源'相當於語言學所説的'詞源'。傳統字源

①張博《漢語同族詞的系統性與驗證方法》第31—32頁。
②同上注第34頁。
③王力《同源字典·同源字論》第5頁。

學的目的是爲了探討古代漢語的詞彙意義的來源，與西方語源學的目的有相似之處，但在方法上却差別很大。爲了不使有些人硬用西方語源學來套傳統字源學，還爲了保持歷史的舊說以便對它進行歷史的評價，我們不把‘字源’改稱‘詞源’，而在前面加上‘傳統’二字，當然前面還有一個減去了的定語‘中國古代’。不過，稱‘字源’，又容易跟探討漢字字形來源的‘字源’相混。在需要區別二者的時候，我們把探討詞彙意義來源的‘字源’改稱‘義源’，而把探討字形來源的‘字源’改稱‘形源’。”基於上述觀點，他們又指出：“同源孳乳字記錄的是同根的派生詞，也就是同源詞。同源詞的音近義通關係便由同源字反映出來。……同源字的産生從實質上說是詞的派生現象的反映，不是單純的文字問題。”①雖然還是以“同源字”爲“同源詞”，但是已經明確指出詞彙領域的“字源”與文字領域的“形源”是不同的。

　　王蘊智力主將同源字與同源詞嚴格區分，《同源字、同源詞説辨》一文中認爲，“凡語音相同相近，具有同一語義來源的詞叫同源詞”，“凡讀音相同或相近，具有同一形體來源的字叫同源字”。二者既有區別又有聯繫。區別主要有三：一是一組同源字可以記寫不同源的若干項詞義。二是同源字既可因所記詞義的引申而分化，又可被借形記詞而導致字形的分化，同源詞則唯有同義相承的關係而没有假借的關係。三是同源母體和由此附加點畫結構而別出的借形變體字看作是同源字關係，而不是同源詞。同源詞與同源字的聯繫亦顯而易見，“凡音義相近的同源字，從詞義角度説，也一定是同源詞；凡從同一書寫形式分化出來的同源詞，亦必然屬於同源字的範疇”②。其《殷周古文同源分化現象探索》又整理同源字三百餘組，并對其中七組進行了詳細考辨③。

　　殷寄明亦力主要區分同源字與同源詞兩個概念。同源字指語源相同的文字，兩個或更多個文字記錄了同一語源，這些文字則爲同源字，包括異體字、古今字、本字與它的借字、同一語詞的兩個或多個借字、同源詞的書寫文字。同源詞即語源相同的語詞，在語音上具有相同或相

①陸宗達、王寧《訓詁與訓詁學》第 352、368 頁。
②王蘊智《同源字、同源詞説辨》，《古漢語研究》1993 年第 2 期。
③王蘊智《殷周古文同源分化現象探索》，吉林人民出版社 1996 年。

通之特徵,而在語義上則有相同、相反或相對、相通之特徵①。

郝士宏認爲同源詞與同源字不同,同源字"是指漢字在發展過程中孳乳分化出來的一組在字義或構形上有意義聯繫的分化字"。古漢字同源分化的途徑包括由語義引申引起的分化,由事物命名理據引起的分化,由漢字表意特點引起的分化②。同時,又對五十組同源分化字進行實例考證。

蔡永貴指出,形、音、義三方面有密切聯繫的一系列漢字構成一個漢字"字族"。同族字與同族詞的區別主要有三:一是研究對象不同,前者是文字問題,後者是語詞問題。二是研究目標不同,前者重在自覺地從"字族"的角度系統研究漢字字族的繁衍,探求漢字字族發展的内在規律,并力求建立漢字的譜系,而後者重在追溯詞的根源及相互關係與演變。三是同族字記録的詞必然是漢語同族詞,但比較而言,同族字所記録的這部分漢語同族詞似乎是更有據、更可靠的一部分同族詞③。

另外,黄德寬主編的《古文字譜系疏證》在對每一聲系所屬字逐一疏證的基礎上,對具有嚴格派生關係的同源字予以考定并進行"系原"。凡"系原"涉及諸字,皆從形、音、義三方面求證④。

力主將同源詞、同源字兩個概念明確區分的學者,對同源詞的理解基本上是一致的,但對於什麼是同源字則持不同觀點。郝士宏、蔡永貴、黄德寬在強調同源字具有同一形體來源的同時,亦強調其間的意義關係;王藴智、殷寄明將同源字限定在文字領域,主要強調其具有同一形源。

我們認爲,同源字是文字問題,必須具有同一形體來源;同源詞是詞彙問題,具有同一語源,古音相同或相近,有相同的詞源意義⑤。二者本質不同,又互相聯繫。正如王藴智所指出:"凡音義相近的同源字,從詞義角度説,也一定是同源詞;凡從同一書寫形式分化出來的同源詞,

---

①殷寄明《語源學概論》第127—131頁。
②郝士宏《古漢字同源分化研究》第34—53頁。
③蔡永貴《漢字字族研究》第1、6頁。
④黄德寬《對古代漢字發展沿革内在關係的探索與揭示——關於〈古文字譜系疏證〉》,《學術界》2005年第1期。
⑤詞源意義的内涵具體詳後文。

亦必然屬於同源字的範疇。"①

2.同聲符同源詞

同源詞從形體上看包括形體無關的、同聲符的以及形體相同的②，本書研究同聲符的同源詞。同聲符同源詞，即同源詞與同源字重合的部分。

聲符與以之爲聲符的同源詞之間存在三種關係：(1)聲符與以之爲聲符的所有同源詞都有意義聯繫，它們可以説有相同的根詞或源詞；(2)聲符只與以之爲聲符的部分同源詞有意義聯繫，它們應該不是派生自同一個根詞或源詞；(3)聲符與以之爲聲符的所有同源詞都没有意義聯繫，這些同源詞是否派生自同一根詞或源詞要視具體情況而定，但聲符與這些同源詞没有關係。這三種情況本書都予以研究，以更好地討論聲符與同源詞繫聯的關係、出土材料與同源詞繫聯的關係等問題。

3.聲符的選擇

本書以出土材料本義與《説文》本義不同的聲符爲研究對象，繫聯同聲符同源詞。

以往確定詞的本義的主要依據是《説文》，而出土材料中大量的古文字字形和豐富的文獻資料同樣是確定詞的本義的重要依據。通過目前的研究我們發現，由於面對的字形與詞例不同，《説文》確定的本義往往與出土材料中的本義不同。出土材料尤其是早期的甲骨文、金文，早於《説文》小篆，時代的因素可能會導致同一個詞的本義不同，記錄詞的文字的理據亦不同。不同歷史時期漢字的理據會發生變化，王寧稱之爲理據重構："形體因書寫而變異不能與意義統一時，在使用者表意意識的驅使下，會重新尋求構意去與它的新形切合，或附會它的意義去重新設計它的構形。"③重構理據的同時，有的本義會隨之發生變化。蘇寶榮亦曾經以"文字的多源性"來概括和解釋這種現象④。

出土材料與《説文》系統詞的本義不同，那麼以之爲基礎的同源詞

①王蘊智《同源字、同源詞説辨》，《古漢語研究》1993 年第 2 期。

②陸宗達、王寧《訓詁與訓詁學》第 370—372 頁。陸、王文中使用的是"同源字"的術語，即本文所説的"同源詞"。

③王寧《漢字構形學講座》第 29 頁。

④蘇寶榮《文字的多源性與字典本義的説解》，《辭書研究》1988 年第 5 期。

繫聯也可能會有所不同。爲了更好地利用和突出出土材料在同源詞研究中的作用和價值,我們選擇出土材料本義與《説文》本義不同的聲符爲研究對象,作爲繫聯同源詞的基礎。

4.詞群、詞族、同源詞組

以出土材料本義與《説文》本義不同的聲符爲基礎,儘可能全面地繫聯所有同聲符同源詞,需要涉及以下概念。

(1)詞群

"詞群是詞族中屬於同一個意義層次的同族詞的群體。它是介於詞族和同族詞之間的一個中間層次。"①其所説"同族詞"實即本書所説的同源詞。

(2)詞族

"在同一根詞下派生的全部詞歸納在一起稱詞族","詞族以根詞命名爲×族詞"②。

本書使用的"詞族"這個術語,範圍有所調整。第一,我們只研究同聲符的同源詞,所謂"詞族"也限定在同聲符範圍内。第二,嚴格來講,只有繫聯了同一根詞下全部的同源詞,才能稱"詞族"。但王寧已指出"根詞在理論上肯定是有的,但是由於語言歷史久遠、口語消逝,文字後於語言產生,書面材料對完全推源很難提供確鑿的證據",所以確定根詞、繫聯詞族"在訓詁實踐中完成的可能性很小"③。而本書做的工作是在可能的範圍内,將可以確定的同聲符同源詞全部繫聯歸納到一起(以《説文》爲主并進行適當擴充),并且整理它們的詞義發展脈絡,解釋聲符與各同源詞、各詞群之間的關係。我們將儘可能繫聯到的同聲符同源詞稱爲詞族。

(3)同源詞組

這是本研究根據需要新設立的概念。因爲本書的研究範圍是同聲符同源詞,這些同聲符同源詞可能屬於同一詞族,也可能分屬於多個詞

---

①任繼昉《漢語語源學》(第2版)第148頁。

②陸宗達、王寧《訓詁與訓詁學》第369頁。本書以下提到的術語及其内涵多是引自陸宗達、王寧《訓詁與訓詁學》,以及王寧《訓詁學原理》。因爲大多數術語已在學界通行,在此統一説明,不再另注。

③王寧《訓詁學原理》第49—50頁。

族。爲了稱説的方便,我們把分屬於多個詞族的同聲符同源詞統稱爲同源詞組。

這樣,上述後三個概念處於由小到大的三個層次:第一層次是詞群,有相同詞源意義的同聲符同源詞形成詞群;第二層次是詞族,指由同一源詞派生的所有同聲符同源詞;第三層次是同源詞組,指分屬於多個詞族的所有同聲符的同源詞。

二　理論與方法

(一)基本理論依據

"隨着社會的發展和人類認識的發展,詞彙要不斷豐富。在原有詞彙的基礎上產生新詞的時候,有一條重要的途徑,就是在舊詞的意義引申到距本義較遠之後,在一定條件下脱離原詞而獨立,有的音有稍變,更造新字,因成它詞。……也有的音雖無變,字分兩形,遂爲異語。"①新派生的詞和源詞就構成了同源詞。這是同源詞的派生原理,即本研究繫聯同源詞的理論依據。

(二)基本方法

本研究嘗試以同源詞的派生原理爲基本理論依據,有效利用出土材料來繫聯同源詞族(組)。過去的同源詞研究基本上都是以傳世典籍爲背景材料的,依托於出土材料的基本上是同源字的研究,主要成果見下文。我們嘗試以出土材料爲背景,主要關注出土材料本義與《説文》本義不同的聲符,以其出土材料本義爲依據繫聯同聲符同源詞族(組)。具體方法如下:

1.以同源詞的派生原理爲依據,利用出土材料提供的字形與詞例,利用字的孳乳判定詞的同源

黨懷興指出:從文字分化看,形聲字的職能最初只由聲符承擔,後來才增加各種偏旁,孳乳分化出一組新的形聲字,它們各自分擔聲符原來所承擔的各個義項,這體現了聲符與形聲字的族屬關係,它們之間有

―――――――――

① 陸宗達、王寧《訓詁與訓詁學》第 367—368 頁。

明顯的先後繼承和孳乳相生、緟益繁衍的淵源關係①。簡單來説,如果聲符字與形聲字之間有意義聯繫,那麼則可斷定它們所記録的詞之間有同源關係。

2.判定同源詞的原則是古音相同或相近,詞源意義相同

語音方面,王力强調:"同源字必須是同音或音近的字。這就是説,必須韻部、聲母都相同或相近。"②因爲本書的研究對象是同聲符同源詞,聲符相同一般即古音相同相近,没有特殊情况,語音這方面不再論證。

王寧、黄易青指出,詞源意義是同源詞在滋生過程中由詞根(或稱語根)帶給同族詞、或由源詞直接帶給派生詞的構詞理據,是"内部形式",是隱性的,它居於詞彙意義的下一個層次而不直接出現在具體語境的言語裏,它的基本意義單位不是"義項",完全不等於詞彙學範疇的義項,特别是,它與依文字形體而言的本義不同③。由於詞源意義的特殊性——深層隱含、不在使用中直接體現,確定詞源意義是有一定難度的,我們的做法是,立足於語言的系統性,充分利用字形系統、語音系統、意義系統,通過聲符字的字形與本義,依據文獻(包括傳世的與出土的)與訓詁資料來確定詞的詞源意義,進而繫聯同源詞。

3.利用字的通用驗證同源詞

同源派生的一個基本現象是爲詞的引申義造字,記録派生詞,那麼用新字産生以後的觀點看,原字記録其引申義是用作新字,這是一種廣義的通用。由此可以説,有派生必定有通用。字的通用可以幫助驗證同源詞。

4.關於詞源意義相通的判定,或者説是詞群間意義聯繫的判定

(1)理論依據

通過同源詞的派生原理,不難發現,"同源詞的義通關係和多義詞的引申關係是詞義運動的兩個結果,它們的差異在於是否改變詞形","同源詞的義通規律和多義詞的引申規律是一致的"④。"同源派生和詞

①黨懷興《〈六書故〉研究》第 143 頁。

②王力《同源字典》第 20 頁。

③王寧、黄易青《詞源意義與詞彙意義論析》,《北京師範大學學報》2002 年第 4 期。

④王寧《訓詁學原理》第 142 頁。

義引申遵循相同或類似的軌迹。一個詞的兩個義位相關，跟兩個同源詞的意義相關，是相同的道理。"①所以，可以"利用多義詞詞義系統内部由於詞義引申所形成的義位關聯來印證由於詞語分化所形成的詞與詞之間的義位關聯"②。由此，詞義引申的規律適用於解釋詞源意義的相通，解釋詞群間的意義聯繫，證明義通"首先要看它們的意義關係是否符合古漢語詞義引申的規律"③。

（2）操作方法

首先是利用文獻與訓詁材料，這不僅是判斷詞源意義的主要依據，同樣是判斷詞源意義相通的重要依據。第二是同例互證，"用已知的詞義相關來證明類似的詞義也相關"④，張博又以之爲綱，提出具體的方法⑤。其中本書用到的有義衍同族詞（指本研究中的同源詞，前文已經論述。下同）系列組際互證、多義詞的義位關聯證同族詞的語義關聯、利用古代文化輔證同族詞語義關係⑥。義衍同族詞系列組際互證包括同義義衍、反義義衍、類義義衍、同義素義衍。同義義衍同族詞系列組際互證的具體做法是"考察與 A 同義的其他詞是否有音同音近的 B 義詞，或者考察與 B 同義的其他詞是否有音同音近的 A 義詞，如果有另外一組或多組音同音近詞分别有 A 義和 B 義，就可把它們繫聯起來"。反義義衍同族詞系列組際互證指如果發現一對反義詞有同一方向上的孳生詞，就可以構建起一個反義義衍同族詞系列。類義義衍同族詞系列組際互證，"即觀察與被證詞（通常是其中的源詞）有類義關係的詞，在這些詞及其相對應的音同音近詞之間尋找與被證詞相類的語義關聯"。同義素義衍同族詞系列組際互證指"如果擬測甲詞與乙詞同族、甲詞的某個義位與乙詞的某個義位語義相關，可以觀察與被證詞（通常是其中的源詞）有相同義素的詞，在這些詞及其相對應的音同音近詞之間尋找與被證詞相類的語義關聯"。利用多義詞的義位關聯證同族詞的語義關聯主要是"用同義詞和反義詞詞義系統内部的義位關聯證明同族詞

---

①王雲路、王誠《漢語詞彙核心義研究》第 137 頁。

②張博《漢語同族詞的系統性與驗證方法》第 280 頁。

③④王寧《訓詁學原理》第 86 頁。

⑤張博《漢語同族詞的系統性與驗證方法》第 259—315 頁。

⑥同上注第 259、262、270—271、274、281 頁。

之間的語義關聯"。

三　漢語同源詞研究概況

漢語同源詞研究遠續漢代的鄭玄、劉熙,有清一代達到傳統研究的高峰,清代王念孫、段玉裁,民國章太炎、黃侃是其卓越代表。時至今日,此項研究可謂蔚爲大觀,科學的詞源理論已經基本建立,具體的同源詞繫聯也取得了大量成果,同時無論是理論的研探還是材料的繫聯都有進一步深入的空間。

(一)關於同源詞的相關理論問題

陸宗達、王寧[1]在客觀評價傳統字源學的基礎上,對其批判繼承,勾稽其中的合理部分,運用現代語言學的相關理論,首次較爲清晰地闡釋了同源詞的諸多重要理論問題:科學地概括了同源詞的派生原理,對相關概念給予準確界說;從形體角度對同源詞進行分類,指出"右文説"的合理性及其缺欠;將同源詞的考釋分爲推源與繫源兩類,客觀評價了傳統字源學繫聯同源詞的工作。王寧[2]又對同源詞的核心問題進行了進一步的研究與闡述:指出同源詞大量産生在漢語詞彙的派生階段;使用義素分析法分析同源詞的語義關係;强調必須使用音近與義通兩個條件來判定同源詞;辨析詞源意義與詞彙意義的區別,廓清詞源意義的實質與內涵。上述諸項研究完成了同源詞基本理論的建構,使得同源詞研究有了科學的理論依據。

任繼昉《漢語語源學》以語源及語源學爲關注對象,對二者進行了科學界定,確立了漢語語源學的研究對象和任務,對語源學原理,詞族的結構層次,詞族內部的意義關係、語音關係、詞形關係、字形關係、親緣關係進行了探討,并提出了多種研究方法。殷寄明《漢語語源義初探》集中探討語源義及其相關問題,"對語源義的界域、成因、性質、特點、運動發展及其結果等基本問題,作了首次的、全面的理論闡述。進而以此爲基點,分別討論了與語源義密切相關的漢字模式(包括長期以

---

① 陸宗達、王寧《訓詁與訓詁學》。
② 其主要論著有王寧《訓詁學原理》《關於漢語詞源研究的幾個問題》,王寧、黃易青《詞源意義與詞彙意義論析》。

來衆説紛紜、懸而未決的"轉注")問題，漢語單音節本義的内部構成及其推求問題，漢語同源詞的判定標準和繫聯原則問題，訓詁實踐中的詞義推斷方法問題，古代文化研究過程中的語言材料分析問題"①。殷氏《語源學概論》首先明確了語源的定義、特點，語源學的定義及主要任務，系統梳理了先秦至當代的語源學研究情況，在清楚界定同源詞的基礎上，概括了同源詞的語音、語義親緣關係類型，提出了繫源、推源的一般方法以及通過方言求語源的方法，并總結語源學的作用。殷寄明的另一部著作《漢語同源字詞叢考》主要着眼於具體同源詞的繫聯，其開篇所附《聲符義概説》，對聲符義的形態、本質、研究價值、研究方法做了深入分析。任、殷二位先生均着力於漢語語源學學科體系的建立，努力構築語源學的基礎理論。

張博《漢語同族詞的系統性與驗證方法》，立足於漢語語音詞義發展變化的規律性，認爲漢語同族詞具有顯著的系統性，由此論證了對其進行驗證的必要性與可行性，并且提出驗證的具體操作方法。驗證方法的提出對於加强同族詞繫聯的可信度具有重要作用。

孟蓬生《上古漢語同源詞語音關係研究》着眼於同源詞"音近義通"之"音"，以漢語詞彙系統性理論和漢語詞彙發生與積累階段性理論爲指導，主要從聲紐、韻部兩方面分析了上古漢語同源詞的語音關係，歸納同源詞的聲轉模式和韻轉模式，探討同源詞的音轉規律。黄易青《上古漢語同源詞意義系統研究》着眼於同源詞"音近義通"之"義"，在清楚界定詞源意義的性質、内涵的基礎上，詮釋意義運動變化的規律，對詞源意義系統進行結構主義闡釋，對詞義内涵進行科學闡釋，進而深入探討了同源詞的義通關係。

曾昭聰《形聲字聲符示源功能述論》，對聲符示源功能，"從理據、類型、特點等方面作了全面的探討；也對古代和現當代詞源學中聲符示源功能研究作了梳理、總結"②。陳曉强《漢語詞源與漢字形體的關係研究》亦充分重視聲符的作用，提出了漢語詞源研究中的聲符比較互證法。此外又指出漢字形象與詞源意象有本質的不同，要合理利用漢字

①嚴修《漢語語源義初探·序》第1—2頁。
②黄金貴《形聲字聲符示源功能述論·序》第2頁。

形象探求詞源意象;漢字形體繁衍與漢語詞彙派生有不同的機制,同時又存在聯繫。這兩部著作都是針對漢字形體之於同源詞研究的作用進行的專門研究。

　　除上述著作,不少單篇論文亦探討了同源詞的理論問題,其所述問題大部分上文都已涉及。周光慶①、陳建初、袁健惠在傳統同源詞研究的基礎上,引入新的理念,或是中國傳統的民族文化,或是西方的認知語言學,都是對同源詞研究方法的新嘗試。

　　(二)學術史類的同源詞研究

　　對於先秦至現當代的訓詁大家或是訓詁著作中的同源詞研究進行學術史的清理,目前亦有豐富的研究成果。

　　首先是上述同源詞理論專著,基本都對詞源學史有所側重地進行了梳理。對於清代及其以前的研究,主要焦點集中於《釋名》、“右文說”、王念孫、章太炎、黃侃、楊樹達、沈兼士;現當代的研究,焦點集中於高本漢《漢語詞族》、王力《同源字典》等。

　　單篇論文則多是就某一部著作或學人的同源詞研究狀況進行總結,如宋永培《〈説文〉對反義同義同源關係的表述與探討》,馮燕《〈説文〉聲訓型同源詞研究》,方環海、王仁法《論〈爾雅〉中同源詞的語義關係類型》,張希峰《從〈釋名〉看劉熙在詞源學上的成就和局限》等,分別探討了《説文》《爾雅》《釋名》的同源詞研究。田恒金《談方以智對同源詞的研究》指出方以智雖然沒有“同源詞”“詞族”之類的概念,但他真正觸及了同源詞問題。陸忠發《〈説文段注〉的同源詞研究》、盧烈紅《黃侃的語源學理論和實踐》等對清代詞源學進行了梳理。黃金貴《評王力的同源詞與同義詞關係論》,陳曉強、陳爍《陸宗達、王寧先生漢語詞源學思想述學》等則是對當代研究同源詞的重要學者的學術成果進行述評。

　　此外,還有一些單篇論文是對當代同源詞研究現狀的綜述。如,滕華

---

① 周光慶《古漢語詞源結構中的文化心理》(《華中師範大學學報》1989年第4期)、《“屯春”詞族考論》(《通往中國語言哲學的小路——周光慶自選集》第79頁;陳建初《試論漢語顔色詞(赤義類)的同源分化》(《古漢語研究》1998年第3期)、《論“㑩”“㑩”同源——語源研究中的認知觀芻議》(《古漢語研究》1999年第4期);袁健惠《漢語同源詞研究方法論略》(《綿陽師範學院學報》2007年第1期)、《認知隱喻學視野下的同源詞詞源結構闡釋》(《貴州大學學報》2009年第1期)。

英《近 20 年來漢語同源詞研究綜述》、陳建初《近十年來漢語語源研究述評》等。

近些年出現了一些博士論文和專著，專門研究總結某一部著作或某一位訓詁學大家的同源詞研究情況，主要包括：

王浩《鄭玄〈三禮注〉同源詞研究》，整理論證了鄭玄《三禮注》中 342 組同源詞，揭示其命名理據，分析其語音、語義關係類型，歸納鄭玄詞源探索的理論、方法及其得失。同作者的新著《鄭玄〈三禮注〉〈毛詩箋〉同源詞研究》在其博士論文的基礎上，從語言、認知、文化和哲學四個層面評判、論證、剖析鄭玄注箋繫聯的 357 組同源詞，進一步探討鄭玄語詞探源的理論方法及得失，澄明鄭玄詞源研究在早期詞源學史上的重要價值及其啓示意義。

陳建初《〈釋名〉考論》對《釋名》聲訓條目是否具有同源關係進行逐條驗證，指出總共 1298 條聲訓中具有同源關係的共 455 條，占全部聲訓的 35.1％。其中被現當代研究者驗證和認可的具有同源關係的聲訓爲 385 條，另外還有 70 條是該文考證得到的。李冬鴿《〈釋名〉新證》以記錄被訓詞與聲訓詞的字在出土文獻中有通用用例的 301 條《釋名》聲訓爲研究對象，利用出土材料確定其中 64 條具有同源關係，并初步討論出土材料在同源詞研究中的重要價值。

胡繼明《〈廣雅疏證〉同源詞研究》整理出《廣雅疏證》中 379 組同源詞，以之爲基礎歸納了同源詞的語音、語義關係類型、音轉規律和意義結合規律，探討了王念孫研究同源詞的理論、方法、成就和不足。

高山《〈説文解字約注〉同族詞注釋研究》在介紹張舜徽文獻學視野與詞族分析方式的基礎上，運用張氏的方式，注釋與研究了他總結的 42 組同源詞，認爲其大部分可信。

胡世文《黄侃〈手批爾雅義疏〉同族詞研究》，一方面從理論、方法、實踐三個層面探討了《手批爾雅義疏》的成就與貢獻，亦分析了其局限與不足，另一方面整理出同族詞 388 組，并指出其中 259 組涉及物名的由來。

這幾部著作分別對鄭玄以及《釋名》《廣雅疏證》《説文解字約注》《手批爾雅義疏》表現出的同源詞研究的理論方法進行了抽繹，并對其繫聯的同源詞進行整理，科學評價了他們在詞源研究史上的地位，這同樣是當今詞源研究的重要組成部分。

(三)同源詞繫聯

上述的專門理論著作中也都存在大量的同源詞考釋,如任繼昉全面繫聯了"骨碌"詞族。除此之外,專門收錄同源詞的著作目前亦有一定規模。根據其判定同源詞時主要依據的文獻材料類型,我們將其分爲以下兩類:

1.主要利用傳世材料的同源詞研究

專著即有多部,大致可以分爲以下七類:

一是陸宗達《〈説文解字〉同源字新證》,書前有短文《説文的同源字述》,隱含了"同源字必須形音義俱全,也就是説,它不止是一個'字',還必須是記錄過語言的'詞'"等重要思想①。之後按照《説文》的順序,逐條考證同源字 2367 組。王寧認爲這部手稿"綜合了章太炎——黃季剛——黃耀老和穎民師三代章黃學人的學術思想,基本完善了《説文解字》同源字的考證,這些第一手的材料,是章黃學人研究漢語詞源學獨特的理論方法的實證,也是後代學人研究《説文》學和漢語詞源學的導引"②。

二是《同源字典》系列,包括三部著作。王力《同源字典》,收字 3164個,分爲 1031 個同源詞組③。劉鈞傑《同源字典補》與《同源字典再補》,一仍《同源字典》的體例,對其未涉及的同源詞進行增補。

三是齊冲天《聲韻語源字典》,該書收錄 127 個語源字,對其進行考證,并以之爲基礎繫聯同源詞。

四是張希峰《漢語詞族叢考》《漢語詞族續考》和《漢語詞族三考》,以詞族爲研究對象,三部書分別考證詞族 93 個、98 個、47 個,"每個詞族的考釋先表列其譜系,標注古音,其次分析語義關係,説明本族詞的字形分布和聲韻分布情況,最後引證相關的古代文獻"④。

五是章季濤《實用同源字典》,它以字組爲單元解説同源漢字,"同

---

①王寧《〈説文解字〉同源字新證·序》第 2 頁。

②同上注第 4 頁。

③統計數字見殷寄明《語源學概論》第 93 頁。

④張希峰《漢語詞族叢考·例言》第 1 頁,《漢語詞族續考·例言》第 1 頁,《漢語詞族三考·例言》第 1 頁。

源漢字的特點是具有詞源上的分化關係,存在音、義上的同一性或統一性"①。

六是殷寄明《漢語同源字詞叢考》,以聲符爲統攝,繫聯同聲符的同源詞,所涉聲符 126 個,收録單字 2071 個,繫聯爲 271 個同源詞條②。新近又出版《漢語同源詞大典》,仍以形聲字的聲符爲綫索,共涉聲符 879 個,將義相同的"聲系字族"繫聯爲一個同源詞詞組,同時,根據聲符的音義綫索繫聯該字族範圍以外的同源詞③。

七是陳曉强《漢語詞源與漢字形體的關係研究》,其附録部分亦是以聲符爲統攝,對由"宵、真文、元、魚陽、侵談"部聲符、由"明"母具有"迷茫、昏暗"意象的聲符以及其他 19 個聲符構成的同源詞族進行了繫聯。

單篇論文亦不在少數,如劉又辛、張博《釋"方"》《釋空》,李玉《漢語同源詞詞群考》,游順釗《"聾""盲"同源》等。

2. 主要利用出土材料的同源詞研究

主要利用出土材料對同源詞進行繫聯的專著目前還未見。陳曉强《漢語詞源與漢字形體的關係研究》以同源詞繫聯與文字形體的關係爲研究對象,較多地利用了古文字字形幫助判斷同源詞,但并沒有對此問題進行專門的研究。此外,當前利用出土材料的同源詞研究表現爲兩種形式:

①利用出土材料研究字族的論著裏不同程度地涉及了同源詞族。因爲上文提到的字族與詞族有一部分是重合的,專門研究字族的專著裏一定也同時考證了詞族,只不過這不是研究者的關注點與研究對象。

②單篇的出土文字研究的論文中,偶然涉及同源詞的繫聯。如:

裘錫圭釋甲骨文𠛎、𠛎、𠛎(《甲骨文編》P368)④爲"刿",認爲字形从刀,小點表示所切割的東西,其本義是分割、切斷。論證過程中指出从

①章季濤《實用同源字典·凡例》第 1 頁。
②殷寄明《漢語同源字詞叢考·著作凡例》第 1 頁。
③殷寄明《漢語同源詞大典·凡例》第 1 頁。
④本文引用古文字字形均在其第一次出現時注明出處,所用簡稱詳見書後"引書簡稱表"。對於引用其他學者的論著,以忠實原文爲原則:其中的古文字字形按照原作者注明的出處補注;其未注明字形出處者,本文亦不再補注。

"勿"聲的"物"所具有的"物色、物類、雜色"等義都是由分別之義引申出來的①。即認爲"刎、物"同源。

林澐在考釋甲骨文中的"昫"字時指出，勹（旬）是一個抽象表意字，是用一條迴旋的曲綫表示旋轉之義。从勹（旬）得聲之字也多有迴旋、周轉之義，例如旬、徇、殉②。

趙平安在考證"參"爲"簪"之本字時指出：先秦之簪一般爲三枚，故"參"有"三"義，"慘、驂"亦有"三"義；"簪"的使用往往中間一枚，兩邊各一枚，故"參"有"錯雜、交互"義，"鬖、餐、糁、縿、磣"亦有此義；"簪"有裝飾美化作用，故有義爲"好貌"之"傪"；簪形似針，引申爲小，"摻、蔘"亦有"小"義③。

這種研究雖然是零散的，但還是具有一定的數量，而且結合出土材料的同源詞研究或多或少都涉及了新材料新方法的運用。專門對這種零散的研究進行整理、歸納，會從中總結概括繫聯同源詞的方法，并且勾稽出合理的同源詞詞族。

（四）目前同聲符同源詞繫聯實踐中存在的問題

本書擬定的研究範圍是同聲符同源詞族（組），在此，有必要對之前學界的此種研究進行梳理。我們嘗試歸納其中存在的主要問題，具體表現在以下幾個方面：

1. 更多着眼於繫聯單個詞群，不繫聯同聲符的其他詞群或不解釋詞群間的關係，不解釋詞群與聲符間的關係。大部分學者限於單個詞群的繫聯，對將同聲符的不同詞群聯繫起來解釋的注意不夠，使得同聲符同源詞的繫聯不夠系統。

例如："甫"族詞，王力繫聯逋、捕、搏同源，有捕取義；繫聯敷、鋪、舖、溥同源，有鋪陳義；繫聯傅、俌、輔、賻同源，有扶助義④。劉鈞傑繫聯博、溥、誧、鎛、酺，有大義；繫聯輔、酺，有兩側義⑤。張博繫聯捕、搏與補

---

①裘錫圭《釋"勿""發"》，《古文字論集》第 70—74 頁。

②林澐《釋昫》，《古文字研究》第 24 輯第 59—60 頁。

③趙平安《釋參及相關諸字》，《語言研究》1995 年第 1 期。

④王力《同源字典》第 171—173、175 頁。

⑤劉鈞傑《同源字典補》第 63—64、98—100 頁。

同源，指出獲取與積聚義通①。李玉以博、甫、溥、圃、誧、鮒、鏄（鎛）、榑、
霈、尊爲同源字，音近義通，均有大義②。

　　“出”族詞，王力繫聯出、茁，認爲《說文》講的“出”，實際上是“茁”③。
劉鈞傑繫聯屈、崛、屑、詘、褊、鷗，有短義；繫聯屈、刷，有曲義④。任繼昉
繫聯詘、屈、拙、詘、褊、崛，有屈短義⑤。殷寄明先繫聯屈、頏、蚺、詘、胐
有曲義，繫聯茁、祟、頔、窋、泏、胐、眜有出義⑥；後於出義增疷、黜、秙、
朏，删眜，曲義只繫聯屈、蚺二詞；另外增加屈、拙、詘、拙、袖有短、不足
義，增詘、柮、欰、拙、鈯、眡有拙劣義，增越、怵、詘有猝然義；没有解釋這
些詞群之間的關係⑦。

　　“卒”族詞，王力繫聯卒、猝，有終卒義；顇、悴、瘁，有病義⑧。劉鈞傑
繫聯焠、淬⑨；繫聯卒、醉，有止義；繫聯萃、薈、綷有聚集義⑩。殷寄明先
繫聯粹、倅、稡、晬有純粹義，繫聯猝、晬、誶、萃、踤有終、止義，繫聯萃、
崒、踤、碎、琗、淬、綷、薈、倅、踤、稡有會聚義，繫聯碎、瓵、粹、醉有碎、亂
義，繫聯猝、踤、窣、倅、淬、焠、猝有猝然義⑪；後改爲窣、猝、焠有猝然義，
薈、稡、萃有聚集義，粹、晬有純粹義，悴、瘁、顇有憔悴義⑫。

　　“粦”族詞，劉鈞傑繫聯疄、躙爲同源詞⑬。張希峰繫聯燐、鄰、璘、
瞵、麟，皆有光亮義⑭。殷寄明先繫聯潾、燐、磷、鄰、粼、璘有明亮義，繫
聯鄰、嶙、璘、獜、瞵、隣、鱗、驎、遴有相連義，繫聯橉、鄰、獜、瓵有堅硬

---

①張博《漢語同族詞的系統性與驗證方法》第 151 頁。
②李玉《漢語同源字研究》，《賀州學院學報》2008 年第 1 期。
③王力《同源字典》第 459—460 頁。
④劉鈞傑《同源字典再補》第 132—133 頁。
⑤任繼昉《漢語語源學》(第 2 版)第 121—123 頁。
⑥殷寄明《漢語同源字詞叢考》第 88—92 頁。
⑦殷寄明《漢語同源詞大典》第 411—417 頁。
⑧同注③第 463—464 頁。
⑨劉鈞傑《同源字典補》第 143 頁。
⑩同注④第 134、157 頁。
⑪同注⑥第 316—326 頁。
⑫同注⑦第 898—900 頁。
⑬同注④第 162 頁。
⑭張希峰《漢語詞族續考》第 43—45 頁。

義,繫聯轔、隣、躙有輾、踐義①;後改爲鄰、鱗、嶙、驎有相連義,嶙、麟、隣有高、大義,躙、隣有碾壓義,橻、瓶、驎有堅、健義②。

對於上述詞,有的學者只繫聯了一個詞群,有的學者繫聯了多個詞群,但是對詞群與聲符的關係、詞群之間的關係都沒有足夠的重視,沒有進行必要的解釋。殷寄明《漢語同源詞大典》有意識地去尋找每個詞群與聲符的關係,也會涉及詞群間的關係,但這種關係的揭示還有進一步深入的空間,上舉出、卒、舛三個聲符均是解釋了一個詞群與聲符的關係,其他詞群被認爲與聲符的本義、引申義無關。

2.詞群的繫聯不完整。這有兩個層面的問題:

(1)沒有盡可能找出單個詞群中的所有同源詞。例如:

"壬"族詞,絕大多數的學者沒有全面地繫聯以"壬"爲聲符的同源詞,只是局部地繫聯。如楊樹達繫聯廷、頲、庭、挺、侹、脡、珽③;王力繫聯庭、廷,認爲二者實同一詞,繫聯梃、莛、挺、珽、脡有直義④;劉鈞傑繫聯挺、梃、侹、頲、脡、珽⑤、壬、廷、娗有挺直義⑥,等等。我們的繫聯如下:

壬—廷庭挺娗鋌珽莛筳梃侹艇頲霆涏脡[挺直]⑦

從"建"聲的詞,《同源字典再補》用"建"的《説文》本義繫聯建、楗(鍵)同源,詞源意義分析爲豎立⑧。我們的繫聯是:

建—楗健鍵鞬腱[強固、堅硬]

(2)只關注同聲符同源詞族中某個或某些詞群,對其中另外的一些詞群沒有繫聯。如:

"危"族詞,劉鈞傑繫聯危、桅、脆,并指出"危是高,也有畏懼不安之

①殷寄明《漢語同源字詞叢考》第 514—521 頁。

②殷寄明《漢語同源詞大典》第 1684—1687 頁。

③楊樹達《積微居小學金石論叢》第 30 頁。

④王力《同源字典》第 326、328 頁。

⑤劉鈞傑《同源字典補》第 86 頁。

⑥劉鈞傑《同源字典再補》第 85 頁。

⑦具體詳本書《上編　同源詞族(組)考證》,下同。詞源譜系中,列舉完同一詞群的所有同源詞後用[]括注該詞群的詞源意義,如"廷庭挺娗鋌珽莛筳梃侹艇頲霆涏脡"這一詞群的詞源意義是"挺直"。全書同。

⑧同注⑥第 169 頁。

義;船上掛帆的竿柱巍然高聳,叫桅";桅是不安①。又繫聯危、跪,云"危是高;古人席地而坐,坐時兩膝着地,臀部貼在脚跟上,跪時則伸直腰股,上身高聳"②。我們的繫聯:

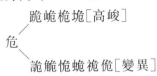

上引劉文只繫聯了"危"族詞中的"高危"一系,而且没有繫聯完整。而對於詞族中"變異"詞群,没有學者關注。

"至"族,除了至、致同源是學界共識外,楊樹達繫聯桎、庢有止義,然謂其止義源於庢③;劉鈞傑繫聯銍、挃有割禾義,繫聯至、室、搋有止息義④;張希峰繫聯室、桎、騺、輊、恎有止義⑤。我們的繫聯:

已有的繫聯多是關注"止息"詞群,并且没有完整繫聯。"刺、堅固、親密"幾個詞群都没有被關注。還有一點,楊樹達對"至"族"止"義來源的解釋,我們亦不贊同。

3. 對利用出土材料判定的聲符意義利用不夠,不少研究者没有引入出土材料。如:

以"良"爲聲符的同源詞,殷寄明繫聯食、稂、筤、崀、閬有空義,稂、狼、閬、朗、俍、粮、痕、浪、趑、跟、狼有高、長義,琅、郎、娘、破有精良、美好義,朗、眼、焜、閬、眼、浪、眼有明朗義⑥;陳曉强繫聯稂、稂、閬、狼、粮、郎有高義,繫聯朗、眼、浪、眼有明義,繫聯筤、食、廊、銀有空義,繫聯良、

①劉鈞傑《同源字典補》第 139—141 頁。

②劉鈞傑《同源字典再補》第 104 頁。

③楊樹達《積微居小學述林全編》上册第 269—270 頁。

④同注②第 135—137 頁。

⑤張希峰《漢語詞族叢考》第 396—402 頁。

⑥殷寄明《漢語同源字詞叢考》第 227—237 頁。

琅有優良義①。殷、陳二家與我們歸納的詞群基本是一致的,但二者都沒有利用"良"的古文字字形,從中挖掘統攝各詞群的意義樞紐②。

　　陳曉强的博士論文《漢語詞源與漢字形體的關係研究》是在上述前兩個方面做得比較好的論著。一方面他以《説文》爲選詞範圍盡可能全面地繫聯單個詞群,同時又注意聯繫各詞群之間的意義關係。此外,他也明確地指出要利用聲符的古文字字形,但是對有些詞族還是有所忽略。如,"肖"族詞,他指出肖、霄、屑、宵、箾、艄、蛸有微小義,稍、梢、艄、鞘、鮹、郋、道、霄、峭、陗、捎、娋有尖端、漸小義,消、銷、削、摰、綃有使小義③。可惜的是没有利用出土材料指出"肖"與"宵"的關係,也就無法解釋這組同源詞與聲符間的關係。以"睘(瞏)"爲聲符的詞,陳文繫聯圜、㦎、寰、闤、擐、蠉、纆、繯、還、環,有圓、圍義;繫聯趯、翾、獧、懁有急義,引用黄易青的觀點,説明環義與急義相通;又繫聯儇、嬛有好義④。注意到了詞群間的關係,但是亦未能解釋詞群與聲符"袁"之間的關係。

　　前文提到的"壬"族詞,大部分學者雖然找到其詞源意義是挺直,但不能充分解釋其原因,只有個别學者利用古文字進行了闡釋。如曾昭聰繫聯珽、挺、莛、梃、廷、庭,指出這些从"壬"的字有直義,并指出"壬"甲骨文象人挺立土上之形,"'壬'本義爲立,'挺直'只是'立'的具體特徵"⑤。

　　4. 雖然利用出土材料解釋聲符意義,但解釋值得商榷。如:

　　"夬"族詞,本書的繫聯如下:

```
        玦缺胅鱮[缺口] ── 馹趹趹[疾速]
       /
  夬
       \
        決訣突抉窡鈌[決斷]
```

　　殷寄明先繫聯从"夬"聲的缺、玦、決、抉、觖、鴃、陕、胅、突、関、鴂、

————————

①陳曉强《漢語詞源與漢字形體的關係研究》第286—288頁。

②殷寄明後來保留良好義,長、高、大義,空義,删掉了明朗義,各詞群中的詞亦有增删。仍以"良"的《説文》本義解釋了良好義,認爲其他意義與"良"的本義、引申義無關。(殷寄明《漢語同源詞大典》第749—753頁)

③同注①第236—238頁。

④同注①第261—262頁。

⑤曾昭聰《形聲字聲符示源功能述論》第58—59頁。

鈌有"缺"義,其分析夬爲玦本字,象環形而有缺口的玉璧①;後繫聯玦、肷、缺、阹、觖、突、疢、袂、決、觖、闋有缺義,又繫聯訣、殀有絶義,分析夬本義仍舊②。分析本義不確,"夬"本義當爲扳指。

又如,郝士宏同意裘錫圭以袁爲擐之初文,并繫聯罳、環、還、圜、園、鐶,爲袁的同源字,同時指出"我們懷疑因'袁'加注了'○'而同時有了{圓}的含義"③。雖然其對"袁"的出土材料本義的認識與我們相同,但對"圓"義由來的解釋我們不同意。其有"圓"的詞源意義是因爲穿衣即貫衣於身、環繞於身。史建偉同意郭沫若《金文叢考·釋共》提出的"罳即玉環之初文,像衣之當胸處有環也。从目,示人首所在之處",進而指出罳本義爲圓形的玉璧。在此基礎上繫聯環、圜、寰、闤、擐、轘、繯、澴、鬟、蠉、鐶、糫、還,均有圓轉、回環義④。該文雖然利用了出土材料,但他對"罳"的解釋我們不贊同。"罳"是从目袁聲的形聲字,"環繞"是其詞源意義。

上述情况是針對同聲符同源詞繫聯的總體情况來講的。實際上,已經有學者對上述問題加以注意甚至是專門研究。如上文提到的陳曉强有意識地從這幾方面做了努力;殷寄明《漢語同源字詞叢考》儘可能完整地繫聯了同聲符的各同源詞群,《漢語同源詞大典》研究了更多的聲符,嘗試探討聲符對同源詞的統攝作用,主要利用聲符的《説文》本義,也有一些涉及了出土材料。此外,還有張博、黃易青均對詞群之間的關係,即詞源意義之間的關係做了比較專門的研究,并取得了大量成果。利用出土材料、利用古文字確定聲符義,進而聯繫其同聲符的詞,更多的是在字族的研究領域,如郝士宏、蔡永貴;用在詞族方面,劉又辛、張博是做了有益探索的。不過,同聲符同源詞繫聯總體的研究趨勢和注意力在上述幾方面還是有待加强。

另外,之前的此種研究還存在一個現象,不同的學者(甚至同一學

①殷寄明《漢語同源字詞叢考》第41—44頁。
②殷寄明《漢語同源詞大典》第233—237頁。又繫聯出从"夬"聲的詞有擊義、迅速義、小義。
③郝士宏《古漢字同源分化研究》第307—312頁。
④史建偉《説"还(還)"——兼析从"罳/罳"得聲字的音義同源關係》,《南開語言學刊》2006年第1期。

者)在具體詞詞源意義的概括、整個詞群詞源意義的概括方面存在分歧。也就是同一個詞不同的學者會認爲它有不同的詞源意義,進而導致對詞群、詞源意義的歸納也不一樣。這種現象在上文稱引的幾組同源詞中已經有所體現。例如,"郎"殷寄明先認爲詞源意義是"精良、美好",後來又將其從"良"聲詞中删去①;陳曉强認爲其詞源意義是"高"。又如,王力繫聯昆、掍、混有同義②;殷寄明先繫聯混、硍、緄、輥、棍、餛、倱、掍、脴、諢有混雜、混沌義,繫聯鯤、鵾、焜、猑、混、倱有大義③,後改爲混、鯤有大義,混、餛、硍有混沌義,輥、棍、硍有圓義④;李玉繫聯昆、焜、混有盛義⑤。對於"混"這個詞,三位學者概括出了不同的詞源意義,進而産生了不同的詞群。出現這種現象,主要是因爲詞義的複雜性,同一個詞有時確實會含有多個意義特點,不同的學者會從不同的角度或多個角度去把握。這在同源詞繫聯中是難以避免的,所以我們不認爲這是應該彌補的疏漏,而是需客觀對待的現象。在本書的具體同源詞繫聯中,也會與其他學者發生這樣的分歧,後文對這個問題不再重複解釋。當然,也不排除因爲詞源意義歸納不恰當導致的這種現象,這是我們要摒棄和儘量避免的。

　　通過上文的梳理可以看出,20世紀以來的漢語同源詞研究取得了長足的進展,理論越來越成熟,探討的内容更加細緻詳細,詞族的繫聯也更加準確、豐富,對學術史中的同源詞研究進行的清理也愈加系統,繫聯同源詞的方法又出現了新的視角。同時,也不可避免的還存在一些問題,成爲今後漢語同源詞研究的方向。

四　研究價值

　　相較於此前的同源詞研究,本研究主要的特點在於充分利用出土文獻,我們有必要闡述出土文獻在同聲符同源詞繫聯中的價值。

---

① 殷寄明《漢語同源詞大典》第749—753頁。
② 王力《同源字典》第503頁。
③ 殷寄明《漢語同源字詞叢考》第346—355頁。
④ 同注①第835—836頁。
⑤ 李玉《漢語同源字研究》,《賀州學院學報》2008年第1期。

　（一）從理論上看

　同源詞的派生是一個歷時的過程，且派生大量發生在周秦時期。20 世紀以來，地下文字材料大量出土，爲我們提供了豐富的、時代明確的古文字字形和詞語用例，先秦兩漢時代的資料也較爲豐富。通過分析出土的文字材料，可以在一定程度上還原文字孳乳的過程。文字孳乳是由詞彙的派生推動的，確定了文字孳乳就確定了詞彙的派生。

　同聲符的同源詞，聲符的性質有二：一是聲符所記錄的詞即源詞，二是所謂的“聲符假借”。章太炎《文始·叙例》指出：“夫同音之字，非止一二，取義於彼，見形於此者，往往而有。”①

　對於第一種情況，確定聲符義②是十分重要的，這可以從不同的角度來證明。

　1. 從同源詞的派生原理看

　通過同源詞的派生原理，我們知道詞的引申有兩種結果，一是依托於同詞形的多義詞的各個義項，二是同源的派生詞。不論是整理多義詞的引申系列，還是探求同源詞的意義關係，準確找到本義是十分重要的。同聲符同源詞相同的聲符所對應的詞就是源詞。陸宗達、王寧指出，與反映在文字上的本義相聯繫的那個具體事物，是不可忽視的，在觀察詞義運動規律時，這些形象遠比詞的概括的抽象意義更爲重要，因爲往往就是它決定了詞義的特點和引申的方向③，進而對同源詞繫聯起着至關重要的作用。

　2. 從詞源意義看

　同源詞相同的是詞源意義。“詞源意義是同源詞在滋生過程中由詞根（或稱語根）帶給同族詞或由源詞直接帶給派生詞的構詞理據”，“意象，指命名時認識上對事物特徵的理解和取意。對同一種特徵可以有不同的理解，遂有不同的取意。對事物特徵的理解和取意，在認識上構成意象，命名時作爲依據，作爲成素而蘊含、積澱在詞的意義中，就是

---

①章太炎《章太炎全集：新方言　嶺外三州語　文始　小學答問　説文部首均語　新出三體石經考》第 179 頁。
②本研究用“聲符義”指稱聲符獨立成字時所記錄的詞的本義。
③陸宗達、王寧《訓詁與訓詁學》第 110 頁。

詞源意義"①。要確定意象、確定詞源意義,同樣需要明確源詞的本義。

　　由此可見,確定詞的本義,同時確定與本義相聯繫的具體事物,在判斷同源詞過程中具有舉足輕重的作用。

　　確定詞的本義,一是要掌握詞的字形,二是要有文獻用例的證明。這二者出土材料都能夠提供不同於傳世典籍的新材料。那麼同源詞的研究中出土材料應該是不能缺席的。王蘊智就指出:"不管是同源字,還是同源詞的整理與研究,就其材料來源而言,文字早期的分化形式及其用法都是不可忽視的環節。從這個意義上講,對於出土古文字原材料的充分掌握和利用,當然就顯得非常重要。"②劉又辛的一段話也可以說明出土材料在同源詞研究中的重要作用,他說:"我和張博在寫《釋曾》一文時,曾討論過多次,文稿修改了三次。目的就是要在曾、層、譜、增、罾這一詞族中找到建立這個詞族的理據。先查《説文》,許慎説:'曾,詞之舒也。'這顯然不是'曾'的本義。而且同其他從曾聲的字沒有共同的義素。後來,看到徐中舒先生解'曾'爲'甑'字的初文,是商代用於蒸飯的炊具。這種炊具,現在還在使用,是在鍋中加上箆子蒸米飯用的,是個象形字。這種炊具是雙層的,所以引申孳生出層、增、贈、譜等字,因而形成一個詞族。這樣一來,象曾祖、曾孫等詞的命名之義也得到解釋。再加上這些字詞在古籍中使用的書證,可以説是'鐵證如山',不能動搖。一方面,這一詞族的基礎得以建立;一方面,分別解釋這些詞的詞義時,也會確切可信。這應該説是詞族研究的最終目標。當然,要把每一個詞族的源詞、詞群都做到這個程度,決不是一件容易事。"③劉文雖未明確指出,但其論述確實彰顯了出土材料在同源詞研究中的重要價值與作用。董蓮池亦曾專門撰文強調古文字字形在同源詞研究中的重要作用④。

　　(二)從同聲符同源詞繫聯實踐看

　　本研究充分利用出土材料的優勢,選取出土材料與《説文》解釋不同的字,考察以之爲聲符的字所記錄的詞之間是否具有同源關係。這

①王寧、黃易青《詞源意義與詞彙意義論析》,《北京師範大學學報》2002 年第 4 期。

②王蘊智《同源字、同源詞説辨》,《古漢語研究》1993 年第 2 期。

③劉又辛《漢語同族詞的系統性與驗證方法·序》第 4 頁。

④董蓮池《字形分析和同源詞繫聯》,《古籍整理研究學刊》1999 年第 6 期。

可以繫聯起一些依據傳世典籍無法繫聯的同源詞,更重要的是,可以更新過去對某些同源詞之間關係的認識,更好地解釋語言現象。

1.更好地解釋聲符與以之爲聲符的同源詞之間的關係

有些聲符與以之爲聲符的同源詞之間的關係不十分明朗,藉助出土材料可以較爲清楚地解釋其間的意義聯繫。如:

從"肖"聲的詞,"稍、艄、霄、鞘、梢"等詞源意義是"漸小","消、銷、削"詞源意義是"使之小",而它們的聲符"肖",《説文》肉部:"肖,骨肉相似也。從肉小聲。不似其先,故曰不肖也。"學者多以之與從"肖"聲的同源詞之間没有意義聯繫,爲聲符假借。而從出土材料看,"肖"《侯馬盟書》作𡭔(156:19)、𡭔(156:19)等形,戰國璽印作𡭔(璽彙4131)、𡭔(璽彙895)、𡭔(璽彙1053)等形,秦簡作𡭔(睡虎地・爲吏之道2),漢印作𡭔(漢印文字徵)。湯餘惠指出,"月"和"夕"在戰國文字中都可以寫作𠂤形,反之,"肉"却從來没有這樣寫的,這意味着"月"和"夕"左下方所加的／和"肉"旁右上方所加的／都是一種特定的標志。古璽𡭔(璽彙2768)、𡭔(璽彙2788)下面所從爲"肉"没有任何疑義。而"肖"從月不從肉,戰國文字作𡭔、𡭔爲其提供了堅確的例證,這説明直到戰國時代人們還曉得肖字的構形原理,對肖字的誤解大約是秦代"書同文字"以後的事①。何琳儀進一步指出,肖,從月,小聲(或少聲),是宵之初文②。張世超等亦認爲"肖"從月,并指出"肖"聲字如"消、削、峭、梢、稍、髾"等皆有漸小之義,因推之"小"聲之"肖"當以月光消减爲本義③。出土文獻與古文字提供的材料使我們重新認識了這組同源詞。

從"弘"聲的詞中,强(強)、輑、勞、襁、繩有"强"義,宖、泓有"大"義,但《説文》弓部:"弘,弓聲也。從弓厶聲。厶,古文肱字。""强"和"大"兩個詞源意義的來源不清楚。弘,甲骨文作𢎛(合7594)、𢎛(合667正)等形,本身有强大義,如此,其詞源意義就非常容易解釋了。

2.更好地解釋同聲符的同源詞族中各詞群之間的關係。如:

"良"詞族,我們的繫聯如下:

①湯餘惠《略論戰國文字形體研究中的幾個問題》,《古文字研究》第15輯第43頁。
②何琳儀《戰國古文字典——戰國文字聲系》第322頁。
③張世超等《金文形義通解》第999頁。

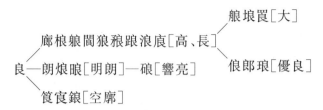

此前，劉鈞傑繫聯㝗、閬有空義，繫聯閬、㮾、䝤有高義①。殷寄明繫聯㝗、㝗、篢、崀、閬有空義，㮾、䝤、閬、朗、俍、䝤、庪、浪、趟、踉、狼有高、長義，琅、郎、娘、硍有精良、美好義，朗、眼、烺、閬、眼、浪、眼有明朗義②；後改爲琅、朗、硍、俍、娘、烺有良好義，閬、㮾、朗、浪、䝤、踉、䝤、俍、埌、艆、罠、鋃有長、高、大義，㝗、閬、峎有空義③。陳曉強繫聯㮾、䝤、閬、狼、䝤、郎有高義，繫聯朗、眼、浪、眼有明義，繫聯篢、㝗、廊、鋃有空義，繫聯良、琅有優良義④。殷寄明《漢語同源字詞叢考》、陳曉強與我們歸納的詞群基本是一致的，具體詞不完全一樣，二者都没有利用良的古文字字形及本義對詞群之間的意義聯繫和層次進行解釋。考察出土材料，良，甲骨文作🦴(合 13936 正)、🦴(合 4956)等形，金文作🦴(季良父盉)。"象穴居之兩側有孔或臺階上出之形，當爲廊之本字。▢表穴居，〵、〵爲側出之孔道。廊爲堂下周屋，今稱堂邊屋檐下四周爲走廊，其地位恰與穴居側出之孔道(巖廊)相當。良爲穴居四周之巖廊，也是穴居最高處，故從良之字，有明朗高爽之義。"⑤如此，各詞群間的關係就明朗了。

"且"族詞，我們的繫聯如下：

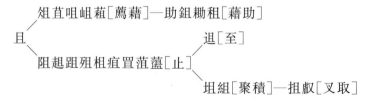

①劉鈞傑《同源字典再補》第 90—92 頁。
②殷寄明《漢語同源字詞叢考》第 227—237 頁。
③殷寄明《漢語同源詞大典》第 749—753 頁。
④陳曉強《漢語詞源與漢字形體的關係研究》第 286—288 頁。
⑤徐中舒主編《甲骨文字典》(第 3 版)第 608—609 頁。

此前，楊樹達繫聯疧、阻、罝有止義①。王力繫聯阻、沮有阻止義，繫聯且、俎、苴、蒩有藉薦義，繫聯徂、歫有往義②。劉鈞傑繫聯粗、皶有粗糙義，繫聯助、耡有幫助義③。張希峰繫聯阻、岨、罝、柤、沮有阻遏義④。孟蓬生繫聯且、俎、苴、蒩有藉薦義⑤。張博指出至與止義通，繫聯阻、徂同源⑥。可以看出，没有利用出土材料的同源詞繫聯，基本上是零散的、不成體系的，各詞群之間的關係也不清晰。陳劍指出，"且"甲骨文𠂤組大字類作𐤟(合 19850)等形(筆者注：陳文同意林澐的觀點，認爲𠂤組大字應該是在甲骨上刻字的最原始狀態，進而認爲𐤟(合 27374)類形體是文字書寫中發生的變化，不能作爲解釋其所像之物的根據)，象正面俯視的長方形俎面之形，其中間的二横爲俎面上的横格、闌界，"且"爲"俎"字初文⑦。俎是藉以薦肉的，有"薦藉"義，又與"藉助"義相通⑧。以俎薦物即物止於俎，有"止"義，"止"又與"聚積、至"義通，"聚積"與"又取"義通。引入出土材料後"薦藉、藉助、止、至、聚積、又取"幾個詞群間的關係就比較明晰了。

　　3.可以繫聯到更完整的詞族。如：

"央"族詞，我們的繫聯如下：

《説文》冂部："央，中央也。从大在冂之内。大，人也。央旁同意。一曰久也。"利用《説文》本義并以之爲起點，可以繫聯"中央""環繞""廣、盛、大""鮮明、光亮""白色"諸詞群，而"殃咎"則不能包含在内，也

①楊樹達《積微居小學金石論叢》第 106 頁。

②王力《同源字典》第 165—168 頁。

③劉鈞傑《同源字典再補》第 23—24 頁。

④張希峰《漢語詞族叢考》第 215—217 頁。

⑤孟蓬生《上古漢語同源詞語音關係研究》第 144 頁。

⑥張博《漢語同族詞的系統性與驗證方法》第 148—149 頁。

⑦陳劍《甲骨金文舊釋"𦥑"之字及相關諸字新釋》，《出土文獻與古文字研究》第 2 輯第 38—40 頁。

⑧黄易青《上古漢語同源詞意義系統研究》第 70 頁。

無法解釋之間的聯繫。央,甲骨文主要作❈(合3021)形,當爲"殃"之本字,以人頸荷枷形表示殃咎義。"人頸荷枷",是枷環繞人頸,而人頸在枷中央,所以其中蘊含有"環繞""中央"義。"環繞"在周圍,又與"盛、廣、大"義通,"質量範疇中,長度、量度的長、大,在亮度上即表現爲鮮明、光亮",鮮明、光亮又與白色同義①。

又如"袁"族詞詞源譜系如下:

```
                        遠[遠]
          擐環園棵鐶還鬟攌睘
袁 ── 楥圜寰闤㐮䌸澴騵  ──轅猿[攀援]
          [環繞]
                        睘趨翾獧懁嬛蠉[急速]── 儇譞[輕薄]
```

《説文》衣部:"袁,長衣皃。从衣,叀省聲。"利用《説文》本義可以解釋"遠"義的來源,而"袁"與其他詞群及詞群間的關係很難解釋。此前利用《説文》的"袁"族詞繫聯,基本上限於各詞群的單獨繫聯。如楊樹達指出,"《説文》叀从叀聲,袁从叀省聲,睘从袁聲,故睘聲之字亦多具圜義",如環、楥、圜②。王力繫聯還、環有轉繞義,繫聯趨、翾、獧、懁、儇、嬛有輕疾義③。劉鈞傑繫聯環、圜、䌸、澴、鐶、寰、鬟、闤、蠉有圓形、纏繞義,繫聯遠、袁、轅有遠義,繫聯楥、騵有旋轉義④。曾昭聰繫聯轅、猿,以爲其攀援義是借作援⑤。殷寄明繫聯圜、寰、環、澴、睘、䌸、還、鐶、闤、鞙、儇、鬟、䌸、騵、楥、儇、蠉、擐有圓義,繫聯嬛、儇、翾、獧、懁有輕義⑥;後圓義中删掉擐、儇、澴、儇,輕義中删掉獧、懁,增加趨、翾、儇、獧、懁有急義⑦。都没有利用"袁"的出土材料本義去解釋這些同源詞與聲符"袁"的關係,不能形成完整的詞族。袁,裘錫圭指出甲骨文作❈(合345),从又从衣,或作❈(合27756),所增"○"爲"圓"字初文,在字中作聲

①黄易青《上古漢語同源詞意義系統研究》第288頁。
②楊樹達《積微居小學述林全編》(上)第116頁。
③王力《同源字典》第398—399、555頁。
④劉鈞傑《同源字典補》第176—178、207、220頁。
⑤曾昭聰《形聲字聲符示源功能述論》第54頁。
⑥殷寄明《漢語同源字詞叢考》第533—540頁。
⑦殷寄明《漢語同源詞大典》第1607—1611頁。

符，又或作♂(合 30085)，上部"止"形乃"又"之訛，字从二"又"，西周金文
"遠"字所从"袁"作♂(史牆盤"遠"字所从)，西漢帛書作♂(馬王堆·五
行 16)。字的初形从又从衣，其本義是穿衣，應該是"褱"的初文①。《廣
雅·釋詁》："褱，著也。"王念孫疏證："褱者，貫之著也。"所以，从"袁"聲
的詞有"環繞"義。"環繞"與"遠""攀援"義通，"動態範疇之圍束、迫束
義，於質量範疇則爲急窄、局迫義"②，"環繞"義與"急速"義相通。"急
速"與"輕薄"意義相通，這可藉助"薄"的詞義系統來證明。"薄"《説文》
艸部訓"林薄"，即草木叢生，枝葉迫近，空間距離小。由此一方面通過
時空引申，指時間的迫近、緊迫；另一方面通過狀所引申，指厚度小，又
引申出輕微義。

　　從上述兩例可以看出，引入出土材料可以繫聯到更完整的詞族。

　　最後，需要强調的是，要正確對待出土文獻在同聲符同源詞研究中
的作用，不能誇大。在《〈釋名〉新證》一書中我曾經指出《釋名》的新證
要正確對待出土材料的價值：

　　"當然，我們在强調出土材料之於《釋名》研究的優越性的同時，也
不能否認它亦存在局限性。雖然現在出土的古文字資料的數量與種類
都很豐富，但它并不能完整地展現先秦兩漢時期的語言全貌。出土材
料'資料往往比較零碎，有相當多的文字現在還不認識'(裘錫圭《談談
古文字資料對古漢語研究的重要性》，《古代文史研究新探》第 156 頁)。
并且，其中的典籍由於底本和抄手好壞的不同，其價值也是不一致的，
即使是比較好的本子，也免不了有訛誤脱衍的地方，抄得壞的本子就更
不用説了，而且這些古本都不免殘損(上引裘書第 4 頁)。正因爲如此，
本書并不苛求通過出土材料解決《釋名》聲訓研究中的所有問題，而只
是突出出土材料之所長，能解決多少問題就解決多少。同時，雖然是利
用出土文獻對《釋名》進行'新證'，但也必須要結合、藉助傳世典籍。"③

　　將其中的"《釋名》研究"換成"同源詞研究"亦適合，移録於此，再次
表明我們利用出土文獻研究相關問題的態度。

---

①裘錫圭《釋殷墟甲骨文裏的"遠""狀"(邇)及有關諸字》，《古文字論集》第 1—5 頁。
②黄易青《上古漢語同源詞意義系統研究》第 250 頁。
③李冬鴿《〈釋名〉新證》第 15 頁。

上　編
同源詞族(組)考證

　　利用聲符不同於《説文》本義的出土材料本義，依托出土文獻和出土實物，對以之爲聲符的詞進行同源詞考證，是本研究要做的主要工作。我們選擇了 93 個聲符，這些聲符記録的詞出土材料本義與《説文》本義不同。以這些聲符爲基礎，從其字族當中抽取詞族亦相同者。

凡　例

1.對於每一個同源詞族（組）的考證，基本包括該聲符的《説文》本義、現有考釋、出土材料本義、同源詞繫聯、通用情況、詞源譜系、其他等幾個部分。

2.第一章考證聲符的出土材料本義與全部同聲符同源詞有直接或間接意義聯繫的同源詞，即所有同聲符同源詞屬於同一詞族。第二章先考證與聲符屬於同一詞族的同源詞，再考證族外的其他同聲符同源詞。

3.因爲本書以出土材料本義與《説文》本義不同的聲符爲研究對象，所以每個詞條先引《説文》釋義，如有必要再引其他材料解釋《説文》。

4.如果目前對於聲符的出土材料本義没有較爲一致的看法，則在"現有考釋"部分列舉學界的主要考釋成果，"出土材料本義"部分考證得出該聲符的出土材料本義。如果該字已有學界公認的説法，則省略"現有考釋"，直接在"出土材料本義"中指出結論。

5."同源詞繫聯"部分，利用出土文獻、傳世文獻，以聲符的出土材料本義爲基礎繫聯同聲符同源詞。

6.前文已經説明，通用是驗證同源詞的重要參考。因爲本研究是利用出土材料研究同聲符同源詞，所以主要列引出土文獻中的通用。傳世文獻中的通用一般不再舉例，高亨《古字通假會典》已經做了比較詳盡的整理與歸納，查檢方便。對於出土文獻中的通用，鑒於王輝《古文字通假字典》、劉信芳《楚簡帛通假彙釋》、白於藍《簡帛古書通假字大系》三部書的"通假"，大部分與本文的"通用"相當，本文將充分利用已有的研究成果，在其基礎上精審每一條材料，對通用是否成立與文獻的釋讀加以判斷與取捨，同時補充不見於上述工具書的新材料。對於同一組字的"通用"用例，按照時代順序排列例句，同一時代只選取一例。

7.繫聯完同聲符同源詞之後，爲了清楚體現派生關係，列"詞源譜系"圖。同一詞群的所有同源詞後用[]括注該詞群的詞源意義,如"凰瑝喤膭煌鍠"這一詞群的詞源意義是"大",表示爲"凰瑝喤膭煌鍠[大]"。

8.如果詞源譜系繫聯完成後有其他需要討論的問題,則有"其他"部分。

9.第二章中繫聯與聲符本義有直接或間接聯繫的同源詞後,還要繫聯不屬於該詞族的其他同聲符同源詞,稱之爲"詞族外同源詞繫聯",最後歸納出"從 X 聲的其他同源詞"。

10.各聲符詞的排列按照其在《説文》中出現的順序。

第一章　屬於同一個詞族的
同聲符同源詞繫聯

　　本書研究範圍内,有 63 個同源詞族,其聲符的出土材料本義與族内全部同源詞有直接或間接的意義聯繫。限於本書的研究範圍,"整個詞族""族内全部同源詞"的説法,均是在同聲符的前提下提出的。同聲符,不限於一級聲符相同,這樣才能保證儘可能全面地繫聯同源詞,從整體把握整個詞族,并且爲同源詞族的相關理論探討提供更加可靠的材料①。

○一　皇

1.《説文》本義

　　《説文》王部:"皇,大也。从自。自,始也。始皇者,三皇,大君也。自,讀若鼻,今俗以始生子爲鼻子。"

2. 現有考釋及出土材料本義

　　皇,甲骨文作🌾(合 6354 正),金文作🏺(作册大鼎)、🏺(士父鐘)等形,關於其本義主要有以下幾種觀點:

　　朱芳圃:即煌之本字,象燈光輝煌②。陳初生③、戴家祥④、何琳儀⑤、董蓮池⑥等同意此説。

　　郭沫若:皇字之初義,爲有羽飾的王冠⑦。

---

① 如"良"族詞,除了繫聯以"良"爲聲符的詞,也繫聯以"郎"爲聲符的詞,"良"爲"廊"的二級聲符。這樣的詞族更爲完整,更能體現聲符的作用。
② 朱芳圃《殷周文字釋叢》第 48—49 頁。
③ 陳初生《金文常用字典》第 37 頁。
④ 戴家祥《金文大字典》第 2845—2846 頁。
⑤ 何琳儀《戰國古文字典——戰國文字聲系》第 630 頁。
⑥ 董蓮池《"皇"字取象皇羽説平議兼論"煌字説"》,《古文字研究》第 31 輯第 500—506 頁。
⑦ 郭沫若《長安縣張家坡銅器群銘文彙釋》,《考古學報》1962 年第 1 期。

　　于省吾:皇字乃由甲骨文往來之往孳乳。甲骨文"往(生)"從止王聲,孳乳爲皇,其上部變動不居,下部仍從王聲,已與生字顯然分化①。

　　秦建明:"'皇'就是孔雀(或古人理想中的鳳凰)帶有美麗彩斑的羽毛,皇字就是這種羽毛的象形。"②曾憲通亦指出"皇爲皇羽的象形是没有問題的","晋唐間,因與鳳字類化而造出'鸑'和'凰'字(并見《集韻》唐韻)。在皇字之義爲君、王所專之後,鸑與凰字的出現部分地反映出皇字的古義。這種現象,文字學家稱之爲後起的'本字'"③。趙平安亦同意秦建明的觀點,認爲"皇"是通過對孔雀尾翎形狀的描摹來表達鳳凰的意思④。

　　《廣韻》唐韻:"凰,鳳凰。本作皇。《詩傳》云:'雄曰鳳,雌曰皇。'"傳世文獻中,凰多作皇。《説文》鳥部:"鸍,鳥也。其雌皇。從鳥匚聲。一曰鳳皇也。"《爾雅·釋鳥》:"鸍,鳳。其雌皇。"字皆作皇。《詩經·大雅·卷阿》"鳳皇于飛,翽翽其羽,亦集爰止",毛傳:"鳳皇,靈鳥,仁瑞也。雄曰鳳,雌曰皇。"《尚書·益稷》"簫韶九成,鳳皇來儀",孔傳:"雄曰鳳,雌曰皇,靈鳥也。"《上博八·有皇將起》1:"又(有)皇(凰)牁(將)起(起)今可(兮),助余孝(教)保子今可(兮)。"《東漢銅鏡》0080:"鳳皇(凰)翼翼在鏡則(側),多賀君家受大福。"

　　"從鳳到鳳皇也有個發展的過程,起初乃單稱,鳳皇者本指鳳鳥豔美的尾飾,後來又以鳳鳥豔美之尾飾這一特徵來代表鳳鳥,遂成爲雙音之鳳皇。《詩·卷阿》'鳳皇于飛''鳳皇鳴矣',皆其例,可見其出現甚早。《爾雅·釋鳥》又以皇爲鳳之雌者,當在此雙音詞産生之後。鳳作爲鳳鳥的通稱,本就兼賅雌雄在内,而皇字作爲豔美的尾羽,本也只是雄性的特徵,但《爾雅》等書反而稱爲'鳳之雌者',後世竟衍生出《鳳求皇》曲名來。"⑤總之,皇爲"凰"本字,其所增加之"几"當是"鳳"的類化影響。

---

① 于省吾《釋皇》,《吉林大學社會科學學報》1981 年第 2 期。
② 秦建明《釋皇》,《考古》1995 年第 5 期。
③⑤ 曾憲通《釋"鳳""皇"及其相關諸字》,《中國語言學報》第 8 期第 166—172 頁。
④ 趙平安《〈説文〉小篆研究》第 141—142 頁。

3. 同源詞繫聯

鳳皇是古人心目中的神鳥,《説文》鳥部:"鳳,神鳥也。天老曰,鳳之象也,鴻前麐後,蛇頸魚尾,鸛顙鴛思,龍文虎背,燕頷雞喙,五色備舉。出於東方君子之國,翱翔四海之外,過崑崙,飲砥柱,濯羽弱水,莫宿風穴。見則天下大安寧。从鳥凡聲。"因此,"皇"可引申有"大"義,派生出下列詞:

《説文》玉部:"瑝,玉聲也。从玉皇聲。"段注:"謂玉之大聲也。"

口部①:"喤,小兒聲。从口皇聲。《詩》曰:'其泣喤喤。'"段注:"啾謂小兒小聲,喤謂小兒大聲也。如《離騷》'鳴玉鸞之啾啾',《詩》'鍾鼓喤喤'。"

新附舟部:"艎,餘艎也。从舟皇聲。"《集韻》唐韻:"艎,餘艎,吳大舟名。"

火部:"煌,煌煌,輝也。从火皇聲。"徐鍇繫傳:"煌,煌煌,輝也。"《詩經·陳風·東門之楊》"昏以爲期,明星煌煌",朱熹集傳:"煌煌,大明貌。"

金部:"鍠,鐘聲也。从金皇聲。《詩》曰:'鐘鼓鍠鍠。'"段注:"《周頌》文。今《詩》作'喤喤'。毛傳曰:'和也。'按:皇,大也。故聲之大,字多从皇。"

4. 通用情況

(1)皇、煌—鍠　　王孫遺者鐘:"中龢(翰)叔(且)旟(揚),元鳴孔皇。"秦景公墓殘編磬銘:"百樂咸奏,允樂子〈孔〉煌。"《詩經·周頌·執競》:"鐘鼓喤喤,磬筦將將,降福穰穰。"皇、煌、喤、鍠通用,指鐘聲之大。

5. 詞源譜系

皇—凰瑝喤艎煌鍠〔大〕

6. 其他

"皇"聲詞有"大"義基本是共識,由此可以反觀"皇"的本義與構意。聲符義可以幫助確定詞源意義,反過來,詞源意義也可以反映聲符義。上引董蓮池文是近年來對"皇"字取象與"皇"本義的再討論,該文主張"煌字説",明確指出"皇"取象於豆形燈。"皇"聲詞的詞源意義是"大",

---

① 爲行文簡練,"説文"二字承上段首而省,下同。

與"鳳凰"義更切合。如將其解釋爲豆形燈,不太好解釋"大"義的由來。朱芳圃解釋字形象燈光輝煌,可分析出"大"的特點,但造字時期燈光不會是輝煌,應該是比較微弱的。

○二　若

1.《説文》本義

《説文》艸部:"若,擇菜也。从艸、右。右,手也。"

2. 出土材料本義

若,甲骨文作𝅘(合 21128),西周金文有𝅘(毛公鼎)形。葉玉森謂:"契文若字,竝象一人跽而理髮使順形。《易》有孚永若,荀注:'若,順也。'卜辭之若,均含順意。"[1]商承祚亦謂字"象跽人舉手而順髮,故有順誼。敬諾之時必異順,故又引申而爲膺諾之諾,从言乃後起"[2]。"若"本義爲順。

3. 同源詞繫聯

从"若"聲的詞有"順"義:

《説文》言部:"諾,應也。从言若聲。"段注:"口部曰:'唯,諾也。'唯諾有急緩之別,統言之則皆應也。"口部:"唯,諾也。从口隹聲。"段注:"此渾言之。《玉藻》曰:'父命呼,唯而不諾。'析言之也。"《禮記·玉藻》"父命呼,唯而不諾",孔穎達疏:"唯而不諾者,應之以唯,而不稱諾,唯恭於諾也。"《吕氏春秋·知士》"劑貌辨答曰:敬諾",高誘注:"諾,順。"出土文獻中"諾"多作"若",如《上博六·競公瘧》13:"公國(或)胃(謂)之,安(晏)子許若(諾)。"《嶽麓三·猩、敝知盜分贓案》58:"敝曰,若(諾)。"《馬王堆·周易經傳·繆和》65 上:"左史倚相曰:'請爲長轂五百乘,以往分於吳地。'君口:'若(諾)。'"

女部:"婼,不順也。从女若聲。《春秋傳》曰:'叔孫婼。'"亦與"若、諾"同源,正反相因。陸宗達、王寧已指出"若"孳乳出"諾、婼","若"有順義,"諾"是順着對方,"婼"訓"不順"是它反方向的引申[3]。

---

[1] 葉玉森《説契》,《學衡》第 31 期。

[2] 商承祚《甲骨文字研究》第 195 頁。

[3] 陸宗達、王寧《訓詁與訓詁學》第 274 頁。

4. 詞源譜系

若—諾媷[順]

○三　曾

1.《説文》本義

《説文》八部:"曾,詞之舒也。从八从曰,囧聲。"

2. 出土材料本義

曾,甲骨文作🔳(合 1012),金文作🔳(小臣鼎)等形,爲"甑"本字。

3. 同源詞繫聯

蔡永貴對"曾"族字做了較好的梳理,他指出"曾"本義爲〔甑〕,因〔甑〕中有箄而形成層次,所以引申而有重疊義,有增加義。以"重疊"爲義核[1],有:甑、齸、增、層、竇;以"增加"爲義核,有:繒、曾、譖、矰、贈、增、憎[2]。其所梳理的上述字族亦是詞族,完全可從。此外,還可補充:

《廣雅·釋獸》:"橧,圈也。"王念孫疏證:"《爾雅》'豕所寢,橧',舍人注云:'豕所寢草爲橧。'某氏云:'臨淮人謂野猪所寢爲橧。'郭璞云:'橧,其所卧蓐。'橧之言增累而高也。"楊樹達亦指出"橧"有"增加"義:"《禮記·禮運》篇云:'夏則居橧巢。'以橧與巢并言,皆在上之物,故鄭注云:'橧,聚薪柴居其上',是也。"[3]

4. 通用情況

(1)曾—贈　　安大簡《詩經·秦風·渭陽》55:"可(何)以曾(贈)之,逪(路)車輮(乘)璜(黄)。"阜陽漢簡《儒家者言》44:"子路行辭中₌尼₌(仲尼仲尼)曰曾(贈)女(汝)以車。"

(2)曾—增　　輔師𤭁簋:"今余曾乃令(命),易女玄衣黹屯、赤市朱黄,戈彤沙珇戠,旂五日,用事。"黄盛璋:"'曾'即'增益'之本字,後文

---

①蔡文的義核指"字族的核心義"(蔡永貴《漢字字族研究·例言》),大致等於本書的詞源意義。

②蔡永貴《漢字字族研究》第 139—141 頁。

③楊樹達《積微居小學金石論叢》第 22 頁。

錫物確是增加很多,正是'曾乃命'的具體表示,故確知'曾'即增益。"①
《馬王堆·十六經·三禁》47 下—48 上:"地之禁,不淺(殘)高,不曾
(增)下。"《東漢銅鏡》1012:"曾(增)年益壽,長宜子孫。"

　　(3)曾—憎　　《馬王堆·戰國縱橫家書·蘇秦獻書趙王章》224—
225:"今足下功力非數加於秦也,怨竺(毒)積怒,非深於齊,下吏皆以秦
爲夏(憂)趙而曾(憎)齊。"

　　(4)曾—層　　《上博八·李頌》1 背:"亂木曾(層)枳(枝),㝵(浸)
剸(毀)丨(彰)可(兮)。"《馬王堆·一號墓竹簡遣冊》230:"九子曾(層)
檢(奩)一合。"

　　(5)曾—繒　　《清華二·繫年》6—7:"曾(繒)人乃降西戎,以攻幽
王。"《馬王堆·三號墓竹簡遣冊》277:"布曾(繒)檢(奩)一,鏵(錐)畫,
廣尺二寸。"

　　(6)增—憎　　《放馬灘秦簡·日書乙種》281:"貞在應鐘,是胃
(謂)矛人競競,有惡有增(憎)。"②《馬王堆·戰國縱橫家書·朱己謂魏
王章》159:"夫增(憎)韓,不愛安陵氏,可也。"

　　(7)增—曾　　《馬王堆·戰國縱橫家書·蘇秦謂燕王章》50:"孝
如增(曾)參,乃不離親,不足而益國。""增參"即孔子弟子"曾參"。

　　(8)增—甑　　《北大五·節》36:"釜增(甑)毀者,家有毀,以人
隨之。"

　　(9)矰—增　　《睡虎地·日書甲種》138 背—139 背:"月中旬,毋
起北南陳垣及矰(增)之,大凶。"《銀雀山·孫臏兵法》278:"倅險矰(增)
壘,諍戒毋動,毋可□前,毋可怒。"

　　(10)矰—贈　　《馬王堆·春秋事語·晋獻公欲得隨會章》30:"吾
矰(贈)子,子毋以秦□□人,吾謀實不用□。"

5. 詞源譜系

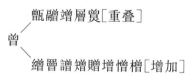

①黃盛璋《西周銅器中服飾賞賜與職官及册命制度關係》,《傳統文化與現代化》1997 年
　第 1 期。
②程少軒《放馬灘簡式占古佚書研究》第 129 頁。

○四　吉

1.《説文》本義

　　《説文》口部:"吉,善也。从士、口。"

2. 出土材料本義

　　吉,甲骨文作❑(合 16)、❑(合 27846)等形,裘錫圭認爲"是在具有質地堅實這一特點的勾兵的象形符號上加上區別性意符'口',造成'吉'字來表示當堅實講的'吉'這個詞的",其本義就是堅實①。于省吾指出"从吉之字,義多爲堅實",如佶、詰、結、劼、硈、頡,均含有强固之義②。"吉"的本義爲堅實。

3. 同源詞繫聯

　　首先,從"吉"聲的詞形成以"堅、强"爲詞源意義的同源詞,包括:

　　《説文》齒部:"齰,齒堅聲。从齒吉聲。"段玉裁改爲"齰,齧堅聲",注曰:"齧,各本作'齒',今依《玉篇》訂。石部曰:'硈,石堅也。'皆於吉聲知之。"

　　石部:"硈,石堅也。从石吉聲。"

　　黑部:"黠,堅黑也。从黑吉聲。"段注:"黑之堅者也。石部曰:'硈,石堅也。'亦吉聲也。"

　　魚部:"鮚,蚌也。从魚吉聲。《漢律》:會稽郡獻鮚醬。"段注:"《地理志》會稽鄞縣有鮚埼亭,師古曰:'鮚,蚌也。長一寸,廣二分,有一小蟹在其腹中。埼,曲岸也。其中多鮚,故以名亭。'按:此名瑣鮚,瑣者,小也,鮚之小者。《江賦》'瑣蛣腹蟹',注引《南越志》曰:'瑣蛣,長寸餘,大者長二三寸,腹中有蟹子,如榆莢,合體共生,皆爲蛣取食。'"亦含有"堅"義。

　　力部:"劼,慎也。从力吉聲。《周書》曰:'汝劼毖殷獻臣。'"段注:"慎者,謹也。《廣韵》曰:'用力也。又固也,勤也。'"《爾雅·釋詁下》

---

① 裘錫圭《説字小記》,《古文字論集》第 645 頁。
② 于省吾《釋吉》,《雙劍誃殷契駢枝 雙劍誃殷契駢枝續編 雙劍誃殷契駢枝三編》第 295—296 頁。但是于氏對"吉"的字形解釋與我們贊同的裘文稍有不同,他認爲甲骨文字形上象勾兵(裘文實即本此),下爲笙盧,象置勾兵於笙盧之上,有保護堅實之義。

“劼,固也”,邢昺疏:“劼者,確固也。”

人部:“佶,正也。从人吉聲。《詩》曰:‘既佶且閑。’”段注:“《小雅·六月》傳曰:‘佶,正也。’箋云:‘佶,壯健之皃。’按:鄭以言‘壯健’乃可皃馬,但毛言‘正’自可含壯健也。”《詩經·小雅·六月》:“四牡既佶,既佶且閑。”毛傳:“佶,正也。”鄭玄箋:“佶,壯健之貌。”

言部:“詰,問也。从言吉聲。”《左傳·昭公十四年》“長孤幼,養老疾,收介特,救災患,宥孤寡,赦罪戾,詰姦慝,舉淹滯”,杜預注:“詰,責問也。”《廣雅·釋詁》:“詰,責也。”詰問是比較強硬的問。

堅、強、固則直,以“直”爲詞源意義的有下列同源詞(“巠”聲詞亦同時有“直長”與“強勁”兩個意義,參第二章一七“巠”聲詞的考證):

《説文》走部:“趌,趌趨,怒走也。从走吉聲。”徐鍇繫傳:“直去不低視也。”《廣韻》質韻:“趌,直行。”

木部:“桔,桔梗,藥名。从木吉聲。一曰直木。”

頁部:“頡,直項也。从頁吉聲。”段注:“直項者,頡之本義。若《邶風》‘燕燕于飛,頡之頏之’,傳曰:‘飛而下曰頡,飛而上曰頏。’此其引伸之義。直項爲頡頏,故引伸之直下直上曰頡頏。”頡,頸項僵直,同時具有強固的特點。

以“吉”爲聲符的詞又有“曲”義。直義與曲義正反相因。

《説文》新附髟部:“髻,總髮也。从髟吉聲。古通用結。”《類篇》髟部:“髻,束髮也。”《漢書·西南夷傳》“此皆椎結,耕田,有邑聚”,顏師古注:“結讀曰髻,爲髻如椎之形也。”

糸部:“結,締也。从糸吉聲。”《廣雅·釋詁》“結,詘也”,王念孫疏證:“結之言詰屈也。”《禮記·月令》“芸始生,荔挺出,蚯蚓結,麋角解,水泉動”,孔穎達疏:“蚯蚓結者,蔡云:結猶屈也。”

衣部:“袺,執衽謂之袺。从衣吉聲。”

衣部:“襭,以衣衽扱物謂之襭。从衣頡聲。擷,襭或从手。”

《詩經·周南·芣苢》“采采芣苢,薄言袺之。采采芣苢,薄言襭之”,毛傳:“袺,執衽也”,“扱衽曰襭”。“襭”下朱駿聲通訓定聲曰:“兜而扱于帶間曰襭,手執之曰袺。”二詞均有曲義。

4. 通用情况

(1)桔—結　　《睡虎地·日書乙種》104壹:“以桔(結)者,不繹

（釋）。”

　　（2）頡—詰　　邵鐘編鐘：“余頡罡事君。”湯餘惠讀頡罡爲“詰詘”，“詰詘事君”即委婉事君，不敢狂妄造次[①]。

5. 詞源譜系

　　吉—黠硈點鮚劼佶詰［强固］—趌桔頡［直］—髻結祜襭［曲］

6. 其他

　　又，黄錫全認爲“吉”所從之𠮷是笄首，“而笄也是一種實用漂亮的首飾，用來束髮、束冠，使頭髮、冠冕結實、固定，而且漂亮，笄的末端尖鋭，所以‘吉’及從吉之字有結實牢固之義，引申則有首、始、善、吉利等義”[②]。對“吉”的構意、本義的解釋與本書不同，但亦可概括出“强固”義。

○五　各

1.《説文》本義

　　《説文》口部：“各，異辭也。從口、夊。夊者，有行而止之，不相聽也。”

2. 出土材料本義

　　各，甲骨文作𦥌（合 10405 反）、𦥑（合 21021）等形，徐中舒指出𠙵或𠙵象古之居穴，以足向居穴會來格之意，本義是“來格、到來”[③]。甲骨金文中，“各”用本義，如《花東》34：“乙巳卜：丁各，子禹小。”善鼎：“隹十又一月初吉，辰在丁亥，王在宗周，王各大師宫。”又《楚帛書》乙：“母（毋）弗或敬，隹（惟）天乍（作）福，神則各（格）之，隹（惟）天乍（作）夭（妖），神則惠之。”

　　後作“佫”，文獻作“格”。《爾雅·釋詁》：“格，至也。”又《釋言》：“格，來也。”《玉篇》彳部：“佫，至也。”《尚書·堯典》“允恭克讓，光被四表，格于上下”，孔傳：“格，至也。”

---

①湯餘惠《邵鐘銘文補釋》，《古文字研究》第 20 輯第 130—137 頁。
②黄錫全《甲骨文“吉”字新探》，《“紀念甲骨文發現 120 周年國際學術研討會”論文集》。
③徐中舒主編《甲骨文字典》（第 3 版）第 97—98 頁。

3. 同源詞繫聯

"各"以足向居穴會來格之意,足從外至居穴,強調其運動性、過程性,強調到來的行爲與過程,那麼其行動軌迹則是要突出的重點。

到來要經過的行爲軌迹即爲"路",財物由此及彼則爲"賂",人之由此及彼則爲"客",燙物形成的軌迹即爲"烙"。

《説文》足部:"路,道也。从足从各。"段注本作"从足各聲"。

貝部:"賂,遺也。从貝各聲。"段注:"見《魯頌》'大賂'傳,箋云:'大猶廣也。廣賂者,賂君及卿大夫也。'按:以此遺彼曰賂,如道路之可往來也。貨賂皆謂物,其用之則有公私衺正之不同。"

宀部:"客,寄也。从宀各聲。"王鳳陽指出:"'客'指外來的人或旅居他鄉的人,是暫時寄居者。""'客'的詞源是'格'(徦)。'格'是走來的意思,所以自外地來的人稱作'客'。"[①]

新附火部:"烙,灼也。从火各聲。""'烙'是指用燒熱了的金屬器物在身上或物體上燙,有時'烙'的目的在於留下瘢痕。"[②]《韓非子·喻老》:"居五年,紂爲肉圃,設炮烙,登糟邱,臨酒池,紂遂以亡。"《荀子·議兵》:"紂剜比干,囚箕子,爲炮烙刑。"蘇軾《書韓幹〈牧馬圖〉》:"鞭箠刻烙傷天全,不如此圖近自然。"

同狀異所的引申,樹枝由樹幹的運動軌迹則爲"挌、格"。

《説文》丰部:"挌,枝挌也。从丰各聲。"段注:"《玉篇》曰:'挌,枝柯也。'《釋名》:'戟,格也,旁有枝格也。'庾信賦:'草樹溷淆,枝格相交。'格行而挌廢矣。"《集韻》陌韻:"挌,《説文》:'枝挌也。'一曰木枝橫者。"

木部:"格,木長皃。从木各聲。"徐鍇繫傳:"亦謂樹高長枝爲格。"《廣韻》鐸韻:"格,樹枝。"庾信《小園賦》:"草樹混淆,枝格相交。"

"挌、格"即樹之分枝,角之分枝則爲"觡",人臂之分枝即爲"胳"。

《説文》角部:"觡,骨角之名也。从角各聲。"段注:"骨角,角之如骨者,猶石言玉石也。《樂記》'角觡生',注云:'無鰓曰觡。'無鰓者,其中無肉,其外無理。郭氏《山海經傳》云'麋鹿角曰觡'是也。牛羊角有肉有理。《玉篇》云:'無枝曰角,有枝曰觡。'此取枝挌之意,惟麋鹿角有

①王鳳陽《古辭辨》第347—348頁。
②同上注第547頁。

枝,則其説非異也。"《玉篇》角部:"觡,麋角。有枝曰觡,無枝曰角。"《廣雅·釋器》"鹿觡,鈎也",王念孫疏證:"觡之言枝格也。"《山海經·東山經》"其神狀皆獸身人面載觡",郭璞注:"麋鹿屬角爲觡。"《淮南子·原道》"禽獸碩大,豪毛潤澤,羽翼奮也,角觡生也",高注:"觡,麋角也。觡讀曰格。"

肉部:"胳,亦下也。从肉各聲。"段注:"亦、腋古今字。亦部曰:'人之臂亦也。'兩厷迫於身者謂之亦。亦下謂之胳,又謂之肤,身之迫於兩厷者也。"

分枝相對於主幹則有斜出義,故又有表示"斜視"之"䁁"。

《説文》目部:"䁁,眄也。从目各聲。"又目部:"眄,目偏合也。一曰衺視也。秦語。从目丏聲。"《方言》卷二:"䁷、睇、睎、䁁,眄也。陳楚之間南楚之外曰睇,東齊青徐之間曰睎,吳揚江淮之間或曰䁷,或曰䁁,自關而西秦晋之間曰眄。"華學誠指出:"䁁,戴震《方言疏證》:'《廣韻》䁁字引《方言》云:"視也。"《説文》:"䁁,眄也。""眄,衺視也。秦語。"'《廣雅·釋詁一》:'䁁,視也。'王念孫疏證:'宋玉《神女賦》目略微眄。略與䁁通。'按:本書卷六:'䁁,視也。'郭注:'音略。'并云:'今中國云目䁁也。'斜眼看、偷偷看謂之'䁁',今吳方言猶有此語。汪東《吳語》:'今蘇州謂目光流轉所及爲䁁,音如略。'"①

運動軌迹將此與彼相連,故又有連絡的特點,派生出下面三個詞:

《説文》系部:"絡,絮也。……从糸各聲。"段注:"今人聯絡之言,蓋本於此。包絡字,漢人多假落爲之,其實絡之引申也。《楊雄傳》曰'緜絡天地',以絮喻也。"《廣雅·釋器》"繈、繯,絡也",王念孫疏證:"凡繩之相連者曰絡。"《山海經·海内經》"有九丘,以水絡之",郭璞注:"絡猶繞也。"

革部:"鞈,生革可以爲縷束也。从革各聲。"徐鍇繫傳:"鞈,絡也。"

竹部:"笿,栖笿也。从竹各聲。"徐鍇繫傳:"笿亦籠笿,絡也,猶今人言籃。"段注:"《方言》'栖落,陳楚宋衛之間謂之栖落,又謂之豆筥,自關東西謂之栖落',郭云:'盛栖器籠也。'按:引伸爲籠絡字,今人作絡,古當作笿,亦作落。"

―――――――――――

① 華學誠《揚雄方言校釋匯證》第 153 頁。

動物皮、毛如果有截然分開的兩種顏色,其分界處亦象物體運動後留下的一條軌迹。

《説文》馬部:"駱,馬白色黑鬣尾也。从馬各聲。"《禮記·明堂位》:"夏后氏駱馬黑鬣,殷人白馬黑首,周人黄馬蕃鬣。"《詩經·魯頌·駉》"薄言駉者,有驒有駱,有駵有雒,以車繹繹",毛傳:"白馬黑鬣曰駱。"

鳥部:"鵅,烏𪃸也。从鳥各聲。"段注:"見《釋鳥》,郭云:'水鳥也。'按:此與隹部'雒'音同義別。"《爾雅·釋鳥》"鵅,烏𪃸",郭璞注:"水鳥也。似鶂而短頸,腹翅紫白,背上緑色,江東呼爲烏𪃸。"

魚部:"鮥,叔鮪也。从魚各聲。"段注:"此見《釋魚》,許本之。叔鮪者,鮪之小者也,對王鮪爲辭。《江賦》亦以叔鮪王鱣儷句。叔,《字林》作鮛,俗字也。郭注《爾雅》曰:'鮪,鱣屬也。今宜都郡自京門以上江中通出鱏鱣之魚。有一魚狀似鱣,建平人呼鮥子',即《爾雅》之鮥也。按:今川江中尚有鮥子魚。昔在南溪縣、巫山縣食之。"鮥,即小鱏魚。鱏魚,即今鱘魚。"體呈亞圓筒形,長達 3 米餘。背青黄色,腹白色。"①

分界即爲界限,於是又有下列詞:

《説文》頁部:"頟,顙也。从頁各聲。"段注:"《釋名》曰:'額,鄂也。有垠鄂也。'引伸爲凡有垠鄂之偁。"《漢書·外戚傳》:"我兒男也,頟上有壯髮,類孝元皇帝。"

田部:"略,經略土地也。从田各聲。"段注:"昭七年《左傳》芊尹無宇曰:'天子經略,諸侯正封,古之制也',杜注:'經營天下,略有四海,故曰經略。正封,封疆有定分也。'《禹貢》曰:'嵎夷既略。'凡經界曰略。《左傳》曰:'吾將略地。'又曰:'略基阯。'引申之,規取其地亦曰略地。"《左傳·定公四年》:"封畛土略,自武父以南,及圃田之北竟,取於有閻之土,以共王職。"杜預注:"略,界也。"

多條運動軌迹則與動物身上的斑紋相似;動物身上截然分開的兩種顏色,也是條紋。所以,又派生出以"斑紋"爲詞源意義的"雒":

《説文》隹部:"雒,鵋鶀也。从隹各聲",段注本作"雒,忌欺也。从隹各聲",注曰:"各本作鵋鶀,今考《爾雅》音義,當作忌欺。《釋鳥》曰:'鵅,鵋鶀。'玄應引作忌欺。《釋鳥》又曰:'怪鴟。'舍人曰:'謂鵂鶹也。

---

①夏征農、陳至立主編《辭海》(第六版縮印本)第 2171 頁。

南陽名鉤鵅。一名忌欺。'然則忌欺與怪鴟一物。玄應以爲關西名訓侯，關東名訓狐，皆此也。按萑部'雖舊，舊留'，不云即雒，未知許意爲一不。鵅即雒字，各家音格，但今江蘇此鳥尚呼鉤雒鴟。雒音同洛，則音格者南北語異耳。"《爾雅・釋鳥》："鵅，鵋鵙。"郭璞注："今江東呼鵂鶹爲鵋鵙。亦謂之鴝鵅。音格。"(非上文《爾雅》釋爲"烏鸔"之"鵅")鵂鶹，《辭海》曰："亦稱'斑頭鵂鶹'、'横紋小鴞'。鳥綱，鴟鴞科。體長可達 30 釐米，頭和頸側及翼上覆羽暗褐色，密布棕白色細狹横斑。眉紋白色；飛羽和尾黑褐色，尾部并具白色横斑六條。足羽白色；嘴黄褐色，嘴基的蠟膜暗褐色。"①

"到來"則"止"，又派生出以"止"爲詞源意義的下列詞：

《説文》門部："閣，所以止扉也。从門各聲。"段注："閣本訓直橜所以扞格者，引申之，横者可以庋物亦曰閣，如《内則》所云天子諸侯大夫士之閣，漢時天禄石渠閣皆所以閣書籍，皆是也。閣字之義如此，故凡止而不行皆得謂之閣。"《經義述聞・爾雅中》"所以止扉謂之閣"，王引之曰："閣之言格。格，止也，橛以止扉，因謂之閣矣。"《漢書・酷吏傳》："天子聞，使杜式治，以爲廢格沮事，棄縱市。"顔師古注："格讀曰閣。"

手部："挌，擊也。从手各聲。"王鳳陽指出："'格'(筆者按，格鬥之格本作'挌')一般表防守一方的抗拒，抵禦。"②亦含有"止"義。《睡虎地・法律答問》66："求盜追捕罪人，罪人挌殺求盜。"《郭店・尊德義》26—27："民五之方各(挌)，十之方静(争)，百之而句(後)葡(服)。"各，讀爲"挌"，指格鬥。

上述二詞均有"使止"的意義特點，能使物止，則本身需"堅"，於是又有：

《説文》土部："垎，水乾也。一曰堅也。从土各聲。"段注："按乾與堅義相成，水乾則土必堅。《齊民要術》曰：'濕耕堅垎，數年不佳。'謂耕濕田則土堅垎不佳也。《學記》曰'發然後禁，則扞格而不勝'，注曰：'格讀如凍垎之垎。扞格，堅不可入之皃。'正義云：'言格是堅彊，譬如地之凍則堅彊難入，故云如凍垎之垎。但今人謂地堅爲垎也。'正義本注是

①夏征農、陳至立主編《辭海》(第六版縮印本)第 2141 頁。

②王鳳陽《古辭辨》第 655 頁。

凍垎,陸德明本是凍洛,陸非孔是。《管子》'沙土之次曰五垎',垎蓋謂堅垎。"孔疏謂土之凍垎則"堅彊難入",也溝通了"堅"與"止"的關係。《齊民要術·旱稻》:"凡下田停水處,燥則堅垎,濕則污泥。"

骨部:"骼,禽獸之骨曰骼。从骨各聲。"《廣雅·釋器》"骼,骨也",王念孫疏證:"骼之言垎也。"

水平的由此及彼,又可以引申出垂直的由此及彼,即從高處落下:

《説文》雨部:"霒,雨零也。从雨各聲。"段注本作"雨零也",注曰:"此下雨本字。今則落行而霒廢矣。"

艸部:"落,凡艸曰零,木曰落。从艸洛聲。"

雨部:"露,潤澤也。从雨路聲。"《廣雅·釋詁》"露,敗也",王念孫疏證:"露之言落也。"

4. 通用情況

(1)客—格　　衛簋:"隹八月初吉丁亥,王客于康宫。""客"用作"格",義爲來到。《上博五·競建内之》2+7陳劍編聯并釋爲:"昔先君客(格)王,天不見夭,地不生嘗(孼),則訴(祈)者(諸)媿(鬼)神,曰:'天堕(地)盟(明)弃我矣!'……"①《郭店·六德》23—24:"古(故)夫夫、婦婦、父父、子子、君君、臣臣,六者客(格)行丌(其)戠(職)。"《馬王堆·五行》37:"不能進,客(格)止於亓(其)[里]。"

(2)格—客　　《馬王堆·老子甲本·道篇》165:"樂與餌,過格(客)止。"

(3)路—賂　　《馬王堆·春秋事語·殺里克章》4—5:"是塞□□福優□□□者死,忠者□□□疾之,幾(豈)或□□□於□□路(賂)弗予。"

(4)路—露　　西周史懋壺蓋:"隹八月既死霸戊寅,王在葊京淈宫,竊(親)令史懋路(露)筮(筮),咸。""路筮,即露筮。在占筮之前先將蓍草置於夜空星宿之下。"②《睡虎地·日書甲種》53背叁—54背叁:"一室井血而星(腥)臭,地蟲斯(鬭)于下,血上扇(漏),以沙墊之,更爲井,食之以噴,歙(飲)以爽(霜)路(露),三日乃能人矣。"《馬王堆·十問》

---

① 陳劍《也談〈競建内之〉簡7的所謂"害"字》,《戰國竹書論集》第196頁。該文最初發表於簡帛網2006年6月16日。
② 馬承源主編《商周青銅器銘文選》(三)第159頁。

97—98："楼（接）陰之道，以静爲强，平心如水，靈路（露）内臧（藏），款以玉笶（策）。"《銀雀山二·論政論兵之類·［將失］》1003："廿四曰，暴路傷志，可敗也。"路，讀爲露，暴露。《詩·邶風·式微》："微君之故，胡爲乎中露？"《列女傳·貞順傳·黎莊夫人》引作："微君之故，胡爲乎中路？"《漢石經·魯詩》："微君之故，胡爲乎中路？"

　　（5）胳—骼　　《武威·甲本少牢》8："肩、臂、臑、肫、胳（骼）。"

　　（6）胳—落　　《清華三·説命中》5："复（且）天不出恙（祥），不虔（徂）遠，才（在）毕（厥）胳（落）。"整理者認爲落義爲始。

　　（7）絡—各　　北京大學藏秦簡《隱語》2—3："絡（各）曰戰殹（矣），不智（知）死所。"①

　　（8）骼—略　　北京大學藏秦簡《隱語》4—5："精士十二人，半黑半白，中驫（驪）而外骼（略），室相追而巷相索（索）。"中驪外略，棋子形狀簡單②。

　　（9）挌—格　　《孔家坡·日書》427壹："正月子朔，聞〈聶（攝）〉民〈氏（提）〉挌（格）司歲，四海有兵，有年。"《馬王堆·五星占》4下："其［明歲以正月與營室］晨出東方，復爲聶（攝）提挌（格）。"

　　（10）零—落　　《清華一·皇門》10："曰余蜀（獨）備（服）才（在）寢，以自零（落）毕（厥）豕（家）。"整理者注："零，讀爲'落'，《莊子·天地》釋文：'猶廢也。'"

　　（11）零—露　　《郭店·老子》甲19："天陛（地）相合也，以逾甘零（露）。"

5. 詞源譜系

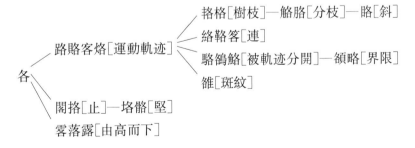

①李零《隱書》，《簡帛》第8輯第12頁。
②同上注第12—13頁。

○六　止

1.《説文》本義

《説文》止部:"止,下基也。象艸木出有址,故以止爲足。"

2. 出土材料本義

止,甲骨文作𝖽(合 35242),象脚形,"止"爲"趾"之本字。

《合集》13683:"貞,疾止,佳𤦌害。"《上博三·周易》48:"初 六,艮
丌(其)止(趾),亡(無)咎,利㒸(永)貞。"整理者注:"止,同趾。帛書作
'止',今本作'趾'。"按《馬王堆·周易經傳·周易》10 上作"根(艮)亓
(其)止(趾)",今本艮卦作"艮其趾"。《睡虎地·法律答問》1:"五人盗,
臧(贓)一錢以上,斬左止(趾),有(又)黥以爲城旦。"《張家山·二年律
令》89:"有罪當黥,故黥者劓之,故劓者斬左止(趾),斬左止(趾)者斬右
止(趾),斬右止(趾)者府(腐)之。"

《爾雅·釋言》"趾,足也",郭璞注:"足,脚。"《左傳·桓公十三年》
"莫敖必敗,舉趾高,心不固矣",杜預注:"趾,足也。"

3. 同源詞繫聯

"止"聲詞有"止息"義,《章太炎説文解字授課筆記》朱希祖第二套
筆記:"足了與止了同,人自頭至足即止,即到底也。"[1]錢玄同第一套筆
記:"有足止及停止兩義,故止部之字有此兩種義。"[2]

《説文》水部:"沚,小渚曰沚。从水止聲。《詩》曰:'于沼于沚。'"
《廣雅·釋水》:"沚,止也。"《釋名·釋水》:"小渚曰沚。沚,止也,小可
以止息其上也。"安大簡《詩經·召南·采蘩》22:"于以采蘩? 于渚于止
(沚)。"

又有"基址"義:

《説文》𨸏部:"阯,基也。从𨸏止聲。址,阯或从土。"段注:"止下
曰:'下基也。'阯與止音義皆同。止者,艸木之基也。阯者,城𨸏之基
也。"《玉篇》土部:"址,基也。""止、阯"同源,從古文字看,"止"并非許、

---

①②章太炎講授,朱希祖、錢玄同、周樹人記録,陸宗達、章念馳顧問,王寧整理《章太炎
　　説文解字授課筆記》(縮印本)第 75 頁。

段所謂艸木之基,而是人之"基"。《周家臺秦簡·病方及其他》327—328:"見垣有瓦,乃禹步,已,即取垣瓦貍(埋)東陳垣止(址)下。"《孔家坡·日書》264:"……除止(址),丙子築止(址)、蓋之皆吉,毋(無)鳥、鼠。"《馬王堆·五十二病方》96:"伏食,父居北在,母居南止,同産三夫,爲人不德。"馬繼興以"止"用作"阯",引用《漢書·郊祀志上》:"禪泰山下阯。"顔師古注:"阯者,山之基足。"[1]漢華山廟碑:"訖今垣趾營兆猶存。"用作"基址"義。

4. 詞源譜系

〇七　正

1.《説文》本義

《説文》正部:"正,是也。从止,一以止。"

2. 出土材料本義

甲骨文作♀(合1140正),本義爲"行",爲"征"本字。

3. 同源詞繫聯

《國語·魯語下》:"是以上能征下,下無姦慝。"韋昭注:"征,正也。"《孟子·盡心下》:"征者,上伐下也,敵國不相征也。"朱熹集注:"征,所以正人也。諸侯有罪,則天子討而正之,此春秋所以無義戰也。""遠行"義引申出"征伐",再引申出"中正、正直"義,形成下列兩組同源詞:

以"遠行"爲詞源意義:

《説文》辵部:"延,正行也。从辵正聲。征,延或从彳。"段注:"《釋言》、毛傳皆曰:'征,行也。'許分別之,征爲正行,邁爲遠行。""形聲包會意。"《合集》36494:"癸酉卜,在攸,泳貞,王旬亡田,王來正人方。"即征人方。中子化盤:"用正(征)相(筥)。"安大簡《詩經·召南·小星》35:

---

[1]馬繼興《馬王堆古醫書考釋》第414頁。

"蕭₌(蕭蕭)肖(宵)正(征),佩(夙)夜才(在)公,折命不同。"北大藏秦簡《禹九策》之三 12—13:"一占曰:右耳司吉,帝北正(征),得戎翟於楚人邦君,亓祟黃帝及北斗。"①《馬王堆·周易經傳·周易》69 下:"尚(上)九,王出正(征),有嘉折首,獲〈獿(獲)〉不戬(醜),无咎。"

辵部:"延,行也。从辵正聲。"段注:"此與辵部延、征字音義同。"

以"中正"爲詞源意義:

《説文》金部:"鉦,鐃也。似鈴,柄中,上下通。从金正聲。"段注:"鐲、鈴、鉦、鐃四者相似而有不同。鉦似鈴而異於鈴者,鐲鈴似鐘,有柄,爲之舌以有聲。鉦則無舌。柄中者,柄半在上半在下,稍稍寬其孔爲之抵拒,執柄搖之,使與體相擊爲聲。"《玉篇》金部:"鉦,鐃也,鉦以静之,鼓以動之。"《漢書·東方朔傳》:"十九學孫吳兵法,戰陣之具,鉦鼓之教,亦誦二十二萬言。"顏師古注:"鉦鼓,所以爲進退士衆之節也。"《上孫家寨·軍令》:"兵車御右及把摩(麾)干(竿)、鼓正(鉦)鍼者,拜爵賜論。"

言部:"証,諫也。从言正聲。"楊樹達指出:"諫諍之言謂之正言,此証字从言从正訓爲諫之義也。"②

攴部:"整,齊也。从攴从束从正,正亦聲。"《銀雀山·孫子兵法》110:"……適(敵)衆以正(整)將來,侍(待)之若何?"

攴部:"政,正也。从攴从正,正亦聲。"大盂鼎:"今我佳(唯)即井(型)稟(稟)玟(文)王正德。"正,讀爲政。《郭店·尊德義》30:"古(故)爲正(政)者,或命(論)之,或兼之。"《睡虎地·日書甲種》32 正:"利祠,飲食、歌樂、臨官立正(政)相宜也。"整理者注:"立政,讀爲涖政,處理政務。"《武威·甲本泰射》41:"自作階前曰:'爲正請射。'"正,今本作政。鄭注:"爲政,謂司馬也。司馬,政官,主射禮。"《馬王堆·周易經傳·二三子問》6 上:"聖人之立(涖)正(政)也,若遁(循)木,俞(愈)高俞(愈)畏下。"

穴部:"窺,正視也。从穴中正見也,正亦聲。"

宀部:"定,安也。从宀从正。"朱駿聲通訓定聲指出"正亦聲"。

①李零《北大藏秦簡〈禹九策〉》,《北京大學學報》2017 年第 5 期。
②楊樹達《積微居小學述林全編》上冊第 45 頁。

4. 通用情況

　　(1) 征—正　　　燹公盨："天令(命)禹尃(敷)土,隓(墮)山,敊(濬)川;迺(乃)葬(疇)方,埶(設)征(正),降民,監德。"征讀爲正長之正[①]。

　　(2) 征—鉦　　　《集成》425何琳儀命名爲"徐沈尹鉦",釋其銘曰:"邻(徐)訨(沈)尹者(諸)故煕(?)自乍(作)征(鉦)城(鍼)。"并指出"鉦鍼"簡稱"鉦",與《左傳》《國語》中的"丁寧"爲一聲之轉,用於軍樂[②]。

　　(3) 延—正　　　阜陽漢簡《周易》125:"其非(匪)延(正),有眚。"

　　(4) 政—正　　　春秋齊侯鎛鐘:"余命女政于朕三軍。"孫詒讓云政讀爲正,二字古通用,正,長也,言我命女爲我三軍之長也[③]。《包山》271:"一輈正車。"李家浩指出:"曾侯乙墓竹簡'正車'作'政車'。《説文》訓'政'爲'正也',并説从'正'得聲,所以'正車'可以寫作'政車'。古代的戰車分正、副。副車或稱倅車、貳車、佐車等。疑'正車'是對副車而言的。"[④]《上博二·魯邦大旱》2:"如毋愛珪璧幣帛於山川,政刑與……""'政'讀爲'正',這裏是動詞,即端正、糾正。"[⑤]《睡虎地·爲吏之道》13:"將發令,索其政,毋發可異史(使)煩請。"整理者注:"政,通正字。此句意爲要力求命令正確。"《馬王堆·道原》6下:"得事之要,操正以政(正)畸(奇)。"

　　(5) 政—征　　　虢季子白盤:"賜(賜)用戉(鉞),用政(征)緣(蠻)方。"《放馬灘秦簡·甲種日書》甲20壹:"危日:可以責人及摯人、毄人、外政(征)。"阜陽漢簡《周易》133:"六二,奠(顛)頤,弗(拂)經,于丘頤,政(征)兇(凶)。"

　　(6) 定—正　　　《郭店·老子》乙15:"清清(静)爲天下定(正)。"

5. 詞源譜系

　　正—延(征)延[遠行]—鉦証整政窺定[中正]

①裘錫圭《燹公盨銘文考釋》,《中國出土古文獻十講》第54頁。

②何琳儀《徐沈尹鉦新釋》,《安徽大學漢語言文字研究叢書·何琳儀卷》第93—95頁。

③孫詒讓《古籀拾遺　古籀餘論》第4頁。

④李家浩《包山楚簡的旌旆及其他》,《著名中年語言學家自選集·李家浩卷》第259頁。

⑤李學勤《上博楚簡〈魯邦大旱〉解義》,《孔子研究》2004第1期。釋文亦從李文。

○八　建

1.《説文》本義

《説文》廴部："建,立朝律也。从聿从廴。"

2. 出土材料本義

裘錫圭指出甲骨文作🈸(合 36908),西周早期金文作🈸(小臣🈸鼎),字形象持物樹立於乚內之形,所樹之物似是木柱一類東西。字中的小點,大概是象土粒。樹立木柱一類東西的時候,爲了樹得正,往往需要有人把它扶住①。本義爲樹立。

3. 同源詞繫聯

木柱立於乚內,其中有"直立、强固"的特點。"直立"又與"强固"義通,這在"吉、巠"族詞中均有體現。從"建"得聲的有"堅硬、强固"義的同源詞如下:

《説文》木部:"楗,限門也。从木建聲。"段注本作"距門也",注云:"距各本作限,非。今依《南都賦》注所引正。《老子》釋文亦作距門也。《月令》'脩鍵閉,慎管籥',注曰:'鍵,牡;閉,牝也。管籥,搏鍵器也。'《周禮·司門》'掌授管鍵以啓閉國門',先鄭云:'管謂籥也,鍵謂牡。'按:楗閉即今木鎖也。"門部:"關,關下牡也。从門龠聲。"段注:"關者,横物,即今之門檻。關下牡者,謂以直木上貫關,下插地,是與關有牝牡之别。《漢書》所謂'牡飛''牡亡'者,謂此也。《月令》曰'脩鍵閉,慎管籥',注曰:'鍵,牡;閉,牝也。管籥,搏鍵器也。'然則關下牡謂之鍵。""蓋古祇用木爲,不用金鐵。故《説文》鍵下祇云鉉,不云門牡。"楗指豎插在門閂上使閂撥不開的木棍,同時具有直立與强固的特點。

人部:"健,伉也。从人建聲。"段注:"伉下曰'人名',而不言其義,以此云'伉也'證之,則知人名二字非許書之舊矣。《周易》曰:'乾,健也。'"《戰國策·秦策二》:"楚客來使者多健,與寡人争辭,寡人數窮焉。"高誘注:"健者,强也。"《馬王堆·周易經傳·衷》23 下—24 上:"是故天之義剛建(健)僮(動)發而不息,亓(其)吉保功也。"

①裘錫圭《釋"建"》,《古文字論集》第 353—355 頁。

金部："鍵,鉉也。一曰車轄。从金建聲。"段注："謂鼎扃也。以木橫關鼎耳而舉之,非是則既炊之鼎不可舉也,故謂之關鍵。引申之爲門戶之鍵閉。門部曰:'關,以木橫持門戶也。'門之關猶鼎之鉉也。"

革部："鞬,所以戢弓矢。从革建聲。"《廣雅·釋器》:"鞬,弓藏也。"王念孫疏證:"鞬之言鍵閉也。"弓袋需强固。

筋部："筋,筋之本也。从筋,从夗省聲。腱,筋或从肉建。"《廣雅·釋器》:"腱,肉也。"王念孫疏證:"腱之言健也。"

4. 通用情况

（1）楗—健　　《馬王堆·十問》99—100:"蠆息以晨,氣刑（形）乃剛,襄[□□□,□□]近水,精氣淩楗（健）久長。"

5. 詞源譜系

建—楗健鍵鞬腱[强固、堅硬]

○九　干

1.《説文》本義

《説文》干部："干,犯也。从反入,从一。"

2. 出土材料本義

甲骨文作☃（合 4947）等形,象盾形,本義爲盾。

3. 同源詞繫聯

由出土材料本義及與本義相聯繫的具體物象,其派生出如下同源詞族:

盾是防禦武器,其具有"防衛、抵禦"義:

《説文》手部："扞,忮也。从手干聲。"段注："忮當作枝。枝持字古書用枝,亦用支。許之字例則當作楮。許之楮柱,他書之揩挂也。支部敦下云'止也',扞義當略同。忮訓很,非其義。《周南》'干城'傳曰:'干,扞也。'《左傳》亦以'扞城其民'釋'干城'。孫炎以'自蔽扞'釋《爾雅》扞字。許盾下云'所以扞身蔽目'。然則扞字之訓可定矣。《廣韵》扞下曰:'以手扞,又衛也。'《玉篇》亦曰'扞,衛也',字亦作捍。《祭法》'能禦大災,能捍大患,則祀之',《魯語》作扞。"

金部："釬,臂鎧也。从金干聲。"段注："《管子·戒》曰'弛弓脱釬',

房注：'釬，所以扞弦。'按：房非也。禮射時箸左臂者謂之遂，亦謂之拾。若戰陣所用臂鎧謂之釬，兩臂皆箸之，又非無事時所箸臂衣謂之韝也。"《管子·戒》："公望二子，弢弓脱釬而迎之。"房玄齡："釬，所以扞弦。"

　　車部："軒，曲輈藩車。从車干聲。"段注："謂曲輈而有藩蔽之車也。曲輈者，戴先生曰：'小車謂之輈，大車謂之轅。人所乘欲其安，故小車暢轂染輈。大車任載而已，故短轂直轅。'艸部曰：'藩者，屏也。'服虔注《左傳》、薛綜解《東京賦》、劉昭注《輿服志》皆云'車有藩曰軒'，皆同許說。許於'藩車'上必云'曲輈'者，以輈穹曲而上，而後得言軒。凡軒舉之義引申於此。"《廣雅·釋器》："軒，車也。"王念孫疏證："軒之言扞蔽也。"

　　支部："敔，止也。从支旱聲。《周書》曰：'敔我于艱。'"段注："敔、扞古今字，扞行而敔廢矣。《毛詩傳》曰：'干，扞也。'謂干爲扞之假借，實則干爲敔之假借也。手部曰：'扞，忮也。'"

　　戈部："戝，盾也。从戈旱聲。"段注："干戈字本作戝。干，犯也。戝，盾也。俗多用干代戝，干行而戝廢矣。"

　　沈之傑認爲干上可以鑲錫，從出土實物看，有一類錫是圓形尖頂，應該是鑲在干上使之更具有或突出其攻擊性，所以干雖然是防禦性武器，但也有一定的攻擊或者抗拒性①。另外，"攻擊"又與"防衛、抵禦"意義相反相成：

　　《説文》言部："訐，面相斥罪，相告訐也。从言干聲。"段注作"面相斥罪告訐也"。《玉篇》言部："訐，攻人之陰私也。"

　　刀部："刊，剟也。从刀干聲。"段注："《柞氏》'夏日至，令刊陽木而火之'，注：'刊謂斫去次地之皮也。'按凡有所削去謂之刊，故刻石謂之刊石。"

　　心部："忓，極也。从心干聲。"段注："極者，屋之高處。干者，犯也。忓者，以下犯上之意。"《玉篇》心部："忓，擾也。"《國語·魯語下》："文伯曰：'以歜之家而主猶績，懼干季孫之怒也。'"徐元誥曰："明道本'干'作'忓'。"

　　女部："奸，犯婬也。从女从干，干亦聲。"段注："形聲中有會意。

────────────

①沈之傑《干、盾補説》，《中國語言文學研究》2020 年第 1 期。

干,犯也。故字从干。”

　　辵部:“迁,進也。从辵干聲。讀若干。”段注:“干求字當作迁,干犯字當作奸。”章太炎《文始一》:《説文》干,犯也。……孳乳爲迁,進也。引申爲迁求①。干求、干犯意義相通。《銀雀山·晏子》561—562:“今吾欲具圭璧犧生(牲),令祝宗薦之上下,意者體可奸福乎?”傳本《晏子·内篇問上》:“今吾欲具珪璧犧牲,令祝宗薦之乎上帝宗廟,意者祀可以干福乎?”

　　使用武器,在狩獵或戰爭中應該“勇猛”,又有下列詞:

　　《説文》馬部:“馯,馬突也。从馬旱聲。”段注:“馯之言悍也。《淮南書》作‘駻’,高曰:‘駻馬,突馬也。’”

　　心部:“悍,勇也。从心旱聲。”

　　鼻部:“鼾,臥息也。从鼻干聲。讀若汗。”段注:“息,鼻息也。《廣韻》曰:‘臥氣激聲。’”

　　作爲武器,又需“堅硬”:

　　《説文》骨部:“骭,骹也。从骨干聲。”段注:“按骭之言榦也,榦者,本也,人體之阯也。”

　　禾部:“稈,禾莖也。从禾旱聲。《春秋傳》曰:‘或投一秉稈。’秆,稈或从干。”段注:“謂自根之上至貫於穗者是也。”王鳳陽指出:“‘莖’和‘榦’是同源的,只不過細長挺直的叫作‘莖’,長而粗壯的叫作‘榦’罷了。”②

　　骭、稈,同時又有“直、長”的特點,以“直、長”爲意義特點的還有下列詞:

　　《説文》竹部:“竿,竹梃也。从竹干聲。”段注:“木部曰:‘梃,一枚也。’按梃之言挺也,謂直也。《衛風》曰:‘籊籊竹竿。’引伸之木直者亦曰竿。凡干旄、干旟、干旌皆竿之假借。”《上孫家寨·軍令》:“兵車御右及把摩(麾)干(竿)、鼓正(鉦)鍼者,拜爵賜論。”

　　网部:“罕,网也。从网干聲。”段注:“謂网之一也。《吳都賦》注曰:‘罼、罕皆鳥網也。’按罕之制蓋似畢,小网長柄,故《天官書》畢曰罕車。”

---

① 章太炎《章太炎全集:新方言 嶺外三州語 文始 小學答問 説文部首均語 新出三體石經考》第 209 頁。

② 王鳳陽《古辭辨》第 93 頁。

“《五經文字》曰：‘經典相承隸省作罕。’”

“堅硬”往往與“乾燥”相關。前文“垎”下引段注“乾與堅義相成”，二義的相通在下文“古”聲詞中亦有體現。以“乾燥”爲詞源意義：

《説文》革部：“靬，靬，乾革也。武威有麗靬縣。从革干聲。”

日部：“旱，不雨也。从日干聲。”

屵部：“岸，水厓而高者。从屵干聲。”

“乾燥”與“白色”義通，以“白色”爲詞源意義：

《説文》目部：“盰，目多白也。一曰張目也。从目干聲。”《玉篇》目部：“盰，目白皃。”

馬部：“馯，馬頭有發赤色者。从馬岸聲。”段玉裁改爲“馬頭有白發色”，注曰：“大徐作馬頭有發赤色者，非是。《篇》《韵》皆云‘馬白領至脣’，《集韵》曰‘馬流星貫脣’，則爲馬頭發白色矣。”

《廣雅·釋器》：“皔，白也。”《廣韻》旱韻：“皔，白皃。”

馯的聲符“岸”、皔的聲符“旱”均有“乾燥”義，而二詞有“白”義。黑與白相互對立，又以“黑”爲詞源意義：

《説文》皮部：“皯，面黑气也。从皮干聲。”《廣雅·釋詁》：“皯，病也。”《楚辭·漁父》“顏色憔悴，形容枯槁”，王逸注：“皯黴，黑也。”指皮膚黧黑枯槁。

豸部：“豻，胡地野狗。从豸干聲。”《爾雅·釋獸》：“貙獌，似貍。”邢昺疏：“《字林》云：‘貙似貍而大，一名獌。’郭云：‘今山民呼貙虎之大者爲貙豻。’《字林》云：‘豻，胡地野狗，似狐，黑喙。’皆貙之類，故又呼貙豻。”《本草綱目·獸部·貘》：“豻，《禽書》云：‘豻應井星，胡狗也。狀似狐而黑，身長七尺，頭生一角，老則有鱗。’”

4. 通用情況

（1）軒—悍　　《銀雀山二·論政論兵之類·五名五共》1164：“兵有五名，一曰威强，二曰軒驕，三曰剛至，四曰朌忌，五曰重槳。”整理小組注：“軒驕，當是高傲或驕悍之意。”陳偉武同意此説，并認爲“軒”讀爲“悍”[1]。

（2）竿—干　　《武威·甲本泰射》8：“大史在竿（干）侯之東北，北

面，東上。”

5. 詞源譜系

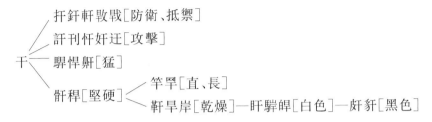

一〇　孚

1.《説文》本義

《説文》爪部：“孚，卵孚也。从爪从子。一曰信也。”段注本作“卵即孚也”，注曰：“即字依玄應書補。《通俗文》：‘卵化曰孚，音方赴反。’《廣雅》：‘孚，生也。’謂子出於卵也。《方言》：‘雞卵伏而未孚。’於此可得孚之解矣。卵因伏而孚，學者因即呼伏爲孚。”從《説文》看其爲“孵”本字。

2. 出土材料本義

孚，甲骨文作🦅（合 903 正），爲“俘”之初文。《爾雅·釋詁》：“俘，取也。”《左傳·僖公二十二年》：“楚子使師縉示之俘馘。”杜預注：“俘，所得囚。”多友鼎：“執訊廿又三人，孚（俘）戎車百乘一十又七乘。”

3. 同源詞繫聯

《説文》手部：“抙，引取也。从手孚聲。抱，抙或从包。”段玉裁改爲“引堅也”，注曰：“堅，各本作取，今正。《詩》釋文作堅，今本譌爲取土二字，非也。堅義同聚。引堅者，引使聚也。《玉篇》正作引聚也。《大雅》‘捄之陾陾’，傳曰：‘捄，虆也。陾陾，衆也。’箋云：‘捄，抙也。度，投也。築牆者抙聚壤土，盛之以虆，而投諸版中。’此引聚之正義，箋與傳互相足。《賓筵》之‘仇’，鄭讀爲捄。此‘捄’，鄭釋爲抙。皆於其音之相近得其義也。《常棣》‘原隰裒矣’，傳云：‘裒，聚也。’此重聚不重引，故不言引但言聚也。裒者，抙之俗。《易》‘君子以裒多益寡’，鄭、荀、董、蜀才作抙，云取也。此重引，故但言取也。”《玉篇》手部：“抙，《説文》曰：‘引聚也。’《詩》曰：‘原隰抙矣。’抙，聚也。”《廣雅·釋詁》：“抙，取也。”王念孫疏證:"《爾雅》:'俘,取也。'義亦與'捊'同。凡與之義近於'散',取之義近於'聚'。"張博繫聯俘、捊同源,指出獲取與積聚義相通①。

"聚集"與"多"義通:

《說文》火部:"烰,烝也。从火孚聲。《詩》曰:'烝之烰烰。'"段注:"《釋訓》曰:'烰烰,烝也。'毛傳曰:'浮浮,氣也。'按:《爾雅》不偁《詩》全句,故曰'烝也'而已。毛釋《詩》全句,故曰'浮浮,氣也'。許於此當合二古訓爲解,曰'烰烰,烝皃',謂火氣上行之皃也。或轉寫者删之耳。"《玉篇》火部:"烰,烰烰,火氣盛也。"火氣盛而上浮,"烰"兼有盛多與上浮之義。

《玉篇》多部:"�532,多也。"《廣雅・釋詁》:"�532,多也。"

聚集義與外表、裹覆義亦相通,外表裹覆內裏,則內裏之物聚集於外表之下。同類的有"包"。《說文》包部:"包,象人裹妊,巳在中,象子未成形也。"段注:"引申之爲凡外裹之稱。"《玉篇》包部:"包,裹也。婦人懷妊,元氣起於人子所生也。"《尚書・禹貢》:"厥土赤埴墳,草木漸包。"孔安國傳:"包,叢生。"陸德明釋文:"包,必茅反,字或作苞,非叢生也。馬云:相包裹也。"孔穎達疏:"《釋言》云:'苞,積也。'孫炎曰:'物叢生曰苞,齊人名曰積。'郭璞曰:'今人呼叢緻者爲積。'漸苞謂長進叢生,言其美也。"陸德明以馬融注"相包裹"否定孔傳"叢生"說,實際上二義相因。與"孚"聲詞同例互證。"柔"亦同時具有裹覆與聚集的特點,詳後文"求"聲詞。以"外表、裹覆"的爲詞源意義的"孚"聲詞有:

《玉篇》卵部:"孵,卵化也。"

《說文》艸部:"莩,艸也。从艸孚聲。"《諸子平議・揚子法言一》"熒魂曠枯,糟莩曠沈",俞樾曰:"莩者,米之皮也。"

肉部:"脬,膀光也。从肉孚聲。"段注本作"旁光也",注曰:"各本作膀,非。兩膀謂脅也。今正。《白虎通》曰:'旁光者,肺之府也。肺者,斷決膽。旁光亦常張有勢,故先決難也。'《素問》曰:'旁光者,州都之官,津液藏焉。'按:此所引《白虎通》本小徐,與《御覽》所引《元命苞》合。"

邑部:"䣆,郭也。从邑孚聲。"徐鍇繫傳:"《春秋傳》曰:'伐宋。入

①張博《漢語同族詞的系統性與驗證方法》第 150 頁。

其郭。’郭,郭也。郭猶柎也,草木華房爲柎,在外包裹之也。”段注:“《公羊傳》‘入其郛’,注:‘郛,恢郭也。城外大郭也。’”《公羊傳·文公十五年》:“郛者何? 恢郭也。”《文選》張衡《西京賦》“經城洫,營郭郛”,李善注:“《公羊傳》曰:郛者何? 域外大郭也。”《璽彙》0339:“北孚東曲。”何琳儀指出:“孚,讀郛。《説文》‘郛,郭也’。”①

禾部:“稃,糠也。从禾孚聲。”徐鍇繫傳:“稃即米殼也。”段注:“小徐本此篆與秕篆相屬,古本也。《玉篇》次第正同。自淺人不知秕稃解而改竄之,乃又移易篆之次第矣。《甫田》箋曰:‘方,房也,謂孚甲始生而未合時也。’古借孚爲稃。”

网部:“罦,覆車也。从网包聲。《詩》曰:‘雉離于罦。’罦,罦或从孚。”段注:“《王風》‘雉離于罦’,傳曰:‘罦,覆車也。’”《爾雅·釋器》:“繴謂之罿,罿,罬也;罬謂之罦,罦,覆車也。”郭璞注:“今之翻車也。有兩轅,中施罥以捕鳥。展轉相解廣異語。”《詩經·王風·兔爰》:“有兔爰爰,雉離于罿。”毛傳:“罿,覆車也。”孔穎達疏:“孫炎曰:覆車網可以掩兔者也。”

麥部:“麸,小麥屑皮也。从麥夫聲。麱,麸或从甫。”段注:“麸之言膚也。”桂馥義證:“麸,或作䴾。”

《玉篇》玉部:“玞,玞筍,玉采色。”殷寄明以爲其指玉外表的色彩②。

從“孚”聲的詞多有“外表、裹覆”的特點,也可以看作是以《説文》本義爲起點的。按《説文》訓釋,其爲“孵”之本字。《禮記·聘義》:“孚尹旁達,信也。”孔穎達疏:“孚,浮也;浮者,在外之名。”《釋名·釋言語》:“覆,孚也,如孚甲之在物外也。”王先謙疏證補:“蘇輿曰:《周語》韋昭注:‘孚,覆也。’與此轉注。《詩·大田》箋:‘方謂孚甲始生。’孔疏:‘孚者,米外之粟皮甲者,以在米外,若鎧甲之在人表。’案莩爲葭裹白皮(見《漢書·中山王勝傳》注),桴爲木表麤皮(見《詩·角弓》箋)。孚與莩桴同聲,字並爲在物外之稱。覆者,覆物之具,物在覆内,則覆在物外,故以孚釋之。”

外表與事物浮於水面相通,故又有以“上浮”爲詞源意義的下列詞:

①何琳儀《戰國古文字典——戰國文字聲系》第249頁。
②殷寄明《漢語同源字詞叢考》第246—247頁;《漢語同源詞大典》第717頁。

　　《説文》水部:"浮,氾也。从水孚聲。"《禮記·聘義》:"孚尹旁達,信也。"孔穎達疏:"孚,浮也;浮者,在外之名。"《東漢銅鏡》205:"駕非(飛)龍,乘孚(浮)雲。"

　　木部:"桴,棟名。从木孚聲。"《爾雅·釋宫》:"棟謂之桴。"郝懿行義疏:"桴之言浮,浮,高出在上之言也。"《國語·齊語》:"方舟設泭,乘桴濟河。"韋昭注:"編木曰泭,小泭曰桴。"

　　《廣雅·釋水》:"艀,舟也。"王念孫疏證:"艀之言浮也。"《玉篇》舟部:"艀,小艞也。"

　　《爾雅·釋蟲》:"蜉蝣,渠略。"殷寄明以之爲浮游於水面之蟲①。

4. 詞源譜系

一一　夬

1.《説文》本義

　　《説文》又部:"夬,分決也。从又,彐象決形。"

2. 出土材料本義

　　趙平安認爲甲骨文𢗁(合 9367)、金文𢭶(段簋)、戰國楚簡𢭶(包山 2-260)等形應釋"夬",其由◯和入兩部分組成,象人手指上套着一枚圓圈,是一個合體象形字。結合夬和从夬諸字在古書中的用法看,夬的形義應是指射箭時戴在大拇指上、用以鉤弦的扳指②。殷墟婦好墓出土的玉扳指,"下端平齊;上端作前高後低的斜面形,中空,可套入成年人的拇指。背面下端有一條凹下的槽",其側視圖作🐚,背面有一缺口③。使用時,把扳指套入拇指,弓弦正好納入背面的槽内。缺口(凹槽)是扳

---

①殷寄明《漢語同源字詞叢考》第 247 頁。
②趙平安《〈説文〉小篆研究》第 150—151 頁。
③中國社會科學院考古研究所《殷墟婦好墓》第 194 頁。側視圖見《殷墟婦好墓》圖九七(甲)、圖版一六四。

指實現其功能的必要條件,它的這個特點決定了其詞義特點——缺口、決斷。

3. 同源詞繫聯

以"缺口"爲詞源意義:

《説文》玉部:"玦,玉佩也。从玉夬聲。"段注:"《白虎通》曰'君子能決斷則佩玦',韋昭曰:'玦如環而缺。'"《廣韻》屑韻:"玦,珮如環而有缺。逐臣賜玦,義取與之訣別也。"《上博四·采風曲目》3:"《鼎也遺夬(玦)》。"

缶部:"缺,器破也。从缶,決省聲。"段玉裁改爲"从缶夬聲"。《郭店·老子》乙13—14:"大成若夬,其甬(用)不犖(敝)。"《馬王堆·老子甲本·德篇》17:"大成若缺,亓(其)用不幣(敝)。"《上博三·周易》38:"君子夬夬,蜀(獨)行遇雨,女(如)雩又(有)礩(屬),亡(無)咎。"《馬王堆·周易經傳·周易》57下:"君子缺_(缺缺—夬夬)獨行,愚(遇)雨如濡,有溫(慍),无咎。"今本《易·夬》:"君子夬夬,獨行遇雨,若濡有慍。"《睡虎地·秦律十八種》157—158:"其有死亡及故有夬(缺)者,爲補之,毋須時。"

肉部:"肬,孔也。从肉,決省聲。讀若決水之決。"段注作"从肉夬聲",注曰:"蒙脽言則謂尻孔也。""夬聲,鉉本作決省聲,誤。鍇本亦同者,張次立依鉉改之也。"

臽部:"䜹,臼突也。从臽,決省聲。"段注本作"从臽夬聲",注曰:"突者,穿也。謂兩臼間空闕處也。"徐灝注箋:"兩臼間空闕處,故曰䜹。䜹之言抉也,蓋鑿山通道之義。"

以"決斷"爲詞源意義:

《説文》水部:"決,行流也。从水从夬。"段玉裁改爲"下流也。从水夬聲",注曰:"決水之義引伸爲決斷。"《睡虎地·法律答問》79:"妻悍,夫毆治之,夬(決)其耳,若折支(肢)指、肬體(體),問夫可(何)論?"整理者注:"決,撕裂。"《龍崗秦簡》204"□罪者獄未夬(決)□",注釋:"決,決獄,判決獄訟。"[1]《傳馬名籍》一〇一:"鴻嘉四年十月丁亥,臨泉亭長褒敢言之:謹案,亭官牛一,黑,犗,齒八歲夬(決)鼻,車一兩(輛)……"夬,

---

[1]中國文物研究所、湖北省文物考古研究所編《龍崗秦簡》第134頁。

通決。牛鼻子上穿孔以拴繮繩,決鼻指穿孔之處斷裂①。《張家山・引書》108—109:"賤人之所以得病者,勞卷(倦)飢渴,白汗夬(決)絶,自入水中,及臥寒突之地,不智(知)收衣,故得病焉。""夬,通決。決絶,斷絶。"②《馬王堆・戰國縱橫家書・蘇秦謂齊王章》124—125:"秦弱宋服,則王事遬(速)夬(決)也。"

　　新附言部:"訣,訣別也。……从言,決省聲。"《上博七・凡物流行甲》5—6:"亓(其)夬系(奚)窜(適),管(孰)智(知)亓(其)疆?"張崇禮指出:"'夬'應讀爲'決'或'訣',釋爲'別'。"③《馬王堆・戰國縱橫家書・謂起賈章》185—186:"今事來矣,此齊之以母質之時也,而武安君之揲(滅)禍存身之夬(訣)也。"

　　穴部:"突,穿也。从穴,決省聲。"段玉裁亦改爲"夬聲",注:"大徐作決省聲。此不知古音者爲之也。"

　　手部:"抉,挑也。从手夬聲。"段注:"抉者,有所入以出之也。"《莊子・盜跖》:"比干剖心,子胥抉眼,忠之禍也。"《北大四・妄稽》3:"力勁夬骼,不好手抚。"夬,讀爲抉,折斷④。

　　穴部:"窫,深抉也。从穴从抉。"段注:"此以會意包形聲。小徐作抉聲,亦通。"

　　金部:"鈌,刺也。从金夬聲。"

　　"決"是"水把障礙物衝出缺口而下瀉",或是"挖開堤壩,疏通壅塞,使水能夠順暢地下流"⑤,其中同時有"疾速"義。《類篇》水部:"決,疾兒。《莊子》:'麋鹿見之決驟。'徐邈説。"又有以"疾速"爲詞源意義的下列詞:

　　《説文》走部:"趹,踶也。从走,決省聲。"《廣雅・釋詁》:"趹,疾也。"《集韻》屑韻:"趹,疾也。"

　　足部:"趹,馬行兒。从足,決省聲。"《玉篇》足部:"趹,疾也。"《史

①胡平生、張德芳編撰《敦煌懸泉漢簡釋粹》第 85 頁。
②高大倫《張家山漢簡〈引書〉研究》第 171 頁。
③張崇禮《釋〈凡物流形〉的"其夬奚適,孰知其疆"》,復旦大學出土文獻與古文字研究中心網 2009 年 3 月 19 日。
④張傳官《北大漢簡〈妄稽〉校讀與復原札記》,《出土文獻》第 11 輯第 297 頁。
⑤王鳳陽《古辭辨》第 532 頁。

記·張儀列傳》"秦馬之良,戎兵之衆,探前趹後蹄間三尋騰者,不可勝數",司馬貞索隱:"謂馬前足探向前,後足趹於後。……趹謂後足抉地,言馬之走埶疾也。"

馬部:"駃,駃騠,馬父驘子也。从馬夬聲。"《廣韻》夬韻:"駃,駃馬,日行千里。"《集韻》夬韻:"駃,馬行疾。"

4. **通用情況**

(1)肤—決　　《張家山·二年律令》27—28:"其非用此物而人,折枳、齒、指、胅體、斷肤(決)鼻、耳者,耐。"

(2)抉—缺　　《馬王堆·五十二病方》134—135:"冥(螟)者,蟲所齧穿者□,其所發毋恒處,或在鼻,或在口旁,或齒齦,或在手指□□使人鼻抉(缺)指斷。"

5. **詞源譜系**

```
      玦缺肤䦼[缺口]
     ／
夬
     ＼
      決訣突抉窡鈌[決斷]—駃赽趹[疾速]
```

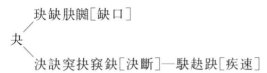

一二　寺

1.**《説文》本義**

《説文》寸部:"寺,廷也。有法度者也。从寸之聲。"《廣雅·釋宫》"寺,官也",王念孫疏證:"寺之言止也。"《文選》潘岳《在懷縣作》"登城望郊甸,遊目歷朝寺",李善注:"《風俗通》曰:'今尚書御史所止,皆曰寺也。'"

2. **出土材料本義**

寺,金文作(寺季故公簋),爲"持"本字。

《説文》手部:"持,握也。从手寺聲。"《詩經·大雅·鳧鷖》序"大平之君子,能持盈守成",孔穎達疏:"執而不釋謂之持。"陳喜壺:"爲左(佐)大(太)族,台(以)寺(持)民。"《石鼓文·吾車》:"騂騂角弓,弓兹以寺(持)。"《清華三·周公之琴舞》13—14:"差(佐)寺(持)王志(聰)明,亓又(有)心不易,畏(威)義(儀)謐謐,大亓又慕。"李守奎指出:"寺,讀爲'持',差(佐)寺(持)義同第一章之'弼寺'。其有心當指佐持王之心。"①《馬王堆·十六經·成法》46 下—47 上："罷（彼）必正人也，乃能操正以正奇，握一以知多，除民之所害，而寺（持）民之所宜。"

3. 同源詞繫聯

持於手中，即"止"於手中，從"寺"聲的詞多有"止"義。

《説文》广部："庤，儲置屋下也。从广寺聲。"段注："庤與偫音義同。云置屋下者，以其字从广也。《周頌》'庤乃錢鎛'，傳曰：'庤，具也。'"

水部："渟，水暫益且止，未減也。从水寺聲。"段注："此義未見，蓋與待、偫、峙字義相近。《爾雅·釋水》亦借爲沚字。"王筠句讀："渟，猶云不增不減耳。"

田部："畤，天地五帝所基址，祭地。从田寺聲。右扶風有五畤。好畤、鄜畤，皆黄帝時祭。或曰秦文公立也。"段注作"天地五帝所基止祭地也"，注曰："止，依《韵會》正，下基也。以基止釋畤，以疊韵爲訓也。所基止祭地謂祭天地五帝者，立基止於此而祭之之地也。"王筠句讀："語頗詰屈，似經删併，其意若曰：畤者，祭天地五帝之地也。畤者，止也。其制壇而不屋，但有基止，故謂之畤。"《史記·秦本紀》"襄公於是始國，與諸侯通使聘享之禮，乃用騮駒、黄牛、羝羊各三，祠上帝西畤"，司馬貞索隱："畤，止也，言神靈之所依止也。"

止部："峙，躇也。从止寺聲。"段注："足部曰：'躇者，峙躇不前也。'峙躇爲雙聲字，此以躇釋峙者，雙聲互訓也。"《玉篇》止部："峙，躇也，止不前也。"

彳部："待，竢也。从彳寺聲。"《廣雅·釋詁》"待，逗也"，王念孫疏證："待之言峙也。"《經義述聞·國語下》"君知成之從也未知其待於曲沃也"，王引之曰："待，止也。"《上博一·性情論》1："寺（待）勿（物）而句（後）乍（作）；寺（待）兑（悦）而句（後）行，寺（待）習而句（後）奠。"《睡虎地·日書甲種》59 背貳："鬼入人宫室，勿（忽）見而亡，亡（無）已，以脩（滫）康（糠），寺（待）其來也，沃之，則止矣。"《馬王堆·十六經·五正》14 下—15 上："左右執規，以寺（待）逆兵。"

《玉篇》山部："峙，峻峙。"《文選》張衡《西京賦》"通天訬以竦峙，徑百常而莖擢"，劉良注："峙，立也。"《後漢書·鄭太傳》"將各棋峙，以觀成敗,不肯同心共膽,與齊進退",李賢注:"峙,止也。"止與直立義統一於一詞。

《廣雅·釋詁》"跱,止也",王念孫疏證:"《爾雅》:'止,待也。'《廣雅》:'止、待,逗也。''待'與'跱'亦聲近而義同。"《釋名·釋姿容》:"持,跱也,跱之於手中也。"陳建初以持、跱同源,均有止義,又指出:"古漢語中寺聲(寺从之聲)字多有止義,如:侍、待、等、時、峙、恃,等等,'持'之音義與之相通,語源當相同。"①

《説文》人部:"侍,承也。从人寺聲。"近侍之臣,止於尊者之旁應承伺候、供尊者支使,源義素是"留止"②。《望山》一·二九:"出内(入)寺(侍)王,自啻屎……"《睡虎地·秦律十八種》182:"上造以下到官佐、史毋(無)爵者,及卜、史、司御、寺(侍)、府,糒(糒)米一斗,有采(菜)羹,鹽廿二分升二。"

人部:"偫,待也。从人从待。"段注:"以疊韵爲訓,謂儲物以待用也。""此舉會意包形聲也。"《馬王堆·五十二病方》112:"先侍(偫)白雞,犬矢。"

日部:"時,四時也。从日寺聲。"陸宗達、王寧指出時與待同源,均有止義,時間之止曰時。時又孳乳出蒔、塒,與待義通。蒔是將育好的苗均匀地插在地裏,也就是移苗,苗待的地方叫蒔。塒是雞夜晚待的地方③。《楚帛書》甲:"三寺□□,𢱢(繼)之以帀(需)降。"三寺,李零讀寺爲時④。《清華三·説命中》1—2:"敆(説)曰:'允若寺(時)。'"若時,義爲如是。

土部:"塒,雞棲垣爲塒。从土時聲。"含有"止"義。

心部:"恃,賴也。从心寺聲。"《老子·道經》:"萬物恃之而生而不辭,功成不名有。""依附、依賴"與"止"義相通。屬羌鐘:"武侄寺(恃)力,富敓楚京。"《馬王堆·老子甲本·德篇》28—29:"[生而]弗有也,爲而弗寺(恃)也,長而弗宰也,此之謂玄德。"

又有以"直立"爲詞源意義的下列詞("主"聲詞亦同時有"直立"與

---

① 陳建初《〈釋名〉考論》第 186 頁。
② 王浩《鄭玄〈三禮注〉〈毛詩箋〉同源詞研究》第 221 頁。
③ 陸宗達、王寧《訓詁與訓詁學》第 232—235 頁。
④ 李零《長沙子彈庫戰國楚帛書研究》第 57 頁。

“止”兩個意義特點,詳後):

《説文》艸部:“蒔,更別種。从艸時聲。”段注:“《方言》曰‘蒔,立也’,‘蒔,更也’。《堯典》‘播時百穀’,鄭讀時爲蒔。今江蘇人移秧插田中曰蒔秧。”《玉篇》艸部:“蒔,植立也。”其同時又有“止”義。

木部:“栦,槌也。从木,特省聲。”段玉裁改爲“從木寺聲”,注曰:“各本作特省聲,淺人所改也,特又何聲耶。”《廣雅·釋器》“栦、植,槌也”,王念孫疏證:“栦、植之爲言皆直也。”

4. 通用情況

(1)持—恃　《馬王堆·戰國縱橫家書·觸龍見趙太后章》189:“老婦持(恃)連(輦)而睘(還)。”

(2)持—待　《武威·甲本燕禮》18:“勝(媵)爵者執觚(觶)持(待)于洗南。”

(3)待—時　《侯馬盟書》322:“定宫平待之命。”何琳儀讀待爲時①。

(4)侍—寺　《嶽麓四》175正:“黔首室、侍(寺)舍有與廥、倉、庫、實官補屬者,絕之,毋下六丈。”寺舍,官舍。

(5)侍—持　《北大二·老子》85—86:“我恒有三葆(寶),侍(持)而葆(保)之。”

(6)侍—待　《馬王堆·周易經傳·衷》32下:“君子齊明好道,日自見以侍(待)用也。”

(7)侍—時　《馬王堆·周易經傳·衷》48下:“《易》之義,贊始要冬(終)以爲質,六肴(爻)相雜,唯侍(時)物也。”

(8)侍—恃　《馬王堆·稱》2上—2下:“有義(儀)而義(儀)則不過,侍(恃)表而朢(望)則不惑,案(按)法而治則不㐌(亂)。”

(9)時—時　《陶彙》三·七九七:“好時”,即好時。

(10)時—侍　《東漢銅鏡》177:“日有熹(喜),月有富,樂毋(無)事,宜酒食,居必安,毋(無)憂患,芋(竽)瑟時(侍),心志驩(歡),樂已□,□□日。”

(11)時—持　《上博二·容成氏》48—49:“文王時(持)故時而毕

①何琳儀《戰國古文字典——戰國文字聲系》第45頁。

(教)民時,高下肥磽之利孝(盡)智(知)之。"

(12)時—蒔　《嶽麓三·猩、敞知盜分臧案》53:"猩獨居舍爲養,達與僕徒時(蒔)等謀塅冢。"

5. 詞源譜系

寺—持庤洔時畤待峙跱侍偫時墢恃[止]—蒔栚[直立]

一三　椔

1.《説文》本義

《説文》攴部:"椔,坏也。从攴从厂。厂之性坏,果孰有味亦坏,故謂之椔。从未聲。"

2. 出土材料本義

椔,甲骨文作彬(合 27325)等形,李孝定謂:"契文象一手持麥,攴擊而取之之形,乃穧麥之象形字。椔下小徐曰'攴擊取也',是也。攴擊所以脱粒,故引申訓'坏';手引而攴擊之,故亦訓'引';二者原爲一字,許書歧爲二耳。……釐,許訓'家福',引申爲凡福之偁,穧麥所以足食,引申自得有'福'義。"[1]

3. 同源詞繫聯

攴麥而麥粒脱落,从椔聲的詞有以"斷裂"爲詞源意義者:

《説文》刀部:"剺,剥也。劃也。从刀椔聲。"段注:"《方言》:'劙,解也。'劙與剺雙聲義近。""劃也"下注:"此别一義,當言一曰。按玄應書引《三蒼》云:'剺,劃也。'文部曰:'斄(斄),微畫也。'音同義近。"《説文》所舉二義均有"斷裂"義。

《集韻》之韻:"縒,斷繒也。"

《説文》新附女部:"嫠,無夫也。从女椔聲。"《左傳·昭公二十四年》"嫠不恤其緯,而憂宗周之隕,爲將及焉",杜預注:"嫠,寡婦也。"

麥粒的脱落當是很小的斷裂,所以又有以"細微"爲詞源意義的下二詞:

《説文》文部:"斄,微畫也。从文椔聲。"段注作"微畫文也",注:

---

①李孝定編述《甲骨文字集釋》第 913 頁。

"文,各本奪,今補。此謂微畫之文曰氂也。凡今人用豪氂,當作此字。《經解》曰'差若豪氂,謬以千里',乃是假借字。知爲微畫之文者,以从毳知之。毳者,圻也。微之意也。"氂同時具有細微、斷裂二義。

　　水部:"漦,順流也。一曰水名。从水毳聲。"段注:"順下之流也。《釋言》曰:'漦,盠也。'盠同漉酒之漉。《國語》《史記》龍漦,韋昭曰:'漦,龍所吐沫。'按龍沫必徐徐漉下,故亦謂之漦。"

　　以"福"爲詞源意義:

　　《説文》里部:"釐,家福也。从里毳聲。"

4. 詞源譜系

一四　兆

1.《説文》本義

　　《説文》卜部:"鼨,灼龜圻也。从卜,兆象形。州,古文兆省。"段注:"按古文祇爲象形之字,小篆加卜。非古文減卜也。"

　　依《説文》訓釋,"兆"爲"鼨"本字。《玉篇》兆部:"兆,事先見也。""州,同兆。"《周禮·春官·大卜》"大卜掌三兆之灋,一曰玉兆,二曰瓦兆,三曰原兆",鄭玄注:"兆者,灼龜發於火,其形可占者。"鼨,甲骨文作 🔲(合 536)、🔲(合 6088)等形,與"兆"無關("兆"的古文字字形詳下)。《馬王堆·老子乙本·道篇》61:"我博(泊)焉未挑(兆),若嬰兒未咳。"今本作:"我獨泊兮,其未兆,如嬰兒之未孩。"

2. 現有考釋及出土材料本義

　　甲骨文🔲(合 8340)、🔲(合 8345)等形唐蘭釋"兆"[1],于省吾亦釋"兆",并認爲兆爲洮及逃之本字。兆字中本从水,後世作洮,左增水旁,因用各有當,以資識別。上古洪水爲患,初民苦之,🔲字象兩人均背水

外向,自有逃避之意,今作逃爲後起字①。沈培通過西周金文"姚"字的寫法再次論證字當釋"兆",本義爲"逃"。并指出"兆"形演變的兩種路子:秦系文字▢→▢→▢→▢→▢,楚文字▢→▢→▢→▢→▢②。詹鄞鑫根據秦漢以降實物文字从"兆"之字中"兆"的基本結構爲从"北"从"乙"(水),同樣釋字爲"兆",但謂字形象兩人隔水相背,應是表現以水爲界,其本義爲界域(有邊界的區域),這個意義經典用"兆"字,《説文》寫作"姚","姚,畔也"③。

饒宗頤、李孝定釋字爲从水从北④。

蔣玉斌則釋甲骨文𠂤組小字 A 類▢(合 19755)、▢(合 19756)爲"兆",并認爲與"涉"作▢(合 19757)形是有區別的,主要靠中間曲綫的形狀來區分,但在這個系統之外可能有其他的區別方式,西周散盤銘文▢(涉)以另加水旁來區別。又指出《合集》19756:"丙寅卜,又(有)兆三羌,其至自(師)抑?"等卜辭中"兆"義爲"逃"。由此,對▢、▢等形釋"兆"表示尚有疑問⑤。

釋▢、▢爲"兆"及釋▢、▢爲"兆"的學者都認爲其形體後來一度演變爲▢形。單從字形角度看,均有道理。我們更同意前一種釋法,上引詹文和沈文都給出了从"兆"之字在秦系文字中从"人"的寫法,這正與甲骨文相合。沈文已經指出後來从"止"的寫法跟甲骨文中的▢没有關係。

接下來面臨的問題是▢、▢的本義問題。無論是以之表示界域還是逃跑,都認爲其字形是兩人隔水相背,那麼它究竟表示什麼意思。以它在卜辭中的用法看,詹氏説法更爲可信。卜辭"兆"常與方位詞東西南北組合,同時《合集》13517又有"作▢于兆""奏于兆宅"的説法,"兆"應該是表示一定區域的意思。

---

① 于省吾《釋兆》,《雙劍誃殷契駢枝 雙劍誃殷契駢枝續編 雙劍誃殷契駢枝三編》第252頁。

② 沈培《從西周金文"姚"字的寫法看楚文字"兆"字的來源》,張光裕、黃德寬等主編《古文字學論稿》第323—331頁。

③ 詹鄞鑫《華夏考——詹鄞鑫文字訓詁論集》第362—368頁。

④ 饒宗頤《殷代貞卜人物通考》第312頁;李孝定編述《甲骨文字集釋》第3371—3375頁。

⑤ 蔣玉斌《釋殷墟𠂤組卜辭中的"兆"字》,《古文字研究》第27輯第104—110頁。

《説文》玉部:"璏,圭璧上起兆璏也。从玉,篆省聲。"段注曰:"兆者,垗也,塋域之象。"《爾雅·釋言》"兆,域也",郭璞注:"謂塋界。"釋文:"兆,本又作垗。"《左傳·哀公二年》"若其有罪,絞縊以戮,桐棺三寸,不設屬辟,素車樸馬,無入于兆,下卿之罰也",杜預注:"兆,葬域。"孔穎達疏:"《周禮·冢人》云:'凡死於兵者,不入兆域。'鄭玄云:'戰敗無勇,投諸塋外以罰之。'此言不入兆域,亦罰也。"《説文》土部:"垗,畔也。爲四時界,祭其中。《周禮》曰:'垗五帝於四郊。'从土兆聲。"朱駿聲通訓定聲:"《廣雅·釋丘》'垗,葬地也',經傳皆以兆爲之。"《玉篇》土部:"垗,葬地。《周禮》曰'垗五帝於四郊',鄭玄曰:'垗,壇之塋域。'亦作兆。"《周禮·春官·小宗伯》"兆五帝於四郊",鄭玄注:"兆,爲壇之塋域。"《説文》引作"垗"。用作"卜兆"應爲借義。從古文字看,"兆"爲"垗"之本字,本義爲界域。界域與出逃二義相因,詳下文。

3. 同源詞繫聯

從"兆"聲的詞有以"界域"爲詞源意義的下列二詞:

《説文》斗部:"㪷,斛旁有㪷。从斗庛聲。一曰突也。一曰利也。《尔疋》曰:'㪷謂之疀。'古田器也。"徐鉉曰:"《説文》無庛字,疑厂象形,兆聲。"段玉裁改爲"斛旁有庛也",注曰:"庛,各本作㪷,今正。斛旁有庛,謂斛中有寬於方尺之處。若作有㪷,是斛外有物名㪷矣。""形聲中包會意也。土雕切。二部。庛字不見於許書。今按即窕之異體。穴部曰:'窕,深肆極也。'《釋言》曰:'窕,肆也。'又曰:'窕,閒也。'毛傳曰:'窈窕,幽閒也。'此以幽釋窈,以閒釋窕。窕訓肆,則爲過乎方尺。訓閒,則爲方尺又寬九氂五豪。从广與从穴同也。今篆體去其首筆則非是。《爾雅》釋文、《玉篇》、《廣韻》皆作庛。"《正字通》斗部:"㪷,古量器。"量器一定是有"界域"的。

《爾雅·釋宮》"屋上薄謂之筄",郝懿行義疏:"薄即簾也,以葦爲之,或以竹。屋上薄亦然。"邵晉涵正義:"在椽上而傅於瓦者名筄。"指鋪在椽上瓦下的竹箔或葦箔,亦是有一定界域的。筄在椽上瓦下,與水在二人之間,同狀異所。

二人隔水相背,水爲相離之始。而"界域"義中亦蘊含"開始"義,界域可爲相隔二者的起點。而"開始"與"小"義相通:

《説文》玉部:"珧,蜃甲也。所以飾物也。从玉兆聲。《禮》云:佩

刀,天子玉瑝而珧珌。"段注:"《釋器》曰:'以蜃者謂之珧。'按:《爾雅》:
'蜃小者珧。'《東山經》'嶧泉之水多蜃珧',傳曰:'蜃,蚌屬。珧,玉珧,
亦蚌屬。'然則蜃珧二物也,許云一物者,據《爾雅》言之。凡物統言不
分,析言有別。蜃飾謂之珧,猶金飾謂之銑,玉飾謂之珪,金不必皆銑,
玉不必皆珪也。"《爾雅·釋魚》"蜃,小者珧",郭璞注:"珧,玉珧,即
小蚌。"

羊部:"羏,羊未卒歲也。从羊兆聲。或曰,夷羊百斤左右爲羏。讀
若《春秋》盟于洮。"《廣雅·釋獸》"吳羊牡一歲曰牡羏",王念孫疏證:
"羏之言肇,始生之名也。"

月部:"朓,晦而月見西方謂之朓。从月兆聲。"農曆月底月亮在西
方出現,亦是細小彎月。

魚部:"鮴,魚名。从魚兆聲。"段注:"按字見《爾雅》,鱨之小者也。
假令許録此字,當與鱨篆相屬。"魚部:"魾,大鱨也。其小者名鮴。从魚
丕聲。"《爾雅·釋魚》:"魾,大鱨,小者鮴。"《黃侃手批爾雅義疏》:"蜃小
者珧。凡从兆聲者多有小義。"[1]

金部:"銚,溫器也。一曰田器。从金兆聲。"段注:"今煮物瓦器謂
之銚子。"《正字通》金部:"銚,溫器,今釜之小而有柄有流者亦曰銚。"

革部:"鞀,鞀遼也。从革召聲。鼗,鞀或从兆。鞉,鞀或从鼓从兆。
磬,籀文鞀从殸召。"段注:"此'門,聞也''戶,護也''鼓,郭也''琴,禁
也'之例,以疊韵説其義也。遼者,謂遼遠必聞其音也。《周禮》注曰:
'鼗如鼓而小,持其柄搖之,旁耳還自擊。'"《詩經·周頌·有瞽》"應田
縣鼓,鞉磬柷圉",陸德明釋文:"鞉,字亦作鼗。"朱熹集傳:"鼗,如鼓而
小,有柄,兩耳,持其柄搖之,則傍耳還自擊。"《周禮·春官·小師》"小
師掌教鼓、鼗、柷敔、塤、簫、管、弦、歌",鄭玄注:"鼗,如鼓而小,持其柄
搖之,旁耳還自擊。"

馬部:"駒,馬二歲曰駒,三歲曰駣。从馬句聲。"《集韻》小韻:"駣,
馬三歲。"

又王力繫聯䎐、銚,有鍬舌義[2],認爲二詞另外都有田器義,亦可從。

---

①黃侃《黃侃手批爾雅義疏》第 1239 頁。

②王力《同源字典》第 219—220 頁。

二人隔水相背,其中蘊含二人遠離義,從"兆"聲的詞有以"遠"爲詞源意義者:

《説文》新附示部:"祧,遷廟也。從示兆聲。"《左傳‧昭公元年》"其敢愛豐氏之祧",杜預注:"祧,遠祖廟祧。"

肉部:"胐,祭也。從肉兆聲。"段注:"祭名也。《廣雅》云'祧,祭也',祧當作胐。"朱駿聲通訓定聲:"胐之言超也,此爲遷廟而祭之名。"《包山》265遣策:"大兆之金器,一牛鑐……"整理者讀兆爲胐,指出大胐即大祭。王輝指出包山二號楚墓頭箱放置多件青銅禮器,墓中大量出土卜筮祭禱記録簡正説明這些銅器的用途是祭祀先祖①。

目部:"眺,目不正也。從目兆聲。"《文選》盧諶《贈崔温》"北眺沙漠垂,南望舊京路",劉良注:"眺,遠視也。"《玉篇》目部:"眺,眺望也。"

辵部:"逃,亡也。從辵兆聲。"《國語‧晋語一》"與其勤而不入,不如逃之",韋昭注:"逃,去也。"

木部:"桃,果也。從木兆聲。"《周禮‧夏官‧戎右》"贊牛耳,桃茢",鄭玄注:"桃,鬼所畏也。"《左傳‧昭公四年》"桃弧棘矢,以除其災",孔穎達疏引服虔云:"桃,所以逃凶也。"《韓詩外傳》卷十:"是名戒桃,桃之爲言亡也。"

穴部:"窕,深肆極也。從穴兆聲。讀若挑。"段注:"凡此皆可證窕之訓寬肆。凡言在小不塞,在大不窕者,謂置之小處而小處不見充塞無餘地,置之大處而大處不見空曠多餘地。"王筠句讀:"深肆,蓋即深邃。"《玉篇》穴部:"窕,窈窕也,深極也。"

"高"與"遠"義近。殷寄明認爲跳、挑均有"高"義②。此外還有"趒、狄":

《説文》足部:"跳,蹶也。從足兆聲。一曰躍也。"

手部:"挑,撓也。從手兆聲。一曰摷也。《國語》曰:卻至挑天。"段注:"下文云:'撓者,擾也。''擾者,煩也。'挑者,謂撥動之,《左傳》云'挑戰'是也。""'挑'是向上撥動、撥出。"③

走部:"趒,雀行也。從走兆聲。"徐鍇繫傳:"趒,鳥雀跳行也。"王筠

①王輝《古文字通假字典》第164頁。

②殷寄明《漢語同源字詞叢考》第204頁。

③王鳳陽《古辭辨》第687頁。

釋例:"趒與足部'跳'同。惟'跳'以蹶爲正義,躍爲引伸之義,是其別耳。若云雀行,專指雀之行,則非許君之意。雀能躍不能步,人之跳似之,故雀行仍指人。"

《爾雅·釋畜》:"犬,生三,猣;二,師;一,玂……絕有力,狣。"《黃侃手批爾雅義疏》:"狣之言跳也。與奮、迅同意。"[1]劉精盛指出:"廣大、高大就外而言,强大就內而言,故强與廣、高有音義聯繫。"[2]胡世文明確指出狣之强大與跳之高遠同意,二者同源[3]。

《集韻》筱韻:"挑,弄也。"《荀子·彊國》"其聲樂不流汙,其服不挑",楊倞注:"挑,偷也。不爲奇異之服。""挑"由表示向上撥動可引申指挑起人內心的各種情緒,即挑逗,誘引,由此又派生出下列二詞:

《說文》言部:"誂,相呼誘也。从言兆聲。"段注:"《戰國策》:'楚人有兩妻。人誂其長者,長者詈之。誂其少者,少者許之。'《史記·吴王濞傳》:'使中大夫應高誂膠西王。'按:後人多用挑字。"

人部:"佻,愉也。从人兆聲。《詩》曰:'視民不佻。'"段注:"心部曰:'愉,薄也。'《小雅·鹿鳴》曰:'視民不恌。'許所據作佻,是。毛傳曰:'恌,愉也。'""按:佻訓苟且,苟且者必輕。故《離騷》注曰:'佻,輕也。'《方言》曰:'佻,疾也。'《左傳》:'楚師輕窕。'窕正佻之假借字。"

"遠"與"長"義相通,包括空間的長和時間的長:

《說文》㫃部:"旐,龜蛇四游,以象營室,游游而長。从㫃兆聲。《周禮》曰:'縣鄙建旐。'"段注:"旐何以著其長,以有繼旐之斾故也。孫炎云:'帛續旐末亦長尋。'二尋則長丈六尺,故獨長也。"《爾雅·釋天》:"緇廣充幅,長尋曰旐。"

口部:"咷,楚謂兒泣不止曰嗷咷。从口兆聲。"

4. 通用情況

(1)逃—兆　　中山王墓《兆域圖》:"王命賙爲逃(兆)乏(法)闊陿小大之□。""'逃乏'即'兆法',指規模修造塋域之法度。"[4]

(2)逃—咷　　《馬王堆·周易經傳·繫辭》14上:"同人,先號逃

①黃侃《黃侃手批爾雅義疏》第 1421 頁。
②劉精盛《王念孫〈釋大〉"大"義探微》,《古漢語研究》2006 年第 3 期。
③胡世文《黃侃〈手批爾雅義疏〉同族詞研究》第 186 頁。
④王輝《古文字通假字典》第 164 頁。

（咷）而後哭〈笑〉。"

　　（3）桃—逃　　《睡虎地·日書甲種》11 貳："桃（逃）人，不得。""桃"
字爲李家浩釋，他同時認爲應該讀爲"逃"①。安徽天長紀莊漢墓 M19：
40-10 木牘："孺子孟逋亡桃（逃）事，願以遠謹爲故。"逃事，指逃避
勞役②。

　　（4）桃—咷　　《馬王堆·周易經傳·周易》7 下："九五，同人，先號
桃（咷）後芺（笑），大師克相遇。"

　　（5）咷—窕　　《銀雀山·尉繚子》458："……大而不咷（窕）；關之，
細而不欿（恢）。"《叢書集成》影宋本《尉繚子·兵談》作："故關之，大不
窕，小不恢。"華陸綜注："窕，間隙、破綻。"③

　　（6）佻—兆　　《北大二·老子》172—173："我袙（泊）旖（兮）未佻
（兆），若嬰兒之未咳（咳）。"帛書乙本字作"挑"。

　　（7）佻—挑　　《銀雀山·尉繚子》503—504："因險者毌（無）戰心，
搕戰毌（無）勝兵，佻（挑）戰毌（無）全氣。"《叢書集成》影宋本《尉繚子·
攻權》作："分險者無戰心，挑戰者無全氣，鬪戰者無勝兵。"

5. 詞源譜系

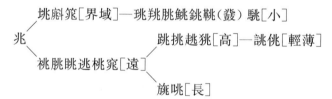

6. 其他

　　又郭永秉指出："我們看到的古文字的'兆'和從'兆'的字，實際上
包含了'兆（逃）'之初文和從'涉''越''跳'共同初文分化出來的那個
'兆'，秦系文字用前者而不見用後者，楚系文字則用後者，基本上判然
不混。"④也就是"兆"聲字的來源並不是單一的，但通過上文的分析，這
些詞之間有意義聯繫，所以暫納入同一詞族。

---

①李家浩《睡虎地秦簡〈日書〉"楚除"的性質及其他》，《著名中年語言學家自選集·李
　家浩卷》第 377 頁。
②廣瀬薫雄《安徽天長紀莊漢墓"賁且"書牘解釋》，《簡帛研究 2011》第 95—97 頁。
③華陸綜注譯《尉繚子注譯》第 5 頁。
④郭永秉《關於"兆、涉"疑問的解釋》，《古文字研究》第 30 輯第 490 頁。

一五　用

1.《説文》本義

《説文》用部："用，可施行也。从卜从中。衞宏説。凡用之屬皆从用。𤰃，古文用。"马部："甬，艸木華甬甬然也。从马用聲。"

2. 出土材料本義

用，甲骨文作𤰃（合 21405）、𤰃（合 559 正）等形，西周金文作甬（吳方彝蓋）等形。對其形體有多種解釋，以于省吾説爲優，他認爲"用"字初文作𤰃，象甬（今作桶）形，左象甬體，右象其把手。"用"字初文本象日常用器的桶形，因而引申爲施用之用，"用、甬"本是一字。周代金文"甬"字作甬，上端加半圓形以區別於"用"，是後起的分别字[1]。"甬"字的造字本義，是在"用"字的上部增加半圓形，作爲指事字的標志，以别於"用"，而仍因"用"字以爲聲[2]。"用"爲"桶"之本字，後字作"甬"，又在其上增加意符作"桶"。《睡虎地·秦律十八種》100："縣及工室聽官爲正衡石贏（纍）、斗用（桶）、升，毋過歲壺〈壹〉。"《睡虎地·秦律十八種》194："有實官縣料者，各有衡石贏（纍），斗甬（桶），期躍。"《北大三·趙正書》34—35："更刻（刻）畫斗甬（桶），度量壹，文章布之天下，以樹秦之名者，吾罪四矣。"

3. 同源詞繫聯

對於"甬"聲詞，已有不少學者進行過繫聯。《廣雅·釋詁》"箭，長也"，王念孫疏證："箭者，狹長也。《説文》：'箭，斷竹也。'……《釋名》云：'山旁隴間曰涌。'涌，猶桶。桶狹而長也，亦與'箭'聲近義同。"胡繼明進一步論證箭、涌、桶皆有長義[3]。楊樹達以甬爲鐘本字，謂鐘形狹而長，"甬"聲字其物多具狹長之狀，如涌（山旁隴間曰涌）、桶、箭、蛹[4]。劉鈞傑繫聯通、蓪；繫聯踊、涌、甬，謂"踊是往上跳，引申爲上，登上；涌是

---

① 于省吾《釋用》，《甲骨文字釋林》第 360 頁。

② 于省吾《釋古文字中附劃因聲指事字的一例》，《甲骨文字釋林》第 453—454 頁。

③ 胡繼明《〈廣雅疏證〉同源詞研究》第 154—155 頁。

④ 楊樹達《積微居小學述林全編》上册第 72—73 頁。

水往上冒；甬是花苞欲放貌，如水之涌"①。又繫聯筩、桶、涌，謂其均有長義②。張希峰繫聯踊、逋、涌、恿、勇，均有上涌義③。張博繫聯瓬（瓶）、筩（筒）、桶、蓪、鐘（鋪）、涌（《釋名》之"山旁隴間曰涌"）、鏞、瓺、衕同源，皆有中空義④。殷寄明繫聯桶、蛹、筩、通、捅，謂其皆有中空義，引用楊樹達觀點，以甬爲鐘形，指出"鐘爲中空物，故甬聲可表中空義"⑤。後繫聯筩、桶、瓬、捅、衕、鋪、通有中空義，繫聯踊、涌有上義，仍以楊樹達的觀點解釋中空義，同時認爲上義與之没有聯繫⑥。

在此基礎上，我們作進一步整理。用（甬）爲桶本字，桶本身兼具中空和狹長兩個特點，所以，不同學者從不同角度去把握了"甬"聲詞的詞源意義，都是有道理的。我們認爲確實有些詞兼具"中空、狹長"兩種意義特點，包括桶、蛹、筩、鋪、瓬、衕、瓺、蓪、鏞，而有些詞只有"中空"的特點，包括通、墉。

以"中空、狹長"爲詞源意義：

《説文》木部："桶，木方，受六升。从木甬聲。"段注："疑當作方斛受六斗。《廣雅》曰：'方斛謂之桶。'《月令》'角斗甬'，注曰：'甬，今斛也。'甬即桶。今斛者，今時之斛。"

虫部："蛹，繭蟲也。从虫甬聲。"段注："按：許於繭曰'蠶衣也'，於絲曰'蠶所吐也'，於蠶曰'任絲蟲也'，於蠹曰'蠶化飛蟲也'。蛹之爲物，在成繭之後，化蟲之前，非與蠶有二物也。立文不當曰繭蟲，當曰繭中蠶也，乃使先後如貫珠然。疑轉寫必有譌亂。"

竹部："筩，斷竹也。从竹甬聲。"《馬王堆·五十二病方》240："冶困（菌）〔桂〕尺，獨□一升，并冶，而盛竹甬（筩）中，盈筩……"

金部："鐘，樂鐘也。秋分之音，物穜成。从金童聲。古者垂作鐘。鋪，鐘或从甬。"

瓦部："瓬，器也。从瓦容聲。"《玉篇》瓦部："瓬、瓺，並音容，罌也。"

---

① 劉鈞傑《同源字典補》第 103—104、107—108 頁。

② 劉鈞傑《同源字典再補》第 106—107 頁。

③ 張希峰《漢語詞族叢考》第 252—255 頁。

④ 張博《漢語同族詞的系統性與驗證方法》第 245—250 頁。

⑤ 殷寄明《漢語同源字詞叢考》第 261—262 頁。

⑥ 殷寄明《漢語同源詞大典》第 762—764 頁。

《廣韻》腫韻："衕,巷道。"

《玉篇》瓦部："瓨,牡瓦也。"《六書故·工事四》："瓨,小牡瓦如筒者也。"

《廣雅·釋草》"附支,蓮草也",王念孫疏證："陶注《本草》云:'今出近道,繞樹藤生,汁白,莖有細孔,兩頭皆通。含一頭吹之,則氣出彼頭者良。或云即菖藤莖。'……'兩頭皆通',正'通草'所以命名之義也。"《廣韻》東韻："蓮,蓮草,藥名。中有小孔通氣。"

《説文》用部："庸,用也。从用从庚。庚,更事也。《易》曰:'先庚三日。'"朱駿聲通訓定聲："庸者,鏞之古文。"甲骨文庸作🔔(合 24683)、🔔(合 30270)、🔔(屯 1022)等形。裘錫圭指出,古代稱大鐘爲鏞,古書往往寫作"庸"。戴侗《六書故》根據金文認爲"庚"象"鐘類",并認爲"庸"是"鏞"的初文,裘文認爲是很精闢的見解。并指出庸,从庚用聲。甲骨文字下从🔔,或从"用","用"當是由🔔分化出的一個字,大概是筒、桶一類東西的象形字。卜辭裏"庸"的用法,有一些跟古書的庸(鏞)幾乎完全相同。《逸周書·世俘》中有"奏庸",卜辭里也有"奏庸"。卜辭所説的庸當即商周青銅器裏一般人稱爲大鐃的那種樂器[1]。"庸"爲"鏞"本字。《合集》31014:"叀庸奏,又(有)正。"商代𢆶尊:"奏庸新宜坎。"庸今作"鏞",奏庸指演奏鐃樂[2]。金部："鏞,大鐘謂之鏞。从金庸聲。"《詩經·商頌·那》"庸鼓有斁,萬舞有奕",毛傳:"大鍾曰庸。"釋文:"庸如字,依字作鏞,大鍾也。"《詩經·大雅·靈臺》"虡業維樅,賁鼓維鏞",毛傳:"鏞,大鍾也。"《清華六·子儀》5:"公命窮韋陞(昇)䰜(琴)奏甬(鏞),嗃(歌)曰……"

以"中空"爲詞源意義:

《説文》辵部："通,達也。从辵甬聲。"段注："通、達雙聲。達古音同闥。《禹貢》'達于河',今文《尚書》作'通于河'。按:達之訓行不相遇也,通正相反。經傳中通達同訓者,正亂亦訓治、徂亦訓存之理。"中山王𰽼鼎:"募(寡)人㝉(幼)𰀉(童)未甬(通)智,隹傅(傅)姆(姆)氏(是)從。"

---

① 裘錫圭《甲骨文中的幾種樂器名稱》,《古文字論集》第 196—198 頁。
② 吳鎮烽《𢆶尊銘文初探》,復旦大學出土文獻與古文字研究中心網 2014 年 7 月 29 日。

土部:"墉,城垣也。从土庸聲。"段注:"《皇矣》'以伐崇墉',傳曰:'墉,城也。'《崧高》'以作爾庸',傳曰:'庸,城也。'庸、墉古今字也。城者,言其中之盛受。墉者,言其外之牆垣具也。毛統言之,許析言之也。""它是環繞於四周的起擁蔽作用的高牆"①,其内部則"中空"。《北大四·妄稽》52:"謹築高甬(墉),重門設巨(拒)。"

桶在使用時要向上提起,所以又有以"向上"爲詞義特點的下列同源詞:

《説文》走部:"趙,喪辟趙。从走甬聲。"段玉裁改爲"喪擗趙",注曰:"今《禮經》《禮記》皆作踊。足部曰:'踊,跳也。'是二字義殊也。《左傳》'曲踊三百''三踊于幕庭'之類當从足。若'即位哭,三踊而出'之踊當从走。擗,鉉作辟。《詩·邶風》《爾雅》諸家本多作擗。撫心爲擗,跳躍爲趙。"

水部:"涌,滕也。从水甬聲。"段注:"滕,水超踊也。二篆宜相連,今本蓋非古也。"

足部:"踊,跳也。从足甬聲。"《銀雀山·晏子》597:"徟(遂)但(袒)免,枕君 尸而 哭,興,九甬而出。"傳本《内篇雜上》:"遂袒免坐,枕君尸而哭,興,三踊而出。"《馬王堆·合陰陽》22—23:"平甬(踊)者,欲淺也。"

人部:"俑,痛也。从人甬聲。"段注:"此與心部'恫'音義同。《禮記》《孟子》之俑,偶人也。俑即偶之假借字,如喁亦禺聲而讀魚容切也。假借之義行而本義廢矣。《廣韵》引《埤蒼》説:'木人,送葬,設關而能跳踊,故名之俑。'乃不知音理者强爲之説耳。"《玉篇》人部:"俑,《禮記》曰:'孔子謂爲俑者不仁。'俑,偶人也。"《廣韻》腫韻:"俑,木人,送葬,設關而能跳踊,故名之。"《禮記·檀弓下》"孔子謂爲芻靈者善,謂爲俑者不仁,殆於用人乎哉",鄭玄注:"俑,偶人也。有面目,機發,有似於生人。"按"俑"用作"痛"義,未見文獻用例,不從《説文》、段注。

力部:"勇,气也。从力甬聲。惑,勇或从戈、用。恿,古文勇从心。"段注:"气,雲气也。引申爲人充體之气之偁。力者,筋也。勇者,气也。气之所至,力亦至焉。心之所至,气乃至焉。故古文勇从心。《左傳》

_____

① 王鳳陽《古辭辨》第 204 頁。

曰：'共用之謂勇。'"《釋名·釋言語》："勇，踊也，遇敵踊躍，欲擊之也。"
《合集》22042："□酉卜，貞，臣正不甬（勇），㞢弗亞。"①《清華七·越公其
事》12—13："啙（荊）币（師）走，虘（吾）先王邊（逐）之走，遠夫甬（勇）戔，
虘（吾）先王用克内（入）于郢。"《銀雀山·尉繚子》478："知（智）士不給
慮，甬（勇）士不……"

　　《方言》卷六"恿、愊，滿也。凡以器盛而滿謂之恿"，郭璞注："言涌
出也。"錢繹箋疏："恿之言涌也。"《玉篇》心部："恿，怒也，㤜也。"

　　《說文》言部："誦，諷也。从言甬聲。"言部："諷，誦也。从言風聲。"
段注："《大司樂》'以樂語教國子，興道諷誦言語'，注：'倍文曰諷，以聲
節之曰誦。'倍同背，謂不開讀也。誦則非直背文，又爲吟詠以聲節之。
《周禮》經注析言之，諷、誦是二。許統言之，諷、誦是一也。""以聲節之"
即有節奏地、抑揚頓挫地讀，與向上跳踊之不斷起伏特點相同。

　　日常用具之"桶"包含"使用"的特點，上引于省吾文已經提及，所以
又以"用"爲詞源意義：

　　《說文》用部："庸，用也。从用从庚。庚，更事也。《易》曰：'先庚三
日。'"《上博三·亙先》7："爲（舉）天之事，自复（作）爲，事甬（庸）以不可
賡也。"

　　人部："傭，均直也。从人庸聲。"段注曰："若《廣雅》云'傭，役也'，
謂役力受直曰傭，此今義也。"徐灝注箋："庸、傭古今字。……傭役字古
亦作庸。《漢書·周勃傳》'取庸苦之，不與錢'，取庸謂取直也。賃作役
力謂之庸，因名其人曰庸。《司馬相如傳》'與庸保雜作'是也。後加人
旁作傭，以別於庸常之義。"《玉篇》人部："恥恭切。均也，直也。《詩》
曰：'昊天不傭。'又音庸，傭賃也。"《廣雅·釋詁》"庸，使也"，王念孫疏
證："傭，與庸通。"《史記·陳涉世家》"陳涉少時嘗與人傭耕"，司馬貞索
隱："《廣雅》云：'傭，役也。'按：謂役力而受雇直也。"

　　新附心部："慵，嬾也。从心庸聲。""'慵'多表示那些有閑的老爺小
姐們，由於整日無所事事而陷入的那種無聊和懶散，是軟綿綿、懶洋洋
地連身體都不願轉動一下的那種狀態。"②這是因爲使用了別人才有的

---

① 黄天樹《非王"劣體類"卜辭》，《黄天樹古文字論集》第 116 頁。
② 王鳳陽《古辭辨》第 871 頁。

狀態,與"用"反義相關。

4. 通用情況

(1)甬—用　　曾姬無卹壺:"甬(用)乍(作)宗彝尊壺,後嗣甬(用)之,職才王室。"《郭店·老子》甲 37:"溺(弱)也者,道之甬(用)也。"《馬王堆·陰陽五行甲篇·堪輿》11:"吉,終歲,甬(用)歲後,吉。"

(2)甬、鋪、戙(勇)—箭　　录伯威簋:"余易女……金甬、畫聞(轎)、金厄(軛)、畫轉、馬四匹、鋆勒。"郭沫若認爲"金甬"即"金箭"①。王輝進一步指出金箭是車軔兩端的筒形銅套②。《隨縣簡》54"齒鋪",《天星觀楚簡》472:"齒戙",何琳儀認爲其與西周金文"金甬"爲同一車馬器③。

(3)箭—踊　　《馬王堆·五十二病方》211:"一,令斬足者清明東鄉(嚮),以箭越(趭)之二七。"關於"箭"的用法,原整理者提供了兩種説法,一是指中空如箭的針,一是讀如踊,是斬足者的假足。王輝同意後一種説法,他指出:"本方是用所謂'祝由'之法治病,即對病魔加以詛咒,故使斬足者擲癩者。同方又云:'令同族抱□頽(癩)者,直(置)東鄉(嚮)窗道外,改椎之。''以築衝積二七。'都是同樣的治病法。若是一般的針刺泄水,則不一定要'斬足者清明東嚮'爲之。"④

(4)鋪—俑　　《包山》262:"二燭鋪。"何琳儀讀鋪爲俑,指出燭鋪,疑秉燭之俑⑤。

(5)通—用　　《上博二·容成氏》26:"曓(禹)乃逈(通)三江五沽(湖)。"逈,即"通"異體⑤。《馬王堆·周易經傳·周易》1 下:"逈(用)九,見群龍無首,吉。"

(6)通—踊　　《郭店·性自命出》34—35:"恩(慍)斯悥(憂),悥(憂)斯戡,戡斯戁,戁斯悿,悿斯通。通,恩(慍)之終也。"相似語句見於《禮記·檀弓下》:"慍斯戚,戚斯歎,歎斯辟,辟斯踊矣。"

---

①郭沫若《兩周金文辭大系圖録考釋》第 64 頁。

②王輝《古文字通假字典》第 471 頁。

③⑤何琳儀《戰國古文字典——戰國文字聲系》第 425 頁。

④王輝《古文字通假字典》第 477 頁。

⑤李守奎、曲冰、孫偉龍編著《上海博物館藏戰國楚竹書(一—五)文字編》第 84 頁。

（7）勇—用　　《馬王堆・周易經傳・衷》32 下—33 上："見勇（用）則僮（動），不見用則静。"

（8）勇—踊　　戰國中央勇矛，張亞初釋"毋又（有）中央，勇龠生安空"。何琳儀認爲，勇龠，讀"踊躍"[1]。

（9）俑—庸　　《上博四・昭王毀室》5："因命至（致）俑（庸）毀室。"

（10）庸—用　　《馬王堆・胎産書》29："子既産，置土上，勿庸（用）舉。"

（11）庸—誦　　《嶽麓一・爲吏治官及黔首》86："風（諷）庸（誦）爲首，精正守事。"《北大三・周馴》104—105："賢主之貴善言也，令工庸（誦）之於廟，令史縣（籀）之於朝，日聞於耳。"

（12）庸—墉　　《馬王堆・周易經傳・周易》7 下："〔九四〕，〔乘亓（其）〕庸（墉），弗克攻，吉。"

（13）庸—傭　　《睡虎地・封診式》18："自晝甲見丙陰市庸（傭）中，而捕以來自出。"整理者注："庸，《漢書・司馬相如傳》注：'即謂賃作者。'後世多寫作傭。市庸，市場中所僱傭的人。"《張家山・奏讞書》111："十月不盡八日爲走馬魁都庸（傭），與偕之咸陽。"整理者注："傭，《史記・陳涉世家》索隱：'《廣雅》云：傭，役也。按：謂役力而受雇直也。'"

5. 詞源譜系

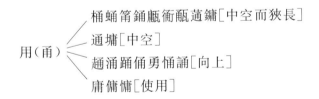

用（甬）

桶蛹筩鎕瓹衛瓺蓪鏞〔中空而狹長〕

通墉〔中空〕

趙涌踊俑勇恿誦〔向上〕

庸傭慵〔使用〕

一六　甫

1.《説文》本義

《説文》用部："甫，男子美稱也。从用、父，父亦聲。"

---

①何琳儀《戰國古文字典——戰國文字聲系》第 42 頁。

2. 出土材料本義

甲骨文作圃(合 13643),从中从田,象田中有蔬,爲"圃"之本字。

《説文》囗部:"圃,種菜曰圃。从囗甫聲。"《論語·子路》:"子曰:'吾不如老農。'請學爲圃。"馬融曰:"樹菜蔬曰圃。"皇侃義疏:"種菜曰圃,圃之言布也,取其分布於地。"《國語·周語中》"國有郊牧,疆有寓望,藪有圃草,囿有林池,所以禦災也",韋昭注:"圃,大也。"《文選》班固《東都賦》"發蘋藻以潛魚,豐圃草以毓獸",李善注:"《韓詩》曰'東有圃草',薛君曰:'圃,博也。有博大茂草也。'"先秦時期,種果樹或種蔬菜的地方都可以叫作"圃"或"園",二者的區別在於加不加圍墙,在圃的四周圍上籬笆或筑上墙垣就叫園①。

3. 同源詞繫聯

蔬在田中與物在口中相似,同狀異所。這可以從"禁、噤"與"囿、蛕"兩組詞中找到類似的引申。"禁"有禁止、禁閉義,又有獸圈義,如《周禮·地官·囿人》"囿人掌囿游之獸禁",鄭玄注:"禁者其蕃衛也。"又"噤",《説文》口部訓爲"口閉也。从口禁聲"。獸在圈中與口閉義通。《説文》口部:"囿,苑有垣也。从囗有聲。"虫部:"蛕,腹中長蟲也。从虫有聲。"動物、植物在囿中與蟲在腹中相通。這些相似的語義關聯可以互證。以"在口中"爲意義特點的有下列詞:

《説文》齒部:"䶐,嚼堅也。从齒,博省聲。"段注:"按:此蓋嘷之或字,後人竄入者也。"

口部:"哺,哺咀也。从口甫聲。"段注:"凡含物以飼曰哺。《爾雅》:'生哺鷇。'"《玉篇》口部:"哺,口中嚼食也。"《廣韻》暮韻:"哺,食在口也。"

口部:"嚄,嚼兒。从口專聲。"

由蔬在田中、食物在口中,又可有"使失去自由、捕取"義。上引"禁、噤"已説明"閉口"與"禁止、禁閉"義通。後文"今"聲詞亦同時有"禁閉、禁制""口含""擒獲"義(詳後文)。以"使失去自由、捕取"爲詞源意義的"甫"聲詞有:

《説文》辵部:"逋,亡也。从辵甫聲。"逋是逃亡,特指上古的奴隷或

農奴的逃亡,所以追捕奴隸、罪犯稱"捕"①。"逃亡"與"追捕"反義相因。

手部:"捕,取也。从手甫聲。"

糸部:"縛,束也。从糸尃聲。"用於捆人,主要是將人的胳膊捆住,使人失去活動的自由②。

手部:"搏,索持也。一曰至也。从手尃聲。"段注作"索持也",注:"索,各本作索,今正。入室搜曰索。索持,謂摸索而持之。""本部搏、捕二篆皆收。'捕'訓'取也',又部'取'下云'捕也',是與索持義迥别。今則捕行而搏廢,但訓爲搏擊。又按搏擊與索取無二義,凡搏擊者未有不乘其虛怯,扼其要害者,猶執盜賊必得其巢穴也。本無二義二音。"

菜在圃中要鋪陳開,古人多有提及,所以有以"鋪陳"爲詞源意義者:

《説文》艸部:"莆,萐莆也。从艸甫聲。""萐"下段注曰:"《白虎通》曰:'孝道至則萐莆生庖廚。萐莆者,樹名也,其葉大於門扇,不搖自扇,於飲食清涼,助供養也。'《論衡》作'箑脯','言廚中自生肉脯,薄如箑,搖鼓生風,寒涼食物'。"

寸部:"尃,布也。从寸甫聲。"《玉篇》寸部:"尃,徧也,布也。或作敷。"《正字通》寸部:"尃,敷本字。"王筠句讀:"經典皆作敷。"尃,西周金文作🦬(克鼎)形等。高田忠周謂:"凡手部字古皆从又,又或从攴,即知尃亦敷字古文。《班馬字類》尃古敷字是。《説文》'敷,施也,从攴尃聲。'《小爾雅》'敷,布也。'《書·禹貢》'禹敷土',馬注,分也。《顧命》'敷重篾席',《康王之誥》'用敷遺後人休',《詩·長發》'敷政優優',皆與'尃,布也'相同。……尃敷同字明明白白矣。"③高鴻縉④、戴家祥⑤均同其説,以"尃、敷"同字。毛公鼎:"雩之庶出入事于外,尃命尃政。"《詩經·商頌·長發》有"不競不絿,不剛不柔,敷政優優,百禄是遒",孔穎達疏:"敷陳政教則優優而和美。"樊公盨:"天令(命)禹尃(敷)土,隓(墮)山,𢾅(濬)川。"《尚書·禹貢》作:"禹敷土,隨山刊木,奠高山大川。"《山海經·海内經》作:"帝乃命禹卒布土以定九州。"裘錫圭指出

---

① 王鳳陽《古辭辨》第 733 頁。
② 同上注第 703 頁。
③ 高田忠周《古籀篇》第 57 頁。
④ 高鴻縉《毛公鼎集釋》,《師大學報》1956 年第 1 期。
⑤ 戴家祥主編《金文大字典》第 319 頁。

"尃"爲"敷土"之"敷"的本字,并説《説文》訓"敷"爲"攸","攸"通"施",義與"布"近,所以未嘗不可將"敷"看作"尃"的後起字①。《清華三·説命》10:"王曰:敚(説),蜀(獨)乃心,尃(敷)之於朕政,欲女(汝)亓(其)又(有)友,勑朕命哉!"《史記·司馬相如列傳》:"旁魄四塞,雲尃霧散。""尃"爲"敷"之本字。"尃"本從"寸(又)",後又累增與之義近之"攴"爲形旁。"敷"的聲符又發生改變而字作"敷"。

攴部:"敷,攸也。从攴尃聲。《周書》曰:'用敷遺後人。'"段注:"此與寸部尃音義同","俗作敷"。

金部:"鋪,箸門鋪首也。从金甫聲。"《左傳·宣公十二年》"鋪時繹思,我徂維求定",杜預注:"鋪,布也。"孔穎達正義:"鋪是布散之義,故爲布也。"《廣雅·釋詁》"鋪,布也",王念孫疏證:"賦、布、敷、鋪,並聲近而義同。"

艸部:"蒪,華葉布。从艸傅聲。讀若傅。"段注:"與尃、敷字義通。從艸故訓華葉布。"

艸部:"薄,林薄也。一曰蠶薄。从艸溥聲。"段注:"《吳都賦》'傾藪薄',劉注曰:'薄,不入之叢也。'按:林木相迫不可入曰薄。"《廣雅·釋草》:"草叢生爲薄。"

鋪陳與"廣、大"義相通。《玉篇》用部:"甫,大也。"《詩經·小雅·車攻》"東有甫草,駕言行狩",毛傳:"甫,大也。"從"甫"聲的詞有"大"義,如:

《説文》水部:"溥,大也。从水尃聲。"

十部:"博,大通也。从十从尃。尃,布也。"

言部:"誧,大也。一曰人相助也。从言甫聲。讀若逋。"《玉篇》言部:"誧,大言。"

鬲部:"䰞,鍑屬。从鬲甫聲。釜,䰞或从金父聲。"段注:"升四曰豆,豆四曰區,區四曰䰞。"

肉部:"脯,乾肉也。从肉甫聲。"段注:"《周禮》'腊人掌乾肉,凡田獸之脯腊膴胖之事',注云:'大物解肆乾之謂之乾肉。薄析曰脯,捶之而施薑桂曰段脩。腊,小物全乾也。'許於'脯'、於日部之'昔'統言之曰

①裘錫圭《燮公盨銘文考釋》,《中國出土古文獻十講》第49、72頁。

乾肉,鄭則以大物小物析言之。"《禮記·內則》"麥食、脯羹、雞羹",鄭玄注:"脯所謂析乾牛羊肉也。""牛、鹿、豬、羊等較大的動物的肉剖成薄薄的長條弄乾了叫'脯'。"①

竹部:"簠,黍稷圜器也。从竹从皿,甫聲。"《周禮·地官·舍人》"凡祭祀共簠簋,實之陳之",鄭玄注:"方曰簠,圓曰簋,盛黍稷稻粱器。""簠之形制要點是大口,長方形斗狀,器蓋同形,可互相扣合……"②

疒部:"痡,病也。从疒甫聲。《詩》曰:'我僕痡矣。'"《詩經·周南·卷耳》"陟彼砠矣,我馬瘏矣! 我僕痡矣,云何吁矣",朱熹集傳:"痡,人病不能行也。"當是比較嚴重的病。

豕部:"豧,豕息也。从豕甫聲。"朱駿聲通訓定聲:"豧,謂喘息。"章太炎《新方言·釋言》第二:"安慶、揚州皆謂發怒大息爲豧,讀如鋪。"③

心部:"怖,惶也。从心甫聲。怖,或从布聲。""'怖'是戰戰兢兢,惶惶不安,是大懼,是惶懼。"④

酉部:"酺,王德布,大歡酒也。从酉甫聲。"《漢書·文帝紀》"朕初即位,其赦天下,賜民爵一級,女子百户牛酒,酺五日",顏師古注:"酺之爲言布也,王德布於天下而合聚飲食爲酺。"《史記·秦始皇本紀》"五月,天下大酺",張守節正義:"天下歡樂大飲酒也。"

木部:"榑,榑桑,神木,日所出也。从木尃聲。"《廣韻》虞韻:"榑,榑桑,海外大桑,日所出也。"《吕氏春秋·求人》"禹東至榑木之地",高誘注:"榑木,大木也。"

金部:"鎛,大鐘,淳于之屬,所以應鐘磬也。堵以二,金樂則鼓鎛應之。从金薄聲。"段注:"許云淳于之屬,蓋鎛正圜大於編鐘,爲後代鐘式正圜之始。""鎛的形制與紐鐘相同,但形體特大。經籍作鎛。……《儀禮·大射禮》'其南鎛',鄭玄注:'鎛如鐘而大,奏樂,以鼓鎛爲節。'鎛如大鐘,是用以指揮樂隊的節奏性樂器。"⑤

---

①王鳳陽《古辭辨》第 173 頁。

②朱鳳瀚《中國青銅器綜論》第 140 頁。

③章太炎《章太炎全集:新方言 嶺外三州語 文始 小學答問 説文部首均語 新出三體石經考》第 59—60 頁。

④同注①第 854 頁。

⑤馬承源《中國青銅器》(修訂本)第 283 頁。

《廣韻》虞韻:"鯆,大魚。"

《玉篇》雨部:"霧,大雨也。"《集韻》鐸韻:"霧,大雨。"

《廣韻》鐸韻:"蓴,蓴苴,大蘘荷名。"《集韻》鐸韻:"蓴,艸名。《博雅》:'蓴且,蘘荷也。'"

《廣雅》釋詁:"補,積也。"《玉篇》禾部:"補,禾積也。"

圃中所種的蔬菜水果之於糧食是輔助,所以,又有"補不足、輔助"義:

《説文》人部:"俌,輔也。从人甫聲。讀若撫。"段注:"謂人之俌猶車之輔也。"

衣部:"補,完衣也。从衣甫聲。"段注:"既袒則宜補之。故次之以補。引伸爲凡相益之偁。"

車部:"輔,人頰車也。从車甫聲。""輔車相依"之"輔",杜預釋爲"頰輔",王引之、段玉裁予以駁斥,釋爲車器。由於"輔制失傳",王、段無法描述其形制,降低了其立論的可信度。清儒大多同意爲車器,但對其具體部位和形制言人人殊。現代學者或依從王、段,或依從杜注,莫衷一是。汪少華利用考古學成果及相關文獻否定了杜注,一一指出前人關於車器"輔"的錯誤認識,論證"輔"是車輪外邊另加上夾轂的兩根直木,爲的是增强輪子的承重能力。20世紀50年代初河南輝縣出土的第16號戰國車輿,車輻裝好後均向內偏斜,從外側看,整個輪子形成一中凹的淺盆狀,《考工記》稱之爲"輪綆",它使輻形成內傾的分力,輪不易外脱。當道路起伏不平時,縱使車身向外傾斜,由於輪綆所起的調劑作用,車子仍不易翻倒。但當負載過重或是行進於泥濘險阻的道路時,這種中凹形的車輪,輪牙的構造就必須具有極强的切向牢度,而對付拉力的兩根"輔",可以使車子不致陷入危險。可見,"輔"在車子正常行駛時并不起多大作用,而一旦遇到險境,這兩根"輔"却可以保證車子平安脱險[1]。正是"補不足"。《上博六·天子建州甲本》5—6蘇建洲釋:"日月=(日月)得其甫(輔),根之以玉斗,仇讎殘亡。"[2]

新附貝部:"賻,助也。从貝尃聲。"《玉篇》貝部:"賻,以財助喪也。"

---

[1] 汪少華《中國古車輿名物考辨》第188—213頁。

[2] 蘇建洲《讀〈上博(六)·天子建州〉筆記》,簡帛網2007年7月22日。

《儀禮·既夕禮》"若賵，入告"，鄭玄注："賵之言補也，助也。貨財曰賵。"

人部："傅，相也。从人尃聲。"

輔助都是從旁幫助，所以又有以"兩側"爲詞源意義的酺、髆：

《説文》面部："酺，頰也。从面甫聲。"段注："頰者，面旁也。面旁者，顔前之兩旁。"

骨部："髆，肩甲也。从骨尃聲。"位於身體兩側。

側面與傾斜義相通，劉鈞傑又繫聯陠、晡、餔，指出："陠是偏斜；晡是太陽偏斜的時候，相當於申時；餔是申時吃的那一頓飯。"[1]可從。

4. 通用情況

（1）哺、捕—搏　《郭店·老子》甲 33 白於藍釋："蟲（蝎）蠆＝（蠆虺）它（蛇）弗菋，攫鳥獸（猛）獸弗哺。"并指出："帛書乙本哺作捕。'哺'字原形作'𧀼'，左旁所從即'甫'字殘文。整理者及以往諸家均將此字釋爲'扣'。不確。"[2]《馬王堆·老子乙本·德篇》16—17："蚰（蜂）癘（蠆）虫蛇弗赫（螫），據鳥孟（猛）獸弗捕。"《甲本·德篇》36："逢（蜂）𧊾（蠆）蠓（虺）地（蛇）弗螫，攪（攫）鳥猛獸弗搏。"今本作："蜂蠆虺蛇不螫，猛獸不據，攫鳥不搏。"高明認爲"蜂蠆虺蛇不螫，攫鳥猛獸不搏"爲老子原文[3]。《馬王堆·合陰陽》15—16："六曰爰（援）捕（搏）。"

（2）逋—補　《馬王堆·五十二病方》135—136："□□□，輒逋（補）之。"

（3）尃—溥　番生𣪘蓋："虔夙夜尃求不朁德。"尃讀爲溥，義爲大。《上博二·容成氏》45 陳劍釋："既爲金桎，又爲酒池，厚樂於酒，溥夜以爲淫，不聽其邦之政。"[4]其釋作"溥"的字原作"尃"。

（4）尃—博　《郭店·五行》37："共（恭）而尃（博）交，豊（禮）也。"

（5）尃—搏　柞伯鼎："辛酉尃（搏）戎。"

（6）尃—薄　塱鼎："佳周公于征伐東尸（夷），豐白（伯）、尃古（姑）咸𢦔。"尃文獻或作薄，《史記·齊太公世家》："獻公元年，盡逐胡公

---

①劉鈞傑《同源字典補》第 24—25 頁。

②白於藍編著《戰國秦漢簡帛古書通假字彙纂》第 181 頁。

③高明《帛書老子校注》第 93 頁。

④陳劍《上博簡〈容成氏〉的竹簡拼合與編連問題》，《戰國竹書論集》第 36—37 頁。

子,因徙薄姑都,治臨淄。"安大簡《詩經·周南·葛覃》5:"專(薄)穫(濩)我厶(私),專(薄)灌(澣)我衣。"《璽彙》0228:"專室之鉢。"專讀爲薄。《漢書·宣帝紀》"既壯,爲取暴室嗇夫許廣漢女,曾孫因依倚廣漢兄弟及祖母家史氏",顏師古注:"暴室者,掖庭主織作染練之署,故謂之暴室,取暴曬爲名耳。或云薄室者,薄亦暴也。今俗語亦云薄曬。"

(7)專—輔　　叔尸鐘:"女(汝)專(輔)余於艱卹。"《郭店·老子》甲 12—13:"是古(故)聖人能專(輔)萬勿(物)之自肰(然),而弗能爲。"

(8)專—補　　《清華五·殷高宗問於三壽》28:"棘(束)柬(簡)和夢(慕),專(補)鈌(缺)而救椬(枉)。"

(9)專—傅　　《清華三·傅說之命》1:"敚(説)逨(來)自專(傅)巖。"

(10)搏—薄　　《馬王堆·五星占》65 下—66 上:"歲[星、熒惑]興〈與〉大白斯(鬬),殺大將,用之、搏(薄)之、貫之,殺扁(偏)將。"

(11)敷—傅　　《璽彙》0335:李家浩釋爲"郢戠過敷。""職過敷"當讀爲"職過傅",可能是諫官"司過"的異名①。

(12)鋪—䥶　　《馬王堆·五十二病方》448:"病蠱者,以烏雄鷄一、蛇一,并直(置)瓦赤鋪(䥶)中。"鋪讀䥶,同釜,古炊器。

(13)溥—薄　　《清華七·越公其事》48—49:"東㠯(夷)、西㠯(夷)、古蔑、句虔(吳)四方之民乃皆聞雪(越)墬(地)之多飤(食)、政溥(薄)而好訐(信)。"②《馬王堆·刑德甲篇·日月風雨雲氣占》30:"司(伺)日將行,遇氣溥(薄)而之犙(稠),因遇戰矣。"

(14)薄—溥　　《馬王堆·周易經傳·衷》34 上—34 下:"天之助(?)□[□□]□□何有亓(其)□[□□□□]人尉文而薄(溥),齊明而達矣。"

(15)誧—甫　　《睡虎地·法律答問》106:"家人之論,父時家罪(罪)殹(也),父死而誧(甫)告之,勿聽。"誧用作甫,始也。

(16)捕—甫　　《睡虎地·法律答問》107:"葆子以上,未獄而死若已葬,而捕(甫)告之,亦不當聽治,勿收,皆如家罪(罪)。"捕,原整理者

---

① 李家浩《戰國官印考釋三篇》,《出土文獻研究》第 6 輯第 14—16 頁。
② 整理者注:"政溥,讀爲'政薄',與第三十九簡'政重'相對。"

釋"誧",《秦簡牘文字編》改釋"捕"①,《秦簡牘合集.釋文注釋修訂本(壹)》從之②。

(17)俌—傅　　中山王𢀳鼎:"募(寡)人學(幼)𨰡(童)未甬(通)智,隹俌(傅)伓(姆)氏(是)從。"

(18)誧—哺　　《尹灣·神烏傅(賦)》114:"其姓(性)好仁,反誧(哺)於親。"

(19)舖—晡　　《馬王堆·五十二病方》105:"以月晦日。(日日)下舖時,取凷(塊)大如雞卵者,男子七,女子二七。"原整理者注:"日下舖時,即下晡,《素問·標本病傳論》注:'下晡,謂日下於晡時,申之後五刻也。'"

(20)傅—薄　　《馬王堆·三號墓竹簡遣册》223:"帛傅(薄)質一,沙(紗)掾(緣)。"

(21)傅—搏　　《睡虎地·日書甲種》68背貳:"乃解衣弗袑,入而傅(搏)者之,可得乃也。"《張家山·引書》9:"傅(搏)足離翕,䠶(蹻)卅,曰僉指。"

(22)輔—補　　《北大二·老子》110:"高者抑之,下者舉之,有餘者損之,不足者輔(補)之。"

5. 詞源譜系

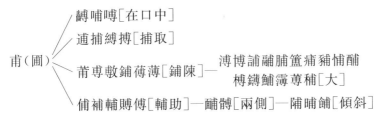

6. 其他

徐寶貴指出後代以"甫"爲聲旁的字秦以前分爲兩系,一系以"𤰥"("圃"之初文)爲聲旁,一系以"甫"(一直从"用",作 [甫丁爵]等形)爲聲旁,這兩系在《說文》中合并爲"甫"。從古文字看,从"𤰥"的有尃、

①方勇編著《秦簡牘文字編》第 345 頁。
②陳偉主編,彭浩等撰著《秦簡牘合集.釋文注釋修訂本(壹、貳)》第 223 頁。

傅、鎛、圃、縛等，从“甫”的有逋、輔、鋪等①。按照徐説，从“甫”的同聲符同源詞也應該有兩系，如後文的“去”聲詞、“昆”聲詞。但是，從這兩系“甫”的詞已經明顯地具有了相同的詞源意義：如傅、輔，均有輔助義；尃、鋪，均有鋪陳義；縛、逋，均有捕取義。所以，還是將其作爲一個詞族，與前文的“兆”族屬於同一種情況。

一七　冓

1.《説文》本義

《説文》冓部：“冓，交積材也。象對交之形。”段注：“高注《淮南》曰：‘構，架也。材木相乘架也。’按：結冓當作此，今字構行而冓廢矣。”

木部：“構，蓋也。从木冓聲。杜林以爲椽桷字。”朱駿聲通訓定聲：“此字實當爲冓之或體。”王筠句讀：“冓蓋構之古文。”從《説文》訓釋來看，“冓”爲“構”本字。

2. 出土材料本義

冓，甲骨文作 （合 12571）、 （合 158）等形，象二魚相遇（或説象二物對交），表示遭遇義，爲“遘”本字。《京都》1790：“祭于且乙，其冓，又歲，王受□。”于省吾指出冓孳乳爲遘，義爲遇。因爲被祭者的神靈能降臨就饗，主祭者能與之相遇，商代金文也有於祭祀言遘的記載，二祀邲其卣：“遘于妣丙夕日大乙奭，佳王二祀。”②《合集》30235：“其冓（遘）大鳳（風）。”

3. 同源詞繫聯

王力繫聯冓、篝、構（椽桷）同源，有“架木”義；繫聯覯、遘同源，有“相遇”義③。陸宗達、王寧指出遘、媾、覯、購、構均有相交、相合的特點④。劉鈞傑繫聯冓、遘、媾，有“交會”義⑤。殷寄明更系統地繫聯

---

①徐寶貴《石鼓文考釋五篇》，《出土文獻與古文字研究》第 6 輯第 430—435 頁。

②于省吾《釋遘》，《甲骨文字釋林》第 176—179 頁。

③王力《同源字典》第 182、187—188 頁。

④陸宗達、王寧《訓詁與訓詁學》第 130—131 頁。

⑤劉鈞傑《同源字典補》第 25—26 頁。

“冓”聲詞，指出搆、溝、媾、篝、構、購、覯、遘、講、斠、顜同源，有相交義①。

從“冓”聲的詞有“相交”的詞義特點，形成一組同源詞。雖然《説文》分析的“冓”的本義及構字理據均與出土材料不同，但從“交積材”“相遇”中均可分析出“相交”的意義特點，可以繫聯到相同的同源詞。殷文的繫聯可從②。

4. 通用情況

（1）冓—溝　　《嶽麓一·占夢書》38：“夢□入井冓（溝）中及没淵，居室而毋户，封死，大吉。”

（2）冓—媾　　㝋叔多父盤：“卿事、師尹、朋友、兄弟，諸子婚冓（媾），無不喜曰……”

（3）溝—講　　《馬王堆·戰國縱橫家書·蘇秦自趙獻書於齊王章》98：“寡人恐梁（梁）氏之棄牙（與）國而獨取秦也，是以有溝（講）慮。”

（4）遘—媾　　燹公盨：“好德聞遘（媾），亦唯龤（協）天。”

（5）講—冓　　阜陽《詩經》055：“中講。”《詩經·鄘風·墙有茨》：“中冓之言，不可道也。”二章、三章亦有“中冓之言”。毛傳：“中冓，内冓也。”鄭玄箋：“内冓之言，謂宫中所冓成頑與夫人淫昏之語。”

（6）講—購　　《額濟納》99ES16ST1：4：“扁書胡虜講（購）賞，二亭扁一，毋令編幣絶。”

（7）購—媾　　《馬王堆·周易經傳·要》11上：“天地困，萬勿（物）潤，男女購（媾）請（精）而萬物成。”

5. 詞源譜系

冓—搆溝媾篝構購覯遘講斠顜［相交］

一八　幾

1.《説文》本義

《説文》丝部：“幾，微也。殆也。从丝从戍。戍，兵守也。丝而兵守

---

①殷寄明《漢語同源字詞叢考》第487—491頁。

②《漢語同源詞大典》又繫聯購、冓、媾有彎曲義，講、構有謀劃義，不從。殷寄明《漢語同源詞大典》第1145—1148頁。

者,危也。”“微也”下段注:“《毄辭傳》曰‘幾者,動之微,吉凶之先見也’,又曰‘顔氏之子其殆庶幾乎’,虞曰:‘幾,神妙也。’”“殆也”下段注曰:“歺部曰:‘殆,危也。’危與微二義相成,故兩言之。”

2. 出土材料本義

幾,金文作 **〓**(幾父壺)、**〓**(伯幾父簋)形,《金文形義通解》認爲:“金文象以束絲懸人,戈加於絲,絲斷在即,千鈞一髮之際也,因表危殆之義。”[1]季旭昇同意其觀點,并指出商代金文 **〓**(幾膚册觚)亦當釋“幾”,其“从母,上有三道絲繩,右下有戈架在母字的下部,危殆之意極爲明顯”。“幾”的本義即爲危殆,“幾微”爲假借義[2]。但段玉裁指出“危與微二義相成”[3]。

3. 同源詞繫聯

性命危殆即性命即將結束,故有“訖盡”義。

《説文》豈部:“譏,豀也,訖事之樂也。从豈幾聲。”徐鉉注:“《説文》無豀字,从幾从气,義無所取,當是訖字之誤尔。”段注本作“汔也,訖事之樂也”,注曰:“汔,各本作豀,無此字,今正。《釋詁》曰‘譏,汔也’,孫炎曰:‘汔,近也。’《民勞》箋云:‘汔,幾也。’幾與譏同,汔與訖同。汔,水涸也。水涸則近於盡矣,故引爲凡近之詞。木部:‘杚,平也’。亦摩近之義也。丝部曰:‘幾,微也,殆也。’然則見幾、研幾,字當作幾;庶幾、幾近,字當作譏,幾行而譏廢矣。”“幾聲”下注:“當云从豈、幾,幾亦聲。”

訖盡與微小義相通,从“幾”聲的詞多含有“微、小”義:

《説文》玉部:“璣,珠不圜也。从玉幾聲。”《文選》揚雄《長楊賦》“於是後宮賤瑇瑁而疏珠璣,却翡翠之飾,除彫琢之巧”,李善注:“字書曰:

---

①張世超等《金文形義通解》第 950 頁。

②季旭昇《説文新證》第 323—324 頁。本書所引《説文新證》核對了福建人民出版社 2010 年版與臺灣藝文印書館 2014 年版,爲了行文簡練,二者一致的只標注了 2010 年版的頁碼,不一致的分別説明。

③從出土材料看,“幾”的本義爲“危殆”,《説文》的訓釋中亦有此義,同時還有另外一個與之意義相關的“微”義。這可以看作出土材料本義與《説文》本義相同。但是二者對字形的解釋不同,分析的構意不同。構意是反映本義的,與本義關係密切。所以本書也將其作爲研究對象。與之情況相同的還有下文的“則、因、至”,都是出土材料本義與《説文》的本義相同,構意不同。

璣，小珠也。"《馬王堆·一號墓簽牌》47："珠幾（璣）笥。"

　　口部："嘰，小食也。从口幾聲。"段注："《大人賦》曰：'嘰瓊華。'按：皀部有'既'字，云'小食也'。嘰與既音義皆同而各字。《玉藻》'進機'，《少儀》注曰'已沐飲曰機'，皆當作此嘰。"

　　言部："譏，誹也。从言幾聲。"段注："譏、誹疊韵。譏之言微也，以微言相摩切也。引伸爲關市譏而不征之譏。""謗"下朱駿聲通訓定聲曰："大言曰謗，微言曰誹、曰譏。"楊樹達指出"幾聲字多含微小之義"，"譏从言从幾，謂言其微小不足，故爲誹也"[①]。

　　食部："饑，穀不孰爲饑。从食幾聲。""饑、饉"區別的關鍵應該是程度的不同，"饉"是更嚴重的"饑"[②]。《孔家坡·日書》410："朔日雨，歲幾（饑），有兵。"

　　禾部："穖，禾穖也。从禾幾聲。"段注："《九穀攷》曰：'禾采成實離離若聚珠相聯貫者，謂之穖。'與珠璣之璣同意。"

　　人部："儠，精謹也。从人幾聲。《明堂月令》：'數將儠終。'"段注："儠、謹雙聲。凜凜庶幾之意也。"徐鍇繫傳："幾，近詞也，切也，故爲精詳。數將儠終，此儠即切也、近也。"切近，即距離小。

　　虫部："蟣，蝨子也。……从虫幾聲。"段注："蝨，齧人蟲也。子，其卵也。"《馬王堆·五十二病方》261："［牝］痔之入竅中寸，狀類牛幾（蟣）三□=（□□）然。"馬繼興指出"幾"通作"蟣"，牛蟣即牛身上的蟣子[③]。

　　《玉篇》金部："鐖，鉤逆鋩。"《方言》卷五："鉤，自關而西謂之鉤，或謂之鐖。"錢繹箋疏："鐖之言幾微也。《淮南·說林訓》：'無鐖之鉤，不可以得魚。'《玉篇》：'鐖，鉤逆鋩也。'鉤謂之鐖猶鉤逆鋩謂之鐖，皆以纖銳立名也。"《廣雅·釋詁》"杪，小也"，王念孫疏證："凡物之銳者，皆有小義。"

　　《說文》將"微、殆"二義并舉，通過古文字材料我們可以證明危殆爲其本義，幾微爲其引申義，較合理地解釋了"幾"的本義以及《說文》所舉二義之間的關係。以此爲基礎使得"幾"聲詞得以完整、可靠繫聯。

---

①楊樹達《積微居小學述林全編》上册第 268 頁。

②王鳳陽《古辭辨》第 794 頁。

③馬繼興《馬王堆古醫書考釋》第 511 頁。

4. 通用情況

　　(1)譏—讖　　《馬王堆·五行》42—43:"譏(讖)而知之,而〈天〉也。"

5. 詞源譜系

　　幾—讖[訖盡]—璣嘰譏饑機僟蟣鐖[微小]

一九　肖

1.《説文》本義

　　《説文》肉部:"肖,骨肉相似也。从肉小聲。不似其先,故曰不肖也。"

2. 出土材料本義

　　肖,侯馬盟書作 💠(156:19)、💠(156:19)等,戰國璽印作 💠(璽彙 4131)、💠(璽彙 895)、💠(璽彙 1053)等形,秦簡作 💠(睡虎地·爲吏之道 2),漢印作 💠(漢印文字徵)。湯餘惠指出"月"和"夕"在戰國文字中都可以寫作 💠形,反之,"肉"却從來没有這樣寫的,這意味着"月"和"夕"左下方所加的／和"肉"旁右上方所加的／都是一種特定的標志。古璽 💠(璽彙 2768)、💠(璽彙 2788)下面所從爲"肉"没有任何疑義。而"肖"从月不从肉,戰國文字作 💠、💠爲其提供了堅確的例證,這説明直到戰國時代人們還曉得肖字的構形原理,對肖字的誤解大約是秦代"書同文字"以後的事①。何琳儀進一步指出肖,从月,小聲(或少聲),是宵之初文②。張世超等亦認爲"肖"从月,并指出"肖"聲字如"消、削、峭、梢、稍、髾"等皆有漸小之義,因推之"小"聲之"肖"當以月光消減爲本義③。"肖"聲詞有"小"義。

　　《説文》宀部:"宵,夜也。从宀,宀下冥也,肖聲。"《廣雅·釋詁》"肖,小也",王念孫疏證:"肖,猶宵也。《學記》'《宵雅》肄三',鄭注云:'宵之言小也。'宵、肖古同聲,故《漢書·刑法志》'肖'字通作'宵'。"宵,金文作 💠(宵簋),林義光謂"从月在宀下,小聲。《説文》云'肖,骨肉相

---

① 湯餘惠《略論戰國文字形體研究中的幾個問題》,《古文字研究》第 15 輯第 43 頁。
② 何琳儀《戰國古文字典——戰國文字聲系》第 322 頁。
③ 張世超等《金文形義通解》第 999 頁。

似也,從肉,小聲。'按即宵字之省文"①。"宵"本亦從"月"。"肖"當爲
"宵"本字。《清華二·繫年》117:"楚自(師)亡工(功),多云(棄)幮(旃)
莫(暮),肖(宵)膥(遯)。"《睡虎地·爲吏之道》2伍:"肖(宵)人囁心,不
敢徒語恐見惡。"《北大四·妄稽》76:"我妭也,疾踣糵瓦毀襲杯,解擇
(釋)成索別瓶橘,而離卑李,晝肖(宵)不瞑(眠)。"

3. 同源詞繫聯

　　王力繫聯梢、艄,有"末梢"義,繫聯銷、消,有"削減"義②。劉鈞傑繫
聯睪、梢、鞘、娋、郎、弰、哨,以之皆有小義③,又繫聯梢、髿、鮹、旓有末梢
義④。張博繫聯梢、稍、蛸、郎、髿、鞘、艄、削、娋、誚,皆有小義⑤。陳曉
強進一步指出肖、霄、屑、宵、箵、篠、蛸有微小義,稍、梢、艄、鞘、鮹、郎、
逍、霄、峭、陗、捎、娋有尖端、漸小義,消、銷、削、睪、綃有使小義⑥。陳説
可信,在其基礎上還可補充:

　　以"微小"爲詞源意義的還有:

　　《廣韻》笑韻:"誚,責也。"《吕氏春秋·疑似》"丈人歸,酒醒而誚其
子",高誘注:"誚,讓。"譴責,即認爲微小,不足道,亦有微小義。與前文
"譏"有微小義同。

　　以"末梢"爲詞源意義的還有:

　　《廣韻》肴韻:"髿,髮尾。"《集韻》爻韻:"髿,髮末。"

　　《集韻》爻韻:"弰,弓末。"

　　《玉篇》㫃部:"旓,旌旗之斿。"《漢書·揚雄傳》"建光燿之長旓兮,
昭華覆之威威",顏師古注:"旓,旗之旒也,一曰燕尾。"

　　另外,陳文繫聯的譜系中"霄"兩見,釋爲"小雪珠"時有"微小"義,
釋爲"雲端"時有"尖端、漸小"義,這是有道理的。本書按照"霄"的《説
文》釋義將其歸入"微小"義。雨部:"霄,雨霓爲霄。從雨肖聲。齊語
也。"同部:"霰,稷雪也。從雨散聲。霓,霰或從見。"段注:"謂雪之如稷

---

①林義光《文源》第 265—266 頁。

②王力《同源字典》第 218、222 頁。

③劉鈞傑《同源字典補》第 38 頁。

④劉鈞傑《同源字典再補》第 47 頁。

⑤張博《漢語同族詞的系統性與驗證方法》第 131 頁。

⑥陳曉強《漢語詞源與漢字形體的關係研究》第 236—238 頁。

者。《毛詩傳》曰:‘霰,暴雪也。’暴當是黍之字誤。俗謂米雪,或謂粒雪,皆是也。”

4. 通用情況

(1)宵—肖　《馬王堆·老子甲本·德篇》68:“夫唯[大],故不宵(肖)。若宵(肖),細久矣。”《老子乙本·德篇》32:“天下[皆]胃(謂)我大₌(大,大)而不宵(肖)。夫唯不宵(肖),故能大。若宵(肖),久矣其細也夫。”今本作:“天下皆謂我道大,似不肖。夫唯大,故似不肖。若肖,久矣其細也夫。”

(2)肖—消　《張家山·脈書》13:“腹盈,身、面、足、胻盡肖(消),爲水。”

(3)肖—蛸　《武威醫簡·第二類》46—47:“治伏梁裹膿在胃腸之外方……桑卑肖十四枚,蟅虫三枚。”整理者指出:“桑卑肖”即“桑螵蛸”。

(4)削—宵　《睡虎地·法律答問》17:“削(宵)盗,臧(贜)直(值)百一十,其妻、子智(知),與食肉,當同辠(罪)。”

(5)削—旓　《銀雀山·孫臏兵法》403—404:“賤令以采章,乘削以倫物,序行以□□。”張震澤以“削”爲“旓”借字①。

(6)宵—消　《馬王堆·十問》87:“夫臥,使食靡宵(消),散藥(鑠)以流刑者也。”

(7)宵—削　《清華六·鄭武夫人規孺子》14:“二三臣吏(事)於邦,远₌女₌(惶惶焉,焉)宵(削)昔(錯)器於巽(選)贇(藏)之中。”

(8)稍—艄　《嶽麓一·爲吏治官及黔首》59 叁:“路賦稍(艄)賦毋齀。”

(9)稍—消　《武威醫簡·第一類》4—5:“消咽其汁,甚良。”《武威醫簡·木牘》79:“稍咽之,甚良。”二者均爲“治久咳上氣喉中如百蟲鳴狀卅歲以上方”,除上述差異,其餘全同。王輝認爲稍讀爲消②。《馬王堆·五十二病方》22:“稍(消)石直(置)温湯中,以洒(洗)癰。”

(10)稍—蛸　《馬王堆·胎産書》22:“以方苴(咀)時,取蒿、牡、

---

①張震澤《孫臏兵法校理》第103頁。

②王輝《古文字通假字典》第174頁。

卑(蜱)稍(蛸)三,冶,歙之,必産男。”

　　(11)銷—消　　《馬王堆·五十二病方》298:“以巤膏未湔(煎)者炙銷(消)以和□傅之。”

5. 詞源譜系

　　　　　　霄屑宵霄霄蛸誚[微小]

　肖—稍梢艄鞘鮹䏚逍峭陗捎娋髾弰旓[末梢]

　　　　　消銷削㬊綃[使小]

二〇　則

1.《説文》本義

　　《説文》刀部:“則,等畫物也。从刀从貝。貝,古之物貨也。𠚖,古文則。�,亦古文則。�,籀文則从鼎。”

2. 出土材料本義

　　則,西周甲骨文作𠚖(H11:14)、金文作𩵋(段簋)、𠚖(史牆盤)等形,孫常叙指出:“兩周金文,‘則’字从兩鼎一刀,化一般爲具體,以鼎代器。上一鼎是所比照的器樣,下一鼎是比照器樣仿製出來的模型母胎,从刀,表示對它照器樣進行整形雕飾。”用作名詞義爲器樣,用作動詞義爲照器樣作器①。

3. 同源詞繫聯

　　比照器樣作器,器樣在旁,所以其藴含“旁側”義。

　　《説文》艸部:“萴,烏喙也。从艸則聲。”《本草綱目·草部·側子》:“生於附子之側,故名。許慎《説文》作萴子。”

　　人部:“側,旁也。从人則聲。”《放馬灘秦簡·甲種日書》甲 17 貳:“旦則女,日下則男。”孫占宇指出“旦則”當爲“日則”的誤鈔。則,讀爲側,日側指太陽偏西時分②。《張家山·引書》92:“其在右則(側)陽筋胕脈,視左肩,力引之。”《東漢銅鏡》0080:“鳳皇(凰)翼翼在鏡則(側),多賀君家受大福。”

---

①孫常叙《則、灋度量則、則誓三事試解》,《古文字研究》第 7 輯第 12 頁。
②孫占宇《放馬灘秦簡甲種日書校注》,《出土文獻研究》第 10 輯第 128 頁。

广部:"廁,清也。从广則聲。"《史記·張耳陳餘列傳》"漢八年,上從東垣還,過趙,貫高等乃壁人柏人,要之置廁",司馬貞索隱:"云置廁者,置人於複壁中,謂之置廁,廁者隱側之處,因以爲言也。"《急就篇》卷三"屏廁清溷糞土壤",顏師古注:"廁之言側也,亦謂僻側也。"《尹灣·神烏傅(賦)》:"遂縛兩翼,投于污則(廁)。""污則,疑讀爲'污廁',指廁所一類地方。"①

器樣即要遵循的法則,故又有以"法則"爲詞源意義的"測":

《説文》水部:"測,深所至也。从水則聲。"《易·繫辭上》:"陰陽不測之謂神。"楊樹達指出:"測有二義:一爲動字,一爲名字。許訓深所至,亦兼二義而言之。""測又得爲名字義者,測从則聲,則有準則法則之義。《淮南子·説林》篇云:'以篙測江,篙終而以水爲測,惑矣。'測江之測,動字也。以水爲測,謂以篙上之水爲水深之則度,然則測爲名字,謂水深所至之度。"②《馬王堆·道原》2 下—3 上:"是故上道高而不可察也,深而不可則(測)也。"

4. 通用情況

(1)廁—則　　　《馬王堆·養生方》201—202:"益産者食也,損産[者色]也,是以聖人必有法廁(則)。"

(2)廁—側　　　《銀雀山·孫臏兵法》259:"爲之微陳以觸其廁(側)。"整理者讀廁爲側,張震澤指出:"此段謂敵軍堅固,不宜正面爲敵,宜遣輕卒賤將撩之出戰,別遣隱行之陣,出其旁側而猛擊之。"③《馬王堆·五行》172:"交諸父母之廁(側),爲諸?"

5. 詞源譜系

蒯側廁[旁側]

則

測[法則]

①裴錫圭《〈神烏傅(賦)〉初探》,《中國出土古文獻十講》第 417 頁。

②楊樹達《積微居小學金石論叢》第 142—143 頁。

③張震澤《孫臏兵法校理》第 32 頁。

二一、二二　丰(附"害")

1.《説文》本義

《説文》丰部："丰,艸蔡也。象艸生之散亂也。"

2. 現有考釋及出土材料本義

戴侗《六書故·工事五》："丰即契也。又作刧,加刀,刀所以契也。又作契,大聲。古未有書先有契,契刻竹木以爲識,丰象所刻之齒。"徐灝注箋同意戴説,并謂:"刧从刀自是刻畫之義,而丰爲刻齒之形可觸類而知。"馬叙倫謂丰爲象形,其實物乃以木刻成齒形,爲契約之契。丰爲栔之初文,亦契券之契本字,刧則刧刻字,从刀丰聲[1]。陳世輝、湯餘惠認爲:"丰是契刻的'契'本字。《説文》:'刧,巧刧也,从刀丰聲。''栔,刻也,从刧从木。'都是以丰爲聲符的後起形聲字。"[2]曾憲通、林志强引戴侗説謂丰"爲栔的初文,蓋以丰像所刻之齒形,後復加刀及木以足義"[3]。

《説文》刧部:"刧,巧刧也。从刀丰聲。"朱駿聲通訓定聲:"刧,疑即栔字之古文。"沛相楊統碑:"鐫石立碑,刧銘鴻烈。"

刧部:"栔,刻也。从刧从木。"王筠句讀:"大部'契'下云刧聲,則此當云刧亦聲。"段注:"古經多作契,假借字也。"

大部:"契,大約也。从大从刧。《易》曰:'後代聖人易之以書契。'""从大从刧",徐鍇繫傳作"從大刧聲",王筠句讀作:"從大從刧,刧亦聲。"段注:"《周禮》有《司約》:'大約劑,書於宗彝。'《小宰》'聽取予以書契',大鄭云:'書契,符書也。'後鄭云'書契謂出予受入之凡要。凡薄書之冣目,獄訟之要辭,皆曰契',引《春秋傳》'王叔氏不能舉其契'。按:今人但於買賣曰文契。經傳或假契爲栔,如'爰契我龜',傳曰'契,開也',是也。"《釋名·釋書契》:"契,刻也,刻識其數也。"《詩經·大雅·緜》:"爰始爰謀,爰契我龜。"

刧,甲骨文作𡲂(合 14176)。李孝定謂丰當即象刧刻之齒,从刀所

---

[1] 馬叙倫《説文解字六書疏證》卷 8 第 106—107 頁。

[2] 陳世輝、湯餘惠《古文字學概要》(修訂本)第 30 頁。

[3] 曾憲通、林志强《漢字源流》第 13 頁。

以栔之也。㓞、栔當爲古今字①。徐中舒亦指出字從刀從丰，象以刀鍥刻之形，丰象所刻之齒，古人用以記事②。

《説文》訓“丰”爲“艸蔡”，學者多以之不可信，而以其爲象刻齒形，是從“㓞”（𥸮）、“栔”之字形字義推斷出來的。“丰”在傳世文獻中未見用例。

于省吾釋甲骨文🔣（合 20295）、🔣（合 21131）爲丰，謂象以木刻齒形③。裘錫圭不從于説④。李宗焜釋🔣爲“丰”，🔣形《甲骨文字編》中未見⑤。劉釗等釋🔣、🔣爲“東”⑥，釋甲骨文🔣（合 34148）、🔣（花東 517）等形爲“丰”⑦。

季旭昇以“丰”義爲契刻，“㓞”義爲巧㓞，并指出：“古文字未見單字丰，舊釋乙亥簋丰字，實當釋玉。甲骨文有㓞字，從丰、從刀，會以刀契刻之意，丰即象於符券上契刻之形。但‘㓞’字也有可能是以刀刻玉，因此‘丰’字或許是較晚的時候由‘㓞’字分化出來的一個部件。”⑧這只能是一種推測。其他學者釋出甲骨文中的“丰”，但説法不一。

在目前的資料下，我們姑從舊説，以“丰”象刻齒形。

“丰”象刻齒形，後又增加意符“刀”作“㓞”，它的本義如爲動詞則是“刻畫”，《説文》作“栔”，如爲名詞則爲“契約”，《説文》作“契”。而實際上，“栔”并不通行，正如段注所説，“契刻”義典籍多作“契”。

3. 同源詞繫聯

由“刻齒”派生出下列同源詞。

以“齒狀”爲詞源意義：

《説文》齒部：“齧，噬也。從齒㓞聲。”段注：“口部曰：‘噬，啗也。’《釋名》曰：‘鳥曰啄，獸曰齧。’”王鳳陽：“‘齧’與‘契’同源，‘契’是刻成犬牙交錯的鋸齒形，‘齧’也指用牙一點一點兒地咬下，是某些蟲類和齧

①李孝定編述《甲骨文字集釋》第 1547—1548 頁。

②徐中舒主編《甲骨文字典》（第 3 版）第 479 頁。

③于省吾《釋丰》，《甲骨文字林》第 353—354 頁。

④裘錫圭《説“𨥍 𨥍白大師武”》，《古文字論集》第 357 頁。

⑤李宗焜編著《甲骨文字編》第 930 頁。

⑥劉釗等編纂《新甲骨文編》（增訂本）第 421 頁。

⑦同上注第 278 頁。

⑧季旭昇《説文新證》第 369—370 頁。

齒類動物取食的特徵。"①

木部："楔,櫼也。从木契聲。"段注："今俗語曰楔子。先結切。《考工記》曰'牙得則無槷而固',注曰:'鄭司農云:槷,櫼也,蜀人言櫼曰槷。玄謂槷讀如涅。從木,熱省聲。'按:槷、櫼皆假借字,櫼即楔之假借也。"楔即上平厚下扁銳的木塊,用以填塞榫眼空隙,其亦具有像齒形的特點。

刻成齒狀蘊含有"斷"的特點,於是又有"鍥":

《説文》金部："鍥,鎌也。从金契聲。"段注："《方言》曰:'刈鉤,江淮陳楚之間謂之鉊,或謂之鐹。自關而西或謂之鉤,或謂之鎌,或謂之鍥。'鍥,郭音結。刀部曰:'剆,鎌也。'即《方言》之刈鉤也。"《廣雅·釋器》"鍥,鎌也",王念孫疏證曰:"鍥之言契也。《爾雅》'契,絶也',郭注云:'今江東呼刻斷物爲契斷。'"

刻出紋路作爲契約需引刀,引刀即有"牽掣"的特點,又有以"牽掣"爲意義特點的下列同源詞:

《説文》手部："瘛,引縱曰瘛。从手,瘛省聲。"段注："《爾雅》釋文作'引而縱之曰瘛'。引,開弓也。縱,緩也。一曰舍也。按:引縱者,謂宜遠而引之使近,宜近而縱之使遠,皆爲牽掣也。不必如釋文所據《爾雅》曰'畁夆,掣曳也'。""俗作掣。"

角部："觢,一角仰也。从角韧聲。《易》曰:'其牛觢。'"段注："一當作二。《釋畜》曰:'角一俯一仰,觭。皆踊,觢。'皆踊謂二角皆豎也,蒙上文一俯一仰故曰皆。許一俯一仰之云在下文,故云二角。俗譌爲一,則與觭無異。《易》音義引《説文》以角一俯一仰系之觢,當時筆誤耳。《睽》'六三,其牛掣',鄭作挈,云牛角皆踊曰挈,與《爾雅》《説文》同。子夏作契,荀作觭,虞作掣,皆以一俯一仰爲訓,與許、鄭不同也。觢者,如有掣曳然。角本當邪展而乃聳直也。"《爾雅·釋畜》:"角一俯一仰,觭;皆踊,觢。"《廣韻》祭韻:"觢,牛角豎也。"

手部："挈,縣持也。从手韧聲。"段注："縣者,系也。胡涓切。下文云'提,挈也',則提與挈皆謂縣而持之也。今俗語云挈帶。""懸持"强調將物體提拉使之離開地面,亦含有"牽掣"的特點。

---

① 王鳳陽《古辭辨》第 528 頁。

糸部："絜,麻一耑也。从糸刧聲。"段注："一耑猶一束也。耑,頭也。束之必齊其首,故曰耑。人部'係'下云:'絜束也。'是知絜爲束也。束之必圍之,故引申之圍度曰絜。"絜束、圍度亦有"牽掣"的特點。

疒部："瘛,小兒瘛瘲病也。从疒恝聲。"徐鉉等曰:"《説文》無恝字,疑从疒、从心,契省聲也。"段注:"《急就篇》亦云'瘛瘲',師古云:'即今癇病。'按:今小兒驚病也。瘛之言掣也,瘲之言縱也。《藝文志》有瘛瘲方。"朱駿聲通訓定聲曰:"從疒從心會意,刧聲……瘛之言掣也。"《廣雅·釋言》"瘛,瘲也",王念孫疏證曰:"瘛之言掣,瘲之言縱也。《説文》云:'引而縱曰瘛。'瘛與掣同。"

4. 通用情況

(1)刧—契　　《馬王堆·五十二病方》130—131:"雞涅居二□者(煮)之,□以蚤(爪)刧(契)虒(瘯)令赤,以傅之。"

(2)絜—刧　　"刧令"一詞在傳世文獻中又作"絜令",出土文獻中也存在二者混用的情況,在敦煌漢簡、居延漢簡、武威漢簡中"絜令""刧令"都有出現。凡國棟同意日本學者大庭脩的觀點并進一步論證,"刧"爲本字,刧令即獨令、特令、特別令[1]。

5. 詞源譜系

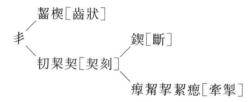

6. 其他

《説文》中以"丯"爲聲的還有"害",宀部:"害,傷也。从宀从口。宀、口,言从家起也。丯聲。"金文🐚(害弔簋)周法高認爲象下器上蓋,中有器實之形[2]。裘錫圭進一步指出,🐚(害弔簋)的"傷害"義是借義,甲骨文🐚(合 2435),象人的足趾爲蟲虺之類所咬嚙,隸作蚩,當爲傷害之"害"的本字,甲骨文即用作"傷害"義。蚩,秦簡作壴或愛,傷害義,後來

---

①凡國棟《"刧令"新論》,《簡帛》第 5 輯第 457—466 頁。
②周法高主編《金文詁林》第 6184 頁周法高按語。

借字"害"行而䒷廢①。金文中常借作"匃",戰國時期此形有"傷害"義,如《郭店·老子》丙 4:"往而不害,安坪(平)大。"從古文字看,"害"本不從"丯"聲。從"害"聲的詞有以"傷害"爲詞源意義者:

刀部:"割,剥也。從刀害聲。"段注曰:"《尚書》多假借割爲害。"金文作(無叀鼎),一般讀作"匃"。《新蔡》甲三 282:"□□虚,盡割以九豻,禱以九□。"又甲三 228:"□之里害(割)以豻□。"害讀爲割,謂刺割犧牲血祭②。

牛部:"犗,騬牛也。從牛害聲。"段注:"馬部曰:'騬,犗馬也。'謂今之騙馬。"《廣雅·釋獸》"犗,犞也",王念孫疏證曰:"犗之言割也。割去其勢,故謂之犗。"

矛部:"矲,矛屬。從矛害聲。"

通用情況:割—害　　《郭店·語叢四》16:"女(如)牗(將)又(有)敗,駐(雄)是爲割(害)。"《馬王堆·五行》138:"不莊(藏)尤割(害)人,仁之理也。"《包山》121"競不割"讀"景不害",習見人名。

詞源譜系:害—割犗矲[傷害]

二三　差

1.《説文》本義

《説文》左部:"差,貳也。差不相值也。從左從㞦。"

2. 出土材料本義

差,金文作(同簋)、(國差繪)等形。夏渌認爲"差"的金文字形上部從𥝫,小篆所從之㞦由其演變而來,而𥝫是麥的省形變體。則"差"的初字,是從麥(或省),從左(同佐),通過"磨治麥粒""加工麥粒"的典型事例,來概括代表一般以手搓物的"搓"的概念。"差"是"搓"的本字,"搓"是"差"的後起形聲字③。可從。

《廣雅·釋詁》"差,磨也",王念孫疏證:"差之言磋也。《説文》:

①裘錫圭《釋蟲》,《古文字論集》第 11—16 頁。
②賈連敏《新蔡葛陵楚簡中的祭禱文書》,《華夏考古》2004 年第 3 期。
③夏渌《"差"字的形義來源》,《中國語文》1979 年第 1 期。

'齹,齒差也。'謂齒相摩切也。"《説文》齒部:"齹,齒差也。从齒屑聲。"段注:"此與'齫'訓'齒差'義異,謂齒相摩切也。齒與齒相切,必參差上下之。差即今磋磨字也。……差者正字,瑳、磋皆加偏旁字也。"

《廣韻》歌韻:"搓,手搓碎也。"

3. 同源詞繫聯

夏文爲了論證"差"爲"搓"本字,又繫聯从"差"聲的同源詞如下:(1)搓磨麥粒,原始的方法是在磨缽内縱横交錯,反復進行,由此產生動詞"差錯"義,又引申出"錯誤、過失"義,由交互、不規則引申爲奇異、不平常,構成一組形聲字:齹、脞、𥹢、髊、眨、諅、嵯、蹉、猚、嵯、嗟。(2)從磨治麥粒、加工糧食的過程中,產生選擇、精選一類的含義,從精選產生齊整、編聯義,構成形聲字:鎈、羙。(3)從磨治麥粒、加工糧食的過程中,產生差別、次第、等級一類的含義,又構成形聲字:艖、搓。(4)從磨治麥粒、加工糧食的過程中,產生完善、精美、白净一類的含義,構成形聲字:瑳、縒、醝、眨、髿、瘥。(5)在農事中,磨治麥粒、加工糧食,是輔助性的家庭勞動,從而產生輔佐義,又進一步抽象引申出差役、差遣義,從而構成形聲字:槎、眨[1]。

王力繫聯差、蹉、齹(齫)有失義,繫聯縒、嵯、齹有參差不齊義,繫聯磋(瑳)、搓有搓磨義[2]。陳曉强繫聯"差"聲詞如下:麬、醝[搓、磨小麥]—搓、瑳、磋[搓、磨],齹、眨、縒、嵯、蹉、傞、羙[參差不齊],夆[等差],瑳、醝、瘥、髿[精美、白净][3]。蔡永貴繫聯齹、槎、瘥、傞、嵯、羙、縒、眨有"不相值"義[4]。

夏渌分析差的形義正確可從,對上述學者的繫聯,我們以陳文的繫聯爲基礎并調整如下:

(1)以搓磨爲詞源意義的有:麬、醝、搓、瑳、磋。

(2)搓磨即兩手交錯運動,兩手不齊,又引申出"參差不齊"義。以參差不齊爲詞源意義的有:齹、眨、縒、嵯、蹉、傞、羙。

此外,《説文》齒部:"齹,齒差跌皃。从齒佐聲。《春秋傳》曰鄭有子

---

①夏渌《"差"字的形義來源》,《中國語文》1979 年第 1 期。
②王力《同源字典》第 441、443 頁。
③陳曉强《漢語詞源與漢字形體的關係研究》第 353—355 頁。
④蔡永貴《漢字字族研究》第 122—123 頁。

鹺。"段注:"差者,不值也。跌者,踢也。齒差跌,謂參差踢跌不平正也。"又曰引文"見《左傳·昭十六年》,今傳作齹,實一字也。釋文曰:齹,'《字林》才可、士知二反。《説文》作鹺,云齒差跌也。在河、千多二反'。是《字林》始有齹。"

木部:"槎,衺斫也。从木差聲。《春秋傳》曰:山不槎。"段注:"'桼'下曰:'槎識也。'《魯語》里革曰:'山不槎蘖。'李善注《西京賦》引賈逵《解詁》曰:'槎,邪斫也。'韋曰:'槎,斫也。'按賈云衺斫者,於字從差得之。"《廣雅·釋詁》"差,衺也",王念孫疏證:"差者,《説文》:'差,貳也,差不相值也。'是衺出之義也。《大戴禮·保傅》篇云:'立而不跛,坐而不差。'《淮南子·本經訓》'衣無隅差之削',高誘注云:'隅,角也。差,邪也。皆全幅爲衣裳,無有邪角也。'《説文》:'槎,衺斫也。''槎'與'差'聲義亦相近。"斜即不齊。

《玉篇》皮部:"皼,粟體也。"《集韻》紙韻:"皼,膚如粟。"皮膚起粟粒亦有不平、參差不齊義。

(3)不齊就有等級、等差,引申出"等級、等差"義。以等級、等差爲詞源意義的有:軰。

此外,《方言》卷九:"南楚江湘凡船大者謂之舸,小舸謂之艖。"《廣韻》歌韻:"艖,小舸。"《玉篇》舟部:"艖,小船。"小船是與大船相比,其中有等級義。

(4)搓磨麥粒、加工糧食,結果是麥粒的"精美、白净",以精美、白净爲詞源意義的有:瑳、縒、瘥、鬖。

此外,《玉篇》日部:"暛,明朗也。"

4. 通用情況

(1)軰—差　　《銀雀山·孫臏兵法》414:"歃陳軨車,所以從遺也。"張震澤指出軨讀爲差,軨車即經過選擇的快車[1]。

(2)鬖—差　　《馬王堆·五行》57:"能駝(鬖—差)貤(池)亓(其)羽,然笱(後)能至哀,言至也。"

---

[1]張震澤《孫臏兵法校理》第117頁。

5. 詞源譜系

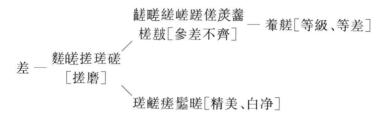

二四　盧

1.《説文》本義

《説文》皿部:"盧,飯器也。从皿虙聲。,籀文盧。"徐灝注箋:"虙从由,蓋本竹木之器,後以陶瓴爲之,故又从皿作盧,盧即古鑪字。"

2. 出土材料本義

盧,甲骨文作(合 19957 反)、(合 259)等形,爲盧與鑪之初文,上象鑪之身,下象款足;卜辭字又作(合 32350)等形,增"虍"爲聲符;作盧爲又从"皿"之累增字①。郭沫若謂盧:"余謂此乃古人爇炭之鑪也。"②《後漢書・五行志》:"四年,魏郡男子張博送鐵盧詣太官。"王子嬰次鑪:"王子嬰次之庋(燎)盧。"郭沫若指出字从皿虙聲,應即盧字。盧當讀爲鑪,《説文》金部:"鑪,方鑪也。从金盧聲。"嬰次鑪爲方器,與許説相合③。漢菑川太子家鑪、弘農宫銅方鑪、陽泉熏鑪等,銘文均作"盧"④。

《正字通》皿部:"盧,盛火器。或作鑪、爐、鑪。"《説文》金部:"鑪,方鑪也。从金盧聲。"徐鉉曰:"今俗別作爐。"段注曰:"凡爇炭之器曰鑪。定公三年《左傳》邾莊公'自投於牀,廢於鑪炭,爛,遂卒'。"《玉篇》火部:"爐,火爐也。"《釋名・釋地》:"地不生物曰鹵。鹵,爐也,如爐火處也。"畢沅疏證:"爐,《水經注》引作盧,今加火旁,俗。"《張家山・奏讞書》165:"臣有(又)診炙肉具,桑炭甚美,鐵盧(爐)甚磬。""盧"爲"爐"本字,爐即馬承源《中國青銅器》中的燎爐,他指出燎爐爲古人燎炭取暖的工

---

①于省吾《釋、虙》,《甲骨文字釋林》第 30 頁。
②郭沫若《新鄭古器之一二考核》,《殷周青銅器銘文研究》第 104 頁。
③同上注第 104—107 頁。
④徐正考《漢代銅器銘文文字編》第 99 頁。

具,即今之火盆,新鄭出土的王子嬰次爐體呈長方形,圓角侈口,淺腹平底,春秋晚期的者旨劃爐,爲直口淺腹式圓盤,戰國晚期鑄客爐亦爲直口淺腹①。

3. 同源詞繫聯

關於從"盧"聲的同源詞,已有多位學者研究,如王力、蔣紹愚、張博、趙小剛、殷寄明、王建軍等。諸家的觀點不盡一致:王力指出鱸、壚、獹、瀘、櫨、矑皆有"黑色"義②。蔣紹愚認爲盧(黑也)、鱸、矑、獹、鸕、瀘有黑義,盧表示黑是本無其字的假借,盧(飯器)、爐、壚、鑪、鑢、蘆均與飯器相關,分別是不同物之所居,蘆、櫨與上述二類均不相關③。趙小剛亦繫聯壚、櫨、矑、獹、鸕有黑義,但是他認爲"盧"的黑義源於古羌語④。張博認爲壚、鱸、獹、矑、瀘、鸕鶿皆有黑義⑤。殷寄明認爲壚、獹、纑、鱸、鸕有黑義,爐、甒、鑢、籚、顱有圓而中空義,并指出"盧"爲鑪本字,其黑義可參徐灝《説文解字注箋》皿部"盧爲火所熏,色黑,因謂黑爲盧",火爐有圓而中空之特徵,故從"盧"的詞有圓而中空義⑥;後於"黑"義增加矑,以蘆、顱、爐、轤、鑢、甒有圓義,增加鸕、籚、鱸、纑有高、長義⑦。陳曉強繫聯盧、鑪有火爐義,鱸、壚、鸕、獹、矑、臚、驢、瀘、櫨有黑義,又對其中的臚、驢、瀘存疑,繫聯櫨、臚爲并列、臚陳義,繫聯蘆、臚有盧旅義⑧。王建軍認爲盧、壚(黑剛土)、爐、矑、鸕、鱸、瀘、纑有黑義,爐得名於黑"是因爲爐底或鍋底主要是以黑色呈現在人們的認知視野裏",盧、蘆、櫨、壚(飲食瓦器)、攎、艫、顱、轤、鑢、臚有粗短義⑨。各家都認爲從"盧"聲的詞有"黑"義,但涉及的具體詞不完全相同,他們所認爲的"黑"義的來源亦不盡相同;此外,"盧"聲詞還有什麼意義各家觀點亦不一致。

爐作爲燎炭的工具當有黑色的特徵,故徐灝所謂"盧爲火所熏,色

---

①馬承源《中國青銅器》(修訂本)第 298—299 頁。

②王力《同源字典》第 150—151 頁。

③蔣紹愚《古漢語詞彙綱要》第 163—164 頁。

④趙小剛《羌漢語言接觸形成的一組同源漢字》,《中央民族大學學報》2004 年第 6 期。

⑤張博《漢語同族詞的系統性與驗證方法》第 128—129 頁。

⑥殷寄明《漢語同源字詞叢考》第 565—569 頁。

⑦殷寄明《漢語同源詞大典》第 1727—1729 頁。

⑧陳曉強《漢語詞源與漢字形體的關係研究》第 294—296 頁。

⑨王建軍《聲符"盧"所示詞源義考察》,《井岡山學院學報》2009 年第 7 期。

黑,因謂黑爲盧"應該可信的,从"盧"聲的詞多有"黑"義。

結合各家的觀點,我們認爲以"黑"爲詞源意義的有:

《説文》糸部:"纑,布縷也。从糸盧聲。"段注:"言布縷者,以別乎絲縷也。績之而成縷,可以爲布,是曰纑。《禮經》縷分別若干升以爲麤細,五服之縷不同也。趙岐曰:'涷麻曰纑。'麻部'纝'下曰:'未涷治纑也。'然則涷治之乃曰纑。蓋縷有不涷者,若斬衰、齊衰、大功、小功之縷皆不涷。緦衰之縷則涷之。若吉服之縷則無不涷者。不涷者曰纝,涷者曰纑,統呼曰縷。"水部:"涷,濄也。从水涷聲。"段注:"涷之以去其瑕,如濄米之去康粊,其用一也。"去瑕即去黑,王建軍指出涷治去黑曰纑[1]。

土部:"壚,剛土也。从土盧聲。"段玉裁改爲"黑剛土也",注曰:"各本無黑字,依《韵會》則小徐有。《尚書正義》所引同,今補。《釋名》曰:'土黑曰壚,盧然解散也。'《周禮·草人》'埴壚用豕',鄭云:'埴壚,黏疏者。'以黏釋埴,以疏釋壚。黑部曰:'齊謂黑爲驢。'古文作旅。許於驢得其義云黑而剛,則疏之義亦見矣。"

鳥部:"鸕,鸕鷀也。从鳥盧聲。"段注:"鸕者,謂其色黑也。鷀者,謂其不卵而吐生,多者生八九,少生五六,相連而出,若絲緒也。有單言鸕者,《上林賦》'箴疵鵁盧'、《南都賦》'鴢鸕'是也。有單言鷀者,《釋鳥》是也。"

黑部:"驢,齊謂黑爲驢。从黑盧聲。"《廣雅·釋器》"驢,黑也",王念孫疏證:"《説文》:'齊謂黑爲驢。'字通作'盧'。黑土謂之壚,黑犬謂之盧,目童子謂之盧……黑水謂之瀘水,黑橘謂之盧橘,義并同也。"

新附水部:"瀘,水名。从水盧聲。"《水經注·滱水》:"滱水之右,盧水注之,水上承城內黑水池。……余按盧奴城內西北隅有水,淵而不流,南北百步,東西百餘步,水色正黑,俗名曰黑水池。或云水黑曰盧,不流曰奴,故此城藉水以取名矣。"

《玉篇》犬部:"獹,韓獹,天下駿犬。"又作韓盧,《漢書·王莽傳》"遣將不與兵符,必先請而後動,是猶紲韓盧而責之獲也",顏師古注:"韓盧,古韓國之名犬也。黑色曰盧。"

---

①王建軍《聲符"盧"所示詞源義考察》,《井岡山學院學報》2009 年第 7 期。

《玉篇》玉部:"瓐,《博雅》云:碧玉也。"《廣雅·釋地》"碧瓐",王念孫疏證:"碧瓐,蓋青黑色玉也。瓐之言黸也。"

《玉篇》目部:"矑,目瞳子也。"

此外,現發現的爐基本都具有淺腹的特點,從形制上可以概括出"短小"的特點,又派生出下列詞:

《說文》竹部:"籚,積竹矛戟矜也。从竹盧聲。《春秋國語》曰:'朱儒扶籚。'"爲侏儒所扶,蘊含"短小"義。

木部:"櫨,柱上柎也。从木盧聲。伊尹曰:'果之美者,箕山之東,青鳧之所,有櫨橘焉,夏孰也。'一曰宅櫨木,出弘農山也。"朱駿聲通訓定聲:"櫨,方木似斗形,在短柱上,拱承屋棟。"《淮南子·本經》"延樓棧道,雞棲井榦,標杗欂櫨",高誘注:"櫨,柱上柎,即梁上短柱也。"

艸部:"蘆,蘆菔也。一曰薺根。从艸盧聲。"同部:"菔,蘆菔。似蕪菁,實如小未者。从艸服聲。"段注:"今之蘿蔔也。《釋艸》'葵,蘆萉',郭云:'萉當爲菔。蘆菔,蕪菁屬,紫花大根,一名葵,俗呼雹葵。'按實根駭人,故呼突,或加艸耳。蕪菁即蔓菁。"蘿蔔,有粗短的特點。《張家山·算數書》129:"一日伐竹六十箇,一日爲盧唐十五,一竹爲三盧唐。"整理者注:"盧唐,即'蘆箁',竹箁。"《馬王堆·五十二病方》422:"取茹盧(蘆)本,䂖(礱)之,以酒漬之,后(後)日一夜,而以涂(塗)之,已(已)。"

广部:"廬,寄也。秋冬去,春夏居。从广盧聲。"段注:"在野曰廬,在邑曰廛。皆二畝半也。引伸之凡寄居之處皆曰廬。"臨時搭建的簡陋的住處當比一般的房子矮小。趙曹鼎:"王射于射盧。"王輝指出:"'射盧'即'射廬'。廬爲寄居之舍。《左傳·成公十三年》經:'曹伯盧卒於師。'《公羊傳》《穀梁傳》盧作廬。"[1]

頁部:"顱,頂顱,首骨也。从頁盧聲。"《銀雀山·孫臏兵法》357:"盧毀肩,故曰長兵權也。"張震澤指出:"盧爲顱之省文。《後漢書·馬融傳》:'羿殳狂擊,頭陷顱碎',注:'顱,額也。'此言長兵可以遠擊敵之額肩。"[2]《馬王堆·相馬經》64下:"上爲縣(懸)盧(顱),下爲纓(䋾)筩

---

①王輝《古文字通假字典》第 101 頁。

②張震澤《孫臏兵法校理》第 83 頁。

（筋），力可以負山，足可以載雲。”

4. 通用情況

（1）廬—蘆　　《武威醫簡・第一類》11：“牡丹二分，漏廬（蘆）二分。”

（2）蘆—廬　　《馬王堆・周易經傳・周易》12 下：“尚（上）九，石（碩）果不食，君子得車，小人剥蘆（廬）。”

5. 詞源譜系

　　　　　　纑墟鱸鹽瀘獹璷矑〔黑〕

盧

　　　　　　籚櫨蘆廬顱〔短小〕

二五　畠

1.《説文》本義

　　《説文》皿部：“畠（畠），仁也。从皿以食囚也。官溥説。”

2. 現有考釋及出土材料本義

　　甲骨文（合 17130）、（合 21386）等形張政烺以之爲“畠”字聲符，或許是《説文》的“蕰”，是埋藏的意思①，後來又進一步指出字形象人在櫝之中，當釋“蕰”，本義爲“藏”②。

　　甲骨文（合 28905）、（合 33531）形劉桓釋爲“畠”③，劉釗力主此説，并謂即“畠”所从之“囚”，後分化出“畠”，應該就是“蕰”字的本字。字在金文中作（弗生甗）形，可能是將中外面部分改造爲與其形體相近并可標示畠字讀音的所致④。

　　裘錫圭認爲甲骨文、爲一字⑤。陳劍同意裘説，并認爲字當釋

---

①張政烺《釋甲骨文“俄”“隸”“蕰”三字》，《中國語文》1965 年第 4 期。本書據《張政烺文史論集》引，第 438—442 頁。

②張政烺《釋因蕰》，《古文字研究》第 12 輯第 76—78 頁。

③劉桓《釋畠》，《殷契新釋》第 174—180 頁。

④劉釗《釋愠》，《古文字考釋叢稿》第 149—153 頁。

⑤裘錫圭《殷墟甲骨文字考釋（七篇）》，《湖北大學學報》1990 年第 1 期。

"昷"，根據卜辭寫作⚬的字只見於時代較晚的卜辭，寫作⚬或⚬（合13795）的字則只見於早期卜辭，再通過對有關卜辭的重新解釋，認爲完全可以肯定二者當爲一字異體。早期卜辭的⚬偶爾用爲"蘊藏"的"蘊"，大多數應讀爲古書裏的"昏"或"殙"，意爲"暴死"①。

季旭昇認爲甲骨文⚬（合 27930）當釋"昷"，與金文作⚬一脉相承，從人凸聲，義爲蘊藏②；後來又認爲"昷"還有另外一個來源，甲骨文作⚬（合 18527）形，西漢時期兩類形體融合③。

綜合上述諸説，甲骨文⚬、⚬一字，後演變爲⚬形，爲"蘊"本字。

郭永秉指出商、西周金文，甚至春秋及六國文字中目前都没有出現可靠的"盈"字。"盈"本是從皿、囚*（即⚬、⚬）聲的形聲字，可能是爲温器之"盈"專門造的字，六國文字中"愠"從心從囚*，"煴"從火從囚*。因爲隸變囚*與真正的"囚"相混而被淘汰，秦漢文字才改用較晚出的"盈"作爲相關字的聲符④。以⚬、⚬爲聲符的形聲字"盈（昷）"後來取代了⚬、⚬，原來以⚬、⚬爲聲符的字以及後來以"盈"爲聲符的字所記錄的詞，有些具有相同的詞義來源。下文爲稱説方便，徑稱以"昷"爲聲符。

3. 同源詞繫聯

從"昷"聲的詞有包蘊在内的特點：

《説文》火部："煴，鬱煙也。從火昷聲。"段注："鬱當作鬱。鬱與煴聲義皆同。煙煴猶壹壺也。"《漢書·蘇武傳》"鑿地爲坎，置煴火，覆武其上，蹈其背以出血"，顏師古注："煴，謂聚火無焰者也。"

心部："愠，怒也。從心昷聲。"徐鍇繫傳："愠，蓄怒也。"段玉裁改爲"怨也"，注曰："怨，各本作怒。《大雅·緜》傳曰：'愠，恚也。'正義云：'《説文》：愠，怨也。恚，怒也。有怨者必怒之。'故以愠爲恚。然則唐初本作怨甚明。"王鳳陽指出："從'昷'的字，如'蘊'、'醖'等都有包孕於内的意思；'愠'是隱含的怒，它的特點是心有不平，但忍而不發，或者只流

---

①陳劍《殷墟卜辭的分期分類對甲骨文字考釋的重要性》，《甲骨金文考釋論集》第427—436 頁。

②季旭昇《説文新證》第 429 頁。

③季旭昇《説文新證》第 418—419 頁，藝文印書館 2014 年版。

④郭永秉《再談甲骨金文所謂"温"字》，《古文字研究》第 31 輯第 57 頁。

露在臉色上,而不在舉止、言語上表現出來。司馬遷《報任少卿書》'草創未就,會遭此禍,惜其不成,是以就極刑而無慍色','無慍色'并非無不滿,只是把怨氣隱藏起來不現於外而已。"①

手部:"搵,没也。从手昷聲。"段注:"没者,湛也。謂湛浸於中也。《集韵》引《字林》'搵抐,没也'。"《廣雅·釋詁》"搵,擩也",王念孫疏證:"今俗語謂内物水中爲搵。"

車部:"輼,臥車也。从車昷聲。"段注:"《史記》始皇崩於沙丘,不發喪,棺載輼涼車中,百官奏事,宦者輒從輼涼車中可其奏。《漢·霍光傳》'載光屍柩以輼輬車',孟康曰:'如衣車有窗牖,閉之則温,開之則涼,故名之輼輬車也。'師古曰:'輼輬本安車,可以臥息。後因載喪,飾以柳翣,故遂爲喪車耳。輼者密閉,輬者旁開窗牖,各別一乘,隨事爲名。後人既專以載喪,又去其一,總爲藩飾,而合二名呼之耳。'按:顏説是也。本是二車可偃息者,故許分解曰臥車。《始皇本紀》上渾言曰'輼輬車',下言'上輼車臭',以屍實在輼車,不在輬車也。古二車隨行,惟意所適。"

酉部:"醖,釀也。从酉昷聲。"段注:"引申爲醖藉。《詩·小宛》箋、《禮記·禮器》注、《漢書·匡張孔馬傳》贊皆曰醖藉。師古云:'謂如醖釀及薦藉,道其寬博重厚也。'今人多作蕰藉,失之遠矣。《毛詩》假借温字。"王鳳陽指出醖與"温、蕰、鬱"同源,長期儲存才叫"醖"②。

口部:"唱,咽也。从口昷聲。"段注:"咽當作嚏,聲之誤也。欠部曰:'歓,咽中息不利也。'與唱音義同。'笑'云'唱噱'者,唱在喉中,噱在口也。"

艸部:"蕰,積也。从艸温聲。《春秋傳》曰:'蕰利生孽。'"段注曰:"《左傳》'芟夷蕰崇',杜注:'蕰,積也。'又'蘋蘩蕰藻之菜',注:'蕰藻,聚藻也。'《小雅·都人士》《禮記·禮運》借菀苑字爲之。""俗作蘊。"《玉篇》艸部:"蕰,積也,聚也,蓄也。"《詩經·小雅·小宛》"人之齊聖,飲酒温克",鄭玄箋:"中正通知之人飲酒雖醉,猶能温藉自持以勝。"孔穎達疏:"舒瑗云:'包裹曰蕰。'謂蕰藉自持含容之義。"《後漢書·班固傳》:

①王鳳陽《古辭辨》第 843 頁。
②同上注第 548 頁。

"蓋以膺當天之正統，受克讓之歸運，蓄炎上之烈精，蘊孔佐之弘陳云爾。"李賢注："蘊，藏也。"

《廣雅·釋詁》："縕，裹也。"《集韻》隱韻："縕，藏也。"《論語·子罕》："有美玉於斯，韞匵而藏諸？求善賈而沽諸？"何晏集解："馬曰，韞，藏也。"

包蘊在内則暖，陸宗達指出"温藉當作'蕰''醖'"，"火熏則煖，煴爲鬱煙，故與蕰醖亦匯通"[1]。於是有"温"：

《説文》水部："温，水。出犍爲涪，南入黔水。从水昷聲。"皿部"昷"下段注曰："凡云温和、温柔、温暖者，皆當作此字，温行而昷廢矣。水部'温'篆下但云'水名'，不云'一曰煴者'，許謂煴義自有囚皿字在也。用此知日部：'昫，日出温也。''曡，安温也。''㬉，温濕也。'火部：'煴，温也。''衷，以微火温肉也。'金部：'銚，温器也。''鑢，温器也。'凡若此等皆作昷不作温矣。"《玉篇》皿部："昷，和也。或作温。"《廣雅·釋詁》："温，煴也。"《禮記·曲禮上》："凡爲人子之禮，冬温而夏清，昏定而晨省。"

3. 通用情況

(1)煴—温　　《周家臺秦簡·病方及其他》374："以給、顛首、沐涳畝，并，參(三)煴(温)鬻(煮)之，令□。"

(2)温—愠　　《馬王堆·周易經傳·周易》57下："君子缺₌(缺缺—夬夬)獨行，愚(遇)雨如濡，有温(愠)，无咎。"温，通行本《易》作愠。《銀雀山·孫臏兵法》374："死者不毒，奪者不温(愠)。"

(3)温—醖　　《馬王堆·一號墓竹簡遣册》109："温(醖)酒二資。"

(4)温—輼　　《馬王堆·三號墓竹簡遣册》42："温(輼)車二乘₌(乘，乘)駕六馬。"

4. 詞源譜系

昷—煴愠揾輼醖唱蕰(蘊)韞[包蘊在内]—温[暖]

5. 其他

又蕭聖中將甲骨文之🔸、金文之🔶等形釋"昷"，認爲其本義爲温暖，

---

①陸宗達《〈説文解字〉同源字新證》第795頁。

指出"其造字以'半穴居的温室中有人'爲理據"①。雖然其解釋"畾"的形義與上述觀點不同,但并不影響本書繫聯同源詞的結論。

二六、二七　去(去$_1$、去$_2$)

1.《説文》本義

《説文》去部:"去,人相違也。从大凵聲。"

2. 出土材料本義(去$_1$)

去,甲骨文作✦(合 7312),从大从口,非从凵,它應該是當開口講的"呿"的初文。"'去'字在'口'上加'大',字形所要表示的意義應該就是開口。"②

3. 同源詞繫聯(去$_1$)

"正由於'去'的本義就是開口,所以有些从'去'聲的字有'開'義。《廣雅・釋詁三》:'袪(原作'裕',從王念孫《疏證》改),開也。'《漢書・兒寬傳》'合袪於天地神祇'句顏注引李奇曰:'袪,開散;合,閉也。'《莊子・胠篋》篇《釋文》:'司馬(彪)云:從旁開爲胠。一云發也。'王念孫認爲袖口稱'袪'也取'開'義(見《廣雅疏證》)。'張開''離開'二義相因(例如人張口則兩唇相離)。'去'字的'離去'義可能就是由'張開'義引申出來的。"③如裘文所言,从"去"聲的詞多有"分張"義:

《玉篇》口部:"呿,張口皃。"《吕氏春秋・重言》:"君呿而不唫,所言者莒也。"高誘注:"呿,開。"字也作"欨"。《集韻》戈韻:"欨,出气。"御韻:"欨,張口皃。或作呿。"《銀雀山二・陰陽時令、占候之類・曹氏陰陽》1655:"夫去(呿)生而唫死,此其大桜也。"

《説文》肉部:"胠,亦下也。从肉去聲。"段注:"《玉藻》説袂二尺二寸,袪尺二寸。袪,袂末也。袪與胠同音。然則胳謂迫於左者,胠謂迫於臂者。《左傳・襄廿三年》齊侯伐衛,有先驅、申驅、戎車、貳廣、啟胠、大殿。賈逵曰:'左翼曰啟,右翼曰胠。'啟胠皆在旁之軍。《莊子・胠

---

① 蕭聖中《與古代穴居生活相關的一個漢字——"畾(温)"字本義初窺》,《古文字研究》第 30 輯第 499—503 頁。
②③ 裘錫圭《説字小記》,《古文字論集》第 647 頁。

篋》司馬曰：‘從旁開爲胠。’皆取義於人體也。”

衣部：“袪，衣袂也。从衣去聲。一曰袪，褏也。褏者，褎也。袪，尺二寸。《春秋傳》曰：‘披斬其袪。’”《廣雅・釋詁》“袪，開也”，王念孫疏證認爲在表示“開”義上：“袪、胠、呿，古通用。袖口謂之袪，義亦同也。”《漢書・兒寬傳》“然享薦之義，不著于經，以爲封禪告成，合袪於天地神祇，祇戒精專以接神明”，顔師古注引李奇曰：“袪，開散。”《文選》蔡邕《郭有道碑文》“童蒙賴焉，用袪其蔽”，李善注：“袪，猶去也。”

張開與離開二義相因，如“袪”就同時具有此二義。另外，下二詞也含“離開”義：

《説文》阜部：“阹，依山谷爲牛馬圈也。从阜去聲。”《後漢書・馬融傳》：“於是周阹環瀆，右彎三塗，左概嵩嶽，面據衡陰，箕背王屋，浸以波、溠，貪以滎、洛。”李賢注：“《上林賦》曰：‘江河爲阹。’郭璞注曰：‘因山谷遮禽獸曰阹。’”

《集韻》魚韻：“袪，禳却也。”

4. 出土材料本義(去$_2$)

甲骨文中還有一個“去”，作(合 30178)等形，裘錫圭指出與前文“呿”之初文非一字，後世二者訛混，其像器蓋相合之形，爲“盍”本字。“形聲字从‘去’聲而古音屬葉部的，如‘怯’‘狜’‘㾀’等字，舊或以爲从‘劫’省聲，其實都應該是从這個‘去’字的。就是《説文》認爲是會意字的‘劫’，也應該是以此爲聲旁的形聲字。”①

盍，《説文》作“盇”，血部：“盇，覆也。从血、大。”徐鉉曰：“大象蓋覆之形。”段注：“艸部之葢从盇會意，訓苫，覆之引申耳。今則葢行而盇廢矣。”“其形隸變作盍。”實際上從古文字看，应该是“盍”在前，“盇”在後。“由於‘盇’‘盍’借用爲副詞，故又分别於其上益以‘艸’旁作‘葢’及‘蓋’，以表示其本義。”②《上博六・平王與王子木》3：“王曰，醢不盍(蓋)。”

則，根據古文字材料，《説文》訓“劫省聲”“盇聲”者其二級聲符均當爲甲骨文。郝士宏亦同意《説文》之“去”爲呿之本字，本義是張口，引

①裘錫圭《説字小記》，《古文字論集》第 646 頁。

②曾憲通《去盇考辨》，《古文字與出土文獻叢考》第 92 頁。

申表來去之去,由此義孳乳出祛等。同時又指出,西周以後"去"與"盍"的初文訛混,又孳乳出盍、闔、榼、蓋等字①。

5. 同源詞繫聯(去₂)

    ▲本爲器蓋相合形,故以之爲聲符的詞含有"閉合"義,如:

《説文》艸部:"蓋,苫也。从艸,盍聲。"《望山》二·11:"紫盍(蓋),軜、杠皆雕。"《清華二·繫年》14:"飛曆(廉)東逃于商盍(蓋)氏。"《嶽麓一·爲吏治官及黔首》82—83 叁:"庫臧(藏)羽革,臧(藏)盍(蓋)必法。"

戶部:"戾,閉也。从户,劫省聲。"段注:"《士喪禮》注曰:'徹帷戾之事畢,則下之。'《襍記》注曰:'既出,則施其戾,鬼神尚幽闇也。'據此二注,戾爲寒舉之義,與《東都賦》'祛㒒帷'同。疑閉當作開。一説,戾在開閉之間,故兼此二義。"

金部:"鈒,組帶鐵也。从金,劫省聲。讀若劫。"王筠句讀:"衣部:'裏,以組帶馬也。'蓋即今之肚帶。鈒則肚帶有舌之環也,今謂之籤子。"

木部:"榼,酒器也。从木盍聲。"徐鍇繫傳:"榼之爲言盍也。"段注:"師古注《急就篇》曰:'榼,盛酒之器,其形榼榼然也。'《孔叢子》曰:'子路嗑嗑,當飲十榼。'"酉部:"茜,禮祭,束茅,加于裸圭,而灌鬯酒,是爲茜。象神歆之也。一曰:茜,榼上塞也。从酉从艸。《春秋傳》曰:'尔貢包茅不入,王祭不供,無以茜酒。'"段注:"榼,酒器也。以艸窒其上孔曰茜。此別一義。"孫機指出漢代將繭形壺、蒜頭壺、橫篑形壺、扁壺等盛酒之器統稱爲榼,榼類器物的上孔既然能用草塞住,可知其口不大②。則其有閉合的特點。

門部:"闔,門扇也。一曰閉也。从門盍聲。"《左傳·襄公十七年》:"吾儕小人,皆有闔廬,以辟燥濕寒暑。"孔穎達疏:"闔爲門扇,所以閉塞廬舍之門户也。"《清華二·繫年》109:"晉簡公立五年,與吳王盍(闔)旅(盧)伐楚。"

《廣韻》合韻:"搕,以手盍也。"

《玉篇》目部:"瞌,眼瞌也。"《正字通》目部:"瞌,人勞倦合眼坐睡曰

---

①郝士宏《古漢字同源分化研究》第 226—231 頁。
②孫機《漢代物質文化資料圖説》第 319 頁。

瞌睡。"

"閉合"與"止"義相通,所以有下二詞:

《説文》力部:"劫,人欲去,以力脅止曰劫。或曰以力止去曰劫。"桂馥義證:"脅止人去曰劫,自以力脱去亦曰劫也。"

犬部:"㹟,多畏也。从犬去聲。怯,杜林説㹟从心。""'怯'……是膽子少,遇事退却、精神緊張,如《戰國策·韓策》:'夫秦卒之與山東之卒也,猶猛賁之與怯夫也。'"①

6. 通用情況

(1)蓋—闔　　《銀雀山·孫子兵法》211:"蓋(闔)廬六日不自□□□□□□……"《北大四·妄稽》4:"邑國蓋(闔)鄉,撫於鄉里。"

(2)蓋—榼　　滿城漢墓銅壺甲蓋銘:"有言三,甫金鋏,爲釜蓋,錯書之。"周策縱認爲蓋讀爲榼②。

7. 詞源譜系

去₁—咔(坎)胠袪[分張]—陡袪[離開]

去₂—盍蓋厇鈝榼闔搕瞌[閉合]—劫㹟[止]

二八　主

1.《説文》本義

《説文》、部:"主,鐙中火主也。从𡴬,象形。从、,、亦聲。"段注:"按、、主古今字,主、炷亦古今字。凡主人、主意字本當作、,今假主爲、而、廢矣。假主爲、則不得不別造鐙炷字,正如假左爲ナ不得不別造佐爲左也。"王筠句讀指出:主是"通體象形,●象火炷,U象鐙盞,土象鐙檠","俗作炷"。據《説文》訓釋,"主"爲"炷"本字。

《玉篇》火部:"炷,燈炷也。"《集韻》噳韻:"主,《説文》:'鐙中火主也。'或作炷。"

2. 出土材料本義

從古文字看,主、示一字分化,此説由陳夢家、唐蘭首倡,後來何琳

---

①王鳳陽《古辭辨》第 881 頁。

②周策縱《一對最古的藥酒壺之發現》,《古文字研究》第 10 輯第 421—423 頁。

儀、林澐等又有所强調①。主、宝亦當一字分化。何琳儀明確指出,宝从宀从主,會神主在室内之意。主亦聲。……主、宝一字分化②。劉釗亦强調:“從古文字看,‘主’和‘宝’最初都應該是用爲‘宗廟宝祏’的意思的。”③

《説文》宀部:“宝,宗廟宝祏。从宀主聲。”段注:“經典作主,小篆作宝。主者古文也。”徐鍇繫傳:“《春秋左傳》曰許公爲反祏主,本作此,假借主字。”《左傳·哀公十六年》:“及西門,使貳車反祏於西圃。子伯季子初爲孔氏臣,新登於公,請追之。遇載祏者,殺而乘其車。許公爲反祏。”杜預注:“使副車還取廟主。西圃,孔氏廟所在。祏,藏主石函。”《周禮·春官·司巫》:“祭祀則共匰主。”鄭玄注:“主,謂木主也。”《公羊傳·文公二年》:“丁丑,作僖公主。作僖公主者何? 爲僖公作主也。”何休注:“爲僖公廟作主也。主狀正方,穿中央達四方。天子長尺二寸,諸侯長一尺。”從古文字看,“主”爲“宝”之本字。

3. 同源詞繫聯

“主”無論是按照《説文》爲“炷”本字,還是按照古文字爲“宝”本字,其都蘊含着駐立不動的特點。有些詞同時有“駐立、直立”和“止”兩個意義特點,有些詞則在二者中有所側重。

《説文》木部:“柱,楹也。从木主聲。”《釋名·釋宮室》:“柱,住也。”王先謙疏證補:“《文選·東征賦》注引《倉頡篇》云:‘駐,住也。’是漢世有住字,《説文》未收。住、駐、柱皆取止而不動之義。本書《釋姿容》:‘駐,株也,如株木不動也。’彼以株訓駐,與此以住訓柱同意。”

馬部:“駐,馬立也。从馬主聲。”段注:“人立曰佇,俗作住。馬立曰駐。”《玉篇》馬部:“駐,馬立止也。”

《玉篇》人部:“住,立也。”《類篇》人部:“住,株遇切,立也。又厨遇切,止也。”《説文》無“住”,但注中有,如,立部:“立,住也。从大立一之

①陳夢家《祖廟與神主之起源——釋且宜俎宗祏祊示主宝等字》,《文學年報》1937年第3期;陳夢家《殷虚卜辭綜述》第440頁。唐蘭《懷鉛隨録(續)——釋示宗及主》,《考古社刊》1937年第6期。何琳儀《戰國文字通論》第291頁(何琳儀《戰國文字通論(訂補)》第373—374頁同)。林澐《古文字轉注舉例》,《林澐學術文集》第38—39頁。
②何琳儀《戰國古文字典——戰國文字聲系》第358頁。
③劉釗《齊國文字“主”字補正》,《出土文獻與古文字研究》第3輯第147頁。

上。”足部：“蹢，住足也。从足，適省聲。”“駐”下段注：“人立曰佪，俗作住。”

《漢書·西域傳》：“車師後王姑句以道當爲挂置，心不便也。”顏師古注：“挂者，支拄也。言有所置立，而支拄於己，故心不便也。”《集韻》噓韻：“拄，掌也。通作柱。”

《集韻》噓韻：“跓，停足。”《楚辭·九思·悼亂》“垂屍兮將起，跓竢兮碩明”，洪興祖補注：“跓，竹句切，《集韻》重主切，停足。”

《説文》水部：“注，灌也。从水主聲。”注是以器物舀水，使之從高處流下灌入另一器物中[1]。“灌注”蘊含直立不動的特點，从“主”聲的詞，又有以“灌注”爲特點的下列詞：

《廣雅·釋詁》“疰，病也”，王念孫疏證：“疰者，鄭注《周官·瘍醫》云：‘注，讀如注病之注。’《釋名》：‘注病，一人死，一人復得，氣相灌注也。’注與‘疰’通。”清尤怡《金匱翼·諸疰》：“疰者，住也，邪氣停住而爲病也。”

《玉篇》言部：“註，疏也，解也。”《廣雅·釋詁》：“注，識也。”《説文》“注”下段注曰：“《大雅》曰：‘挹彼注兹。’引伸爲傳注，爲六書轉注。注之云者，引之有所適也。故釋經以明其義曰注，交互之而其義相輸曰轉注。”“按漢、唐、宋人經注之字無有作註者，明人始改注爲註，大非古義也。古惟註記字从言，如《左傳》敘‘諸所記註’，韓愈文‘市井貨錢註記’之類。《通俗文》云：‘記物曰註。’《廣雅》：‘註，識也。’古起居註用此字，與注釋字別。”《説文》“記”下段注曰：“晋唐人作註記字，註从言不从水，不與傳注字同。”“用在古籍的解説上，‘注’就是將當時通用的語言灌注到晦澀難懂的古詞、古義當中去，就是用當代語言解説古代經典。”[2]按，“注解、記註”都含有灌注已有知識（信息）的特點。

4. 通用情況

（1）宝—主　　中山王嚳鼎：“昔者郾（燕）君子噲覲（叡）夆夫粮，張（長）爲人宝。”人宝即人主。《郭店·老子》甲 5—6：“以衍（道）差（佐）人宝者，不谷（欲）以兵弜（强）於天下。”《馬王堆·五行》19—20：“謂宝

---

①王鳳陽《古辭辨》第 532 頁。
②同上注第 297—298 頁。

(主)之命,佐主之明,并列百官之職者也。"

　　(2)注—主　　《馬王堆・老子甲本・德篇》50—51:"[道]者萬物之注(主)也,善人之葆(寶)也,不善人之所葆(保)也。"《乙本・德篇》24:"道者萬物之注(主)也,善人之葆(寶)也,不善人之所保也。"

　　(3)柱—住　　《調史監遮要置册》八三:"永光三年正月丁亥朔丁未,淵泉丞光移縣(懸)泉置,遣廄佐賀持傳車馬迎使者董君、趙君,所將客柱(住)淵泉。"①

5. 詞源譜系

　　主—炷㝉柱駐住拄跓注[駐立不動]—疰註[灌注]

二九　合

1.《説文》本義

　　《説文》亼部:"合,合口也。从亼从口。"

2. 現有考釋及出土材料本義

　　甲骨文作�(合 3297 正)、𠬞(合 14365)等形,林義光謂:"凵象物形,倒之爲𠙵,合象二物相合形。"②余永梁認爲:"合象器蓋相合之形,許君云'亼,三合也。从亼一象三合之形'乃望文生訓之臆説。"③朱芳圃④、李孝定、趙誠同意余説,李孝定謂"字當爲盒之古文,字又从皿者,累增之偏旁也"⑤,趙誠又指出卜辭用來表示會合、聚合,乃合字之引申義⑥。

　　高鴻縉認爲合从口亼聲,乃對答之答之本字。凡對答必須用口,故合字从口⑦。季旭昇認爲甲骨文从亼、从口,會上下兩口相對答之意,爲"答"本字⑧。

　　對於"合"的古文字字形主要有上述二説,以兩種説法分析字形都

---

①胡平生、張德芳編撰《敦煌懸泉漢簡釋粹》第 72 頁。

②林義光《文源》第 201 頁。

③轉引自于省吾主編《甲骨文字詁林》第 730 頁。

④朱芳圃《殷周文字釋叢》第 104 頁。

⑤李孝定編述《甲骨文字集釋》第 1775 頁。

⑥趙誠《甲骨文字的二重性及其構形關係》,《古文字研究》第 6 輯第 221 頁。

⑦高鴻縉《中國字例》第 622 頁。

⑧季旭昇《説文新證》第 449 頁。

沒有問題。

出土文獻中，"合"主要有以下用法。五年琱生簋："佳（唯）五年正月己丑，琱（周）生（甥）又（有）事，召來合事。"義爲"會"。秦公及王姬鎛："我先且（祖）受天命商宅受或（國），刺刺（烈烈）邵（昭）文公、静公、憲公，不彔（墜）于上，邵（昭）合皇天，以虣事緣（蠻）方。"讀爲"答"，義爲"應答、報答"。陳侯因資敦："淖（朝）問諸侯，合揚厥德。""合揚"即"答揚"。《馬王堆帛書》"答"多作"合"，如《胎産書》1："禹問幼頻曰：我欲埴（殖）人産子，何如而有？幼頻合（答）曰：月朔已去汁□，三日中從之，有子。"

傳世的訓詁材料與典籍中，"合"可用作"盒"，如《梁書·傅昭傳》："器服率陋，身安粗糲，常插燭於板牀。明帝聞之，賜漆合燭盤等。"亦有"答"義，如《爾雅·釋詁上》"合，對也"，郭璞注："相當對。"郝懿行義疏："古答問之字直作合。"《左傳·宣公二年》"既合而來奔"，杜預注："合，猶答也。"除此以外，"合"還有"合攏、結合、符合、對合、和睦、適合"等義。

分析"合"的詞義系統，其詞義重點都强調"相符合、嚴密相合"。從字形看，器物的"器蓋相合"蘊含"嚴密相合"的特點。"兩口對答"亦蘊含相同特點，回答問題就是要就對方所問的内容進行有針對性的回復，必須與問的内容相合，答非所問即被認爲是錯誤的。後來産生"答題、答卷"這樣的雙音詞也説明了"答"的詞義特點。所以，只從"合"的古文字字形與其在出土文獻、傳世文獻中的用法來看，暫時很難確定其本義。

3. 同源詞繫聯

王力繫聯合、袷、詥、盒、歙、翕、佮、敆、洽，有會合義[1]。劉鈞傑又繫聯合、匌、柖，有合攏義[2]。孟蓬生指出合、佮、敆、匌、洽、翕、袷、裕、詥、柖、歙、欱同源，詞源意義爲"閉合"[3]。殷寄明先繫聯佮、鞈、蛤、閤、頜、哈、欲、洽、盒、邰、谽、詥、餄、匼、恰、雴、拾、袷、迨、敆、翕、柖、鉿、帢、弇、

---

①王力《同源字典》第 589—590 頁。

②劉鈞傑《同源字典再補》第 184 頁。

③孟蓬生《上古漢語同源詞語音關係研究》第 209 頁。

念,均有合義①;後删掉哈、欱、郃、翖、柶、鉿、帢,增加裷、匌、帢、答,還是認爲它們都有"合"義②。考察這些以"合"爲聲符的詞,實際有兩個不同的詞源意義:會合、閉合。

以"會合"爲詞源意義:

《説文》示部:"祫,大合祭先祖親疏遠近也。从示、合。《周禮》曰:'三歲一祫。'"段注:"會意。不云合亦聲者,省文,重會意也。"

辵部:"迨,遝也。从辵合聲。"《廣韻》合韻:"迨,迨遝,行相及也。"

言部:"詥,諧也。从言合聲。"段注:"詥之言合也。"

攴部:"敆,合會也。从攴从合,合亦聲。"

人部:"佮,合也。从人合聲。"《廣韻》合韻:"佮,併佮,聚。"

衣部:"袷,衣無絮。从衣合聲。""'袷'是從雙層相合命名的。"③日照海曲漢墓 M130—03 正:"𢖺 縠合(袷)袥(襜)褕緑丸(紈)領袖一領。"④

水部:"洽,霑也。从水合聲。"《尚書·大禹謨》"好生之德,洽于民心",孔穎達正義:"洽,謂沾漬優渥,洽於民心,言潤澤多也。"雨露潤澤萬物,恩澤遍及百姓,二者相似,其中藴含"會合"義。

艸部:"荅,小尗也。从艸合聲。"段注:"叚借爲酬荅。"《玉篇》艸部:"荅,小豆也。又當也。"《類篇》竹部:"答,當也。"《睡虎地·封診式》72:"問其同居,以合(答)其故。"

以"閉合"爲詞源意義:

《説文》羽部:"翕,起也。从羽合聲。"段注:"翕从合者,鳥將起必斂翼也。"

頁部:"頜,頤也。从頁合聲。"上下頜骨相合,強調的是合攏、閉合。

勹部:"匌,帀也。从勹从合,合亦聲。"

虫部:"蛤,蜃屬。有三,皆生於海。千歲化爲蛤,秦謂之牡厲。又云百歲燕所化。魁蛤,一名復累,老服翼所化。从虫合聲。"《廣雅·釋

---

① 殷寄明《漢語同源字詞叢考》第 163—171 頁。
② 殷寄明《漢語同源詞大典》第 536—539 頁。
③ 王鳳陽《古辭辨》第 157 頁。
④ 劉紹剛、鄭同修《日照海曲漢墓出土遣策概述》,《出土文獻研究》第 12 輯第 207 頁。

魚》"螒,蒲盧也",王念孫疏證:"螒之言合也,兩殼相合也。"

市部:"袷,士無市有袷。制如榼,缺四角。爵弁服,其色韎。賤不得與裳同。司農曰:裳,纁色。从市合聲。韐,袷或从韋。"段注:"按經典有韐無袷,韐行袷廢矣。"《玉篇》韋部:"韐,韎韐也。"《詩經·小雅·瞻彼洛兮》"韎韐有奭,以作六師",朱熹集傳:"韐,韠也,合韋爲之,周官所謂韋牟,兵事之服也。"《儀禮·士冠禮》"爵弁服、纁裳、純衣、緇帶、韎韐",賈公彥疏:"言韐者,韋旁著合,謂合韋爲之,故名韐也。"字又作袷。《類篇》巾部:"袷,乞洽切。弁缺四隅謂之袷。"

欠部:"欱,歠也。从欠合聲。"吮吸,含"閉合"義。

木部:"柙,劍柙也。从木合聲。"《廣雅·釋器》"柙,劍削也",王念孫疏證:"柙之言合也。"

廾部:"弇,蓋也。从廾从合。**圖**,古文弇。"段注本作"从廾合聲",注曰:"《釋言》曰:'弇,同也。弇,蓋也。'此與'奄,覆也'音義同。《釋器》曰'圜弇上謂之鼒',謂斂其上不全蓋也。《周禮》說鐘'弇聲鬱',弇謂中央寬也。"郝士宏亦同意余永梁說,以合象器蓋相合之形,并進一步指出合孳乳出匌、弇、弇等字,并認爲弇也應該是从合得聲[1]。周光慶解釋"合"的字形"象用蓋子蓋好了器物之口",繫聯合、弇、撿、渰同源[2]。

水部:"渰,雲雨兒。从水弇聲。"段玉裁改爲"雨雲兒",注曰:"各本作'雲雨兒',今依《初學記》《太平御覽》正。毛傳曰:'渰,雲興兒。'《顏氏家訓》、定本集注作'陰雲'。恐許所據徑作'雨雲'。渰,《漢書》作'黤'。按'有渰淒淒',謂黑雲如鬑,淒風怒生,此山雨欲來風滿樓之象也。既而白雲彌漫,風定雨甚,則'興雲祁祁,雨我公田'也。《詩》之體物瀏亮如是。"

手部:"撿,自關以東謂取曰撿。一曰覆也。从手弇聲。"段注:"弇,蓋也。故从弇之撿爲覆。凡《大學》'撿其不善'、《中庸》'誠之不可撿'皆是。"

欠部:"歙,縮鼻也。从欠翕聲。丹陽有歙縣。"段注:"糸部曰:'縮者,蹴也。'歙之言攝也。"《莊子·山木》"有一人在其上,則呼張歙之",

①郝士宏《古漢字同源分化研究》第 166—170 頁。
②周光慶《從同根字看語言文字之系統與根源》,《華中師院學報》1984 年第 5 期。

釋文："歙,斂也。"

"閉合"與"阻塞、隔絶"義相通,又有下二詞。

《説文》足部:"跲,躓也。从足合聲。"本義爲絆倒,如《吕氏春秋·不廣》:"北方有獸,名曰蹶,鼠前而兔後,趨則跲,走則顛。"引申指言語窒塞不通,如《禮記·中庸》"言前定則不跲,事前定則不困",孔穎達疏:"《字林》云:'跲,躓也。'躓,謂行倒蹶也。將欲發言能豫前思定,然後出口,則言得流行,不有躓蹶也。"

革部:"鞈,防汗也。从革合聲。"段注:"此當作'所以防捍也',轉寫奪誤。巾部曰'幁,馬纏鑣扇汗也。'與此無涉。《篇》《韵》皆曰防捍,是相傳古本捍亦作扞,故譌汗。荀卿曰:'犀兕鮫革,鞈如金石。'《管子》'輕罪入蘭盾鞈革二戟',注曰:'鞈革,重革,當心箸之,可以禦矢。'鼂錯曰'匈奴之革笥木薦弗能支',孟康曰:'革笥,以皮作如鎧者被之。木薦,以木版作如楯。一曰革笥若楯,木薦之以當人心也。'此皆防捍之説。錯曰:'今胡人扞腰也。'知錯本故作扞。""當云从革、合,合亦聲。"它同時有閉合義。

"閉合"與"黑"義相通。"黑"本指黑色,从"黑"聲的"默"義爲閉口不言,如《論語·述而》:"子曰:'默而識之,學而不厭,誨人不倦,何有於我哉!'"又《説文》門部:"闇,閉門也。从門音聲。"張舜徽約注:"門閉則室暗,義實相成也。故《玉篇》云:'闇,閉門也,幽也。與暗同。'日無光謂之暗,地室謂之窨,閉門謂之闇,其義一耳。""今"聲詞亦同時有"禁閉"與"黄黑色"義,詳後文。以"黑"爲詞源意義者:

《説文》黑部:"黔,果實黔黮黑也。从黑弇聲。"《集韻》琰韻:"黔,果實黑壞。"

4. 通用情况

(1)欿—歙　　《馬王堆·老子乙本·德篇》10—11:"耵(聖)人之在天下也,欿=(歙歙)焉,[爲天下渾心]。"

(2)欿—翕　　《馬王堆·五十二病方》38:"下膏勿絶,以欿寒氣。"欿,爲陳劍所釋,并指出讀爲"翕","以翕寒氣"即以使寒氣收斂①。

---

①陳劍《馬王堆帛書〈五十二病方〉、〈養生方〉釋文校讀札記》,《出土文獻與古文字研究》第5輯第460—461頁。

（3）弇—黔　　《北大一·倉頡篇》43:"庋弇焉宛,邰簍圿畦。"弇,讀作黔。

5. 詞源譜系

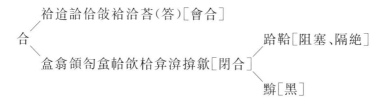

6. 其他

前文已述,僅靠古文字字形與文獻中的用例,不好確定"合"的本義。經過同源詞繫聯後,我們以"合"象器蓋相合之形爲"盒"初文爲是。《類篇》皿部:"盒,烏含切,器口斂。又曷問切,盤屬。"元曲《抱粧盒》:"萬歲爺賜我這黃封粧盒,到後花園采辦時新果品,去與南清宮八大王上壽。"

"合"族詞的詞源意義是"會合""閉合",以及由之聯繫起來的"隔絕""黑"。只有"器蓋相合"才可以解釋爲什麼有這樣的詞源意義,才可以解釋聲符義與同源詞之間的關係。本書前文強調利用聲符所對應的詞的本義來進行同源詞的研究工作,實際上繫聯同源詞、確定詞源意義也有助於詞的本義的確定、有助於構字理據的解釋。趙學清亦曾撰文專門論證詞源意義對構字理據的解釋作用①。所以,詞的詞源意義與本義實際是互證的關係。

三〇　侖

1.《説文》本義

《説文》亼部:"侖,思也。从亼从册。龠,籀文侖。"

2. 出土材料本義

侖,甲骨文中作𠘨(合 18690),"與'龠'字取象基本相同,而無管頭

---

①趙學清《試論詞源意義與文字構意的關係》(摘要),"第三屆出土文獻與上古漢語研究(簡帛專題)學術研討會暨 2017 中國社會科學院社會科學論壇",2017 年 8 月 14—16 日。

之二廿形。䇂爲所編之樂管，殆樂管編排有序，層次井然，故从‘侖’得聲之字多有條理、分析義”①。季旭昇同意其觀點，并進而指出：“所从‘冊’可能是象編籥形，如此則上爲倒口形，所以表示這是可以吹的籥管。”②从“侖”聲的詞多蘊含條理義。

3. 同源詞繫聯

《説文》糸部：“綸，青絲綬也。从糸侖聲。”楚簡作䋝（上博三·彭祖2）。“綸”下朱駿聲通訓定聲曰：“秦漢百石官佩此綬，非經緯織成，但合青絲繩辮糾之者，所謂宛轉繩也。”《詩·小雅·采緑》“之子于釣，言綸之繩”，朱熹集傳：“理絲曰綸。”《中庸》“唯天下至誠，爲能經綸天下之大經，立天下之大本，知天地之化育”，朱熹章句：“經、綸，皆治絲之事。經者，理其緒而分之。綸者，比其類而合之也。”“綸”含有“條理”義。《璽彙》341“侖守鈢”，“侖”爲“綸氏”之省。《竹書紀年·周紀六》：“三十五年，楚吾得帥師及秦伐鄭，圍綸氏。”郝懿行注：“綸氏，夏綸國地，在今河南登封縣西南。”

車部：“輪，有輻曰輪，無輻曰輇。从車侖聲。”段注曰：“云有輻者，對無輻而言也。輪之言倫也。从侖，侖，理也。三十輻兩兩相當而不迆，故曰輪。”《馬王堆·天文氣象雜占·後半幅末段第四列》2：“日入環侖（輪）如干其，其君死之。”

人部：“倫，輩也。从人侖聲。一曰道也。”段注曰：“軍發車百兩爲輩。引伸之同類之次曰輩。”“按：粗言之曰道，精言之曰理。凡注家訓倫爲理者，皆與訓道者無二。”《郭店·尊德義》1：“䜒（尊）悳（德）義，明虖（乎）民侖（倫），可以爲君。”《漢石經·論語》：“言中倫，行中慮，其斯以乎。”按，今本《論語·微子》作：“言中倫，行中慮，其斯而已矣。”

言部：“論，議也。从言侖聲。”段注曰：“凡言語循其理，得其宜謂之論。”《郭店·尊德義》30：“古（故）爲正（政）者，或侖（論）之，或兼之。”

心部：“惀，欲知之皃。从心侖聲。”段注：“《廣韵》混韵注曰：‘心思求曉事。’”

水部：“淪，小波爲淪。从水侖聲。《詩》曰：‘河水清且淪漪。’一曰没也。”段注：“《魏風》：‘河水清且淪猗。’《釋水》曰：‘小波爲淪。’毛傳

---

① 張世超等《金文形義通解》第 1314 頁。
② 季旭昇《説文新證》第 450 頁。

曰:'小風水成文,轉如輪也。'《韓詩》曰:'從流而風曰淪。'《釋名》曰:'淪,倫也。水文相次,有倫理也。'"

手部:"掄,擇也。从手侖聲。"段注:"《晋語》'君掄賢人之後有常位於國者而立之',韋注:'掄,擇也。'""'掄'在選擇上側重的是分類,而且主要是分成材與非材或才與非才兩類。"[1]

事物有條理則出類拔萃。同類的如"理"既有"條理"義,(如《荀子·儒效》"井井兮其有理也",楊倞注:"理,有條理也。")又有"治理得好"義。(如《管子·霸言》:"堯舜之人非生而理也,桀紂之人非生而亂也。")表示某類事物中的傑出者往往从"侖"聲,如:

《説文》木部:"棆,毋梫也。从木侖聲。讀若《易》卦屯。"《爾雅·釋木》:"棆,無疵。"邢昺疏:"棆,美木也,無疵病,因名之。"

新附山部:"崙,崐崙也。从山侖聲。"《北大四·反淫》34:"西游昆(崑)侖(崙),東覩扶(扶)桑。"

虫部:"蜦,蛇屬,黑色,潛于神淵,能興風雨。从虫侖聲。讀若戾艸。"《廣韻》霽韻:"蜦,神蛇。"

目部:"睔,目大也。从目、侖。《春秋傳》有鄭伯睔。"段注作"从目侖聲"。

4. 通用情況

(1)綸—輪　《尹灣·神烏傅(賦)》115—116:"高樹綸棍(輪囷),支(枝)格相連。"按《禮記·檀弓下》:"美哉輪焉!美哉奂焉!"鄭玄注:"輪,輪囷,言高大。"《馬王堆·周易經傳·周易》77上:"九二,拽(曳)亓(其)綸(輪),貞吉。"

(2)綸—倫　《上博三·彭祖》2:"于(吁),女(汝)孳孳尃(布)昏(問),舍(余)告女(汝)人綸(倫)。"《馬王堆·九主》8—9:"禮數四則,曰天綸,唯天不失金(範),四綸□則。"原整理者注:"《莊子·刻意》:'一之精通,合於天倫。'《禮記·王制》:'凡制五刑,必即天論。'綸與倫、論皆从侖聲,古可通用。"

(3)綸—淪　《馬王堆·周易經傳·二三子問》1下:"上則風雨奉之,下綸(淪)則有天□□□。"

---

[1] 王鳳陽《古辭辨》第570頁。

　　(4)輪—倫　　《里耶秦簡》8-460 BX：“内侯爲輪（倫）侯。”陳偉校釋指出：“輪，讀爲‘倫’。倫侯，秦爵名。《史記·秦始皇本紀》：‘倫侯建成侯趙亥、倫侯昌武侯成、倫侯武信侯馮毋擇。’司馬貞索隱：‘爵卑于列侯，無封邑者。倫，類也，亦列侯之類。’”①

　　(5)論—倫　　《武威·甲本少牢》10 背：“雍人論膚九，實于一鼎。”今本《儀禮·公食大夫禮》作“倫膚七”，鄭玄注：“倫，理也，謂精理滑胞者。今文倫或作論。”

　　(6)論—綸　　《馬王堆·稱》5 下—6 上：“耵（聖）人麇（彌）論（綸）天地之紀，廣乎蜀（獨）見。”

　　(7)論—掄　　《北大三·周馴》157—158：“及桓公之爲君也，論（掄）其賢臣，而智（知）其莫能及管夷吾也，於是召管夷吾於魯而授之相。”掄，選擇。

　　(8)惀—掄　　《馬王堆·明君》11—12：“[□□]惀（掄）蚤（爪）鄐（牙）之士，材（裁）巽（選）海内之衆，簡令（遴）天下之材瑣焉。”掄，選擇。

5. 詞源譜系

　　侖—綸輪倫論惀淪掄［條理］—棆崙蜦睔［傑出］

三一　今

1.《説文》本義

　　《説文》亼部：“今，是時也。从亼从ㄱ。ㄱ，古文及。”

2. 出土材料本義

　　甲骨文作 ᗅ（合 37）、ᗄ（合 12820）等形，裘錫圭認爲：“大概是倒寫从‘口’的‘曰’字而成的，應該是當閉口講的‘吟’（噤）字的初文。”②

3. 同源詞繫聯

　　以其爲聲符的詞多含有“禁閉、禁制”義。

　　《説文》牛部：“牜今，牛舌病也。从牛今聲。”段注：“《廣韵》作‘牛舌下病’。舌病則噤閉不成聲。亦作‘舲’。”

①陳偉主編《里耶秦簡牘校釋》第 1 卷第 158 頁。
②裘錫圭《説字小記》，《古文字論集》第 648 頁。

糸部："紟，衣系也。从糸今聲。䘲，籀文从金。"段注："聯合衣襟之帶也。今人用銅鈕，非古也。凡結帶皆曰紟。《玉藻》'紳韠結三齊'，注云'結，約餘也'，'結或爲紟'，宋本如此。韋注《國語》曰：'帶甲者紟鎧也。'紟，今本譌衿。荀卿《非十二子》曰：'其纓禁緩。'假禁爲紟也。按：襟，交衽也。俗作衿。今人衿、紟不別。又《喪禮》：'紟，單被也。'乃紟之別一義，亦因可以固結之義引申之。"《廣雅・釋器》"扉、屨……履也。……其紟謂之綦"，王念孫疏證："紟之言禁也。屨系謂之紟，衣系謂之紟，佩系謂之紟，其義一也。"

革部："靲，鞻也。从革今聲。"鈕樹玉校錄："顧云當是鞻系也。《廣雅》：'鞻，履也。其紟謂之綦。'紟、靲同字。"王筠句讀："靲乃繫鞻之革，故與諸䩊類列，不與鞻鞵類列。迨《字林》曰'鞻者靲鞻'，《玉篇》承之，遂以靲爲屨耳。"徐灝注箋："靲，蓋履之有系者也，故衣系謂之紟。"其亦含有"禁制"義。

金部："金，五色金也。黃爲之長。久薶不生衣，百鍊不輕，从革不違。西方之行。生於土，从土；左右注，象金在土中形；今聲。"甲骨文作 𩇨（花東 474），从火今聲[1]。金文作 ⛇（利簋）、⛉（麥方鼎）等形，从二，从王，今省聲。《白虎通義・五行》："金在西方。西方者，陰始起，萬物禁止。金之爲言禁也。"《釋名・釋天》："金，禁也，氣剛毅能禁制物也。"《後漢書・孝桓帝紀》："群公卿士，虔恭爾位，戮力一意，勉同斷金。"李賢注："金者，剛之物也。"《易・姤》："初六，繫于金柅，貞吉。"王弼注："金者，堅剛之物。"《東漢銅鏡》0107："長保二親樂未央，壽如今（金）吉石。"

口部："唫，口急也。从口金聲。"朱駿聲通訓定聲："唫，誼與吃略同。"桂馥義證："《後漢書・梁冀傳》'口吟舌言'，吟當爲唫，謂口緊語吃。"《呂氏春秋・重言》："君唫而不唫，所言者莒也。"高誘注："唫，開。唫，閉。"

衣部："裣，交衽也。从衣金聲。"段注："按裣之字一變爲衿，再變爲襟，字一耳。""若許云'裣，交衽也'，此則謂掩裳際之衽，當前幅後幅相交之處，故曰交衽。裣本衽之偁，因以爲正幅之偁。正幅統於領，因以

---

[1]黃天樹《花園莊東地甲骨中所見的若干新資料》，《陝西師范大學學報》2005 年第 2 期。

爲領之偶。此其推移之漸,許必原其本義爲言。凡金聲、今聲之字皆有禁制之義。禁制於領與禁制前後之不相屬,不妨同用一字。"《方言》卷四:"衿謂之交。"郭璞注:"衣交領也。"《顏氏家訓・書證》:"古者,斜領下連於衿,故謂領爲衿。"

厂部:"㕇,石地也。从厂金聲。讀若紟。"段注:"㕇者,堅閉之意。"桂馥義證:"㕇,字或作厗。"

金部:"銜,馬勒口中。从金从行。銜,行馬者也。"段注:"革部曰:'勒,馬頭落銜也。'落謂絡其頭,銜謂關其口,統謂之勒也。其在口中者謂之銜。落以鞥爲之。鞥,生革也。銜以鐵爲之,故其字从金,引申爲凡口含之用。……蓋金亦聲。"

貝部:"貪,欲物也。从貝今聲。"《玉篇》貝部:"貪,欲也。"將財物據爲己有,爲己所禁制。

瓦部:"㼜,治橐𦓂也。从瓦今聲。""治"段玉裁改爲"冶",注曰:"冶,各本作治,今正。冶橐,謂排囊。排讀普拜切。其字或作鞲,或作韝。冶者以韋囊鼓火,《老子》之所謂'橐'也,其所執之柄曰㼜。𦓂猶柄也。"張舜徽約注贊成段改,并注:"排囊,即今俗所稱風箱。排囊之柄,即冶者手引之以鼓風者。其柄甚長,故亦稱𦓂。此𦓂恒隱在箱內,引之則出,送之則入,故謂之㼜。㼜之言含也,謂平時含藏于內不外見也。"

心部:"念,常思也。从心今聲。"即含藏在心。

攴部:"㪉,塞也。从攴念聲。《周書》曰:'㪉乃穽。'"《玉篇》攴部:"㪉,閉也。"

禁閉與含藏義通,又禁閉、禁制於口中則爲"含",上述衿、㼜、銜同時有"含"的意義特點。閉口亦與"含"義通。以"含"爲詞源意義者:

《說文》口部:"含,嗛也。从口今聲。"徐鍇繫傳作:"含,銜也。从口今聲。"

玉部:"琀,送死口中玉也。从玉从含,含亦聲。"段注:"經傳多用含,或作琀。"

欠部:"㰁,含笑也。从欠今聲。"段注:"㰁、含疊韵。"

鼠部:"䶅,鼠屬。从鼠今聲。讀若含。"段注:"《廣韵》謂之䶅鼠。"《集韵》覃韻:"䶅,鼠屬。或从含。"《廣雅・釋獸》"䶅鼠",王念孫疏證:"䶅與'䶅'同。䶅之爲言含食也。"

歆部："歆，歠也。从欠酓聲。凡歆之屬皆从歆。㱃，古文歆，从今、水。㱃，古文歆，从今、食。"

女部："嫶，含怒也。一曰難知也。从女酓聲。《詩》曰：'碩大且嫶。'"

女部："妗，娹妗也。一曰善笑兒。从女今聲。"《玉篇》女部："妗，娹妗，美笑兒也。"張舜徽約注："妗、㱃同从今聲，并有含義。蓋欲笑而不開口大笑者，謂之含笑，故昔人以善笑、美笑解之。"

音部："霠，下徹聲。从音酓聲。"徐鍇繫傳："《周禮》樂有霠聲。謂聲不能越揚也。"同時有禁閉義。

前文"甫"聲詞已經論證，"禁制"與"擒獲、執持"意義相通：

《說文》厹部："禽，走獸總名。从厹，象形，今聲。禽、离、兕頭相似。"馬叙倫《說文解字六書疏證》："禽，實擒之初文，禽獸皆取獲動物之義。"[1]《左傳·襄公二十四年》："入壘，皆下，搏人以投，收禽挾囚。"杜預注："禽，獲也。"《大戴禮記·保傅》："闔廬以吳戰勝無敵，夫差以見禽於越。"王聘珍解詁："禽，古擒字。禽猶獲也。"《文選》鍾會《檄蜀文》："蜀侯見禽於秦，公孫述授首於漢。""禽"五臣注本作"擒"。呂向注："擒，獲也。禽，甲骨文作𤿜（合 22274）、𤿜（合 09225）等形，金文作𤿜（禽簋）等形，本象捕獵的網形，又增"今"爲聲符，其爲"擒"本字。《馬王堆·春秋事語·宋荆戰泓水之上章》79："君子不擊不成之列，不童傷，不禽二毛。"《東漢銅鏡》462："上（尚）方作竟（鏡）佳且好，明而（如）日月世少有，刻治今（禽）守（獸）悉皆在，長□保二亲（親）矣。"

攴部："鈙，持也。从攴金聲。讀若琴。"段注："此與捦義略同。"徐灝注箋："粵語，以手按物曰鈙。"王筠句讀："鈙，古借禽，俗作擒。"

手部："捦，急持衣裣也。从手金聲。"段注："此篆古假借作禽。俗作擒，作捦。走獸總名曰禽者，以其爲人所捦也。又按：此解五字當作'急持也一曰持衣裣也'九字乃合，必轉寫有謁奪矣。"王筠句讀："蓋鈙、捦同字。"《廣雅·釋詁》"捦，持也"，王念孫疏證："捦者，《說文》：'鈙，持也。''捦，急持衣衿也。'《眾經音義》卷十三引《三倉》云：'捦，手捉物也。'今作'擒'。並字異而義同。"

---

[1] 馬叙倫《說文解字六書疏證》卷 28 第 41 頁。

　　"覆蓋、覆蔭"即將事物遮掩起來,阻斷其與其他事物的聯繫,與"禁閉"義相通。以"覆蓋、覆蔭"爲詞源意義的詞有:

　　《説文》雲部:"靄,雲覆日也。从雲今聲。会,古文或省。龕,亦古文靄。"同時有暗黑義。

　　皿部:"盦,覆蓋也。从皿畚聲。"段注:"此與大部'奄'音義略同。此謂器之蓋也。"

　　阜部:"陰,闇也。水之南、山之北也。从阜侌聲。"即被山遮蔽之處,同時有暗黑義。

　　艸部:"蔭,艸陰地。从艸陰聲。"段玉裁改爲"从艸陰",注曰:"依《韵會》無聲字,此以會意包形聲。"

　　衣部:"衾,大被。从衣今聲。"段注:"《釋名》曰:'衾,广也,其下廣大如广受人也。'寢衣爲小被,則衾是大被。"

　　"覆蓋"與"大"義相通,"衾"就同時具有這兩個意義特點。"大"又與"高"相通,下面的詞也應該是同源的:

　　《説文》金部:"鈐,鈐鐯,大犁也。一曰類相。从金今聲。"

　　山部:"岑,山小而高。从山今聲。"

　　山部:"崟,山之岑崟也。从山金聲。"段注:"《子虛賦》:'岑崟參差,日月蔽虧。'又楊雄《蜀都賦》、張衡《南都賦》皆有礜岑字,李善讀爲岑崟。"《玉篇》山部:"崟,高也。"《楚辭·九歎·逢紛》"揄揚滌盪,漂流隕往,觸崟石兮",王逸注:"崟,鋭也。"

　　林部:"棽,木枝條棽儷兒。从林今聲。"段注:"人部'儷'下云:'棽儷也。'棽儷者,枝條茂密之兒,借爲上覆之兒。《東都賦》'鳳蓋棽麗',李善注引《七略》'雨蓋棽麗'。麗與儷同力支切。張揖《大人賦》注曰:'林離,摻攦也。摻攦,所林、所宜二反。蓋即棽儷。'"徐鍇繫傳:"繁蔚之兒。"王筠句讀:"蓋棽儷者,木之長枝四出,亭亭如車蓋。故凡有所庇蔭者,皆得用之。"《廣韻》侵韻:"棽,木枝長。"《文選》班固《東都賦》"鳳蓋棽麗,龢鑾玲瓏",李善注:"《説文》曰:棽,大枝條。""棽"同時有"覆蓋"的意義特點。

　　另外,由金的顏色又派生出以"黄黑色"爲詞源意義的下列詞。"禁閉"義與"黑色"義亦通,前文"合"聲詞已論證。"覆蓋"與"黑色"亦相通,靄、陰同時具有這兩個特點。

《説文》隹部:"雂,鳥也。从隹今聲。《春秋傳》有公子苦雂。"段注:"《廣韻》云:'句喙鳥。'本《字林》。"朱駿聲通訓定聲:"字亦作鵳。疑即《爾雅》之鷻鷻。觜頭曲如鉤,食魚。蘇俗曰'水老雅'是也。色黑。雂者,黔也。"《集韻》侵韻:"鵳,句喙鳥。或从金从隹。"

黑部:"黔,黎也。从黑今聲。秦謂民爲黔首,謂黑色也。周謂之黎民。《易》曰:'爲黔喙。'"《廣韻》鹽韻:"黔,黑黄色。"

頁部:"頷,面黄也。从頁含聲。"段注:"《離騷》'苟余情其信姱以練要兮,長顑頷亦何傷',王注:'顑頷,不飽皃。'本部'顑'字下云:'飯不飽,面黄起行也。'義得相足。今則頷訓爲頤,古今字之不同也。"

木部:"梣,青皮木。从木岑聲。檼,或从寑省。寑,籒文寑。"《集韻》侵韻:"梣,青皮木名。一曰江南樊雞木也。其皮入水緑色,可解膠益墨。"

禾部:"稔,穀孰也。从禾念聲。《春秋傳》曰:'鮮不五稔。'"段注:"稔之言餁也。"穀熟則爲金黄色。

艸部:"芩,黄芩也。从艸金聲。"《本草綱目·草部·黄芩》:"芩,《説文》作芩,謂其色黄也。或云芩者黔也,黔乃黄黑之色也。"

帛部:"錦,襄邑織文。从帛金聲。"《釋名·釋采帛》:"錦,金也。作之用功重,其價如金,故其制字從帛與金也。"王鳳陽指出:"'錦'是經染製的各色絲織成的,'襄色'就是輔以不同顏色的意思,所以《正字通》說'織采爲紋曰錦,織素爲紋曰綺'。'錦'源於'金',劉熙説是從價值命名的,不過也可能是從金屬光澤得名的。"[1]張舜徽約注:"錦之言金也,謂織五采以成文章,若金之燦然備五色也。"

黑部:"黔,黄黑也。从黑金聲。"段注:"謂黄色之黑。《玉篇》曰:'記林切,黄色如金也。'《廣韻》居吟切,'淺黄色也'。"《玉篇》黑部:"黔,黄黑如金也。"

隹部:"雖,鶉屬。从隹奞聲。鶕,籒文雖从鳥。"《六書正譌》覃韻:"雖,雖鶉,鳥屬。从隹奞聲。俗作鶕。"《本草綱目·禽部·鶕》:"鶕與鶉兩物也,形狀相似,俱黑色,但無斑者爲鶕,今人總以鶕鶉名之。"

《玉篇》黄部:"黔,黄色也。"《廣雅·釋器》"黔,黄也",王念孫疏證:

"《説文》:'黔,黄黑也。'《玉篇》:'黔,黄黑如金也。''黅,黄色也。'音並與'金'同。"

人低頭則目不能遠視,"低頭"與"禁閉"義亦相通,又有以"低頭"爲詞源意義的下列二詞:

《説文》走部:"趛,低頭疾行也。从走金聲。"朱駿聲通訓定聲:"許意从頷省,故訓低頭。"

頁部:"頷,低頭也。从頁金聲。《春秋傳》曰:'迎于門,頷之而已。'"

4. 通用情況

(1)含—今　中山王礐鼎:"含(今)舍(余)方壯,智(知)天若否。"《郭店・語叢一》38—39:"詩所以會古含(今)之恃(志)也者。"

(2)含—吟　《馬王堆・陰陽五行甲篇・衍》6下:"先王行此,含(吟)之胃(謂)……"

(3)含—禽　《上博七・凡物流形甲》13:"含(禽)獸系(奚)導(得)而鳴?"

(4)会—陰　《郭店・太一生水》4—5:"四時者,会(陰)昜(陽)之所生。"

(5)陰—蔭　《北大四・反淫》26:"臨石岸之上,陰(蔭)潦(樛)楊之下。"

(6)衾—貪　《清華五・湯處於湯丘》11:"唯(雖)余孤之與卡=(上下)交,剴(豈)敢以衾(貪)舉(舉)?"

(7)衾—錦　《上博五・三德》9:"高陽曰:'母(毋)凶備(服)享祀,母(毋)衾(錦)衣交袒。'"

(8)貪—含　《郭店・語叢三》19:"陞(地)能貪(含)之生之者,才(在)暴。"

(9)雂—霒　《合集》19780:"丙辰卜,丁巳其雂印,允雂。"雂即雂,甲骨文以雂爲天氣陰晴之陰,讀爲霒[①]。

(10)黔—荃　《馬王堆・五十二病方》19—20:"□□者,冶黄黔(芩)與□□□煎彘膏[以]□之,即以布捉,取□□□□□□□□□泥之。"

①于省吾《釋雂》,《甲骨文字釋林》第112—113頁。

芩、荃異體字。

5. 詞源譜系

三二　央

1.《説文》本義

《説文》冂部：“央，中央也。从大在冂之内。大，人也。央、旁同意。一曰久也。”

2. 現有考釋及出土材料本義

央，甲骨文主要作形，少數作形[1]，金文作、形。對其形義主要有三種説法：一、謂字象人頸上荷枷形，人頸荷枷，必由犯了罪過，《説文》訓殃曰“咎也”，或曰“凶也”，凶咎，殆是央字本誼[2]。二、字倚畫其肩擔物形，由物形生意，擔物必在扁擔之中央，故托以寄中央之意[3]。三、甲骨文作![]，从天（象人形），頸上有![]形物，借體象形，疑紻或鞅之初文[4]。

對於“央”的甲骨文字形，李孝定指出：“蓋![]形究象何物難以確指，且字在卜辭亦無凶咎罪戾之意。”[5]這是比較謹慎的説法，![]究竟所象何物也確實是問題的關鍵。從字形看，我們認爲首先應該不會是扁擔及其所擔之物，扁擔擔物物應在下而不是在上，且上文已指出甲骨文主

---

① 劉釗等編纂《新甲骨文編》（增訂本）第 338 頁。

② 丁山《甲骨文所見氏族及其制度》第 74 頁。

③ 高鴻縉《中國字例》第 341 頁。

④ 何琳儀《戰國古文字典——戰國文字聲系》第 617 頁。

⑤ 李孝定編述《甲骨文字集釋》第 1826 頁。

要作🀄(合 3021)形，少數作🀄(合 3010 反)形，金文作🀄(央作寶簋)、🀄
(虢季子白盤)形。剩下的兩種説法實際上是可以溝通的，上引丁文就
指出了二者的聯繫："央孳乳爲鞅，《説文》云：'頸靼也。'《釋名·釋車》：
'鞅，嬰也。喉下稱嬰，言纓絡之也。'"①

《説文》革部："鞅，頸靼也。从革央聲。"鞅指套在牛馬頸上的皮革。
出土文獻中"央"亦用作"鞅"，但多指姓氏或名，如《璽彙》3553："央弝。"
央作爲姓氏讀爲鞅或英。《馬王堆·戰國縱橫家書·虞卿謂春申君章》
"公孫央""公孫鞅"共作，如 249："秦孝王死，公孫鞅殺。"249—250："公
孫央(鞅)功臣也。"

3. 同源詞繫聯

除"鞅"外，其他从"央"聲之字亦多含"環繞"義。

《説文》鳥部："鴦，鴛鴦也。从鳥央聲。""鴛"下段注："《小雅》傳曰：
'鴛鴦，匹鳥也。'《古今注》曰：'雌雄未嘗相離。'"互相環繞。

糸部："紻，纓卷也。从糸央聲。"段注："纓卷，謂纓之曲繞也。"

《玉篇》人部："佒，體不伸也。"《集韻》陽韻："佒，身僵謂之佒。"

《説文》皿部："盎，盆也。从皿央聲。瓮，盎或从瓦。"《急就篇》卷三
"甄缶盆盎甕罃壺"，顔師古注："缶、盆、盎，一類耳。缶即盎也，大腹而
斂口。盆則斂底而寬上。""大腹斂口"，有四圍環繞中央之象。

"環繞"在周圍，又與"盛、廣、大"義通，後文"韋"聲詞亦同時有這兩
種意義。以"盛、廣、大"爲詞源意義者：

《説文》禾部："秧，禾若秧穰也。从禾央聲。"段注曰："秧、穰疊韵
字。《集韵》曰：'禾下葉多也。'"

水部："泱，滃也。从水央聲。"《集韻》陽韻："泱，《説文》：'滃也。'謂
雲氣起皃。"

心部："怏，不服，懟也。从心央聲。"《方言》卷十二："鞅，懟也。"郭
璞注："鞅，猶怏快也。"錢繹箋疏："鞅，《説文》作怏，云'不服也'。不服，是
強之義也。"

黄易青指出："'央'所在詞族的詞源意義，運動態勢是由一個元點
向四周擴大，運動過程的結果是從元點到擴大最遠的周圍的整個面積，

---

① 丁山《甲骨文所見氏族及其制度》第 74 頁。

它的意象是元點到終竟的圓周的運動。"運動的過程是從元點擴大到最遠的周邊,從而質量範疇有長義、盛大深廣義、光義、白義等。"質量範疇中,長度、量度的長、大,在亮度上即表現爲鮮明、光亮。"鮮明、光亮又與白色同義[①]。以"鮮明、光亮"爲詞源意義:

《説文》艸部:"英,艸榮而不實者。一曰黃英。从艸央聲。"《包山》201:"廊會以央管(菁)爲子左佗貞……"何琳儀讀央爲英,認爲特指筮草精粹者[②]。《東漢銅鏡》185:"上大山,見神人,食玉央(英),飲澧(醴)泉,駕蜚(飛)龍,乘浮雲,宜官秩,保子。"

新附日部:"映,明也。隱也。从日央聲。"

玉部:"瑛,玉光也。从玉英聲。"

以"白色"爲詞源意義:

《説文》酉部:"醠,濁酒也。从酉盎聲。"段注:"醠,《周禮》作盎,古文假借也。鄭曰:'盎猶翁也。成而翁翁葱白色,如今酇白矣。'"

"央"有"中央"義,如《詩經·秦風·蒹葭》:"溯游從之,宛在水中央。"以"中央"爲詞源意義者:

《説文》木部:"柍,梅也。从木央聲。一曰江南檍材,其實謂之柍。"《集韻》養韻:"柍,屋中央。"《文選》揚雄《甘泉賦》"列宿迺施於上榮兮,日月纔經於柍桭",李善注:"服虔曰:柍,中央也。"

文獻中"央"亦多表示"灾咎"義。

《説文》歺部:"殃,咎也。从歺央聲。"太師氏姜匜:"其萬年無疆(彊),子=孫=(子子孫孫)永寶用,其敢又(有)奪,則卑(俾)受其百央(殃)。"[③]《上博五·三德》4:"女(如)反之,必禺(遇)凶央(殃)。"《睡虎地·日書乙種》134—135:"節(即)以有爲也,其央(殃)不出歲,小大必致(至)。"《銀雀山·六韜》678:"天道無央(殃),不可先昌(倡)。"《馬王堆·周易經傳·繆和》4上:"故曰'賁(奔)福又(有)央(殃)'。"《素問·生氣通天論》"味過於辛,筋脉沮馳,精神乃央",高士宗注:"央,作殃。……筋脉阻馳,則陰精不濡于筋,神氣不充于脉,故精神乃殃。"

---

①黃易青《上古漢語同源詞意義系統研究》第 309、313、288 頁。
②何琳儀《戰國古文字典——戰國文字聲系》第 617—618 頁。
③李春桃《太師氏姜匜銘文釋讀》,《古文字研究》第 31 輯第 191—193 頁。

4. 通用情況

（1）絉—鞅　　《天星觀楚簡》3002：“秦客公孫絉。”即秦公孫鞅，見《史記·商君列傳》。《天星觀楚簡》4204：“忽絉”，即“韅鞅”，指馬腹之縷絡①。

（2）英—央　　《東漢銅鏡》0010：“幽湅（煉）三商，周傳無亟（極），世得光明，長樂未英（央）。”

（3）英—殃　　《睡虎地·日書甲種》107 正貳：“毋以巳壽（禱），反受其英（殃）。”《馬王堆·十六經·雌雄節》36 上：“夫雄節而數得，是胃（謂）積英（殃）。”

5. 詞源譜系

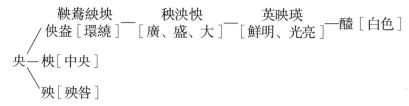

6. 其他

與“合”相同，“央”族詞的繫聯可以幫助確定“央”的本義。從“央”的古文字字形、“央”的文獻用例及“央”聲的同源詞來看，“央”當爲“殃”之本字。“央”以人頸荷枷形表示殃咎義，同時“人頸荷枷”，是枷環繞人頸，而人頸在枷中央，所以其中藴含有“環繞”“中央”義。這樣，“央”的引申義、詞源意義均可由本義統攝，字形也得到了合理的解釋。

三三　良

1.《說文》本義

《說文》畗部：“良，善也。从畗省，亡聲。𣆧，古文良。𣆧，亦古文良。𣆧，亦古文良。”

2. 現有考釋及出土材料本義

良，甲骨文作𣆧（合 13936 正）、𣆧（合 4956）等形，金文作𣆧（季良父

———————————
①何琳儀《戰國古文字典——戰國文字聲系》第 617—618 頁。

盂）。目前對"良"的形義有多種解釋，或謂"量"本字[1]，或謂象留實之器，即今風車騙車之類[2]，或謂爲長者人頭之象形[3]，或謂爲昆蟲螳螂之象形[4]，等等，不一而足。

本書以徐中舒的説法爲是，良"象穴居之兩側有孔或臺階上出之形，當爲廊之本字。⬚表穴居，⑃、⑃爲側出之孔道。廊爲堂下周屋，今稱堂邊屋檐下四周爲走廊，其地位恰與穴居側出之孔道（巖廊）相當。良爲穴居四周之巖廊，也是穴居最高處，故從良之字，有明朗高爽之義"[5]。季旭昇指出甲骨文另有⬚（复字所從），象半穴居之窶穴，字形與良相近，同釋爲與半穴居有關的部位，相當合理[6]。邵英通過考古發掘實物進一步論證了"良"的字形："1997 年發掘的百家墳東地南段，是晚商時期的一處遺址。在此發現半地下建築和地下建築也是以長方形爲主，有的穴居後部留有通氣孔，門道一般都做成臺階式，這些都與甲骨文字形結構相印證。""屬於早商至晚商前期的河北省藁城臺西遺址，發現在半地穴式房屋内分有大小居室，在大居室的西南角挖有圓形窖穴，在小居室挖有兩個竈坑。居室南邊的門筑有四級生土臺階，這個臺階是供人從室内上到地面的通道，正像⬚字的上端，與甲骨文字形所示的通道義相合。"[7]"良"爲"廊"本字當無疑義。

3. 同源詞繫聯

正如徐中舒所言，從"良"聲的詞多有"明朗高爽"義，此外，"廊"還是通道，所以還有"空"義。

以"高、長"爲詞源意義的詞：

《説文》新附广部："廊，東西序也。從广郎聲。《漢書》通用郎。"《説文》訓"廊"爲"東西序"，"走廊"當爲其引申義。

木部："桹，高木也。從木良聲。"

---

[1] 林義光《文源》第 87 頁。

[2] 白玉峥《契文舉例校讀（十四）—（二十二）》，《中國文字》第 52 册第 6003 頁。

[3] 何金松《釋"良"》，《中國語文》1985 年第 3 期。

[4] 陳漢平《古文字釋叢》，《出土文獻研究》第 233 頁。

[5] 徐中舒主編《甲骨文字典》（第 3 版）第 608—609 頁。

[6] 季旭昇《説文新證》第 472 頁。

[7] 邵英《古文字形體考古研究》第 115 頁。

《玉篇》身部："䑏,䑏䑥,身長皃。"

《説文》門部："閬,門高也。从門良聲。"

犬部："狼,似犬,鋭頭,白頰,高前,廣後。从犬良聲。"張舜徽約注："狼,似犬而體高。余嘗詢之北人,咸謂狼好殘殺羊群,人或逐之,恒上躍數尺。然則似犬而高者謂之狼,亦猶木之高者謂之根,門之高者謂之閬耳。"

矛部："稂,矛屬。从矛良聲。"張舜徽約注："大矛爲稂,謂其長也,亦猶高木爲根,門高爲閬也。以聲求之,稂乃長矛,非短矛,明矣。"

《六書故·人九》："踉,跳踉,高蹈也。"

《説文》水部："浪,滄浪水也。南入江。从水良聲。"《玉篇》水部："浪,波浪也。"《六書故·地理三》："浪,水激石遇風則浪。浪,跳波也。"

《玉篇》广部："庱,高也。"

"高、長"義與"大"義相通,與"良善"義相通。以"大"爲詞源意義的詞:

《玉篇》舟部："䑰,海船也。"《廣韻》唐韻："䑰,海中大船。"

《方言》卷十三："冢,秦晋之間謂之墳,或謂之培,或謂之堬,或謂之埰,或謂之埌。"《廣雅·釋丘》："埌,冢也。"

《集韻》宕韻："㟽,莽㟽,廣大皃。"《太玄·應》"一從一横,天網㟽㟽",范望注："㟽㟽,廣大貌。"

以"良善"爲詞源意義的詞:

《集韻》陽韻："俍,良工也。"《莊子·庚桑楚》："夫工乎天而俍乎人者,唯全人能之。"陸德明釋文："俍,崔云:'良工也。'"成玄英疏："俍,善也。"

《説文》邑部："郎,魯亭也。从邑良聲。"《廣雅·釋詁》"郎,君也",王念孫疏證："郎之言良也。……'良'與'郎',聲之侈弇耳,猶古者婦稱夫曰良,而今謂之郎也。"

玉部："琅,琅玕,似珠者。从玉良聲。"良善之玉。

以"明朗"爲詞源意義的詞[①]:

[①]"良"聲詞的"明朗"義可從其本義推得。另外,"明朗"與"高長"義亦相通,"央"聲詞已論證。

《説文》月部：“朗，明也。从月良聲。”

《正字通》火部：“烺，明也。”

《玉篇》日部：“眼，明。”

“視覺的明亮與聽覺的響亮義通”①：

《説文》石部：“硠，石聲。从石良聲。”《廣雅·釋詁》：“硠，聲也。”《文選》司馬相如《子虚賦》“礧石相擊，硠硠磕磕”，張銑注：“言轉石相擊而爲聲。”

以“空廓”爲詞源意義的詞：

《説文》竹部：“筤，籃也。从竹良聲。”段注：“《廣雅》：‘筤謂之笒。’《廣韵》曰：‘筤，車籃。一名笒，笒音替。’按：許不言車籃，汎言籠下之器耳。”《廣雅·釋器》“筤謂之笒”，王念孫疏證：“《釋名》：‘車弓上竹曰郎。’郎，與‘筤’通。筤之言㝗也。《説文》：‘㝗，康也。’《方言》：‘康，空也。’蓋弓二十有八，稀疏分布㝗㝗然也。”

宀部：“㝗，康也。从宀良聲。”段玉裁改爲“康㝗也”，注曰：“各本删㝗字，今補。康㝗以疊韵成文。”宀部：“康，屋康㝗也。从宀康聲。”段注：“《方言》‘康，空也’，郭注：‘漮㝗，空皃。’”朱駿聲通訓定聲“㝗”下注：“㝗之言良也，猶安居也。”同時有“良善”義。

金部：“鋃，鋃鐺，鎖也。从金良聲。”段注：“鎖俗作鎻，非。鎖爲玉聲之小者。引申之，彫玉爲連環不絶謂之鎖。漢以後罪人不用縲絏，以鐵爲連環不絶係之，謂之鋃鐺，遂製鎖字。”陳曉强指出：“‘鋃’的命名取連環空通的特徵。”②

4. 通用情况

（1）郎—廊　　《馬王堆·經法·國次》11 上：“脩（修）亓（其）國郭，処亓（其）郎（廊）廟。”

（2）郎—狼　　《璽彙》0049：“咎郎左司馬。”李家浩云咎郎即文獻之皋狼，戰國趙邑③。

①黄易青《上古漢語同源詞意義系統研究》第 275 頁。

②陳曉强《漢語詞源與漢字形體的關係研究》第 287 頁。

③李家浩《戰國官印考釋（二篇）》，《文物研究》第 7 輯第 346—347 頁。

5. 詞源譜系

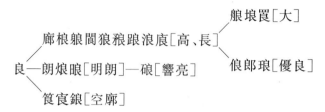

三四　韋

1.《説文》本義

《説文》韋部:"韋,相背也。从舛口聲。獸皮之韋,可以束枉戾相韋背,故借以爲皮韋。凡韋之屬皆从韋。𩏑,古文韋。"段注:"今字違行而韋之本義廢矣。《酒誥》'薄韋蓑父',馬云:'韋,違行也。'據《群經音辨》,則古文《尚書》當如是。"

辵部:"違,離也。从辵韋聲。"口部:"咈,違也。从口弗聲。"段注:"違與韋同,相背也。"

由《説文》訓釋及其對字形的分析來看,"韋"爲"違"之初文當無疑義,義爲"違離"。

2. 現有考釋及出土材料本義

韋,甲骨文作𩏑(合 4476)、𩏑(合 10026 正)等形,西周金文作𩏑(匍盂)形。對其形義有三種主要説法:

羅振玉:"卜辭韋衛一字,從囗從𩏑,象衆足守衛囗内之形。"[1]徐中舒、高明同意此説[2]。

李孝定:"許云从舛,而栔文从二止,舛象一人之兩足,二止則象二人或象多人,其義有別。韋實即古圍字也。"[3]何琳儀、劉釗、曾憲通、林志强[4]同意此説。

①羅振玉《殷虚書契考釋三種·殷虚書契考釋》第 216 頁。

②徐中舒主編《甲骨文字典》(第 3 版)第 632 頁;高明《高明論著選集》第 22 頁。

③李孝定編述《甲骨文字集釋》第 1929 頁。

④何琳儀《戰國古文字典——戰國文字聲系》第 1176 頁;劉釗《談古文字資料在古漢語研究中的重要性》,《古文字考釋叢稿》第 426 頁;曾憲通、林志强《漢字源流》第 58 頁。

楊樹達:父丁鼎之 🔲,中間作方圍,方圍外各有足趾形一。甲骨文趾形或在上下,或在左右,均爲韋字。蓋韋爲違離之違初字,方圍象城邑之形,足趾皆象由城它去之形,違乃後起加旁字①。商承祚、董蓮池均以"韋"爲"違"的初文②。

姚孝遂:"羅振玉以爲'卜辭韋、衛一字'(殷釋65),其説不可據。卜辭韋爲人名,與衛之用法有別。"③"卜辭或稱'三百射'。'令多射衛',衛爲動詞,用當如《趙策》'願備青衣衛王宫'之衛……衛之引申義爲凡一切維護之稱:'🔲王目于匕己。''王其乎🔲目,其莘,王受又。'均爲商王患目疾,乞求祖妣之庇護。"④

"韋"或以之爲"衛"字初文、或以之爲"違"字初文、或以之爲"圍"字初文。甲骨文"衛"作🔲(合28009)、🔲(合13)、🔲(合19971)等形。姚説可從,其與"韋"當非一字。

從古文字看,字形解作"違離""圍繞"均可,至於其用法,甲骨文中用作人名,上文已提及,在金文用作氏和人名⑤。戰國楚簡中,"韋"有相背義,如《上博三·亙先》3:"異生異,鬼生鬼,韋(違)生非,非生韋(違),依生依。"傳世典籍中,"韋"亦可表示相背,如《漢書·禮樂志》:"五音六律,依韋饗昭。"顏師古注:"依韋,諧和不相乖離也。"王先謙《漢書補注》:"周壽昌曰:依韋即依違也。韋、違通用。"同時,"韋"亦可通"圍",如《漢書·成帝紀》:"是日大風,拔甘泉畤中大木十韋以上。"顏師古注:"韋,與圍同。"《睡虎地·日書甲種》40正:"利弋邋(獵)、報讎、攻軍、韋(圍)城、始殺。"《孔家坡·日書》338:"甲辰雞鳴至黄昏死,韋(圍)廄不出。""違離""圍繞"二義相反相承,"韋"或本兼此二義。裘錫圭先是以"韋"爲"違"本字⑥,後在此基礎上又指出:"一説字本作🔲(見甲骨文),象徵很多人圍住一地,是'圍(围)'的初文。"⑦季旭昇又認爲"圍、衛"的

①楊樹達《積微居金文説》(增訂本)第46頁。
②商承祚《説文中之古文考》第55頁;董蓮池《説文解字考正》第217頁。
③于省吾主編《甲骨文字詁林》第818頁姚孝遂按語。
④同上注第2247頁姚孝遂按語。
⑤張世超等《金文形義通解》第1417頁。
⑥裘錫圭《文字學概要》第128頁。
⑦裘錫圭《文字學概要》(修訂本)第128頁。

基本字根應當都是"韋"①。實際上,韋、違、圍、衛都是源自同一語源的。

4. 同源詞繫聯

從"韋"聲之詞,亦包含"違離""圍繞"兩種意義:

以"違離"爲詞源意義的詞:

《説文》支部:"敼,戾也。从支韋聲。"段注:"王注《離騒》曰:'緯繣,乖戾也。'《廣雅·釋訓》曰:'緯懂,乖剌也。'《廣韵》廿一麥曰:'徽繣,乖違也。'《説文》無繣。緯、徽皆敼之假借也。"

言部:"諱,誋也。从言韋聲。"《玉篇》言部:"諱,隱也。避也。"《禮記·曲禮上》:"卒哭,乃諱。"鄭玄注:"諱,辟也。"孔穎達疏:"諱,避也。"《郭店·老子》甲 30:"夫天多异韋,而民多爾(彌)畔(貧)。"《馬王堆·老子乙本·德篇》19:"夫天下多忌諱,而民彊[彌]貧。"今本《德經》:"天下多忌諱,而民彌貧。"

交部:"夔,衺也。从交韋聲。"段注:"衣部'衺'下曰:'夔也。'二篆爲轉注。經典假回字爲之。《小旻》'謀猶回遹',傳曰:'回,邪也。'《大明》'厥德不回',傳曰:'回,違也。'回皆夔之假借字,《小旻》言其轉注,《大明》言其假借,故傳語不同。《大明》傳違即夔字,夔久不行,俗乃作違,經典多作回。口部曰:'回,轉也。'乃回之本義。必有許書而後知回衺之本字作夔,桓大之本字作查,儇呙之本字作夬。倘不能觀其會通,則許書徒存而已矣。"徐鍇繫傳:"夔,所謂僻違。"《廣雅·釋詁》:"敼,衺也。"王念孫疏證指出:夔、違、回,義并與敼同。

門部:"闈,宮中之門也。从門韋聲。"段注:"《釋宮》曰:'宮中之門謂之闈。'《周禮·保氏》'使其屬守王闈',注:'闈,宮中之巷門。'""闈"是宮禁内劃分的若干小院落的門②。

女部:"媁,不説皃。从女韋聲。"不悦與違背義相關。

《玉篇》心部:"愇,怨恨也。"《讀書雜誌·史記第五·屈原賈生列傳》"懲違"下王念孫按:"《廣雅》曰:'怨、愇、很,恨也。'愇,與違同。"

以"圍繞"爲詞源意義的詞:

《説文》口部:"圍,守也。从口韋聲。"

---

① 季旭昇《説文新證》第 489 頁。
② 王鳳陽《古辭辨》第 199—200 頁。

木部："楗,木也。可屈爲桮者。从木韋聲。"段注:"屈當作詘。詰詘,紆曲也。糸部云:'紆,詘也。'是也。桮當作盂。盂,飲器也。《玉篇》曰:'楗,木,皮如韋,可屈以爲盂。'"《玉篇》木部:"楗,木名,皮如韋,可屈以爲盂。"

糸部："緯,織橫絲也。从糸韋聲。"段注:"云織衡絲者,對上文織從絲爲言。故言絲以見縷,經在軸,緯在杼。木部曰:'杼,機之持緯者也。'引申爲凡交會之稱。漢人左右六經之書謂之祕緯。"《釋名·釋典藝》:"緯,圍也,反覆圍繞以成經也。"王鳳陽認爲"緯"與"圍、衛"同源,"是在經綫間來回穿繞的橫綫"[1]。

水部："潒,回也。从水韋聲。"段注:"以疊韵爲訓。"張舜徽約注:"潒之言囗也,囗象回匝之形,謂水流回轉如圜也。"

巾部："幃,囊也。从巾韋聲。"

東部："轊,束也。从東韋聲。"段注:"束之訓於从韋得之。"

水部："潿,不流濁也。从水圍聲。"段注:"謂薉濁不流去也。《左傳》曰:'有汾澮以流其惡。'""此於聲見義。"朱駿聲通訓定聲:"潿,止水圍守,少所宣洩之謂。"

衣部："褘,重衣皃。从衣圍聲。《爾雅》曰:'褘褘襀襀。'"

衣部："褘,蔽厀也。从衣韋聲。《周禮》曰:'王后之服褘衣。'謂畫袍。"《爾雅·釋器》:"婦人之褘謂之縭。"郝懿行義疏:"婦人之褘即蔽膝……婦人之褘既以蔽膝,又以覆頭,今青州婦人以巾覆首,其遺象也。"

足部："躗,衛也。从足衛聲。"段注:"按此必有脫誤,當云'躗,踶也'。牛部'犩'下云:'牛踶犩也。'然則躗、犩義略同。"張舜徽約注:"躗之言圍也,牛馬之踶,率以後兩足圍旋舉足以相擊也。"牛踢蹄以自衛。同時包含保衛義。

牛部："犩,牛踶犩也。从牛衛聲。"段注:"《廣韵》曰:'踶犩,牛展足。'按:展足二字乃厬字之誤。厬同跈。足部曰:'踶者,躗也。'犩與躗互訓。踶犩猶踐蹋也。"

"圍繞"與"守衛"義通,又有以"守衛"爲詞源意義的下列詞:

---

[1]王鳳陽《古辭辨》第151頁。

《説文》行部："衛,宿衛也。从韋、帀,从行。行,列衛也。"段注:"韋者,圍之省,圍守也。……韋亦聲。"《玉篇》行部:"衛,護也。"《國語·齊語》:"築五鹿、中牟、蓋與、牡丘,以衛諸夏之地,所以示權於中國也。"韋昭注:"衛,蔽扞也。"

"環繞"與"盛"義相通,"央"族詞已經有所論證。以"盛"爲詞源意義:

《説文》罨部:"鞾,盛也。从罨韋聲。《詩》曰:'尊不鞾鞾。'"段注:"《小雅》傳曰:'鞾鞾,光明也。'"《玉篇》華部:"鞾,盛皃。"《廣韻》尾韻:"鞾,華盛皃。"

人部:"偉,奇也。从人韋聲。"《玉篇》人部:"偉,大也。"《集韻》尾韻:"偉,《説文》:'奇也。'一曰美也。"《史記·荆燕世家》"事發相重,豈不爲偉乎",司馬貞索隱:"偉者,盛也,蓋盛其能激發也。"

火部:"煒,盛赤也。从火韋聲。《詩》曰:'彤管有煒。'"段玉裁改爲"盛朙皃也",注曰:"各本作'盛赤也',今依玄應書正。《詩·静女》'彤管有煒',傳曰:'煒,赤皃。'此毛就彤訓之,盛明之一耑也。《王莽傳》'青煒登平''赤煒頌平''白煒象平''玄煒和平',服虔曰:'煒,音暉。'如淳曰:'青煒,青氣之光輝也。'"《玉篇》火部:"煒,明也,亦盛皃。"

《集韻》尾韻:"瑋,美玉。"《文選》陸機《辨亡論》"明珠瑋寶,耀於内府",劉良注:"瑋,美也。"

《集韻》尾韻:"暐,光盛皃。"

"盛"與"大"義相通:

《説文》艸部:"葦,大葭也。从艸韋聲。"又:"葭,葦之未秀者。从艸叚聲。"《詩經·豳風·七月》"七月流火,八月萑葦",孔穎達疏:"初生爲葭,長大爲蘆,成則名爲葦,小大之異名。"

5. 通用情況

(1)圍—違　　　《馬王堆·五行》157:"和也者,小膿(體)變＿(變變—便便)然不圍(違)於心也,和於仁＿義＿(仁義。仁義),心也。"

(2)緯—幃　　　《包山》263:"一綌縞之緯。"王輝認爲緯讀爲幃,帳也,《晏子春秋·内篇諫下》:"合疏縷之緯,以成幃幕。"[1]

---

[1]王輝《古文字通假字典》第504頁。

（3）諱—違　　《清華一·保訓》4—5：“自詣（稽）叾（厥）志，不諱（違）于庶萬眚（姓）之多欲。”《馬王堆·周易經傳·昭力》4 上：“賞百姓之勸，以禁諱（違）教。”

（4）諱—闈　　《馬王堆·春秋事語·魯莊公有疾章》91：“处（處）二年，共中（仲）使卜奇賊閔公于武諱。”《左傳·閔公二年》：“秋八月辛丑，共仲使卜齮賊公于武闈。”杜預注：“宮中小門謂之闈。”

（5）愇—違　　《上博二·民之父母》10：“亡（無）聖（聲）之樂，燹（氣）志不愇（違）。”

（6）敼—褘　　《仰天湖楚簡》9：“一坆（枚）韋之韑。”韑，何琳儀認爲即敼，讀爲褘，指蔽膝①。

6. 詞源譜系

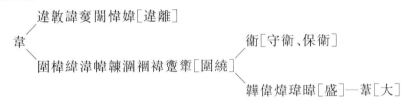

韋
違敼諱奊闈愇媁［違離］
衛［守衛、保衛］
圍樟緯㴍幃𢺵潿裶�韗［圍繞］
韡偉煒瑋暐［盛］—葦［大］

三五　朱

1.《說文》本義

　　《說文》木部：“朱，赤心木。松柏屬。从木，一在其中。”

2. 現有考釋及出土材料本義

　　戴侗《六書故·植物一》：“朱，幹也，木中曰朱。木心紅赤，因以爲朱赤之朱。條以枚屬，幹以朱屬。”《字彙》木部：“朱，《六書正譌》木之身也。”徐灝注箋：“朱、株蓋相承增偏旁。”

　　朱，甲骨文作米（合 37363）形，金文又見米（吳方彝）、米（師西簋）形。關於“朱”的形義，季旭昇將前人說法總結爲七說：一、赤心木（許慎、段玉裁等）；二、木名，柘也（聞一多）；三、木身、柱（戴侗、徐灝、郭沫若、李孝定等）；四、木心（俞樾）；五、珠之本字（商承祚）；六、根（馬叙倫）；七、木之異體（馬叙倫）。而季氏則認爲朱是一個假借分化字，從“束”分化

①何琳儀《仰天湖竹簡選釋》，《簡帛研究》第 3 輯第 108—109 頁。

出來①。譚步云又將季氏總結的七説連同季氏的一説概括爲象形、指事、通假三説,同時他認同戴侗、郭沫若、李孝定等主張的"朱"爲"株"之本字,譚文主要從三方面進行了論證:構形方面,"朱"與"本、末"一致,許慎將其置於"本、末"之間并確定爲指事是正確的,"一"所指當爲"樹幹"。意義方面,《説文》:"根,木株也。""株,木根也。""根、株"互訓,而"根"義當爲"樹幹",如《莊子·大宗師》:"自本自根,未有天地,自古以固存。"《説文》訓"本"爲"木下曰本。從木,一在其下",如果"根"與"本"同義,"根"的訓釋當一如"本",另外,《説文》"本、柢"并列,"朱、根、株"并列,這都説明"根、株"義同,指"樹幹"。《戰國策·秦策一》:"削株掘根,無與禍鄰,禍乃不存。""株"即指"樹幹",《韓非子·五蠹》之"兔走觸株"之"株"亦指"樹幹"。而"朱"表示"赤色"是借義。聲音方面,"株"以"朱"爲聲符,二者讀音吻合②。

　　朱,爲株本字,字形是在"木"上加指事符號。《説文》木部"本、柢、朱、根、株"連續排列。譚文以"根"爲樹幹義,進而認爲"朱"亦爲樹幹義。"根"在文獻中有"樹根、根本、根由、追究、根除"等義,從詞義系統來講,還是應以"樹根"爲本義。所以根據《説文》的編排體例,"朱(株)"的本義也應該是樹根。木部:"株,木根也。從木朱聲。"徐鍇繫傳:"入土曰根,在土上者曰株。"這種説法比較合理,"朱"本當指樹木在地面以上離地面不遠的部分,用來解釋"削株掘根、守株待兔"都非常合適。《睡虎地·封診式》18—19:"一宇二内,各有户,内室皆瓦蓋,木大具,門桑十木。"整理者認爲"木"爲"朱"字之誤,"桑十朱"即桑樹十株。"朱"表示紅色義我們不認爲是借義,詳下文。

3. 同源詞繫聯

　　樹木的根部需牢固、結實,"朱"聲詞有堅固、堅硬的特點,所以有下列二詞:

　　《説文》口部:"咮,鳥口也。從口朱聲。"段注:"今人喝、咮、啄三字同音通用,許分別甚明,人口不曰咮。"鳥嘴是角質的,尖鋭前突。

①季旭昇《説朱》,《甲骨文發現一百周年學術研討會論文集》第 129—144 頁。
②譚步云《説"朱"及其相關的字——兼説"守株待兔"之釋義》,《中國文字學會第五届學術年會暨漢字學國際學術研討會論文集》第 96—99 頁。

竹部："𥬔,栙雙也。从竹朱聲。"段注："栙雙見木部。《廣雅》:'筄簟謂之𥬔。'《廣韵》四江曰:'栙篸者,帆未張也。'又曰:'𥬔者,帆也。'按:以籧席爲帆曰栙雙,故字或皆从竹,今大船之帆多用籧席是也。"

"堅固、堅硬"與"好"義相通,同類的有"吉"。前文已述,"吉"聲詞有"强固"的詞源意義,而"吉"本身有"善"義,《説文》口部:"吉,善也。"以"好"爲詞源意義的"朱"聲詞有:

《説文》衣部:"袾,好佳也。从衣朱聲。《詩》曰:'静女其袾。'"段注:"好者,美也。佳者,善也。《廣韵》曰:'朱衣也。'按《廣韵》蓋用《説文》古本,故其字从朱、衣,所引《詩》則假袾爲姝也。"

女部:"姝,好也。从女朱聲。"段注:"《邶風》傳曰:'姝,美色也。'《衞風》傳曰:'姝,順皃。'《齊風》傳曰:'姝,初昏之皃。'各隨文爲訓也。"

玉部:"珠,蚌之陰精。从玉朱聲。《春秋國語》曰:'珠以禦火灾是也。'"《睡虎地·法律答問》140:"盗出朱(珠)玉邦關及買(賣)於客者,上朱(珠)玉內史,內史材鼠(予)購。"《馬王堆·胎産書》5—6:"欲産女,佩蕰(簪)耳(珥),呻(紳)朱(珠)子,是胃(謂)內象成子。"

樹木橫切面的中心是紅色的,所以"樹椿"與"赤心木"意義相通,"朱"聲詞有"紅"義:

《説文》糸部:"絑,純赤也。《虞書》'丹朱'如此。从糸朱聲。"段注:"純同醇,厚也。赤,南方色也。按'市'下云:'天子朱市,諸侯赤市。'然則朱與赤深淺不同。《豳風》'我朱孔陽',傳曰:'朱,深纁也。陽,明也。'許云:'纁者,淺絳','絳者,大赤'。蓋純赤大赤其異者微矣。鄭注《禮經》曰:'凡染絳一入謂之縓,再入謂之赬,三入謂之纁。朱則四入與。'是朱爲深纁之説也。凡經傳言朱皆當作絑,朱其假借字也。朱者,赤心木也。"

《廣韻》虞韻:"硃,硃研,朱砂。"《集韻》虞韻:"硃,丹砂。"

黃易青指出赤義與斷裂義是相通的[1],故又派生出下二詞:

《説文》言部:"誅,討也。从言朱聲。"段注:"凡殺戮、糾責皆是。"

歺部:"殊,死也。从歺朱聲。漢令曰:蠻夷長有罪,當殊之。"段注:

---

[1]黃易青《上古漢語同源詞意義系統研究》第 263—265 頁。又張博認爲"尖鋭"與"斥責、毀謗"義通,而詞彙意義爲鳥口的"咮"含"尖鋭"義,詞彙意義爲"誅責"的"誅"含"斥責"義。張博《漢語同族詞的系統性與驗證方法》第 276—278 頁。

“凡漢詔云殊死者，皆謂死罪也。死罪者首身分離，故曰殊死。引伸爲殊異。”《莊子·在宥》：“今世殊死者相枕也，桁楊者相推也，刑戮者相望也。”釋文：“《字林》云：死也。《説文》同。”

　　樹木位於地上的根部是比較短的，所以才有“樹椿”的引申義，短與小義通，以“小”爲詞源意義的詞：

　　《説文》金部：“銖，權十分黍之重也。从金朱聲。”段玉裁改爲“權十絫黍之重也”，注曰：“各本作‘權十分黍之重也’，今正。權，五權也。五權，銖、兩、斤、鈞、秅也。厽部曰：‘絫，十黍之重也。’此云銖，權十絫黍之重也。”爲最小的重量單位。

　　《玉篇》人部：“侏，侏儒，短人。”《馬王堆·明君》28：“朱（侏）襦（儒）食良（粱）肉。”

4. 通用情況

　　（1）株—誅　　《馬王堆·五行》91：“然親執株（誅），閒（簡）也。”魏啓鵬注：“執株（誅），執誅殺之法也。”[1]

　　（2）株—朱　　《清華二·繫年》112—113：“晋幽公立四年，灼（趙）狗衍（率）自（師）與戉（越）公株（朱）句伐齊，晋自（師）閲長城句俞之門。”

　　（3）絑—朱　　《馬王堆·周易經傳·周易》62上—62下：“九二，困于酒食，絑（朱）發（紱）方來，就用芳（享）祀。”

　　（4）絑—珠　　《馬王堆·三號墓竹簡遣册》337：“連絑（珠）合（袷）衣戳（纀）一。”

5. 詞源譜系

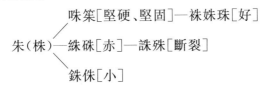

　　　　　　　　　咮笑［堅硬、堅固］—袾姝珠［好］
　　　　　　　／
　朱（株）—絑砗［赤］—誅殊［斷裂］
　　　　　　　＼
　　　　　　　　　銖侏［小］

三六　出

1.《説文》本義

　　《説文》出部：“出，進也。象艸木益滋，上出達也。”

艸部："苗,艸初生出地兒。从艸出聲。《詩》曰:'彼苗者葭。'"段注:"言會意以包形聲也。"《玉篇》艸部:"苗,草出兒。"《詩經·召南·騶虞》"彼苗者葭,壹發五豝",毛傳:"苗,出也。"孔穎達疏:"謂草生苗苗然出,故云苗苗也。"王力認爲出、苗同源,指出《説文》講的"出",實際上是"苗"①。出,"依《説文》,像植物枝葉初生之形。後加意符'艸',作苗"②。按,《説文》"出"爲"苗"本字。

2. 出土材料本義

出,甲骨文作🦶(合 5098),从止从凵,會足出坎穴之意。與艸無涉。

3. 同源詞繫聯

無論甲骨文還是小篆字形,其中都蘊含"從裏面到外面"的"出"的意義,派生出下列詞:

《説文》齒部:"齣,齜齒也。从齒出聲。"段注:"謂齜物而外露之齒也,故從齒、出。"

水部:"泏,水兒。从水出聲。讀若窋。"段注:"《廣韵》曰:'水出兒。'《文子》曰:'原流泏泏,冲而不盈。'"《玉篇》水部:"泏,水出兒。"《文子·道原》:"原流泏泏,冲而不盈。"

穴部:"窋,物在穴中兒。从穴中出。"段注:"《靈光殿賦》曰:'綠房紫菂,窋咤垂珠。'謂蓮房之實窋窋然見於房外,如垂珠也。上文云'反植荷蕖',故曰'垂珠'。"《集韵》術韵:"窋,將出穴兒。"《類篇》穴部:"窋,竹律切,將出穴兒。……又張刮切,穴中出兒。"

示部:"祟,神禍也。从示从出。"段注:"釋玄應《衆經音義》曰:'謂鬼神作灾禍也。'……出亦聲。"

水部:"淈,濁也。从水屈聲。一曰滒泥。一曰水出兒。"《史記·司馬相如列傳》"潏潏淈淈,湁潗鼎沸",司馬貞索隱:"潏淈湁潗,郭璞云:皆水微轉細涌貌。"它同時具有屈曲義。

月部:"朏,月未盛之明。从月、出。《周書》曰:'丙午朏。'"徐灝注箋:"月朔初生明,至初三乃可見,故三日曰朏,從月、出會意,出亦聲。"《尚書·召誥》"三月,惟丙午朏",孔傳:"朏,明也。月三日明生之名。"

---

①王力《同源字典》第 459—460 頁。
②蘇寶榮《〈説文解字〉今注》第 221 頁。

《廣韻》没韻："昢，明旦日出皃。"《集韻》隊韻："昢，將曙謂之昢。"《楚辭·九思·疾世》"時昢昢兮旦旦，塵莫莫兮未晞"，王逸注："日月始出光明未盛爲昢。昢，一作朏。"洪興祖補注："昢，日將曙。朏，月未盛明。"

"出"的甲骨文字形从止从凵，以足出坎穴會意。坎穴的形象仍在構意中，當是剛離開不久，其中蘊含"短"義。而短與屈曲義通，就像長與直義通。

同時，"短""屈曲"也可以認爲是從"屮"的意義抽取出來的特點。"屮初生出地皃"肯定有"短"義。陸宗達、王寧在論述"屯"的字形與本義的關係時指出："草木初生時需拱土而出，其形狀都是彎曲的。"[1]這也可以幫助解釋"出"聲詞有屈曲義。實際上，足出坎穴與草木破土而出也是相通的。

以"短"爲詞源意義的有下列詞：

《說文》木部："柮，斷也。从木出聲。讀若《爾雅》'貀無前足'之'貀'。"段玉裁改爲"榾柮也"，注曰："舊作'斷也'二字，今更正。今人謂木頭爲榾柮，於古義未遠也。"《玉篇》木部："柮，榾柮，木頭。"

尾部："屈，無尾也。从尾出聲。"段注："《韓非子》曰：'鳥有翢翢者，重首而屈尾。'高注《淮南》云：'屈，讀如秋雞無尾屈之屈。'郭注《方言》'隆屈'云：'屈尾。'《淮南》'屈奇之服'，許注云：'屈，短也。奇，長也。'凡短尾曰屈。《玉篇》巨律切。玄應書、《廣韻》衢勿切。今俗語尚如是。引伸爲凡短之偁。山短高曰崛，其類也。今人屈伸字古作詘申，不用屈字，此古今字之異也。鈍筆曰掘筆，短頭船曰撅頭，皆字之假借也。"《睡虎地·秦律雜抄》37："戰死事不出（屈），論其後。"整理者注："出，當讀爲屈。"

山部："崛，山短高也。从山屈聲。"段注："短高者，不長而高也，不長故从屈。屈者，無尾也。無尾之物則短。張揖《上林賦》注曰：'崛崎，斗絕也。'"

《方言》卷十三："䂿，短也。"《玉篇》歺部："䂿，吴人呼短物也。"《廣雅·釋詁》"䂿，短也"，王念孫疏證："短謂之侏儒，又謂之䂿。"《集韻》術

①陸宗達、王寧《訓詁與訓詁學》第 33 頁。

韻：“䠆，短也。”

《説文》鳥部：“鷗，鶌鳩也。从鳥屈聲。”段注作“鶌鳩，鶻鵃也”，注曰：“‘鶻鵃’二字依《爾雅》補。《釋鳥》曰：‘鶌鳩，鶻鵃。’《小雅》‘宛彼鳴鳩’，毛曰：‘鳴鳩，鶻鵃也。’《衞風》‘于嗟鳩兮，無食桑葚’，毛曰：‘鳩，鶻鳩也。食桑葚過則醉而傷其性。’鶻鳩食桑葚，毛蓋目驗而知。鷗與鶌音同。郭云：‘今江東亦呼爲鶻鵃，似山鵲而小，短尾，青黑色，多聲。’即是此也。”《爾雅·釋鳥》“鶌鳩，鶻鵃”，郭璞注：“似山鵲而小，短尾，青黑色，多聲。今江東亦呼爲鶻鵃。”《玉篇》鳥部：“鷗，似鵲而小，黑色也。”

《方言》卷四：“襜褕，……自關而西謂之祇裯。”錢繹箋疏：“無緣之衣謂之祇裯，猶雞無尾謂之屈、鳥短尾謂之鷗、犬短尾謂之屚，其義一也。”《玉篇》衣部：“裯，祇裯也。”《廣韻》物韻：“裯，衣短。”

“短”與“拙劣”義相通：

《説文》手部：“拙，不巧也。从手出聲。”《廣雅·釋詁》“䠆，短也”，王念孫疏證：“今俗語謂短見爲拙見，義亦同也。”陳建初指出：“拙的含義，多指技巧不擅長，辦事不能伸展自如，是亦含短屈義”，“拙之語源義也是短屈之義”[1]。同時有拙劣、短的詞源意義。

耳部：“聉，無知意也。从耳出聲。讀若孽。”段注：“此意内言外之意。無知者其意，聉者其㒵也。《方言》曰‘聾之甚，秦晋之間謂之𦕊’，注曰：‘言聉無所聞知也。’疑《方言》之正文本作‘謂之聉’，今本譌。”

《廣雅·釋詁》“鈯，鈍也”，王念孫疏證：“鈯，猶拙也，方俗語轉耳。”《玉篇》金部：“鈯，鈍也。”

長度範圍的“短”和時間範圍的“短”相通，又有以“猝乍”爲詞源意義的下二詞：

《説文》口部：“咄，相謂也。从口出聲。”段注：“謂欲相語而先驚之之詞。凡言咄嗟、咄唶、咄咄怪事者皆取猝乍相驚之意。《倉頡篇》曰：‘咄，啐也。’《説文》：‘啐，驚也。’李善注曹植《贈彪詩》引《説文》：‘咄，叱也。’”

走部：“越，走也。从走出聲。讀若無尾之屈。”段注：“《玉篇》曰：‘卒起走也。’按：今俗語有之。”

―――――――――

[1]陳建初《〈釋名〉考論》第192—193頁。

以"屈曲"爲詞源意義的有下列詞：

《説文》言部："詘，詰詘也。一曰屈襞。从言出聲。誳，詘或从屈。"段注："二字雙聲，屈曲之意。"《廣韻》物韻："詘，辝塞。"《荀子·勸學》："若挈裘領，詘五指而頓之，順者不可勝數也。"楊倞注："詘，與屈同。"

頁部："頔，頭頡頔也。从頁出聲。讀又若骨。"朱駿聲通訓定聲："頡頔，叠韻連語，猶詰詘也，低曲之皃，與頡頏之爲高直者相反。"《急就篇》卷三"頭領頞頔眉目耳"，顏師古注："頔，兩頰之權也。"《廣韻》薛韻："頔，面秀骨。"《睡虎地·封診式》57："腦角出（頔）皆血出。"整理者注："出，讀爲頔，眼眶下部。"

虫部："蚰，蛣蚰也。从虫出聲。"段注："今《爾雅》作'蛣'。"朱駿聲通訓定聲："《爾雅》'蝎，蛣蛣'，注：'木中蠹蟲。'蓋桑蠹、蝤蠐之類。"《爾雅·釋蟲》"蝎，蛣蛣"，郭璞注："木中蠹蟲。"

刀部："刯，剞刯也。从刀屈聲。"《集韻》薛韻："刯，曲刀。"《廣雅·釋器》"剞劂，刀也"，王念孫疏證："剞之言阿曲，劂之言屈折也。《説文》：'剞劂，曲刀也。'刯與'劂'同。"

以"屈"爲聲符的詞又有以"窟"爲詞源意義的同源詞，或許與"出"的甲骨文字形以足出坎穴會意相關，具體有以下詞：

《説文》手部："掘，搰也。从手屈聲。"《廣雅·釋詁》："掘，穿也。"《周易·繫辭下》："斷木爲杵，掘地爲臼。""掘"與"窟"同源，源於挖掘洞穴，經常用於在地上向下或向裏挖①。

土部："堀，兔堀也。从土屈聲。"

土部："堀，突也。《詩》曰：'蜉蝣堀閱。'从土，屈省聲。"段注："突爲犬從穴中暫出，因謂穴中可居曰突，亦曰堀。俗字作'窟'。古書中堀字多譌掘。……各本篆作堀，解作屈省聲，而別有堀篆綴於部末，解云：'兔堀也。从土屈聲。'此化一字爲二字，兔堀非有異義也。篆从屈，隸省作屈，此其常也。豈有篆文一省一不省分别其義者？今正此篆之形，而删彼篆。"朱駿聲通訓定聲："即堀之或體。"

《玉篇》穴部："窟，穴也。"窟和穴在指人所居住的洞穴上是相同的，也都可以表示各種動物所利用或營造的洞穴，不同之處在於穴是天然

①王鳳陽《古辭辨》第 532 頁。

洞穴，窟源於動詞"掘"，人工（包括動物）開掘的洞穴才叫窟①。

4. 通用情況

（1）屈—掘　　《放馬灘秦簡·丹》3："犀武論其舍人尚命者，以丹志未當死，因告司命史公孫强，因令白狐穴屈出。"李學勤指出"屈"讀爲"掘"②。《睡虎地·日書甲種》40 背壹："屈（掘）而去之，則止矣。"

（2）窋—屈　　《睡虎地·日書甲種》25 背壹—26 背壹："鬼之所惡，彼窋（屈）卧箕坐，連行奇（踦）立。"

（3）淈—屈　　《馬王堆·老子甲本·道篇》102："虛而不淈，蹱（動）而俞（愈）出。"乙本《道篇》48："虛而不淈，勭（動）而俞（愈）出。"今本作："虛而不屈，動而愈出。"淈讀爲屈，竭也。

（4）朏—頔　　《張家山·脈書》31："齒痛，朏（頔）穜（腫），是齒脈主治。"

（5）詘—出　　《馬王堆·五十二病方》318："肨＝詘＝，從竈出毋延，黃神且與言。"裘錫圭讀爲"肨肨詘詘"，認爲與《左傳·襄公三十年》之"譆譆出出"爲一聲之轉③。

（6）詘—屈　　《張家山·引書》8："信（伸）胕詘（屈）指卅，曰尺汙（蠖）。"《馬王堆·周易經傳·繫辭》39 下—40 上："尺蠖之詘（屈），以求信（伸）也。"

5. 詞源譜系

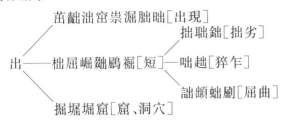

$$出$$

苗黜油窋祟淈朏咄［出現］
　　　　　　　　拙怈鈯［拙劣］
　　柮屈崛黜鷡褔［短］—咄趉［猝乍］
　　　　　　　　詘頔蚰刷［屈曲］
掘堀堀窟［窟、洞穴］

三七　因

1.《説文》本義

《説文》口部："因，就也。从口、大。"段注："'就'下曰：'就，高也。'

---

①王鳳陽《古辭辨》第 183 頁。

②李學勤《放馬灘簡中的志怪故事》，《文物》1990 年第 4 期。

③裘錫圭《馬王堆醫書釋讀瑣識》，《古文字論集》第 532 頁。

爲高必因丘陵，爲大必就基阯，故因從口、大，就其區域而擴充之也。《中庸》曰：'天之生物，必因其材而篤焉。'《左傳》曰：'植有禮，因重固。'人部曰：'仍，因也。'《論語》'因不失其親'，謂所就者不失其親。"

2. 出土材料本義

因，甲骨文作𢎘（合 12359）、𢎘（合 14294），象人在衣中之形[1]，依因、憑藉是其本義。

3. 同源詞繫聯

以"依因、憑藉"爲詞源意義派生出下列詞：

《説文》艸部："茵，車重席。从艸因聲。鞇，司馬相如説茵从革。"《居延漢簡甲編》1039："黃車茵，張白車篷。"《玉篇》革部："鞇，亦作茵，車中重席。"《望山》二號墓 47："一丹緅之因（茵），綠裏。"《江陵鳳凰山》168 號漢墓簡 44："□＝枕＝，錦因各一。"注："錦因，因即茵。《説文·艸部》：茵，'車重席'。段注：'秦風文茵，文虎皮也，以虎皮爲茵也。'錦茵，當是以錦爲茵。"[2]

口部："咽，嗌也。从口因聲。"段注："咽者，因也。言食因於是以上下也。"《馬王堆·五十二病方》263："因（咽）敝，歙（飲）藥將（漿），毋歙（飲）它。"

心部："恩，惠也。从心因聲。"段玉裁改爲"从心因，因亦聲"，注曰："依《韵會》訂。"王鳳陽指出："'恩'源於'因'，意思是憑藉他人的好意、憐憫而得到的好處，《正字通》説得確切，它説'感人惠己曰恩'，所以'恩'是特指從別人那裏承受來的好處、利益。"[3]

手部："捆，就也。从手因聲。"段注："捆與因音義同，今則因行而捆廢矣。"王筠句讀："捆者，因之絫增字。"

女部："姻，壻家也。女之所因，故曰姻。从女从因，因亦聲。"《白虎通·嫁娶》："姻者，婦人因夫而成，故曰姻。"《清華六·鄭武夫人規孺子》6—7："老婦亦不敢以㚆（兄）弟昏（婚）因（姻）之言以龭（亂）夫＝（大夫）之正（政）。"《馬王堆·戰國縱橫家書·虞卿謂春申君章》249—250：

---

[1]裘錫圭《釋南方名》，《古文字論集》第 50—52 頁。

[2]湖北省文物考古研究所（陳振裕執筆）《江陵鳳凰山一六八號漢墓》，《考古學報》1993 年第 4 期第 502 頁。

[3]王鳳陽《古辭辨》第 436 頁。

"公孫央(鞅)功臣也,襄子親因(姻)也,皆不免,封近故也。"

4. 詞源譜系

因—茵咽恩捆姻[依因、憑藉]

三八　昌

1.《説文》本義

《説文》日部:"昌,美言也。从日从曰。一曰日光也。《詩》曰:'東方昌矣。'⿱日口,籀文昌。"

2. 現有考釋及出土材料本義

俞樾《兒笘録·昌倡》:"今按:昌者,唱之古文。口部:"唱,導也。从口昌聲。"夫昌之籀文本从口,小篆變而从曰,即从口之意也。而唱又从口,此必後出字而非古字矣。其古字蓋止作昌,从日从口會意。蓋夜則群動俱息,寂然無聲,至日出而人聲作矣。故其義从日从口,而其義則爲導也。"

現在學界基本都認爲"昌"甲骨文作⿱日口(合 19924),从日从口,从日从曰之⿱日曰(璽彙 959)形後起,見於戰國時代。但是對於从日从口的字形目前主要有兩種説法,一是裘錫圭認爲甲骨文的⿱日口"从'口'从'日',造字方法正與'名'字相類。由此看來,'唱'最初很可能指日方出時呼喚大家起身幹事的叫聲,這種叫聲大概多數有一定的調子,是歌唱的一個源頭"[1]。同意者有何琳儀、季旭昇[2];另外一種説法是,陳斯鵬認爲:"真正的'昌'字本來應爲作爲光明、興盛、美好等意思講的{昌}而造。字本从'日',蓋取象於日,至於'口'旁,應該是一個區別性意符。"[3]

我們同意裘説。上引陳文之所以不同意"昌"爲"唱"之古文,其理由如下:"一方面,按照這樣的説法,'昌'通常所表示的光明、興盛、美好一類意義得不到很合理的解釋,顧此而失彼;另一方面,以'日'、'口'而會倡導或歌唱或喚起之意,仍稍嫌曲折隱晦。"[4] 從詞的意義系統去推

---

① 裘錫圭《説字小記》,《古文字論集》第 651 頁。
② 何琳儀《戰國古文字典——戰國文字聲系》第 654 頁;季旭昇《説文新證》第 552 頁。
③④ 陳斯鵬《楚簡中的一字形表多詞現象》第 226 頁。

導其本義、解釋其字形,這是本書所同意的,也是本書所要使用的方法。但筆者認爲,按照裘氏對字形的解釋,正能統攝"昌"的其他意義。詞的本義具有概括性,但"與反映在文字上的本義相聯繫的那個具體事物,却是不可忽視的。在觀察詞義運動規律時,這些形象遠比詞的概括的抽象意義更爲重要,因爲往往就是它決定了詞義的特點和引申的方向"①。所以,"昌"從日從口,一方面可以引申出光明、興盛、美好義(這些意義與"日"相關),一方面又引申出歌唱、倡導義(這些意義與"口"相關)。"昌"的引申義很好地被統攝起來。"昌"爲"唱"之本字。

3. 同源詞繫聯

　　從"昌"聲的詞有"歌唱"義:

　　《説文》人部:"倡,樂也。从人昌聲。"段注:"漢有黃門名倡、常從倡、秦倡,皆鄭聲也。《東方朔傳》有幸倡郭舍人。則倡即俳也。經傳皆用爲唱字。《周禮·樂師》:'凡軍大獻,教愷歌遂倡之。'故書倡爲昌。鄭司農云:'樂師主倡也。昌當爲倡。'按:當云昌當爲唱。"《漢書·灌夫傳》"所好音樂狗馬田宅,所愛倡優巧匠之屬",顏師古注:"倡,樂人也。"

　　從"昌"聲的詞有"引領"義:

　　《説文》口部:"唱,導也。从口昌聲。"段注:"《鄭風》曰:'唱予和女。'""古多以倡字爲之。"《廣韻》漾韻:"唱,發歌。"當指領唱。《荀子·樂論》:"唱和有應,善惡相象,故君子慎其所去就也。"《韓非子·解老》:"竽也者,五聲之長者也,故竽先則鍾瑟皆隨,竽唱則諸樂皆和。"《郭店·緇衣》30:"古(故)大人不昌流[言]。"今本《禮記·緇衣》作:"故大人不倡游言。"《銀雀山·晏子》628:"襄(纕)之昌(唱)善者皆欲若魚者也。"《馬王堆·周易經傳·二三子問》29下:"亓(其)子隨之,通也;昌(唱)而和之,和也。"《銀雀山·六韜》678:"天道無央(殃),不可先昌(倡)。"

　　門部:"閶,天門也。从門昌聲。楚人名門曰閶闔。"《淮南子·墜形》"西方曰西極之山,曰閶闔之門",高誘注:"閶,大也。"《史記·律書》:"閶闔風居西方。閶者,倡也;闔者,藏也。言陽氣道萬物,闔黃泉也。"

---

① 陸宗達、王寧《訓詁與訓詁學》第 110 頁。

4. 詞源譜系

三九、四〇　昆（昆₁、昆₂）

1.《説文》本義

《説文》日部:"昆,同也。从日从比。"徐鍇繫傳:"日比之,是同也。"段注:"《夏小正》'昆,小蟲',傳曰:'昆者,衆也。由蠠蠠也者,動也,小蟲動也。'《王制》'昆蟲未蟄',鄭曰:'昆,明也。明蟲者得陽而生,得陰而藏。'以上數説兼之而義乃備,惟明斯動,動斯衆,衆斯同,同而或先或後,是以昆義或爲先,如'昆弟'是也;或爲後,如'昆命元龜'、《釋言》'昆,後也'是也。"

2. 出土材料本義

目前所見,出土材料中"昆"有兩系:昆₁金文作🔲(昆𤰚王鐘),戰國璽印作🔲(璽彙 5311),秦刻石作🔲(泰山刻石),西漢帛書作🔲(馬王堆・稱 13 下)。何琳儀認爲字從日,從比,會日日比同之意[1]。昆₂戰國楚簡作🔲(郭店・尊德義 28)、🔲(郭店・尊德義 29)等形。《郭店・六德》27—28:"紝(疏)衰齊戊𣏪實,爲🔲弟也,爲妻亦肰(然)。"裘錫圭認爲"其在此必當讀爲'昆弟'之'昆'"[2]。李家浩專文論🔲、🔲等當釋"昆"[3]。趙平安又指出古文昆爲蠅的象形初文,蠅是在象形字的基礎上累增虫旁,昆又變爲𪓰[4]。後來兩系混同,每一系均有派生詞。

3. 同源詞繫聯（昆₁）

第一系之"昆"以"同"爲词源意義,派生出下列詞:

---

[1] 何琳儀《戰國古文字典——戰國文字聲系》第 1321 頁。

[2] 荆門市博物館編《郭店楚墓竹簡》第 189 頁。

[3] 李家浩《楚墓竹簡中的"昆"字及從"昆"之字》,《著名中年語言學家自選集・李家浩卷》第 306—317 頁。

[4] 趙平安《釋曾侯乙墓竹簡中的"綽"和"桿"——兼及昆、𪓰的形體來源》,《新出簡帛與古文字古文獻研究》第 326—331 頁。

《説文》糸部："緄,織帶也。从糸昆聲。"段玉裁改爲"織成帶也",注曰："各本無'成'字,依《文選·七啓》注、《後漢·南匈奴傳》注補。《玉篇》'帶'誤'章'。凡不待翦裁者曰'織成'。緄帶見《後漢書》,蓋非三代時物也。《詩·小戎》'竹柲緄縢',毛傳曰:'緄,繩也。'此古義也,而許不取之,過矣。"絲綫"會同"而成帶。

車部："輥,轂齊等皃。从車昆聲。《周禮》曰:'望其轂,欲其輥。'"段注："輥者,轂勻整之皃也。戴先生曰:齊等者,不橈減也。輇木圜甚。……昆者,同也。此舉形聲包會意也。"張舜徽約注:"轂形圜而大小若一,因謂之輥,猶同謂之昆,亦謂之掍;織成帶謂之緄。"

手部："掍,同也。从手昆聲。"段注:"《方言》:'掍,同也。宋衛之間或曰掍。'漢人賦多用掍字。"

"混同"與"亂"義相通,"雜"這個詞就同時具有"混同"與"雜亂"二義。派生出"悃、倱":

《玉篇》心部:"悃,惛也,亂也。"

《集韻》混韻:"倱,倱伅,不慧也。"《正字通》人部:"倱,倱伅,不開通貌。"

4. 通用情況(昆₁)

（1）緄—混　　《北大四·妄稽》59:"笞擊伓伓,誶(捽)抶緄(混)緄(混)。"

5. 同源詞繫聯(昆₂)

第二系之"昆"爲"蠅"本字。《説文》黽部:"蠅,營營青蠅。蟲之大腹者。从黽从虫。"段注:"此蟲大腹,故其字从黽、虫會意。謂腹大如黽之蟲也。"其有以"大"爲詞源意義的下列同源詞:

《説文》新附山部:"崑,崑崙,山名。从山昆聲。《漢書》楊雄文通用昆命。"《後漢書·荀爽傳》"察法于地,則崑山象夫,卑澤象妻",李賢注:"崑,猶高也。"《北大四·反淫》34:"西游昆(崑)侖(崙),東觀枎(扶)桑。"

火部:"焜,煌也。从火昆聲。"

《集韻》魂韻:"猑,獸名也,大犬也。"

《玉篇》魚部:"鯤,大魚。"《莊子·逍遥遊》:"有魚焉,其廣數千里,未有知其脩者,其名爲鯤。"

《説文》水部："混,豐流也。从水昆聲。"段注:"盛滿之流也。《孟子》曰:'源泉混混。'古音讀如衮,俗字作滾。《山海經》曰'其源渾渾泡泡',郭云:'水濆涌也。'"張舜徽約注:"大流謂之混,猶大魚謂之鯤,大雞謂之鵾,大目謂之瞗耳。并雙聲義同,語之轉也。"《馬王堆·老子乙本·道篇》65:"有物昆(混)成,先天地生。"

6.詞源譜系

"昆"的兩個系列分別派生出同源詞,具體如下:

昆$_1$—緄輥掍[同]—悃倱[亂]

昆$_2$—崑焜猑鯤混[大]

四一　族

1.《説文》本義

《説文》㫃部:"族,矢鋒也。束之族族也。从㫃从矢。"段注曰:"今字用鏃,古字用族。"

2.出土材料本義

甲骨文作𣃚(合 6343),指由親族或家族構成的軍事組織。"族字,从㫃,从矢,矢所以殺敵,㫃所以標衆,其本誼應是軍旅的組織。"[1]

3.同源詞繫聯

其有以"聚"爲詞源意義的同源詞:

《説文》艸部:"蔟,行蠶蓐。从艸族聲。"《廣雅·釋言》"族,湊也",王念孫疏證:"説見卷三'湊、族,聚也'下。《白虎通義》云:'正月律謂之太蔟何? 太者,大者;蔟者,湊也。言萬物始大,湊地而出也。'蔟、族聲近義同。"曾侯乙墓出土的樂律鐘樂律名有"大蔟",即傳統律名"太蔟"。《周禮·春官·大司樂》:"凡樂圜鍾爲宮,黄鍾爲角,大蔟爲徵。"《白虎通·五行》:"正月律謂之太蔟何? 太亦大也,蔟者湊也。言萬物始大,湊地而出也。"

《玉篇》竹部:"簇,小竹也。"《正字通》竹部:"簇,小竹叢生也。"

---

[1] 丁山《甲骨文所見氏族及其制度》第 33 頁。

4. 詞源譜系

族—簇蔟[聚]

四二　函

1.《説文》本義

《説文》马部:"函,舌也。象形。舌體马马。从马,马亦聲。,俗函,从肉、今。"

2. 出土材料本義

函,甲骨文作(合 28068)、(合 18469)等形,象藏矢的皮囊,王國維指出:"古者盛矢之器有二種,皆倒載之。射時所用者爲箙,矢括與笴之半皆露於外,以便於抽矢,、諸字象之;藏矢所用者爲函,則全矢皆藏其中,字象之。"[1]

3. 同源詞繫聯

从"函"聲的詞有"包含"義:

《説文》頁部:"顄,頤也。从頁函聲。"張舜徽約注:"顄之言含也,謂口内含物處也。"

水部:"涵,水澤多也。从水函聲。《詩》曰:'僭始既涵。'"段注:"所受潤澤多也。"《詩經·小雅·巧言》"亂之初生,僭始既涵",毛傳:"涵,容也。"

艸部:"菡,菡萏也。从艸函聲。"徐鍇繫傳:"菡猶含也,未吐之意。"又同部:"萏,菡萏。芙蓉華未發爲菡萏,已發爲芙蓉。从艸閻聲。"段注曰:"許意菡之言含也,夫之言敷也,故分別之。高誘曰:'其華曰夫容,其秀曰菡苕。'與許意合。"

《類篇》木部:"梋,匱也,柜也。函或作梋。"

《廣雅·釋器》"鎆,鎧也",王念孫疏證:"鎆字本作'函'。函之言含也。《考工記》'燕無函',鄭衆注云:'函,讀如國君含垢之含。函,鎧也。'"

《説文》貝部:"貝,海介蟲也。居陸名猋,在水名蜦。象形。"《爾

①王國維《不嬰敦蓋銘考釋》,《王國維遺書》第 6 册第 7 頁。

雅・釋魚》“貝，居陸贆，在水者蜬”，郭璞注：“陸水異名也，貝中肉如科斗，但有頭尾耳。”

4. 詞源譜系

囷一頤涵菌梱鏑蜬［包含］

四三　呂

1.《説文》本義

《説文》呂部：“呂，脊骨也。象形。昔太嶽爲禹心呂之臣，故封呂侯。”段注：“呂象顆顆相承，中象其系聯也。沈氏彤釋骨曰：‘項大椎之下二十一椎通曰脊骨，曰脊椎，曰膂骨。或以上七節曰背骨，第八節以下乃曰膂骨。’”

2. 出土材料本義

呂，甲骨文作𠮷（合 3823）、𠮷（合 6779），象金屬錠塊形。金文“金”字作𨤾（利簋）、𨤾（麥方鼎）等形，从�呂。《合集》29687：“丁亥卜，大……其鑄黃呂……”指冶煉金屬。效父簋：“休王易效父呂三，用乍氒寶尊彝。”指金屬料。春秋晚期余贎遫兒鐘：“余義楚之良臣，而遫之字父，余贎遫兒得吉金鎛鋁。”從出土材料看“呂”本指金屬錠塊，後又增“金”作“鋁”。

3. 同源詞繫聯

從“呂”聲的詞有“相連”義。金屬錠塊本身没有相連義，而其構意“兩個金屬錠塊”中藴含相連義。

《説文》木部：“梠，楣也。从木呂聲。”段注：“《釋名》曰：‘梠，旅也，連旅之也。’《士喪禮》注曰：‘宇，梠也。’宀部曰：‘宇，屋邊也。’”《廣雅・釋宫》“楣、檐、櫺、梠也”，王念孫疏證：“凡言‘呂’者，皆相連之義。衆謂之旅，絑衣謂之綹，脊骨謂之呂，桷端楄聯謂之梠，其義一也。”

《玉篇》糸部：“綹，綹繁，絑衣也。”

又引申可表示“聚集”義：

《説文》門部：“閭，里門也。从門呂聲。《周禮》：‘五家爲比，五比爲閭。’閭，侶也，二十五家相羣侶也。”段注：“侶當作旅。旅，衆也。此引《周禮》言閭之古義。”《廣雅・釋詁》：“閭，尻也。”“郘，尻也。”王念孫疏證：“閭、族、黨，皆聚居之義。”

新附人部："侣，徒侣也。从人吕聲。"《玉篇》人部："侣，《聲類》云：伴侣也。"

竹部："筥，籑也。从竹吕聲。"段注："籑當作籧。《方言》：'籧，南楚謂之筥，趙魏之郊謂之笿籧。'《禮經》鄭注云：'莝形蓋如今之筥、笿籧。'按：笿籧即笿籧也。"《類篇》竹部："筥，苟許切，《説文》：'籧也。'又兩舉切，飯器。"《詩經·召南·采蘋》"于以盛之？維筐及筥"，王先謙三家義集疏："今楚俗謂撈飯竹器爲籑箕，即是筥也。"盛飯、撈飯，都含有使飯"聚集"的特點。

4. 通用情況

（1）棉—吕　　　中子化盤："中子化用保楚王，用正（征）棉。"李零説棉指吕國[①]。

5. 詞源譜系

吕—棉絀［相連］—閭侣筥［聚集］

四四、四五　㡀（附"敝"）

1.《説文》本義

《説文》㡀部："㡀，敗衣也。从巾，象衣敗之形。"段注："此敗衣正字，自敝專行而㡀廢矣。"《玉篇》㡀部："㡀，敗衣也。與敝同。"《廣雅·釋詁》"㡀，小也"，王念孫疏證："㡀之言蔽也。"

㡀部："敝，帗也。一曰敗衣。从攴从㡀，㡀亦聲。"

如果根據《説文》訓釋及段注，"㡀"訓"敗衣"，"敝"又"一曰敗衣"，"敝專行而㡀廢"，"㡀"當爲"敝"之本字。

2. 出土材料本義

出土材料中，㡀主要見於"敝"字偏旁。敝，甲骨文作𢽾（合 29405）、𢼜（合 36936）、𢽻（合 584 正）等形。裘錫圭指出："從甲骨文字形看，'敝'字顯然象擊巾之形，巾旁小點表示擊巾時揚起來的灰塵。從'攴'從'巾'，擊巾的意思已能表示出來，所以巾旁小點有時被省去。由此可知《説文》'敝'字的解説是有問題的，'帗'或'敗衣'不可能是'敝'的本

---

①李零《楚國銅器銘文編年匯釋》，《古文字研究》第 13 輯第 374 頁。

義。至於'㡀'字,它有可能實際上是省'敝'而成的;也有可能是以巾上有塵來表示破舊的意思的,雖然跟'敝'字左旁同形,但所取之義并不相同。如果後一種推測屬實,當破舊講的'敝'字就應該是假借來表示'㡀'字的意義的。""'擎'應該是表示'敝'字本義的分化字。"①

根據裘錫圭對"㡀、敝"的解釋,"㡀"表示破敗義,"敝"表示擊打義。"敝"又以"㡀"爲聲符,所以從"㡀"聲的詞有"破敗"義,而從"敝"聲的詞既有"破敗"義,又有"擊打"義。

3. 同源詞繫聯

從"敝"聲詞的"破敗"一系列意義源於"㡀","擊打"義源於其本身。

以"破敗"爲詞源意義的有:

《玉篇》衣部:"褙,敝衣也。"

"破敗"與"倒下、死"意義相通:

《說文》犬部:"獘,頓仆也。从犬敝聲。《春秋傳》曰:'與犬,犬獘。'斃,獘或从死。"段注:"人部曰:'仆者,頓也。'謂前覆也。人前仆若頓首然,故曰頓仆。""獘本因犬仆製字,假借爲凡仆之偁,俗又引伸爲利弊字,遂改其字作弊,訓困也,惡也。此與改獎爲將正同。""斃,獘或从死"下注曰:"經書頓仆皆作此字,如《左傳》'斃於車中''與一人俱斃'是也。今《左傳》'犬獘'亦作'犬斃'。蓋許時經書斃多作獘。"《玉篇》死部:"斃,仆也,頓也。"《左傳·隱公元年》"多行不義必自斃,子姑待之",杜預注:"斃,踣也。"《廣韻》祭韻:"斃,死也。"《左傳·僖公四年》:"公祭之地,地墳。與犬,犬斃。與小臣,小臣亦斃。"

《玉篇》廾部:"弊,俗獘字。"《爾雅·釋木》"木自獘,柛",郭璞注:"弊,踣。"《周禮·夏官·大司馬》"質明弊旗,誅後至者",鄭玄注:"弊,仆也。"《呂氏春秋·音初》"土弊則草木不長,水煩則魚鱉不大,世濁則禮煩而樂淫",高誘注:"弊,惡。"《戰國策·西周策》"是公以弊高都得完周也,何不與也",高誘注:"弊,破也。""弊"同時具有"倒下"與"破敗"義。

"破敗"與"惡"義相通:

《說文》女部:"嫳,易使怒也。从女敝聲。讀若擊擊。"段注:"《廣

①裘錫圭《說字小記》,《古文字論集》第 638 頁。

韻》：‘嫳，輕薄之皃。’”桂馥義證：“字或作憋。《方言》：‘憋，急性也。’”《廣雅·釋詁》：“嫳，怒也。”

　　《方言》卷十：“憋，惡也。”郭璞注：“憋忿，急性也。”《玉篇》心部：“憋，急性也。”《廣韻》薛韻：“憋，急性皃。”《廣雅·釋詁》“憋，惡也”，王念孫疏證：“是凡言‘憋’者，皆惡之義也。《周官·司弓矢》‘句者謂之獘弓’，鄭注云：‘獘，猶惡也。’徐邈音扶滅反。‘獘’與‘憋’，聲義亦同，故《大司寇》‘以邦成獘之’，故書‘獘’爲‘憋’矣。”胡繼明以獘、憋同源，共同的意義核心是惡。又指出二者從敝得聲，敝爲破衣，破衣令人厭惡，故有惡義①。梁鑑藏鏡“君行有日”鏡：“思簡（忿）［忽］，倘（尚）可沮（苴），人㡀（憋）心成不足思。”“憋”義爲惡②。

　　《説文》鳥部：“鷩，赤雉也。從鳥敝聲。《周禮》曰：‘孤服鷩冕。’”《釋名·釋首飾》：“有鷩冕。鷩雉，山雉也。鷩，憋也，性急憋不可生服，必自殺，故畫其形於衣，以象人執耿介之節也。”《本草綱目·禽部·鷩雉》：“鷩，性憋急耿介，故名。”《爾雅·釋鳥》“鷩雉”，郭璞注：“似山雞而小冠，背毛黃，腹下赤，項綠色鮮明。”《黃侃手批爾雅義疏》：“《釋名》：‘鷩雉，山雉也。鷩，憋也。性急憋不可生服，必自殺也。’潘岳《射雉賦》：‘山鷩悍害。’《方言》‘憋，惡也’，注：‘憋忿，急性也。’”③胡世文指出從敝聲之字多含惡義，如獘、斃、弊、嫳、擎、弩、撇，在此基礎上繫聯鷩、憋同源，認爲其共同的意義核心是惡、急性④。

　　段注本《説文》弓部：“弩，弓戾也。從弓敝聲。”段注：“按：此依《詩·采薇》釋文、正義所引《説文》補。弓戾者，謂弓很戾不調。”

　　“巾上有塵”，塵土覆蓋於巾上，又與“覆蓋”義相通：

　　《説文》巾部：“幣，帛也。從巾敝聲。”段注：“帛者，繒也。《聘禮》注曰：‘幣，人所造成以自覆蔽。謂束帛也。愛之斯欲飲食之，君子之情也。是以享用幣，所以副忠信。’”《儀禮·聘禮記》“多貨則傷于德，幣美則沒禮”，鄭玄注：“幣，人所造成以自覆幣，謂束帛也。”《戰國策·齊策

---

① 胡繼明《〈廣雅疏證〉同源詞研究》第 379—380 頁。
② 李零《讀梁鑑藏鏡四篇——説漢鏡銘文中的女性賦體詩》，《中國文化》第 35 期。作者認爲“簡忿”疑爲“簡忽”之誤。
③ 黃侃《黃侃手批爾雅義疏》第 1324 頁。
④ 胡世文《黃侃〈手批爾雅義疏〉同族詞研究》第 183—184 頁。

三》"謂具車馬皮幣,願君以此從衛君遊",高誘注:"幣,束帛也。"《錢典》218—220:"梁(梁)正𡉈百匀(當)寽(鋝)。"𡉈,李家浩釋爲𢆶,讀幣,他指出敝字作偏旁時常寫作敝,此風一直保留到唐①。《九店》56 號楚墓簡 44 稱祭祀神祇武彊(夷)的物品有"疊𢆶",李家浩《考釋》認爲即馬王堆一號漢墓遺册所記隨葬物品中的"蟁幣",指竹笥内盛的連成串的絲織品碎塊②。《清華二·繫年》67—68:"駒之克牺(將)受齊侯𢆶(幣)。"《清華一·程寤》2—3:"敝(幣)告宗方(祊)坴(社)禝(稷),忎(祈)于六末山川。"《馬王堆·戰國縱橫家書·公仲倗謂韓王章》264:"乃警四竟(境)之内,興師,言救韓;發信臣,多車,厚亓(其)敝(幣)。"

《説文》黽部:"鼅,甲蟲也。从黽敝聲。"段注:"《考工記》注:'外骨,龜屬。内骨,鱉屬。'按:鼅骨較龜稍内耳,實介屬也。故《周易》鼅、蟹、贏、蚌、龜爲一屬。"《廣韻》薛韻:"鼅,魚鼅。俗作鱉、鼈。"

《玉篇》艸部:"蔽,障也。"《楚辭·九歌·國殤》:"旍蔽日兮敵若云,矢交墜兮士争先。"《嶽麓四》6 正:"父母、子、同産、夫妻或有罪而舍匿之其室及敝(蔽)匿之于外,皆以舍匿罪人律論之。"《馬王堆·經法·六分》29 下:"臣肅敬,不敢敝(蔽)亓(其)主。下比順,不敢敝(蔽)亓(其)上。"

巾上之塵微小,有以微小爲詞源意義者:

《爾雅·釋草》:"蕨,蘲。"《黄侃手批爾雅義疏》:"蘲之言蔽也。《説文》:'蔽蔽,小草也。'《詩傳》:'蔽芾,小貌。'《我行其野》釋文:'葉始生兒。'又言隱蔽也。無葉,故云蔽矣。蘲與薇亦聲近,蘲之爲薇,猶蔽之爲微。"③胡世文進一步指出蘲爲葉微小隱蔽之蕨菜,蔽爲微小、隱蔽,二者同源,詞源意義是微小、隱蔽④。

以"擊打"爲詞源意義的詞:

《説文》手部:"撆,別也。一曰擊也。从手敝聲。"段玉裁改爲"飾也",注曰:"各本作'别也',不可通,今正。《文選·洞簫賦》注引'撆,飾也'。飾者,㪿也,見巾部。㪿者,今之拭字。蓋一本作㪿,其義一也。

---

①李家浩《戰國貨幣銘文中的"𢆶"和"比"》,《中國語文》1980 年第 5 期。
②湖北省文物考古研究所、北京大學中文系編《九店楚簡》第 108 頁。
③黄侃《黄侃手批爾雅義疏》第 1077 頁。
④胡世文《黄侃〈手批爾雅義疏〉同族詞研究》第 154 頁。

而字形一譌爲刷,再譌遂爲別矣,此攷叢者所宜知也。拭與拂義略同。蔡邕《篆勢》曰:'揚波振撇。'《文選》:'撇波而濟。'撇同撆。又《史記·荆軻傳》'跪而蔽席',《孟荀傳》'儌席',皆謂拭席,皆撆之異體也。""一曰擊也"下注:"此別一義。《韵會》作:'擊也。一曰拂也。'拂即飾,易其先後耳。""敝"當爲"撆"之本字,《説文》"一曰擊也"更接近"撆"的本義。《玉篇》手部:"撆,擊也。"

水部:"潎,於水中擊絮也。从水敝聲。"段注:"擊當爲撆。撆、潎同音。手部曰:'撆,叔也。一曰擊也。'似叔義於此爲近。《考工記》注曰'湖漂絮',《莊子》曰'洴澼絖',皆謂於水面漂撆之。竹部曰:'箈,潎絮簀也。'糸部曰:'紙,絮一箈也。'然則撆絮乃造紙之先聲,亦謂之漂。《史記》:'韓信釣於城下,諸母漂。'漂與潎雙聲爲轉注。漂,孚妙切。《玉篇》及曹憲注《廣雅》乃合潎、漂爲一字,同切孚妙,誤矣。"《廣雅·釋言》:"漂,潎也。"王念孫疏證:"漂、潎、洴、澼一聲之轉。漂之言摽,潎之言撆,洴之言拼,澼之言擗,皆謂擊也。"又《釋詁》"撆,擊也",王念孫疏證:"撆、潎、並音芳滅反,其義同也。"

足部:"蹩,踶也。从足敝聲。一曰跛也。"段注:"《集韵》作蹳,云反足踶也。"

4. 通用情況

(1)幣—敝　　《馬王堆·老子甲本·德篇》17:"大成若缺,亓(其)用不幣(敝)。"

(2)幣—弊　　《上博五·鮑叔牙與隰朋之諫》4 季旭昇釋:"皮(疲)幣(弊)齊邦,日城(盛)于縱(縱)。"[1]

(3)蔽—敝　　《上博一·緇衣》17:"古(故)言則慮丌(其)所冬(終),行則旨丌(其)所蔽(敝)。"今本《禮記·緇衣》"蔽"作"敝"。《馬王堆·周易經傳·要》3 上:"受者昌,賁(奔)福而弗能蔽(敝)者窮,逆福者死。"敝,義爲"終、盡","奔福而弗能敝",即追求福而不能將之保持到底[2]。

---

①季旭昇《〈上博五·鮑叔牙與隰朋之諫〉釋文暨三個問題》,《古文字研究》第 29 輯第513 頁。

②裘錫圭主編《長沙馬王堆漢墓簡帛集成》第 3 冊第 122 頁。

5. 詞源譜系

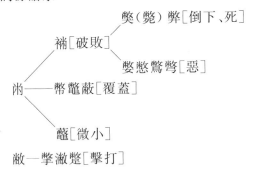

四六　壬

1.《説文》本義

　　《説文》壬部:"壬,善也。从人、士。士,事也。一曰象物出地挺生也。"

2. 出土材料本義

　　甲骨文作(合 2646)、(合 4304)形,以人立土上會挺立之意,爲"挺"本字。

　　《説文》手部:"挺,拔也。从手廷聲。"《荀子・勸學》"雖有槁暴,不復挺者,輮使之然也",楊倞注:"挺,直也。"

3. 同源詞繫聯

　　《説文》廴部:"廷,朝中也。从廴壬聲。"廷,金文作(師酉簋)、(三年師兑簋)、(走馬休盤)等形。《璽彙》5692:"不壬。""不壬"讀爲"不廷"①。對"廷"的形義,學者有大致相似的看法:

　　林義光:廷與庭古多通用。疑初皆作廷。乚象庭隅之形,壬聲②。李孝定亦以廷、庭一字③。

　　高鴻縉:廷者,堂下至門不屋之所,中寬兩端後曲之地也。其初字從乚(曲)土(地)會意,人聲,或從参聲。朝中者,朝下中地之謂。古者

---

①王輝《古文字通假字典》第 365 頁。

②林義光《文源》第 78 頁。

③李孝定《金文詁林讀後記》第 45 頁。

臣見君,君南面坐於堂上,堂亦稱朝,臣北面立於堂下廷中,故統稱其所曰朝廷。王静安曰,古文但有廷字,後世加广作庭,義則無異。由《説文》之例,庭字當爲廷下重文①。

季旭昇:字從一人立於一個區域,人形後來聲化爲"壬"聲,廷爲"庭"的初文,指門與宫室之間的區域。朝中爲其引申義②。

"中廷"一詞屢見於西周銘文,即中庭,指堂前之地。頌壺:"宰引右頌入門,立中廷。"《上博三·周易》48:"艮,亓(其)伓(背),不蒦(獲)亓(其)身,行亓(其)廷(庭),不……"《馬王堆·周易經傳·周易》51下—52上:"六四,明夷=(夷,夷)于左腹,獲明夷之心,于出門廷。""廷",通行本《易》作"庭"。"廷"爲"庭"之初文,指堂下。

《説文》广部:"庭,宫中也。從广廷聲。"段注:"《爾雅·釋詁》、《詩·大田》《韓奕》《閔予小子》傳曰:'庭,直也。'引伸之義也。庭者,正直之處也。"《詩經·小雅·大田》"播厥百穀,既庭且碩,曾孫是若",毛傳:"庭,直也。"

從《説文》看"廷"以"壬"爲聲符,而"壬"含有"挺直"意。從古文字看,"廷"本是會意字,與"壬"一樣,詞義中藴含"挺直"意,後來聲化爲從"壬"聲。引入古文字後,"廷"聲的詞"挺直"義亦可解釋,具體包括如下詞:

《説文》女部:"娗,女出病也。從女廷聲。"段注:"按:'病'下當有'容'字。《廣雅》曰:'娗娗,容也。'然則謂女出而病容娗娗然也。《廣韵》有娗無婷。唐喬知之、杜甫詩皆用娉婷字。娉婷皆讀平聲。疑娗、婷同字,長好皃。"王筠釋例:"蓋謂女子下部病也。俗名下瘤,亦謂之陰挺茄。娗之爲言挺也,挺然而出也。"

金部:"鋌,銅鐵樸也。從金廷聲。"《慧琳音義》卷二十九"金鋌":"許叔重注《淮南子》云:'鋌者,金銀銅等未成器,鑄作片,名曰鋌。'"又《周禮·考工記·冶氏》:"冶氏爲殺矢,刃長寸,圍寸,鋌十之,重三垸。"鄭玄注引鄭司農云:"鋌,箭足入稾中者也。"孫詒讓正義:"稾即矢榦。箭足著金,惟見其刃,其莖入榦中不見者,謂之鋌也。""鋌"的上述二義均有"挺直"義。

玉部:"珽,大圭。長三尺,抒上,終葵首。从玉廷聲。"段注:"見《玉人》,注曰:'王所搢大圭也,或謂之珽。終葵,椎也。爲椎於其杼上,明無所屈也。杼,殺也。'按《玉藻》謂之珽,注云:'此亦笏也,珽之言挺然無所屈也。'"《禮記·玉藻》"天子搢珽,方正於天下也",鄭玄注:"謂之珽,珽之言珽然無所屈也。"

艸部:"莛,莖也。从艸廷聲。""莖,枝柱也。从艸巠聲。""莛"下段注:"《説苑》:'建天下之鳴鐘,撞之以莛。'"

竹部:"筳,維絲筦也。从竹廷聲。"徐鍇繫傳:"筳,竹片挺也。"朱駿聲通訓定聲:"筳,所以絡絲者,蘇俗謂之籰頭。筳即其四周挺如柵者。"

木部:"梃,一枚也。从木廷聲。"段注:"凡條直者曰梃。梃之言挺也。"《廣雅·釋器》"梃,杖也",王念孫疏證:"梃之言挺也。"《馬王堆·五十二病方》17:"傷者,以續斷(斷)根一把,獨□長支(枝)者二廷(梃),黄芩(芩)二梃,甘草[□]廷(梃),秋烏豪(喙)二□[□]。"

人部:"侹,長皃。一曰箸地。一曰代也。从人廷聲。""長皃"下段注:"與挺音義略同。"《廣韻》迥韻:"侹,長也,直也。"

新附舟部:"艇,小舟也。从舟廷聲。"《釋名·釋船》:"艇,挺也。其形徑挺,一人二人所乘行者也。"

頁部:"頲,狹頭頲也。从頁廷聲。"段注:"疑當作頲頲也。假借爲挺直之挺。《釋詁》曰:'頲,直也。'"《爾雅·釋詁下》:"頲,直也。"

雨部:"霆,雷餘聲也鈴鈴,所以挺出萬物。从雨廷聲。"段注:"鈴與挺皆以疊韵爲訓。靁所以生物,而其用在餘聲鈴鈴然者。《禮記》曰:'地載神氣,神氣風霆,風霆流形,庶物露生。'"

《集韻》徑韻:"挺,波流直貌。"

《禮記·曲禮下》"鮮魚曰脡祭",鄭玄注:"脡,直也。"《公羊傳·昭公二十五年》"高子執簞食,與四脡脯",何休注:"屈曰朐,申曰脡。"

4.通用情況

(1)挺—莛　《馬王堆·相馬經》53上:"良馬容挺(莛)者,皆目旁之卦也。"

(2)庭—霆　《銀雀山·六韜》745:"如雷如庭(霆),振振冥冥。"庭讀爲霆。朱龜碑:"威神庭電,燭于上下。"洪适釋"庭電"爲"霆電"。

　　（3）霆—庭　　楚相孫叔敖碑："霆堅禹稷不能踰也。"洪适釋以"霆堅"爲"庭堅"。

　　（4）鋌—梃　　《馬王堆·五十二病方》267："先道（導）以滑夏鋌（梃），令血出。"滑夏鋌，讀爲滑榎梃，即潤滑的梓木棍兒[1]。

5. 詞源譜系

壬—廷庭挺娗鋌斑莛筳梃侹艇頲霆涏脡［挺直］

四七　袁

1.《説文》本義

　　《説文》衣部："袁，長衣兒。从衣，叀省聲。"

2. 出土材料本義

　　關於"袁"字，裘錫圭做了很好的考釋：袁，甲骨文作Ⓑ（合 345），从又从衣，或作Ⓑ（合 27756），所增"○"爲"圓"字初文，在字中作聲符，又或作Ⓑ（合 30085），上部"止"形乃"又"之訛，字从二"又"，西周金文"遠"字所從"袁"作Ⓑ（史牆盤"遠"字所從），西漢帛書作Ⓑ（馬王堆·五行 16）。字的初形从又从衣，其本義是穿衣，應該是"攐"的初文。《左傳·成公二年》"攐甲執兵"，杜注："攐，貫也。"《國語·吳語》"乃令服兵攐甲"，玄應《一切經音義》十七引賈注："攐甲，衣甲也。"《顔氏家訓·書證》："國子博士蕭該云：'攐當作捊，音宣，攐是穿著之名，非出臂之義。'"甲骨文所見的"袁"所用的都已經不是本義。正由於"袁"字經常被用來表示本義之外的其他意義，所以後人又造了一個"攐"字表示它的本義。"攐"字的聲旁"睘（𥇡）"，本以"攐"的初文"袁"爲聲符[2]。

3. 同源詞繫聯

　　《説文》手部："攐，貫也。从手睘聲。《春秋傳》曰：'攐甲執兵。'"《廣雅·釋詁》"攐，著也"，王念孫疏證："攐者，貫之著也。"所以，从"袁"聲的詞有"環繞"義：

　　玉部："環，璧也。肉好若一謂之環。从玉睘聲。"段注："古者還人

①魏启鵬、胡翔驊《馬王堆漢墓醫書校釋》第 1 册第 110 頁。

②裘錫圭《釋殷墟甲骨文裏的"遠""狖"（邇）及有關諸字》，《古文字論集》第 1—5 頁。

以環，亦瑞玉也。鄭注《經解》曰：‘環取其無窮止。’”“環引伸爲圍繞無端之義，古衹用還。”

口部：“園，所以樹果也。从口袁聲。”段注：“《鄭風》傳曰：‘園，所以樹木也。’按：毛言木、許言果者，《毛詩》檀穀桃棘皆系諸園，木可以包果，故《周禮》云：‘園圃毓草木。’許意凡云苑囿已必有艸木，故以樹果系諸園。”《周禮·天官·大宰》“二曰園圃，毓草木”，孫詒讓正義：“圃之四畔爲藩籬，則謂之園。”

《方言》卷五：“篗，榬也。兖豫河濟之間謂之榬。”郭璞注：“所以絡絲者也。”錢繹箋疏：“榬之言爰也。爰，引也。”《廣雅·釋器》：“榬謂之篗。”《玉篇》木部：“榬，絡絲篗也。”“榬”爲絡絲的工具，絡絲即引絲纏繞，其同時有“環繞”與“牽引”義。

《集韻》刪韻：“鐶，金環也。”《正字通》金部：“凡圜郭有孔可貫繫者謂之鐶。通作環。”

《説文》辵部：“還，復也。从辵瞏聲。”段注：“《釋言》：‘還，復返也。’今人還繞字用環，古經傳衹用還字。”《漢書·司馬相如傳》“柴池茈虒，旋還乎後宮”，顔師古注引郭璞曰：“還，還繞也。”

新附髟部：“鬟，總髮也。从髟瞏聲。”《集韻》刪韻：“鬟，屈髮爲髻。”

《正字通》手部：“擐，拘繫也。”《史記·屈原賈生列傳》：“拘士繫俗兮，擐如囚拘。”

《説文》目部：“瞏，兒初生瞥者。从目瞏聲。”徐鍇繫傳：“瞏，謂轉目視人也。”段玉裁改爲“兒初生蔽目者”，注曰：“‘蔽目’二字各本作‘瞥’，今依《篇》《韻》正。蔽目謂外有物雍蔽之，非牟子之瞖也。”張舜徽約注：“瞏之爲言繯也。本書系部：‘繯，落也。’落即今之絡字。謂兒初生時，目若有物网絡之，無所見，斯名爲瞏耳。”

木部：“檈，圜案也。从木瞏聲。”段注：“檈、圜疊韵。”徐灝注箋：“檈，蓋如槃而有足，故曰圜案。”

口部：“圜，天體也。从口瞏聲。”段注：“圜，環也。《吕氏春秋》曰：‘何以説天道之圜也？精氣一上一下，圜周復襍，無所稽留，故曰天道圜。何以説地道之方也？萬物殊類殊形，皆有分職，不能相爲，故曰地道方。’按：天體不渾圜如丸。故《大戴禮》云‘參嘗聞之夫子曰：天道曰圜，地道曰方’，盧云：‘道曰方圓耳，非形也。’《淮南子》曰：‘天之圜不中規，地之方不中矩。'《白虎通》曰：'天，鎮也，其道曰圓。地，諦也，其道曰方。'許言天體，亦謂其體一氣循環，無終無始，非謂其形渾圜也。下文云：'圓，圜全也。'斯爲渾圜。許書圓、圜、圓三字不同，今字多作方圓、方員、方圜，而圓字廢矣。依許則言天當作圜，言平圓當作圓，言渾圓當作圓。"

新附宀部："寰，王者封畿内縣也。从宀睘聲。""'圜'是从'環'派生出來的天體觀念，是渾圓；'寰'是从'環'派生出來的地域觀念，是就平面説的，圍繞京都的土地稱'寰'。"①

新附門部："闤，市垣也。从門睘聲。"門部"闠"下段注曰："薛綜《西京賦》注曰：'闤，市營也。闠，中隔門也。'劉逵《蜀都賦》注曰：'闤，市巷也。闠，市外内門也。'崔豹《古今注》曰：'市墙曰闤，市門曰闠。'李善引《倉頡篇》曰：'闤，市門也。'按：諸家皆有闤字，而許不録，蓋以還、環包之，市之營域曰環，其外門曰闤。"

网部："羈，网也。从网、繯，繯亦聲。一曰綰也。"段注："糸部曰：'繯，落也。'落者，今之包絡字。羈网主於圍繞，故从繯。"

糸部："繯，落也。从糸睘聲。"段注："落者，今之絡字，古假落，不作絡。謂包絡也。《莊子》'落馬首'、《漢書》'虎落'，皆作落。木落乃物成之象，故曰落成，曰包落，皆取成就之意也。《馬融傳》曰'繯橐四野之飛征'，李注引《説文》，又引《國語》'繯於山有牢'，賈逵注云：'繯，還也。'按：還、環古今字，古用還不用環。《國語》'繯於山有牢'，今本譌作'環山於有牢'，韋注曰：'環，繞也。'山、於誤倒，環爲俗字，蓋非韋氏之誤，而淺人轉寫所致也。知古書之舴繆不可知者多矣。"

《集韻》删韻："澴，漩澴，水潰起兒。"《文選》郭璞《江賦》"漩澴滎瀯，渨濾潰瀑"，李善注："皆波浪回旋潰涌而起之貌也。"

《集韻》删韻："鵷，水鳥名。紅白，深目，目旁毛長。亦書作鶢。"《字彙》鳥部："鶢，鶢鶋，水鳥也。大如鷺而短尾，色紅白，深目，目旁毛長而旋。《漢書》作'旋目'。"

"環繞"與"長、遠"義相通。"央"聲詞、"韋"聲詞中論證"環繞"與"盛大"義通，而"盛大"與"長、遠"義通。以"長、遠"爲詞源意義的有：

---

①王鳳陽《古辭辨》第 932 頁。

《説文》辵部:"遠,遼也。从辵袁聲。𢌳,古文遠。"《馬王堆·五行》25:"袁(遠)而裝(裝—莊)之,敬也。"

"環繞"與"牽引"義通,上文"榬"同時具有這兩個意義特點。而"牽引"又與"攀援"通,"援"即同時具有二義。《説文》手部:"援,引也。从手爰聲。"《詩經·大雅·皇矣》"以爾鈎援,與爾臨衝,以伐崇墉",毛傳:"鈎,鈎梯也,所以鈎引上城者。"《莊子·馬蹄》"是故禽獸可係羈而遊,鳥鵲之巢可攀援而闚",陸德明釋文:"《廣雅》云:牽也,引也。"以"攀援"爲詞源意義者:

《説文》車部:"轅,輈也。从車袁聲。"段注:"《攷工記》:輈人爲輈,車人爲大車之轅。是輈與轅別也。許渾言之者,通偁則一也。轅之言如攀援而上也。"

虫部:"蝯,善援,禺屬。从虫爰聲。"段注曰:"以疊韵爲訓。援者,引也。《釋獸》曰:'猱蝯善援。'許意以蝯善攀援,故偁蝯。""由部曰:'禺,母猴屬。'蝯即其屬,屬而別也。郭氏《山海經》傳曰:'蝯似獼猴而大,臂脚長,便捷,色有黑有黄,其鳴聲哀。'""《干禄字書》曰:'猿俗,猨通,蝯正。'"《玉篇》犬部:"猨,似獼猴而大,能嘯也。""猿,同猨,俗。"《山海經·南山經》"又東三百里,曰堂庭之山,多棪木,多白猿,多水玉,多黄金",郭璞注:"今猿似獼猴而大,臂脚長,便捷,色有黑有黄。鳴,其聲哀。"郝懿行箋疏:"猿,俗字也。《説文》云:'蝯,善援,禺屬。'"

黄易青指出,"動態範疇之圍束、迫束義,於質量範疇則爲急窄、局迫義"[1],"環繞"義與"急速"義相通。又有以"急速"爲詞源意義者:

《説文》目部:"睘,目驚視也。从目袁聲。《詩》曰:'獨行睘睘。'"

走部:"趮,疾也。从走睘聲。讀若讙。"段注:"《齊風》'子之還兮',毛曰:'還,便捷之皃。'按:毛以還爲趮之假借也。或毛、許所據《詩》本作趮。"《玉篇》走部:"趮,疾行也。"

羽部:"翾,小飛也。从羽睘聲。"段注:"《九歌》:'翾飛兮翠曾。'"張衡《思玄賦》:"翾鳥舉而魚躍兮,將往走乎八荒。"《讀書雜誌·餘編下·文選》"翾鳥舉而魚躍兮"下王念孫曰:"翾者,疾也。猶言倏鳥舉而魚躍也。《方言》'儇,疾也',郭璞曰:'謂輕疾也。'儇與翾通。"《廣雅·釋詁》

① 黄易青《上古漢語同源詞意義系統研究》第250頁。

"翩,飛也",王念孫疏證:"翩之言儇也。《方言》:'儇,疾也。'《荀子·不苟》篇'小人喜則輕而翩',楊倞注云:'言輕佻如小鳥之翩。'是翩與儇同義。"

犬部:"獧,疾跳也。一曰急也。从犬睘聲。"段注:"獧、狷古今字,今《論語》作'狷'、《孟子》作'獧'是也。《論語》曰:'狂者進取,狷者有所不爲也。'大徐別增狷篆,非。"

心部:"懁,急也。从心睘聲。讀若絹。"段注:"獧下曰'一曰急也',此與義音同。《論語》'狷',《孟子》作'獧',其實當作'懁'。《齊風》'子之還兮',傳曰:'還,便捷之兒。'走部曰:'趮,疾也。'其義皆近。"

女部:"嬛,材緊也。从女睘聲。《春秋傳》曰:'嬛嬛在疚。'"段注:"材緊,謂材質堅緻也。緊者,纏絲急也。《上林賦》'便嬛綽約',郭樸曰:'便嬛,輕利也。'"

虫部:"蠉,蟲行也。从虫睘聲。"段注:"凡蟲行曰蠉。上'蚑'爲徐行,則'蠉'爲疾行也。羽部曰:'翩,小飛也。'"

"急速"與"輕薄"意義相通,這可藉助"薄"的詞義系統來證明。前文已引,薄《説文》訓"林薄",即草木叢生,枝葉迫近,空間距離小。由此一方面通過時空引申,指時間的迫近、緊迫;另一方面通過空間距離小,也即厚度小,又引申出輕微。"枼"聲詞即同時有"薄"和"輕"兩個詞源意義,人被認爲輕微即被輕視、輕薄。可見,時間的緊迫(時間的距離短)與輕薄、輕視義相通。"急速"亦是時間距離短,也與"輕薄"義通。以"輕薄"爲詞源意義的有:

人部:"儇,慧也。从人睘聲。"徐鍇繫傳:"謂輕薄、察慧、小才也。"段注:"心部'慧'下曰'儇也',是二字互訓也。《齊風》'揖我謂我儇兮',傳曰:'儇,利也。'此言慧者多便利也。《方言》:'儇,慧也。'荀卿子曰:'鄉曲之儇子。'"《玉篇》人部:"儇,利也。又慧也。"《詩經·齊風·還》"子之還兮,遭我乎猱之間兮。並驅從兩肩兮,揖我謂我儇兮",毛傳:"儇,利也。"孔穎達疏:"儇,利。言其便利馳逐。"《荀子·非相》:"今世俗之亂君,鄉曲之儇子,莫不美麗姚冶,奇衣婦飾,血氣態度擬於女子。"楊倞注:"《方言》云:儇,疾也,慧也。與喜而翩義同,輕薄巧慧之子也。"《廣韻》仙韻:"儇,智也,疾也,利也,慧也。""儇"同時具有"輕薄"義與"疾速"義。

言部："譞，譞慧也。从言，圜省聲。"《原本玉篇殘卷》言部："譞，《説文》：'譞，慧也。'"野王案："謂慧也。與儇字同。"劉鈞傑以儇、譞同源，指出"儇是小聰明，輕薄；譞儇實同一詞"①。

4. 通用情況

（1）睘（瞏）—環　　番生簋蓋記賞賜之物有"玉睘"，毛公鼎賞賜之物有"玉環"，睘用作環。《望山》二·50："一睘（環）。"《睡虎地·日書甲種》29 背壹—31 背壹："取故丘之土，以爲僞人犬，置薔（牆）上，五步一人一犬，睘（環）其宮，鬼來陽（揚）灰毄（擊）箕以梟之，則止。"《馬王堆·陰陽五行甲篇·室》3 上："睘（環）其宅□□其門□[□□]以筑（築）藬（牆）尌（樹）之正室，必有詒。"

（2）睘（瞏）—還　　駒父盨蓋："四月睘（還）至于蔡。"《璽彙》1904："睘橐。"何琳儀認爲睘讀爲還，姓氏②。《馬王堆·戰國縱橫家書·觸龍見趙太后章》189："老婦持（恃）連（輦）而睘（還）。"

（3）睘（瞏）—圜　　《放馬灘秦簡·甲種日書》甲 30B："其爲人方面、面廣頰、睘（圜）目。"《張家山·算數書》153："以睘（圜）材（裁）方。"

（4）環—還　　《睡虎地·秦律雜抄》25："虎未越泛蘇，從之，虎環（還），貲一甲。"《馬王堆·刑德甲篇·日月風雨雲氣占》8："日耳（珥）佩，客環（還）；月佩耳（珥），主人環（還）。"

（5）環—闌　　《馬王堆·老子甲本·道篇》143—144："唯（雖）有環官，燕處[則昭]若。"原整理者注："疑環官爲闌館，闌與館乃旅行必經之處，極躁之地。"《乙本·道篇》67："雖有環官，燕処則昭若。"

（6）還—環　　《馬王堆·五十二病方》101："取井中泥，以還（環）封其傷，已。"

（7）棷—轅　　《懸泉漢簡》Ⅱ.0211②:26："度得棷六枚，今遣效穀倉曹令史張博。"棷，通"轅"，義爲車轅③。

（8）鐶—環　　《信陽》2-10："一少（小）鐶（環）。"《璽彙》3072："鐶夭。"鐶通作環，爲楚姓氏④。

---

①劉鈞傑《同源字典補》第 158 頁。

②何琳儀《戰國古文字典——戰國文字聲系》第 989 頁。

③初昉、世賓《懸泉漢簡拾遺》（三），《出土文獻研究》第 10 輯第 244 頁。

④同注②第 990 頁。

（9）儇—還　　《武威·甲本有司》6："尸儇（還）几，宿（縮）之。"

（10）環、圜—�—罳（睘）　　《馬王堆·陰陽脈死侯》3："面黑目環（睘）視襄（衺），則氣先死。"《張家山·脈書》51："面墨目圜視雕〈雅〉，則血先死。"

5. 詞源譜系

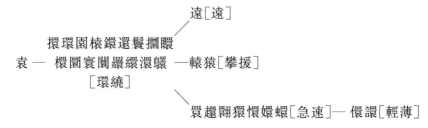

四八　求

1.《説文》本義

《説文》裘部："裘，皮衣也。从衣求聲。一曰象形，與衰同意。凡裘之屬皆从裘。求，古文省衣。"《説文》以"求"爲"裘"的古文。

2. 出土材料本義

求，甲骨文作𩵋（合 14615）、𩵋（合 10405 正）等形，象多脚蟲形。爲"蠡"本字。

《説文》蚰部："蠡，多足蟲也。从蚰求聲。蛷，蠡或从虫。"

裘，甲骨文作𥚚（合 7921），象毛在外的皮衣形。西周金文有𥚚（五祀衛鼎）形，"求"是後來增加的聲符。

從出土材料看，"求、裘"的本義没有直接關係。通過後文的繫聯，能夠證明二者通過詞源意義可以建立聯繫，後以"求"爲"裘"聲符，實際上同時可以提示意義。

3. 同源詞繫聯

蛷有很多脚，其中蘊含"聚集"義：

裘，皮衣，裹覆於身，具有"裹覆、外表"的特點，與"聚集"義通，前文"孚"聲詞已論證。

《説文》艸部："莍，茱萸實裹如表者。从艸求聲。"段注本作"椒莍實裹如裘也"，注曰："依《爾雅音義》正誤。裘、莍同音也。郭云：'莍，萸子聚生成房兒。'《詩》箋作'捄'，《釋木》'樕其實梂'，皆即莍字也。"《爾雅·釋木》"椒榝醜，梂"，郭注："梂，蒪子聚生成房貌。"郝懿行義疏："梂與梂聲義同。梂之言裒也，芒刺鋒攢如裹自裹，故謂之梂也。"

辵部："逑，斂聚也。从辵求聲。《虞書》曰：'旁逑屛功。'又曰：'怨匹曰逑。'"段注："勹部曰：'勼，聚也。'音義略同。"

木部："梂，櫟實。一曰鑿首。从木求聲。"段注："此櫟實與'艸'下櫟實各物。'艸'下當云：'草斗，柞櫟實。'損'柞'字耳。《釋木》曰'櫟，其實梂'，陸機云：'椒榝之屬，其子房生爲梂，木蓼子亦房生。'然則許何爲以梂字專系諸木蓼子？曰：艸部以梂系諸茮椒矣，則以梂系諸櫟也。梂與梂皆謂聚生成房，橡斗不爾也。梂與梂古通用。《椒聊》箋云：'一梂之實，蕃衍滿升，非其常也。'此假梂爲梂也。今俗語謂絲多叢聚曰一梂，椒子每梂數十百顆，詩人言其盛，則曰每梂將盈升，不識正義何以不解也。木蓼，《唐本艸》謂之木天蓼。蘇頌云：木高二三丈，三四月開花，似柘花，五月採子，子作毬。"《爾雅·釋木》"櫟，其實梂"，郝懿行義疏："櫟實外有裹橐，形如彙毛，狀類毬子。"邵晉涵正義："梂，與梂通，所謂聚生成房也。"

手部："捄，盛土於梩中也。一曰擾也。《詩》曰：'捄之陾陾。'从手求聲。"段注："木部曰：梩者，徙土輂也。或作梩。《大雅》'捄之陾陾'，傳曰：'捄，虆也。陾陾，眾也。'箋云：'築牆者捊聚壤土，盛之以虆，而投諸版中。《孟子》'虆梩'竝言，趙曰：'虆梩，籠臿之屬，可以取土者也。'許說專爲釋《大雅》而言。《詩經·小雅·大東》"有捄天畢，載施之行"，馬瑞辰傳箋通釋："捄之言述聚也。"

從"梂、梂"可以看出"聚集"與"圓曲"意義相通：

《說文》新附毛部："毬，鞠丸也。从毛求聲。"

《廣韻》幽韻："觓，上曲皃。"《詩經·小雅·桑扈》"兕觥其觓，旨酒思柔"，朱熹集傳："觓，角上曲貌。"

"聚集"與"求索"義相通，這已被學者所證實，詳前文"捊"。

《廣韻》尤韻："求，索也。"《戰國策·齊策一》"客之美我者，欲有求於我也"，高誘注："求，索。"《詩經·小雅·桑扈》"萬福來求"，王引之《經義述聞》曰："求與逑同，逑，聚也。……《管子·七法篇》'聚天下之精材'，《幼官篇》'作求天下之精材'，是求與聚亦同義。"

《說文》攴部："救，止也。从攴求聲。"段注："《論語》：'子謂冉有曰：

女弗能救與?'馬曰:'救猶止也。'馬意救與止稍别,許謂凡止皆謂之救。《爾雅·釋器》"絢謂之救",郝懿行義疏:"救之言糾也,糾繚斂聚之意。""'救'是對'求'的部分滿足。人或其他動物有需要、有困難、有灾禍……才去求索,'救'就是對灾害性的需求的制止、解決。"[1]《上博七·武王踐阼》8:"溺於淵猶可游,溺於人不可求(救)。"另外,"救"本身又有聚集義。如秦王卑命鐘鄒芙都釋作:"秦王卑命救秦戎,王之定,競(境)坪(平)。"并指出"救"爲聚集義[2]。

貝部:"賕,以財物枉法相謝也。从貝求聲。"徐鍇繫傳:"賕,非理而求之也。"段注:"枉法者,違法也。法當有罪,而以財求免,是曰賕。受之者亦曰賕。《吕刑》'五過之疵,惟來',馬本作'惟求',云有請賕也。按:上文'惟貨'者,今之不枉法贓也。'惟求'者,今之枉法贓也。""形聲包會意。"

4. 通用情况

(1)救—求　　《上博五·三德》4:"救(求)利,戔(殘)亓新(親),是謂皋。"《嶽麓二·數》184:"救(求)隉廣袤不等者,同袤半之,亦同廣半之,乃各以其徐廣袤相乘,高乘即成。"《張家山·算數書》164—165:"積分以盡所救(求)分同之以爲法。"

5. 詞族譜系

四九　尼

1.《説文》本義

《説文》尸部:"尼,從後近之。从尸匕聲。"段注:"尼訓近,故古以爲親暱字。《高宗肜日》曰'典祀無豐于尼',釋文:'尼,女乙反。《尸子》云:不避遠尼。尼,近也。'正義:'《釋詁》云:"即,尼也。"孫炎云:"即猶

①王鳳陽《古辭辨》第 586 頁。
②鄒芙都《楚系銘文綜合研究》第 108—110 頁。

今也。尼，近也。”郭璞引《尸子》：“悦尼而來遠。’”自天寶間衛包改經尼爲昵，開寶間陳諤又改釋文尼爲昵，而賈氏《群經音辨》所載猶未誤也。”

2. 出土材料本義

尼，甲骨文未見單獨的“尼”字，但从“尼”之“秜”作𥡲（合 13505 正），林義光《文源》謂：“匕尼不同音。𠤎，人之反文，𠂆亦人字，象二人相昵形，實昵之本字。”[1]于省吾認爲林説甚是，并指出尼字的構形象人坐於另一人的背上，“故《爾雅·釋詁》訓尼爲止爲定；人坐於另一人的背上，則上下二人相接近，故典籍多訓尼爲近”[2]。何琳儀又指出：尼，甲骨文作𠂢（乙三二一二秜作秜），从反人，从尸，會二人相背嬉戲親暱之意，典籍通作暱[3]。從古文字看，“匕”不是“尼”的聲符。

3. 同源詞繫聯

“尼”以一人坐於另一人背上表示親昵義，所以从“尼”聲的含有親近（不受歡迎的親近）的意義。《爾雅·釋詁下》“尼，定也”，郭璞注：“尼者，止也，止亦定。”《玉篇》尸部：“尼，止也。”《山海經·大荒北經》“其所歊所尼，即爲源澤，不辛乃苦，百獸莫能處”，郭璞注：“尼，止也。”“一人坐於另一人背上”，即“止”，所以从“尼”聲的詞又有“止”義。

以不受歡迎的親近義爲詞源意義的詞：

《説文》日部：“暱，日近也。从日匿聲。《春秋傳》曰：‘私降暱燕。’昵，暱或从尼。”《集韻》質韻：“昵，親也。或作暱。”《尚書·高宗肜日》“王司敬民，罔非天胤，典祀無豐于昵”，孔傳：“昵，近也。”《尚書·説命中》：“官不及私昵，惟其能。”“昵”當爲“尼”的後起形聲字。其詞義特點強調二人的關係特別親密，非常近，有不莊重、超出禮節約定的意思，帶有侮慢、輕佻的意味[4]。《放馬灘秦簡·甲種日書》甲 72 貳：“犬忌：癸未、酉、庚申、戌、己燔園中犬矢，犬弗尼。”尼，通“昵”[5]。

---

[1] 林義光《文源》第 180 頁。

[2] 于省吾《釋尼》，《甲骨文字釋林》第 303—304 頁。

[3] 何琳儀《戰國古文字典——戰國文字聲系》第 1229 頁。

[4] 王鳳陽《古辭辨》第 611—612 頁。

[5] “尼”整理者釋“居”，曹方向認爲釋“尼”，并指出：“疑‘犬弗尼’，猶言犬弗近。”曹方向《讀〈天水放馬灘秦簡〉小劄》，簡帛網 2009 年 10 月 3 日。孫占宇《放馬灘秦簡甲種日書校注》，《出土文獻研究》第 10 輯第 134 頁。

水部:"泥,水。出北地郁郅北蠻中。从水尼聲。"《廣韻》齊韻:"泥,水和土也。"《釋名·釋宫室》:"泥,邇也;邇,近也。以水沃土,使相黏近也。"《易·震》"九四,震遂泥",李鼎祚集解引虞翻曰:"坤土得雨爲泥,位在坎中,故'遂泥'也。"其引申用法"多和黏稠、和陷溺其中不能自拔有關。《論語·子張》:'雖小道(指各種技藝)必有可觀者,致遠恐泥',《宋史·劉知幾傳》'儒者泥古':'泥'都是膠著其中難以擺脱的意思。元稹《遣悲懷》'泥他沽酒拔金釵',花蕊夫人《宫詞》'紅錦泥窗達四廊':'泥'側重的是黏黏乎乎、軟磨硬泡的意思"①。

以"止"爲詞源意義的詞:

《説文》木部:"柅,木也。實如梨。从木尼聲。"《集韻》旨韻:"柅,止車輪木。"《易·姤》"初六,繫于金柅,貞吉",孔穎達疏:"馬云:柅者,在車之下所以止輪令不動者也。"

《廣雅·釋詁》"抳,止也",王念孫疏證:"抳者,《姤》初六'繫于金柅',釋文:'柅,《説文》作欚,云:"絡絲柎也。"王肅作抳,子夏作鑈,蜀才作尼,止也。'正義引馬融注云:'柅者,在車之下,所以止輪令不動者也。'《爾雅》:'尼,止也。'並聲近而義同。"

《説文》丘部:"㕛,反頂受水丘。从丘,泥省聲。"段注:"《釋丘》曰'水潦所止,泥丘',釋文曰:'依字又作㕛。'""不但曰尼聲,必曰从泥省者,説水潦所止之意也。"《爾雅·釋丘》"水潦所止,泥丘",郭注:"頂上污下者。"《玉篇》丘部:"㕛,《爾雅》曰:'水潦所止,㕛丘。'本亦作泥。"

4. 通用情况

(1)泥—尼　　《銀雀山·晏子》617:"中(仲)泥(尼)之齊,見景公。"

5. 詞源譜系

　　　　　　昵泥[親近]
　　尼
　　　　　　柅抳㕛[止]

6. 其他

又甲骨文,劉釗等、李宗焜均釋"秜"②。而早年饒宗頤隸作"秔",

---

①王鳳陽《古辭辨》第 66 頁。

②劉釗等編纂《新甲骨文編》(增訂本)第 430 頁;李宗焜編著《甲骨文字編》第 521 頁。

謂字从禾从居①。連佳鵬同意饒說，近年又進行了進一步申說②。楚簡
"尼"作⿱人它(上博三·中弓 8)、⿰人它(上博五·君子爲禮 10)，从匸(匚)聲。
匸，黃德寬認爲是"匿"的省寫③。對古文字中"尼"的形義，近年來出現
了一些新意見。

　　通過上文的梳理，"尼"族詞有"不受歡迎的親近""止"的詞源意義。
以此反觀古文字中的"尼"，即使甲骨文的"尼"有爭議、楚文字的字形不
能按上引于省吾說解釋，但秦文字中"尼"作⿱尸丮(秦印文字彙編 166)、⿱尸丮
(秦代陶文 1362)，分析爲"人坐於另一人的背上"是十分恰當的。進而
聲符義與同源詞的關係也可以解釋。通過詞源意義可以確定"尼"的本
義爲親暱(不受歡迎的)，爲"暱"本字。

五〇　方

1.《説文》本義

　　《説文》方部："方，併船也。象兩舟省總頭形。凡方之屬皆从方。
汸，方或从水。"段注曰："《周南》'不可方思'，《邶風》'方之舟之'，《釋
言》及毛傳皆曰：'方，泭也。'今《爾雅》改方爲舫，非其義矣。併船者，並
兩船爲一。《釋水》曰'大夫方舟'，謂併兩船也。泭者，編木以爲渡，與
併船異事。何以毛公釋'方'不曰'併船'而曰'泭也'？曰：併船、編木，
其用略同，故俱得名方。方舟爲大夫之禮，《詩》所言不必大夫，則釋以
泭可矣。若許説字，則見下从舟省而上有並頭之象。故知併船爲本義，
編木爲引伸之義。"

　　舟部："舫，船師也。《明堂月令》曰：'舫人，習水者。'从舟方聲。"段
注本作"船也"，注曰："各本作'船師也'，今依《韻會》所據本，舫祇訓船，
舫人乃訓習水者。觀張揖之訓榜人，可得其理矣。《篇》《韻》皆曰：'並
兩船。'是認船爲方也。舫行而方之本義廢矣，舫之本義亦廢矣。《爾
雅·釋言》曰'舫，舟也'，其字作舫不誤。又曰'舫，泭也'，其字當作方，

---

①饒宗頤《殷代貞卜人物通考》第 363 頁。

②連佳鵬《釋甲骨文中从"尸"之字及相關問題》，《第十三屆全國古代漢語學術研討會
　論文集》第 207—211 頁。

③黃德寬《〈戰國楚竹書(二)〉釋文補正》，《學術界》2003 年第 1 期。

俗本作舫。《釋水》'大夫方舟',亦或作舫,則與《毛詩》'方,泭也'不相應。愚嘗謂《爾雅》一書多俗字,與古經不相應,由習之者多率肊改之也。"《廣雅·釋水》"舫,船也",王念孫疏證:"舫之言方也。"《楚辭·七諫·沈江》"將方舟而下流兮,冀幸君之發矇",洪興祖補注:"舫與方同。《説文》云:'方,併舟也。'亦作舫。"

又方部:"斻,方舟也。从方亢聲。禮:天子造舟,諸侯維舟,大夫方舟,士特舟。"段注:"《大雅》詩傳及《釋水》同。李巡曰:'比其舟而渡曰造舟,中央左右相維持曰維舟,併兩船曰方舟,一舟曰特舟。'"按,《詩經·大雅·大明》"造舟爲梁,不顯其光",毛傳:"言受命之宜王基,乃始於是也。天子造舟,諸侯維舟,大夫方舟,士特舟。"《爾雅·釋水》:"天子造舟,諸侯維舟,大夫方舟,士特舟,庶人乘泭。"《説文》、《爾雅》、毛傳中"方"均指兩船相併。

《詩經·周南·漢廣》"漢之廣矣,不可泳思。江之永矣,不可方思",毛傳:"潛行爲泳。永,長。方,泭也。"箋云:"漢也,江也,其欲渡之者,必有潛行乘泭之道。"釋文:"泭,芳于反,本亦作泭,又作桴,或作柎,並同。沈旋音附。《方言》云:'泭謂之篺,篺謂之筏。筏,秦、晉通語也。'孫炎注《爾雅》云:'方木置水爲柎栰也。'郭璞云:'水中篺筏也。'又云:'木曰篺,竹曰筏,小筏曰泭。'篺音皮佳反。柎、筏同音伐。樊光《爾雅》本作柎。"

從《説文》訓釋看,方爲舫本字。《戰國策·楚策一》:"舫船載卒,一舫載五十人與三月之糧。"鮑彪注:"舫,平音,併舟也。"《石鼓文·零雨》"舫舟囦逮",舫亦指併兩船。"方"所具有的"併列"、(《儀禮·鄉射禮》:"左足履物,不方足,還,視侯中,俯正足。"鄭玄注:"方,猶併也。")"等同"、(《周禮·考工記·梓人》:"梓人爲侯,廣與崇方。"鄭玄注:"方,猶等也。")"比擬"(《列子·天瑞》:"雖未及嬰孩之全,方於少壯,間矣。")義均由其"併船"義引申出。後世"併船"義幾乎不用,而舫也多表示"船"義。《北大一·倉頡篇》57—58:"伊雒涇渭,維楫舩方。"方讀爲舫。

2. 現有考釋及出土材料本義

古文字中,甲骨文"方"作🗿(合 6730)、(合 6057 正)、(合20615),西周金文作(大盂鼎)、(番生簋),戰國文字作(中山王𧍙鼎)、(郭店·老子乙本 12),秦文字作(嶧山碑),西漢文字作(銀雀山・守法守令等十三篇 768）、🝖（馬王堆・戰國縱橫家書・蘇秦自梁獻書於燕王章 59），小篆作方。從形體演變看，《説文》與出土材料中的字形當爲一字。對於甲骨文的"方"，學者有如下看法：

孫常叙："方"像農具，其形制上的特徵是兩條并列的板狀尖端。"方"是以它相鄰的并行的形勢爲特點的。基於象什麼就叫什麼的命名法則，因此，以這種相鄰的并行關係爲特點的事物也往往叫"方"。這種關係最初認識得比較渾淪，包孕着旁鄰、倚傍或相傍并存的意思。於是倚傍可以叫作"方"，兩旁、四旁也都可以叫作"方"。鄰國叫作"方"，"土方、孟方"等方國的詞義是從旁鄰來的；四旁的"方"，"東方、西方"等方位的詞義也是從這來的。在書寫形式上，爲了區別於農具形象遂在"方"的外側添加上表示兩旁或四旁相對關係的短劃"丨　丨""丨﹘丨"寫成𠧧、𠦬。方鄰、方位的意義取得了"方"的基本詞義地位之後，又爲了把它們和旁側有區別，在文字上出現了添注物象的形聲字𠦪、𦥑。⊢表示兩旁，丗表示四旁。這就是現在"旁"字的來源[1]。

朱芳圃："方"爲枋若柄之初文，從刀，一指握持之處（變形作⊢）[2]。

徐中舒："方"像耒形（耒下歧頭），當訓爲"一番土謂之坺"之"坺"[3]。姚孝遂同意方像耒形[4]。

何琳儀："方"從刀，施一橫於刀身，表示以刀分物[5]。

裘錫圭：方（《甲骨文編》第 360—361 頁）是本義爲鋒芒的"亡"（🝖，陝西綏德縣商代青銅戈）的變形，表示方圓義是借用[6]。

上述對"方"字字形的解釋，我們比較同意孫常叙的觀點。支持孫文的説法，首先不得不提到"耒"。卜辭"耤"作🜚（合 9503），其中人所持諸家多謂象耒形，"耒"金文作丯（耒作寶彝卣）。耒、方或均象下端歧頭的農具形，字形稍有區別，讀音不同，表示的意義雖不同但有聯繫，跟"大"與"夫"的關係類似。同時，孫文對"方"與"旁、傍"意義關係的闡述

①孫常叙《耒耜的起原和發展》，《東北師范大學科學集刊》1956 年第 2 期。

②朱芳圃《殷周文字釋叢》第 159 頁。

③徐中舒《耒耜考》，《農業考古》1983 年第 1 期。

④于省吾主編《甲骨文字詁林》第 3159 頁姚孝遂按語。

⑤何琳儀《戰國古文字典——戰國文字聲系》第 713 頁。

⑥裘錫圭《釋"無終"》，《裘錫圭學術文化隨筆》第 67 頁。

也是可信的。

　　小篆的“方”與出土材料中的“方”有字形上的傳承關係,是處於不同時代的記錄同一個詞的傳承字。《説文》中“方”的“併船”義,以及一系列的引申義,與“旁邊、倚傍”等一系列意義是可以統一起來的。

3. 同源詞繫聯

　　“方”本爲一種下端歧頭的農具,因其尖端是并列的歧頭,所以其詞義中藴含“并列”的特點;因是兩個尖端,所以有“倚傍、依附、靠近”等義;因一個尖端在另一個的旁邊,由此引申出“旁邊”等義,由“旁邊”又生發出“方形、廣博”等義。上引孫常叙文已指出,“兩旁、四旁”都可以叫作“方”,黄天樹指出:“每個民族都以自己的生存環境爲中心,建立了自己的方向、方位標志。商人已有五方和‘中國’的概念,即以商爲中心,再加上東西南北。”[1]再結合古人天圓地方的觀念,中央以外的所有“旁邊”便是“方形”。中央以外的“旁邊”,範圍廣大,又引申出“廣博”義。由“廣博”又可繫聯出“盛”義。那麽,其所統攝的同源詞族如下:

　　以“并列”爲詞源意義:

　　《説文》人部:“仿,相似也。从人方聲。”

　　舟部:“舫,船師也。《明堂月令》曰:‘舫人,習水者。’从舟方聲。”

　　糸部:“紡,網絲也。从糸方聲。”“縑”下段注:“《吕氏春秋》:‘昔吾所亡者紡緇也,今子之衣襌緇也。以襌緇當紡緇,子豈有不得哉?’任氏大椿曰:襌緇即單緇也。余謂此紡即方也。竝絲曰方,猶併船曰方。此紡非紡之本義。《後漢·輿服志》及《古今注》竝云‘合單紡爲一系’者同。此方絲所謂兼絲也。”《諸子平議·吕氏春秋三》“昔吾所亡者紡緇也”,俞樾曰:“紡與襌對,紡猶複也。紡字從方,方之本義爲兩舟相並,其字亦或作舫。衣之複者謂之紡,猶舟之並者謂之舫矣。”“網絲”之“紡”亦含“并列”義。《北大四·妄稽》35:“畸(奇)繡倚(綺)文(紋),雍錦蔡方(紡)。”

　　以“倚傍、靠近”爲詞源意義:

　　《説文》人部:“傍,近也。从人旁聲。”《廣韻》唐韻:“傍,亦作旁,側也。”《銀雀山·孫臏兵法》331—332:“無方而戰者,小勝,以付厤者也。”

①黄天樹《説殷墟甲骨文的方位詞》,《黄天樹古文字論集》第 203 頁。

張震澤以方借爲旁，旁與傍通，傍，附也。無方猶無附也[1]。

彳部："徬，附行也。从彳旁聲。"

木部："榜，所以輔弓弩。从木旁聲。"段注："經傳未見此義。竹部曰：'籅，榜也。'假借之義也。辭章家用榜人，則舟部之舫人也。"按"榜"有此義的用例。《韓非子·外儲說右下》："是以說在椎鍛平夷，榜檠矯直。""榜"另外有兩個常見義：船櫂、榜笞，與此義相關。《楚辭·九章·涉江》"乘舲船余上沅兮，齊吳榜以擊汰"，王逸注："吳榜，船櫂也。"黃靈庚《楚辭章句疏證》："榜笞以拷掠罪人者，其形似舟櫂，楚人因之，櫂亦謂之榜。"[2]朱駿聲通訓定聲"榜"下曰："凡榜弓必約而攻擊之，故又爲榜笞。"則《說文》所訓當爲其本義。弓部"弸"下段注曰："《詩》曰'交韔二弓，竹閉緄縢'，傳云：'交韔，交二弓於韔中也。閉，紲。緄，繩。縢，約也。'《小雅》'騂騂角弓，翩其反矣'，傳曰：'騂騂，調利兒。不善紲檠巧用，則翩然而反也。'《士喪禮》注曰：'柲，弓檠。弛則縛之於弓裏，備損傷，以竹爲之。《詩》所謂竹柲緄縢。'木部曰：'榜，所以輔弓弩'。'檠，榜也。'然則曰檠、曰榜、曰柲、曰閉者，竹木爲之；曰紲、曰縢者，縛之於弛弓以定其體也。"其深層隱含"倚傍"義。

以"旁邊"爲詞源意義：

《說文》示部："祊，門内祭，先祖所以徬徨。从示彭聲。《詩》曰：'祝祭于祊。'祊，祊或从方。"《廣韻》庚韻："祊，廟門傍祭。"《禮記·禮器》"設祭于堂，爲祊乎外"，鄭玄注："祊祭，明日之繹祭也。謂之祊者，於廟門之旁，因名焉。"《清華一·程寤》2—3："敝（幣）告宗方（祊）杢（社）禝（稷），忘（祈）于六末山川。"

户部："房，室在旁也。从户方聲。"《釋名·釋宮室》："房，旁也，室之兩旁也。"《睡虎地·日書乙種》99壹："方（房），取婦、家（嫁）女、出入貨，吉。"

肉部："膀，脅也。从肉旁聲。""脅，兩膀也。从肉劦聲。"《玉篇》肉部："脅，身左右兩膀也。"《廣雅·釋親》"膀，脅也"，王念孫疏證："膀之言旁也。"同時有"旁邊、并列"的詞義特點。

---

①張震澤《孫臏兵法校理》第 63 頁。
②黃靈庚《楚辭章句疏證》第 1357 頁。

放部："放,逐也。从攴方聲。"徐鍇繫傳："古者臣有罪宥之於遠也。
當言方亦聲。"蘊含"旁邊、邊遠"義。《銀雀山・孫臏兵法》252："舜擊讙
收(兜),方(放)之宗(崇)。"

足部："跁,曲脛馬也。从足,方聲。"《廣韻》唐韻："跁,脚脛曲兒。"
曲即不直,亦蘊含偏離中心、斜向旁邊義。

阜部："防,隄也。从阜方聲。埅,防或从土。"段注："《周禮・稻人》
曰'以防止水',注云:'偃豬者,畜流水之陂也。防者,豬旁隄也。'引申
爲凡備禦之偁。""防之俗作坊"《玉篇》土部:"坊,障也。"《禮記・經
解》:"夫禮,禁亂之所由生,猶坊止水之所自來也。"孔穎達疏:"坊,謂堤
坊,人築堤坊,止約水之所從來之處,言若有汙下水來之處,則豫防障
之。"《上博五・弟子問》13:"……邎(就)人,不曲方(防)以达(去)人。"
《馬王堆・戰國縱横家書・謂起賈章》177:"趙取濟西,以方(防)河東,
燕趙共相,二國爲一。"

肉部:"肪,肥也。从肉方聲。"楊樹達指出:"許訓肪爲肥,旁義不
顯。然《文選・與鍾大理書》注引《通俗文》云:'脂在腰曰肪。'按腰在
旁,故謂其脂肥曰肪。"[1]《馬王堆・五十二病方》16:"金傷者,以方(肪)
膏、烏豦(喙)□□,皆相□煎,鉈(施)之。"

防、妨亦同源,均有"妨礙"義:

《説文》女部:"妨,害也。从女方聲。""防"訓"堤防",其止水、障蔽
之義與"妨"通。《馬王堆・稱》6 下—7 上:"疑(擬)則相傷,雜則相方
(妨)。"

以"方形"爲詞源意義:

《説文》金部:"鈁,方鐘也。从金方聲。"段注:"形聲包會意。"劉鈞
傑指出:"此物爲方形壺,始於先秦而盛於西漢。吳大澂《愙齋集古録》
引西漢元延鈁銘:'銅鈁容六斗。'"[2]《信陽》2-01:"二青方(鈁)。"

以"廣博"爲詞源意義:

《説文》上部:"旁,溥也。从二,闕;方聲。"《讀書雜誌・漢書第一・
武帝本紀》"方聞"下王念孫曰:"方聞之士,即博聞之士也。《廣雅》曰:

---

① 楊樹達《積微居小學金石論叢》第 27 頁。
② 劉鈞傑《同源字典補》第 98 頁。

'博、方、廣，大也。'是方與博同義。"《清華一·皇門》3:"迺方(旁)救(求)巽(選)罩(擇)元武聖夫,膟(羞)于王所。"《馬王堆·周易經傳·繫辭》7 上:"方(旁)行不遺,樂天知命,故不憂。"

言部:"訪,汎謀曰訪。从言方聲。"段注:"汎與訪雙聲,方與旁古通用,溥也。"

以"盛"爲詞源意義:

《說文》新附日部:"昉,明也。从日方聲。"

馬部:"騯,馬盛也。从馬旁聲。《詩》曰:'四牡騯騯。'"

水部:"滂,沛也。从水旁聲。"

口部:"嗙,謌聲。嗙喻也。从口旁聲。司馬相如説:淮南宋蔡舞嗙喻也。"王筠句讀:"謌當作訶。自呧至叱十一篆,皆訶叱類。"《玉篇》口部:"嗙,訶聲也。"《廣韻》庚韻:"嗙,喝聲。"

斗部:"斻,量溢也。从斗旁聲。"段玉裁改爲"量旁溢也",注曰:"大徐無'旁',非。旁者,溥也。形聲包會意。"朱駿聲通訓定聲注"量米旁溢"。

言部:"謗,毀也。从言旁聲。"段注:"謗之言旁也。旁,溥也。大言之過其實。"《上博五·競建內之》7:"近臣不許(諫),遠者不方。"季旭昇讀"方"爲"謗"[1]。

4. 通用情況

(1)仿—旁　　《郭店·窮達以時》14:"咎(譽)皀(毀)才(在)仿(旁),聖(聽)之弋(懸),母(毋)之白。"[2]

(2)仿—防　　《馬王堆·周易經傳·周易》35 下:"九三,弗過仿(防)之,從或臧(戕)之,凶。"

(3)仿—妨　　《馬王堆·老子乙本·道篇》52:"難得之貨使人之行仿(妨)。"

(4)紡—方　　《郭店·語叢三》6—7:"長弟(悌),孝之紡(方)也。"

(5)旁—方　　《睡虎地·日書乙種》20 壹:"成外陽之日,利以祭、之四旁(方)野外,熱……"《敦煌馬圈灣漢簡》846B:"載酒旁二斗。"《肩

---

①季旭昇《上博五芻議(上)》,簡帛網 2006 年 2 月 18 日。
②劉釗《郭店楚簡校釋》第 169 頁。

水金關漢簡》73EJT27:4:"□知券齒,古(酤)酒旁二斗。"上引漢簡中的"旁"張麗萍、張顯成認爲讀爲"方",義爲"將近"①。

(6)旁—胱　　《武威醫簡》木牘:"時腹中恚(痛),下弱(溺)旁(胱)光(胱)。"

(7)旁—謗　　《嶽麓一·爲吏治官及黔首》27—32叁:"吏有五善,一曰忠信敬上,二曰精廉無旁(謗),三曰舉吏審當,四曰喜爲善行,五曰龔(恭)敬多讓。"

(8)房—旁　　《馬王堆·合陰陽》1—2:"出捪(腕)陽,揹肘房(旁),抵夜(腋)旁,上竃綱。""房"讀爲"旁"②。

(9)房—防　　《馬王堆·養生方》112:"滿冬、蒁、房(防)風,各冶之等,并之參指最(撮)以爲後飯,令人強。"

(10)放—方　　多友鼎:"唯十月,嚴(玁)狁放(方)興(興),寏(廣)伐京自(師),告追于王。"阜陽漢簡《詩經·邶風》S035:"就亓深誒(矣),放(方)之州(舟)之。"

(11)放—仿　　中山王𤤧方壺:"用隹朕所放(仿)。"《里耶秦簡》8—768:"守府下四時獻者上吏缺式曰:'放(仿)式上。'"

(12)放—防　　《北大三·周馴》9:"……不達,不達則氣不治,氣不治則放(防)於壽。"

(13)妨—防　　《銀雀山·晏子》530:"以刑罰白妨(防)者,勸乎爲非。"

(14)防—妨　　《四時月令詔條》25:"毋作大事,以防(妨)農事。"劉伯平鎮墓文:"生屬長安,死屬異處,不得相防(妨)。"

(15)眆—妨　　甄謙買地券:"……不得相眆(妨)。"

5. 詞源譜系

①張麗萍、張顯成《〈敦煌馬圈灣漢簡集釋〉釋讀訂誤》,《簡帛》第14輯第180—181頁。
②周一謀、蕭佐桃《馬王堆醫書考注》第399頁。

五一 弱

1.《説文》本義

《説文》彡部:"弱,橈也。上象橈曲,彡象毛氂橈弱也。弱物并,故从二弓。"段注曰:"橈者,曲木也。引伸爲凡曲之偁。直者多强,曲者多弱。"

2. 出土材料本義

弱,秦簡作𢏃(睡虎地‧秦律十八種 184)。《上博五‧鮑叔牙與隰朋之諫》3:"老𢏃(弱)不型(刑)。"廖名春指出:"其實,弱字并非从'弓'从'彡',《説文》與段玉裁注都有問題。所謂'弓',乃人的側身形象,戰國文字中'人'作偏旁時與'弓'混,許慎將'人'誤作了'弓'。所謂'彡',乃尿水的形象。兩人側身站着撒尿,這就是'弱'字的本義。加水旁繁化爲'溺'。而'尿'則爲'弱'字的簡化,將二人簡爲一人,所以應是'弱'字的別體。正因爲'溺'、'尿'皆爲'弱'的異寫,所以文獻中不但'溺'與'弱'可互作,而且'溺'也讀作'尿'。……宋郭忠恕《汗簡》所載'弱'字,夏竦《古文四聲韻》所載《古老子》的兩個'弱'字和《華嶽碑》的一個'弱'字,皆左爲人,右爲水,即'休'。所以'休'也不過是'弱'省略了一人而已。以上足證'休'乃'弱'、'溺'、'尿'之別寫。'人'作形符與'尸'不分,所以它的音義自然與'尿'同。'溺'之沉溺義當從它的本義溺尿引申而來,溺尿入水故曰沉溺。'弱'之軟弱義亦疑當從尿水而來,水是至柔之物,故以爲弱。"[1]

溺、弱是"尿"的繁化,本義是尿水,後分別引伸出沉溺、軟弱義,二者各承擔一義,"溺"同時承擔了其本義,"尿"字也表示"尿水"義。

3. 同源詞繫聯

以"弱"爲聲符的同源詞亦是向"沉溺"與"軟弱"兩個方向派生。

以"沉溺"爲詞源意義:

《説文》水部:"溺,水。自張掖删丹,西至酒泉合黎,餘波入于流沙。从水弱聲。桑欽所説。"段注曰:"今人用爲休没字,溺行而休廢矣。"溺,戰國文

---

①廖名春《楚文字考釋三則》,《吉林大學古籍整理研究所建所十五周年紀念文集》第94頁。

字作🅐（包山 7）。《包山》246：“由攻解於水上與溺人。”義爲沉溺、沉没。

水部：“休，没也。从水从人。”

以“軟弱”爲詞源意義：

《説文》艸部：“蒻，蒲子，可以爲平席。从艸弱聲。”段注：“蒲子者，蒲之少者也。凡物之少小者謂之子，或謂之女。《周書》‘蔑席’，苜部曰：‘纖蒻席也。’馬融同。王肅曰：‘纖蒻莝席也。’某氏《尚書》傳曰：‘底席，蒻莝也。’鄭注《間傳》曰：‘芐，今之蒲莝也。’《釋名》曰：‘蒲莝，以蒲作之，其體平也。’莝者，席安隱之偁。此用蒲之少者爲之，較蒲席爲細。《攷工記》注曰：‘今人謂蒲本在水中者爲弱。’弱即蒻，蒻必娿，故蒲子謂之蒻，非謂取水中之本爲席也。”《馬王堆·五十二病方》102：“取敝蒲席若藉之弱（蒻），繩之，即燔其末。”

肉部：“䐺，肉表革裹也。从肉弱聲。”徐鍇繫傳：“如蒲荷之蒻深且白也。”段注：“《考工記》注曰：‘今人謂蒲本在水中者爲弱。’按：蒻在莖之下，根之上。肉表革裹名䐺，亦猶是也。”《廣雅·釋器》“䐺，肉也”，王念孫疏證：“䐺之言弱也。”

手部：“搦，按也。从手弱聲。”段注：“按者，抑也。《周禮·矢人》‘橈之以眡其鴻殺之稱’，注曰：‘橈搦其榦。’謂按下之令曲，則强弱見矣。”《馬王堆·五十二病方》108：“今日晦，弱（搦）又（疣）内北。”

“軟弱”與“憂慮”義相通：

《説文》心部：“惄，憂皃。从心弱聲。讀與怒同。”段注：“《毛詩》‘惄如輖飢’，《韓詩》作‘惄如’。《方言》：‘惄，憂也。自關而西秦晉之間或曰怒。’蓋古怒、惄通用。”

4. 通用情况

（1）弱—溺　　《睡虎地·封診式》65—66：“頭上去權二尺，足不傅地二寸，頭北（背）傅廦，舌出齊脣吻，下遺矢弱（溺），污兩卻（腳）。”《馬王堆·胎産書》22：“遺弱（溺）半升，□隨堅而少汁。”

（2）溺—弱　　春秋王孫遺者鐘，劉釗釋：“余任以心，延永余德，和溺民人，余敷旬于國，皇皇熙熙，萬年無期，世萬孫子永保鼓之。”認爲：“‘溺’即借爲‘弱’。‘和弱’乃‘調和抑制’之意。”[1]《郭店·老子》甲

①劉釗《金文字詞考釋（三則）》，《古文字考釋叢稿》第 132—134 頁。

33—34"骨溺（弱）董（筋）秨（柔）而捉固。"溺,帛書甲本 36、乙本 17、王本均作弱。《北大五·節》12:"陽在室曰臧（藏）,在堂溺（弱）,在庭卑,在門順。"

5. 詞源譜系

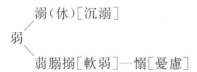

五二　勿

1.《說文》本義

《說文》勿部:"勿,州里所建旗。象其柄,有三游。雜帛,幅半異。所以趣民,故遽稱勿勿。凡勿之屬皆从勿。旐,勿或从放。"

按《說文》訓釋,"勿"爲"旐"之初文。又段注:"州里當作大夫士。《周禮·司常》:'大夫士建物,帥都建旗,州里建旟。'許於'旟'下既偁'州里建旟'矣,則此偁'大夫士建勿',必也。蓋亦一時筆誤耳。《大司馬》'鄉家載物',注云:'鄉家,鄉大夫也。'《鄉射禮》'旌各以其物',注:'襍帛爲物,大夫士之所建也。'《士喪禮》'爲銘各以其物',注:'襍帛爲物,大夫之所建也。'文弗切。十五部。經傳多作物。"

2. 出土材料本義

勿,裘錫圭認爲甲骨文作𢎿、𢎿、𠃛(《甲骨文編》第 368 頁)等形,从刀,小點表示所切割的東西,其本義是分割、切斷,在古書里,"刎"字正好具有這種意義。《廣雅·釋詁》:"刎,斷也。"《後漢書·隗囂傳》注:"刎,割也。"《荀子·彊國》:"(良劍)剝脫之,砥厲之,則劙盤盂,刎牛馬,忽然耳。"《禮記·檀弓》:"不至者,廢其祀,刎其人。"《史記·張耳陳餘列傳》:"餘年少,父事張耳,兩人相與爲刎頸交。"從"勿"聲的"物"所具有的物色、物類等義都是由分別之義引申出來的。"在漢字發展的過程中,時常出現這樣一種現象:某一個字由於經常用來表示假借義或引申義,就被加上了一個表意的偏旁,分化出一個以它爲聲旁的形聲字來表示它的本義。這樣加上去的表意偏旁往往與原字的一個偏旁重複。例如'或'本从'囗',又加'囗'爲'國';'益'本从橫寫的'水',又加'水'爲

‘溢’。這種現象是大家熟悉的。‘勿’字從‘刀’，‘刎’字也從‘刀’。‘刎’應該就是表示‘勿’字本義的後起加旁字。”①

《説文》新附刀部：“刎，到也。從刀勿聲。”從出土材料看，“割頸”當是其引申義。

裘説可從，“勿”爲“刎”本字。

3. 同源詞繫聯

從“勿”聲的詞有以“分離”爲詞源意義者：

《説文》牛部：“物，萬物也。牛爲大物，天地之數，起於牽牛，故從牛。勿聲。”“物”的“分離、分別”義，上引裘説已經證明。《郭店·老子》甲 12—13：“是古（故）聖人能尃（輔）萬勿（物）之自肰（然），而弗能爲。”《嶽麓四》114 正：“田律曰：有皋，田宇已入縣官，若已行，以賞予人而有勿（物）故，復（覆）治，田宇不當入縣官，復畀之其故田宇。”《馬王堆·周易經傳·要》11 上：“天地困，萬勿（物）潤，男女購（媾）請（精）而萬物成。”

口部：“吻，口邊也。從口勿聲。脗，吻或從肉從昏。”段注：“《曲禮》注云：‘口旁曰呡。’《廣雅》云：‘呡謂之吻。’《考工記》‘鋭喙，決吻’，鄭曰：‘吻，口腃也。’”《文選》陸機《文賦》“始躑躅於燥吻，終流離於濡翰”，李善注：“《倉頡篇》曰：吻，脣兩邊也。”

日部：“曶，尚冥也。從日勿聲。”段注：“冥者，窈也，幽也。自日入至於此，尚未日出也。《司馬相如傳》：‘曶爽暗昧，得燿乎光明。’然則曶，尚未明也。按：漢人曶、昧通用不分，故《幽通賦》‘曶昕寤而仰思’，曹大家曰：‘曶昕，晨旦明也。’韋昭曰：吻，昧、忽兩音。郭樸注《三倉解詁》云：‘曶，旦明也。’然則獨許分別曶爲未明，昧爽爲且明，以其時相際，故説之者異。”董蓮池指出：“吻指天將明未明之時，黑暗與光亮將相絶別”，有別離義②。將明未明，又有迷茫不清義。

《方言》卷六“㕉、邈，離也。楚謂之越，或謂之遠，吳越曰㕉”，郭璞注：“謂乖離也。”《玉篇》人部：“㕉，離也。《博雅》云：斷也。”董蓮池以勿爲刎本字，繫聯物、㕉、吻、曶，有分離義③。

①裘錫圭《釋“勿”“發”》，《古文字論集》第 70—74 頁。
②③董蓮池《字形分析和同源詞繫聯》，《古籍整理研究學刊》1999 年第 6 期。

《説文》目部："眅，目冥遠視也。从目勿聲。一曰久也。一曰旦明也。"桂馥義證："當爲日冥，言日暮視遠茫昧也。"日暮即白天與夜晚離斷之時。同時，日暮時分，其又含有迷茫不明義。

分離之後，相距的距離變遠，又有以"遠"爲詞源意義的詞：

《廣雅·釋詁》："迦，遠也。"劉鈞傑繫聯眅、迦，指出："眅是天將明未明還有些暗的時候，也是昏昧不明白；迦是遠，古代昏暗與遥遠義通。"[1]劉説從另外的角度論證了"遠"義與"勿"族詞之間的關係。

"遠"義又和"迷茫不清"義相通。上引劉説指出昏暗與遥遠義相通，昏暗則迷茫不清。又《王力古漢語字典》"茫"下收"茫茫、茫然"，解釋爲"曠遠、模糊不清"；收"茫昧"，解釋爲"曠遠、幽暗不明"[2]。也足以證明"遼遠"與"迷茫不清"二義相通。以"迷茫不清"爲詞源意義者：

《説文》心部："忽，忘也。从心勿聲。"《尚書·周官》"蓄疑敗謀，怠忽荒政"，孔傳："怠惰忽略，必亂其政。"《睡虎地·日書甲種》59 背貳："鬼入人宫室，勿（忽）見而亡，亡（無）已，以脩（滫）康（糠），寺（待）其來也，沃之，則止矣。"

《玉篇》心部："惚，恍惚也。"《老子·道經》："道之爲物，惟恍惟惚。惚兮恍兮，其中有象；恍兮惚兮，其中有物。"

"分割"與"終盡"意義相通。

《説文》歺部："歾，終也。从歺勿聲。歿，歾或从殳。"段注："《白起王翦列傳》曰'偷合取容，以至歾身'，徐廣云：'歾音没。'按：今歾譌坆，《集韵》傅會之云：'坆，埋也。'"

4. 通用情況

(1)物—勿　　《馬王堆·天下至道談》23："爲而物（勿）亟勿數，出入和治，曰和沫。"延熹九年韓祾興鎮墓文："令韓祾興塚中前死安，千秋萬歲物（勿）復相求。"

(2)物—剔　　《銀雀山二·論政論兵之類·客主人分》1145："退敢（甘？）物（剔）頸，進不敢距（拒）商（敵），其故何也？"

(3)物—忽　　《馬王堆·天下至道談》9："物（忽）往物（忽）來，至

---

①劉鈞傑《同源字典補》第 173—174 頁。

②王力主編《王力古漢語字典》第 1052 頁。

精將失。”

5. 詞源譜系

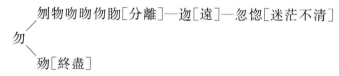

刎物吻肳刜肳[分離]—迦[遠]—忽惚[迷茫不清]

勿

歾[終盡]

五三　易

1.《説文》本義

《説文》易部：“易，蜥易，蝘蜓，守宫也。象形。《祕書》説：日月爲易，象陰陽也。一曰从勿。”段注：“今俗書蜥易字多作蜴。”徐灝注箋：“易，即蜴之本字。”《爾雅·釋魚》：“蠑螈，蜥蜴；蜥蜴，蝘蜓；蝘蜓，守宫也。”《漢書·東方朔傳》：“乃别著布卦而對曰：‘臣以爲龍又無角，謂之爲虵又有足，跂跂脈脈善緣壁，是非守宫即蜥蜴。’”

據《説文》訓釋，“易”本義爲蜥蜴，後增“虫”旁作“蜴”。

2. 出土材料本義

易，甲骨文作𝄐（合 25971），徐中舒認爲：“原字爲𝄐，象兩酒器相傾注承受之形，故會賜與之義，引申之而有更易之義，後省爲𝄐，乃截取𝄐之部分而成。”[1]後趙平安指出：易（𝄐、𝄐、𝄐）是截取匜（𝄐、𝄐、𝄐）形的一部分，匜的本義是注水酒的器皿，易是匜的分化字，本義是“給予”，引申爲“賜予”[2]。

3. 同源詞繫聯

蔡永貴以易之甲骨文字形作𝄐、𝄐、𝄐，像從一器皿往另一器皿傾注液體，本義爲“給予、賜予”。進而繫聯字族如下：

賜、錫、睗[給予、賜予]—剔、裼、緆、惕、暘、瘍、碭、傷、敭、鬄、髳、場、骼、猲、遏[變易][3]

蔡文的繫聯還是顯得粗疏一些，我們重新做如下整理。

①徐中舒主編《甲骨文字典》(第 3 版)第 1063 頁。

②趙平安《〈説文〉小篆研究》第 157—161 頁。

③蔡永貴《漢字字族研究》第 114—119 頁。

水從一個器皿到另一器皿，是一種更易。《玉篇》易部：“易，轉也，變也。”《廣韻》昔韻：“易，變易”，“改也”。由此，有以“更易”爲詞源意義的下列詞：

《說文》舌部：“䑙，以舌取食也。从舌易聲。䑡，䑙或从也。”舌頭、食物位置均發生變化。

貝部：“賜，予也。从貝易聲。”《合集》9465：“乙卯卜，亘貞，勿易牛。”易即賜予義。頌壺：“易（賜）女（汝）玄衣黹屯（純）、赤市、朱黃、縊（鑾）旂、攸勒。”

髟部：“鬄，髲也。从髟易聲。髢，鬄或从也聲。”髟部“髲”下段注曰：“《庸風》正義引《說文》云：‘髲，益髮也。言人髮少，聚他人髮益之。’下十字古注語。‘髲’字不見於經傳，假‘被’字爲之。《召南》‘被之僮僮’，傳曰：‘被，首飾也。’箋云：‘《禮》主婦髲鬄。’《少牢饋食禮》‘主婦被錫’，注曰：‘被錫讀爲髲鬄。古者或鬄賤者、刑者之髮，以髲婦人之紒爲飾，因名髲鬄焉。’”《詩·召南·采蘩》“被之僮僮，夙夜在公”，鄭玄箋：“《禮記》‘主婦髲鬄’。”陸德明釋文：“鬄，本亦作髢。……鄭注《少牢禮》云：古者或剔賤者、刑人之髮，以被婦人之紒，因以名焉。”頭髮所處位置變易。

新附土部：“場，疆也。从土易聲。”《詩經·大雅·公劉》“迺場迺疆，迺積迺倉”，朱熹集傳：“場、疆，田畔也。”“分開來說，‘大界曰疆，小界曰場’。……所謂‘小界’，指的是田與田之間的界。‘場’古亦作‘易’，如《荀子·富國》‘……至於疆易而端已見矣’，注‘易與場同’。原始公社時期盛行方田，是因爲大小相等的方田便於定期更易，便於使土地使用的機會均等，所以這種方田的田界也叫作‘易’，分化爲‘場’。”①趙儷生《中國土地制度史》利用甲骨文“田”的字形，《國語·魯語下》所引孔子的話“其歲收，田一井出稯禾、秉芻、缶米，不是過也”，以及《周易》井卦“井，改邑不改井，無喪無得，往來井井”等材料，指出殷代把土地劃成整齊的田塊，不容許大小參差現象的存在②。《公羊傳·宣公十五年》：“什一者，天下之中正也。什一行而頌聲作矣。”何休注：“司空謹別

---

① 王鳳陽《古辭辨》第 42 頁。
② 趙儷生《中國土地制度史》第 169 頁。

田之高下善惡,分爲三品:上田一歲一墾,中田二歲一墾,下田三歲一墾;肥饒不得獨樂,墝埆不得獨苦,故三年一換主易居,財均力平,兵車素定,是謂均民力,彊國家。"田塊大小相等與土地更易是有關係的,王説可信。

金部:"錫,銀鉛之間也。从金易聲。"徐鍇繫傳:"銀色而鉛質也。"其中包含"更易"的特點。又段注:"經典多假錫爲賜字。"《左傳‧莊公元年》經:"王使榮叔來錫桓公命",杜預注:"錫,賜也。"與"賜"同義的"錫"跟"賜"是什麼關係,裘錫圭曾經討論過①,郝士宏指出"錫、賜都是用爲'賜予'義的。用作銅錫字的'錫'很可能是借用表{賜}的'錫'之形體而來的"②。我們同意郝説,"賜、錫"都是在"易"的基礎上加注意符而產生的。"錫"記録的上述二義,都有"更易"的特點。

水從一個器皿到另一器皿,是去除掉了原來器皿中的水,所以有以"去除"爲詞源意義的詞:

《説文》衣部:"裼,袒也。从衣易聲。"段注:"鄭注《玉藻》曰:'袒而有衣曰裼。'以别於無衣曰袒也。經傳凡單言裼者,謂免上衣也。凡單言袒者,謂免衣肉袒也。"

髟部:"髢,髴髮也。从髟从刀,易聲。"段注:"《司馬遷傳》'鬄毛髮嬰金鐵受辱',師古:'鬄音吐計反。'《文選》作'剔毛髮'。《韓非》曰:'嬰兒不剔首則腹痛。'《莊子‧馬蹄》:'燒之剔之。'剔皆髢之省也。至若由髢之本義而引伸之,則爲解散。《士喪禮》'特豚四髢',注曰:'髢,解也。'今文髢爲剔。"

將水從一個器皿傾注到另一器皿,還有"容易"的意義,"容易"與"輕視"義相通,"'易'是把對方或事情看得簡單容易,因而有忽視對方、藐視對方的意思"③。

《説文》攴部:"敡,侮也。从攴从易,易亦聲。"徐鍇繫傳:"敡,輕易

①裘錫圭《文字學概要》第277頁;裘錫圭《文字學概要》(修訂本)第263頁。
②郝士宏《古漢字同源分化研究》第330頁。
③王鳳陽《古辭辨》第885頁。又陳年福認爲"易"的"容易"義由"輕、輕易"義引申出,他指出:"傾倒、傾注也意味着施于一方在量上的減少(變輕),故'易'又有'輕、輕易'義,再引申爲'容易'。"(陳年福《"易"字形義考》,《浙江師大學報》1999年第3期。)雖然把"輕易"義與"易"的本義聯繫了起來,但并未解釋"輕易"與"容易"之間的意義關係。另外,《漢語大字典》(第二版)(第1601—1603頁)、《王力古漢語字典》(第428頁)"易"均没有"輕、輕易"的義項。故不從陳説。

之也。"段注:"此與人部'傷'義略同。"

人部:"傷,輕也。从人易聲。一曰交傷。"徐鍇繫傳:"傷,人所爲輕易也。"段注:"此依小徐,侮、傷相屬。《蒼頡篇》曰:'傷,慢也。'《廣韵》曰:'傷,相輕慢也。'自'易'專行而'傷'廢矣。《禮記》'易慢之心入之矣',注:'易,輕易也。'《國語》'貴貨而易土',注:'易,輕也。'《國策》注、《吕覽》注、《漢書》注皆同,凡皆'傷'之假借字也。

"容易"還與"快速"義相通。同時,"輕視"也與"快速"義通,"袁"聲詞已論證。

《説文》目部:"睗,目疾視也。从目易聲。"

日部:"暢,日覆雲暫見也。从日易聲。"段注:"覆雲者,掍於雲。暫見者,倏見也。此與目部'睗'義略同。"《合集》11274 正:"翌丁卯王步,不其昜日。""'昜日'即'暢日',《説文》:'暢,日覆雲暫見也。'《廣韻》昔韻:'暢,日無光。'即多雲兼陰。"①

"容易"與"滑易"義亦相關。"易"本身除了有"容易"義,亦有"平坦"義,如《淮南子·兵略》"易則用車,險則用騎",高誘注:"易,平地也。""平坦"與"滑易"義相通。"容易"與"滑易"的相通還可以通過與其具有反義關係的"澀"來印證。《説文》止部:"澀,不滑也。从四止。"《廣雅·釋詁》:"澀,難也。"《玉篇》止部:"澀,難轉也。""澀"有"不滑"與"難"兩個意義特點,"難"與"不滑"相通,從反面證明"容易"與"滑易"相通。以"滑易"爲詞源意義者:

《説文》糸部:"緆,細布也。从糸易聲。鷊,緆或从麻。"段注:"布一本作麻,古亦呼布爲麻也。《燕禮》'冪用綌若錫',鄭注:'今文錫爲緆。'緆,易也。治其布使滑易也。"

4. 通用情况

(1)鬄—賜　　《馬王堆·周易經傳·周易》71 上徐在國釋:"康侯用鬄馬蕃庶",并指出鬄讀爲賜②。集成釋作:"潛(晋),康矦用錫(鬄—錫)馬蕃庶,畫日三緌(接)。"《馬王堆·周易經傳·二三子問》11 下—12 上:"《易》曰:'康矦用錫馬番(蕃)庶,畫日三接。'"

---

① 王輝《古文字通假字典》第 262 頁。
② 徐在國《説"鬄"》,《安徽大學漢語言文字研究叢書·徐在國卷》第 366—367 頁。

　　（2）錫—傷　　　北大藏秦簡《從政之經》9-039：“三曰興事不當，興事不當則民錫（傷）指。”①

　　（3）傷—易　　　《睡虎地·法律答問》202：“節（即）亡玉若人貿傷（易）之，視檢智（知）小大以論及以齎負之。”整理者注：“貿易，更換。”《馬王堆·周易經傳·繫辭》2上：“易則傷（易）知，聞（簡）則易從。”

　　（4）睗—賜　　　虢季子白盤：“王睗乘馬，是用左王。睗用弓，彤矢其央。睗用戉（鉞），用政（征）繺（蠻）方。”容庚以爲金文睗與賜、錫同字②。楊樹達則認爲：“《説文》睗訓目疾視，賜訓予，義訓不同，非一字也。金文以睗爲賜者，聲類同通假耳。又經傳多以錫爲賜者，亦通假也。”③王輝同意楊説，指出雖然金文睗没有訓“目疾視”的用例，但是文獻中有，如《文選》左思《吳都賦》“忘其所以睒睗，失其所以去就”，劉良注：“睗，疾視也。”④

　　（5）錫—緆　　　《馬王堆·三號墓竹簡遣册》335：“白錫（緆）禪衣一。”

5. 詞源譜系

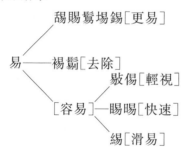

五四　恩

1.《説文》本義

　　《説文》囟部：“恩，多遽恩恩也。从心、囟，囟亦聲。”

①朱鳳瀚《北大藏秦簡〈從政之經〉述要》，《文物》2012年第6期。
②容庚編著《金文編》第235頁。
③楊樹達《積微居小學述林全編》下册第421頁。
④王輝《古文字通假字典》第266頁。

2. 出土材料本義

恖，甲骨文作✦（合 5346），金文作✦（大克鼎）、✦（蔡侯紐鐘）等形。容庚在《金文編》中指出：字“从✦在心上，示心之多遽恖恖也。《説文》云‘从心、囪’，囪當是✦之變形。又云‘囪亦聲’，乃由指事而變爲形聲矣”①。裘錫圭指出：“示心之多遽恖恖”的説法，有些難以捉摸，恐怕有問題。“恖”和“聰”本來大概指心和耳的孔竅，引申而指心和耳的通徹，也有可能一開始就是指心和耳的通徹的，但由於通徹的意思比較虛，“恖”字初文的字形只能通過强調心有孔竅來表意。又指出西周金文✦（《金文編》第 1251 頁），在耳形的孔部加圈，與“恖”字在心形上口加點意近，疑即“聰”字之初文②。

《吕氏春秋·下賢》“恖恖乎其心之堅固也，空空乎其不爲巧故也”，高誘注：“恖恖，明貌。”《漢書·郊祀志》“陛下聖德，恖明上通，承天之大，典覽群下”，顔師古注：“恖與聰同。”揚雄《法言·序》：“聖人聰明淵懿，繼天測靈，冠乎群倫，經諸範，譔五百。”《漢書·揚雄傳》“聰”作“恖”。《清華五·殷高宗問於三壽》21—22：“顥（觀）臺恖（聰）明，音色柔丂（巧）贎武不罔。”《睡虎地·日書甲種》158 背：“令耳恖（聰）目明。”《馬王堆·五行》26：“未嘗聞君子道，胃（謂）之不恖（聰）。”

從古文字看，“恖”本義當爲“聰明”，後以“聰”表示。“聰”本指聽力好，引申指“聰明”。

《説文》耳部：“聰，察也。从耳恖聲。”

3. 同源詞繫聯

從“恖”聲的詞有“通孔”義和“青色”義基本上已爲學界共識。劉鈞傑繫聯蒽、驄、蟌有青色義③。張希峰繫聯總、稯、鬷、熜、廥、總有聚合義④；繫聯窗（囪、窻）、聰、幒、憁、樬有通孔、聰明義⑤。張博繫聯總、驄、蟌、蒽有青色義，又指出通孔義之囪（窗）、幒、蒽與聰明穎慧之聰同源⑥。

---

①容庚編著《金文編》第 692 頁。
②裘錫圭《説字小記》，《古文字論集》第 642—643 頁。
③劉鈞傑《同源字典補》第 108 頁。
④張希峰《漢語詞族叢考》第 10—14 頁。
⑤張希峰《漢語詞族續考》第 94—96 頁。
⑥張博《漢語同族詞的系統性與驗證方法》第 127、180 頁。

郝士宏指出:"從悤得聲的聰、窗、葱等字都是由悤之空、明之意派生來的;而總(筆者按,《説文》作總)、驄則是由葱之青緑特點進一步派生的。"①

"囪(窗)、總、葱"有"通孔"義,"驄"有"青色"義,這爲學者公認。此外,下列詞還可繫聯:

以"通孔"爲詞源意義:

《説文》金部:"鏓,鎗鏓也。一曰大鑿,平木者。从金悤聲。"段玉裁改爲"鎗鏓也。从金悤聲。一曰大鑿中木也",注曰:"'中木也',各本作'平木者',《玉篇》《廣韻》竟作'平木器',今正。鑿非平木之器。馬融《長笛賦》'鏓硐隤墜',李注云:《説文》曰:鏓,大鑿中木也。'然則以木通其中皆曰鏓。今按:中讀去聲,許正謂大鑿入木曰鏓,與種植舂杵聲義皆略同。《詩》曰'鑿冰沖沖',傳曰:'沖沖,鑿冰之意。'今四川富順縣邛州鑿鹽井,深數十丈,口徑不及尺,以鐵爲杵,架高縋而鑿之,俗俹中井。中讀平聲,其實當作此鏓字。囪者多孔,葱者空中,聰者耳順,義皆相類。凡字之義必得諸字之聲者如此。《釋名》曰:'轂,言輻轂入轂中也。''轂入'正'鏓入'之譌。"獣鐘:"王對乍(作)宗周寶鐘,倉倉悤悤,雝雝(肅肅)雝雝,用卲(昭)各(格)不(丕)顯且(祖)考先王。"悤讀爲鏓,指鐘聲。

火部:"熜,然麻蒸也。从火悤聲。"段注"麻蒸,析麻中榦也,亦曰菆。菆一作廞。古者燭多用葦,鄭注《周禮》曰:'燋,炬也。'許曰:'苣,束葦燒之也。'亦用麻,故先鄭注《周禮》曰:'蕡燭,麻燭也。'先鄭意蕡即顆字。鄭注《士喪禮》曰:'燭用蒸。'蒸即謂麻榦。《弟子職》曰:'蒸間容蒸。'"《廣雅·釋器》"熜,炬也",王念孫疏證:"熜,字本作熜,或作總。《説文》:'熜,然麻蒸也。'熜之言總也。《説文》:'總,聚束也。'《弟子職》'錯總之法,橫于坐所',注云:'總,設燭之束也。'""熜"指用麻桿扎成的火炬,其亦有"通孔"的特點,俗語説"火要空心",没有通孔,不會燃燒旺盛。同時,"熜"又有"聚合"的特點。

《玉篇》心部:"憁,悾憁。"又:"悾,悾憁,了慧也。"通則慧,如同"聰"有"聰明"義。

①郝士宏《古漢字同源分化研究》第 135 頁。

《廣韻》東韻："㯶,小籠。"《方言》卷五："箸筲,陳楚宋魏之間謂之筲,或謂之籝,自關而西謂之桶㯶。"郭璞注:"今俗亦通呼小籠爲桶㯶。"

上文指出"㯶"同時有"聚合"的特點,又派生出下列詞:

《説文》广部:"廐,屋階中會也。从广悤聲。"段注:"謂兩階之中凑也。《西京賦》曰:'刊層平堂,設切厓隒。'今之階隒石必長石居中,兩邊鬭合。"

糸部:"總,聚束也。从糸悤聲。"指束髮。《馬王堆·周易經傳·二三子問》12 下—13 上:"天地無菑(災),民□不傷,甘露時雨聚(驟)降,飙(飄)風苦雨不至,民悤(總)相篸(醻—觴)以壽。"張政烺注:"悤,假爲總,聚也,合也,皆也。"[1]

《玉篇》禾部:"稯,禾束也。"《集韻》董韻:"稯,禾聚束也。"

《釋名·釋車》:"輪,綸也,言彌綸也,周帀之言也。或曰轜,言輻總入轂中也。"畢沅注曰:"今本分列爲二條,脱'或曰'二字,據《御覽》引增補,并合之。《説文》無'轜'字。《方言》云:'關西輪謂之轜。'注音總,但'轜'字亦《説文》所無,據'言輻總入轂中',則字當作'總'。《老子·道經》:'三十輻共一轂。'是言輻總入轂中也。"

《廣韻》董韻:"鬷,鬷角。本亦作緫。"

以"青色"爲詞源意義:

《説文》糸部:"緫,帛青色。从糸蔥聲。"

玉部:"璁,石之似玉者。从玉悤聲。讀若蔥。"徐鍇繫傳:"璁,石色斑駮蔥蘢。"

《廣雅·釋蟲》"蜻蛉,倉螉也",王念孫疏證:"此蟲色青者爲蜻蛉。蜻蛉之言蒼筤也。……又謂之倉螉,又謂之蔥。倉猶蒼也,蔥猶蔥也。"《淮南子·説林》"水蠆爲螉,孑孑爲蟁",高誘注:"水蠆化爲螉,螉,青蜓也。"

4. 通用情況

(1)悤—聰　　《銀雀山·守法守令等十三篇》825:"有下不忠,焉能得悤(聰)明。"

(2)蔥—聰　　《馬王堆·養生方》:168"服之百日,令目[明耳]蔥

①張政烺《馬王堆帛書〈周易〉經傳校讀》第 105 頁。

（聰），[六]末皆強。"

（3）蔥—總　　《馬王堆·十六經·成法》46 上—46 下："夫百言有本,千言有要,萬[言]有蔥（總）。"原整理者指出銀雀山漢簡古佚書《五議》亦有"百言有本,千言有要,萬言有總"之語。

（4）聰—蔥　　《清華五·封許之命》5—6："易女（汝）倉（蒼）珪,巨（秬）鬯一卣,敉（路）車,聰（蔥）玩（衡）……"

5. 詞源譜系

慇總稯總鬷［聚合］

慁 — 聰窗（窻）緫蔥鍯熜憁樬［通孔］

驄緫瑽蔥［青色］

五五　吳

1.《説文》本義

　　《説文》矢部："吳,姓也。亦郡也。一曰吳,大言也。从矢、口。"段玉裁改作"吳,大言也",删"姓也"至"曰吳"八字,注曰："《周頌·絲衣》《魯頌·泮水》皆曰'不吳',傳箋皆云：'吳,譁也。'言部曰：'譁者,讙也。'然則大言即謂譁也。孔沖遠《詩》正義作'不娛',《史記·孝武本紀》作'不虞',皆假借字。大言者,吳字之本義也,引伸之爲凡大之偁。"《詩經·周頌·絲衣》"不吳不敖,胡考之休",毛傳："吳,譁也。"

2. 出土材料本義

　　吳,金文作 （師虎簋）,从矢从口,"大言"當爲本義。林義光《文源》："矢象人傾頭形,哆口矯首,譁呼之象。……譁譁之譁、歡娛之娛,并與吳同音,實皆以吳爲古文。歡取義於讙,則娛自亦取義於譁。"[1]

3. 同源詞繫聯

　　"大言"與"歡娛"義通：

　　《説文》女部："娛,樂也。从女吳聲。"《清華四·命訓》11："祉（撫）之以季（惠）,和之以均,韽（斂）之以哀,吳（娛）之以樂。"

---

①林義光《文源》第 158 頁。

“大言”蘊含“大”義：

《説文》人部：“俣，大也。从人吴聲。《詩》曰：‘碩人俣俣。’”段注：“《邶風·簡兮》曰‘碩人俣俣’，傳曰：‘俣俣，容兒大也。’”

《爾雅·釋獸》：“麔：牡，麔。”楊樹達指出麔从吴聲，吴聲多有大義，如吴、俣[1]。

“大言”與“謬誤”意義亦相通：

《説文》言部：“誤，謬也。从言吴聲。”段注：“按：謬，當作繆。古繆誤字從糸，如綢繆相戾也，《大傳》‘五者一物紕繆’是。‘謬’訓‘狂者妄言’，與‘誤’義隔。”《張家山·算數書》96：“租吴（誤）券。”

4. 詞源譜系

五六　奚

1.《説文》本義

《説文》大部：“奚，大腹也。从大，繇省聲。繇，籀文系字。”段注：“豕部‘豯’下曰：豚生三月，腹豯豯兒。古奚、豯通用。《周禮·職方氏》‘豯養’，杜子春讀豯爲奚，許艸部作‘奚養’。”

2. 出土材料本義

奚，甲骨文作、、、等形，本義爲奚奴、罪隸。

《周禮·春官·叙官》：“守祧，奄八人，女祧每廟二人，奚四人。”鄭玄注：“奚，女奴也。”丙申角：“丙申，王易（賜）葡亞𤔲奚、貝。”“奚”爲“嫨”之本字，本義爲奴隸。

《説文》女部：“嫨，女隸也。从女奚聲。”段注：“《周禮》作‘奚’，假借字也。《酒人》‘女酒三十人，奚三百人’，鄭注：‘古者從坐男女，没入縣官爲奴，其少才智者以爲奚。今之侍史官婢，或曰奚宦女。’《守祧》‘女

①楊樹達《積微居小學金石論叢》第 64 頁。

佻每廟二人,奚四人',鄭曰:'奚,女奴也。'"

3. 同源詞繫聯

《説文》言部:"諐,恥也。从言奚聲。謑,諐或从奊。"奴隸往往是受侮辱的人。

奴隸地位比較低,其中蘊含有"小"義,由此派生出下列詞:

《説文》彳部:"徯,待也。从彳奚聲。蹊,徯或从足。"段注:"《左傳》:'牽牛以蹊人之田。'《孟子》:'山徑之蹊。'《月令》:'塞徯徑。'凡始行之以待後行之徑曰蹊,引伸之義也。"《廣雅·釋宮》:"蹊,道也。"《釋名·釋道》:"步所用道曰蹊。蹊,徯也,言射疾則用之,故還徯於正道也。"《墨子·備城門》:"寇所從來若昵道、徯近,若城場,皆爲虒樓。"孫詒讓間詁:"徯與蹊字通。《釋名·釋道》云:'步所用道曰蹊。蹊,徯也,言射疾則用之,故還徯於正道也。'蓋正道爲道,間道爲徯。"

豕部:"豯,生三月豚,腹奚奚皃也。从豕奚聲。"段玉裁改爲"生三月豚。腹奚奚皃也","生三月豚"下注曰:"此當句,下當有'一曰'二字,爲別一義。""腹奚奚皃也"下注曰:"奚奚,各本作'豯豯',今正。亣部曰:'奚,大腹也。'以疊韵爲訓。《方言》曰:豬,其子或謂之豯。"《方言》卷八:"豬,北燕朝鮮之間謂之豭。關東西或謂之彘,或謂之豕。南楚謂之豨。其子或謂之豚,或謂之豯,吳揚之間謂之豬子。"

馬部:"騱,驒騱馬也。从馬奚聲。"朱駿聲通訓定聲:"驒騱,雙聲連語。此野馬也,似馬而小。"

鼠部:"鼷,小鼠也。从鼠奚聲。"段注:"何休《公羊傳》注云:'鼷鼠,鼠中之微者。'《玉篇》云:'有螫毒,食人及鳥獸皆不痛。今之甘口鼠也。'"

谷部:"谿,山瀆无所通者。从谷奚聲。"段玉裁改"瀆"爲"隫",注曰:"隫,各本作瀆,今正。阜部曰:'隫,通溝也。讀若洞。古文作瀆。'《釋山》曰:'山瀆無所通,谿。'然則許作隫明矣。"

4. 詞源譜系

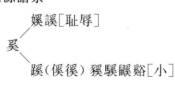

娸諐[恥辱]

奚

蹊(徯徯)豯騱鼷谿[小]

五七　弘

1.《説文》本義

《説文》弓部："弘，弓聲也。从弓厶聲。厶，古文肱字。"

2. 出土材料本義

弘，甲骨文作🖼(合 7594)、🖼(合 667 正)等形。裘錫圭指出："'弘'本來似是从'口''弓'聲的一個形聲字。如《説文》'弓聲'之訓可信，也可以分析爲'从弓从口，弓亦聲'。……'弘'字本从'口'，也可能其本義就是聲音洪大。""拉弓需要很强的力。按照'古'字的情況推測，很可能古代曾以🖼來代表强弱之'强'這個詞，跟代表'弘'這個詞的从'弓'聲的🖼正好同形。後來，代表'强'的🖼演變爲'弜'，'弘'也大都寫作'弜'，二者仍然同形。一部分春秋戰國文字在用作'强'字的'弜'的'口'旁下加兩横，把它寫作'🖼'，可能就是爲了要跟'弘'字相區别。如果我們的猜測合乎事實，'强'的聲旁就應該是强弱之'强'的本字'弜'，而不是'弘'。"[1]季旭昇則認爲："弘、强義實相近，本當爲一字，弘（匣/蒸）、强（彊，群/陽），聲韻都可通……弜義爲大，戰國秦漢'弘'義多爲'强'或'大'，除《説文》外，文獻未見'弘'義爲'弓聲'。據此，'弓聲'一義，縱然存在，也應該是較晚興起的意義。戰國以後弘、强二義分化，强義多作'弜'。"[2]"强"與"大"二義相通，我們更傾向於季説。《詩經·小雅·節南山》"天方薦瘥，喪亂弘多"，毛傳："弘，大也。"从"弘"聲的詞有"强、大"義。

3. 同源詞繫聯

以"强"爲詞源意義：

《説文》虫部："强，蚚也。从虫弘聲。彊，籀文强，从蚰从彊。"《戰國策·齊策一》"天下强國無過齊者，大臣父兄殷衆富樂無過齊者"，高誘注："强，大。"秦簡中有"强"作🖼（睡虎地·秦律雜抄 8）等形，"强大"義當是借作"弜"，而後來表示"强大"義"强"行"弜"廢。

革部："鞃，車軾也。从革弘聲。《詩》曰：'鞹鞃淺幭。'讀若穹。"段

---

①裘錫圭《釋"弘""强"》，《古文字論集》第 55—57 頁。
②季旭昇《説文新證》第 918 頁。

玉裁改爲“車軾中把也”,注曰:“各本無‘中把’二字,《韻會》作‘中靶’,靶字誤,今補正。《大雅》傳曰:‘鞹,革也。軾,軾中也。’此謂以去毛之皮鞹軾中人所凭處。《篇》《韵》皆云:‘軾中靶。’靶,彎革,不當以名軾。蓋許本作‘把’,而俗譌從革。軾中把者,人把持之處也。”人把持之處應該强固。

力部:“勥,迫也。从力强聲。”段注:“迫者,近也。按:所謂‘實偪處此’也。勥與彊義別。彊者,有力。勥者,以力相迫也。”

糸部:“繈,褕頼也。从糸强聲。”段注:“‘褕’見角部。各本作‘褕’,非也。今正。褕訓角長,引申爲凡粗長之稱。絲節粗長謂之繈。孟康曰:‘繈,錢貫也。’其引申之義也。又引申爲繈緥。《吕覽·明理篇》‘道多繈緥’,高注:‘緥,小兒被也。繈,縷格上繩也。’又《直諫篇》‘繈緥’注:‘繈,褓格繩。緥,小兒褓也。’褓即縷,格即絡。織縷爲絡,以負之於背,其繩謂之繈。高説冣分明。《博物志》云:‘織縷爲之,廣八寸,長二尺。’乃謂其絡,未及其繩也。凡繩韌者謂之繈。”

衣部:“襁,負兒衣。从衣强聲。”段注:“按:古繈緥字从糸不从衣,淺人不得其解,而增‘襁’篆於此。”

以“大”爲詞源意義:

《説文》宀部:“宏,屋響也。从宀弘聲。”朱駿聲通訓定聲:“此字按即宏之或體。凡屋必深大乃響。”

水部:“泓,下深兒。从水弘聲。”段注:“下深謂其上似淺陿,其下深廣也。揚子:其中宏深,其外蕭括。《月令》‘其器閎’,鄭云:‘閎謂中寬,象土含物。’泓之義略同。”《文選》左思《吴都賦》“泓澄奫潫,澒溶沆瀁”,李善注:“《説文》曰:泓,下深大也。”《馬王堆·春秋事語·宋荆戰泓水之上章》78:“宋荆戰弘水之上,宋人□□陳(陣)矣,荆人未濟。”此事見《左傳》《公羊傳》《穀梁傳》僖公二十二年,“弘”作“泓”。

4. 詞源譜系

弘—强軾勥繈襁[强]—宏泓[大]

五八　率

1.《説文》本義

《説文》率部:“率,捕鳥畢也。象絲罔,上下其竿柄也。”

2. 出土材料本義

率，甲骨文作𢆶（合 6347）等形。象大索形。

"率"下徐灝注箋："畢，田网所以捕鳥，而率又爲捕鳥畢，則一物二名。傳注未有訓率爲畢者，許說殆非也。戴氏侗曰：率，大索也。上下兩端象所用絞率者，中象率，旁象麻枲之餘。又爲率帶之率，別作縴、繂。灝按：戴說是也。《玉藻》曰'凡帶有率無箴功'，鄭注率字作縴。是率之本義爲索，因之有率帶之名。率、繂古今字。以麻枲爲之，故從索；以帛爲之謂之縴，則從素，又省爲縴也。率有牽引義，故引申爲表率、爲率循、爲率從、爲輕率。別作達，先道也。又作衛，將衛也，古通作帥。索有約束義，故又爲約計之偶。凡言大率，猶大約也。"

《說文》素部："繂，索屬。从素率聲。"《玉篇》素部："繂，絣也，索也。或作縴、縺。"《爾雅·釋水》"絣，繂也"，郭璞注："繂，索。"《玉篇》索部："繂，舉船索也。"《玉篇》糸部："縺，井索也。"《類篇》糸部："縺，索也。"《詩經·小雅·采菽》"汎汎楊舟，絣纚維之"，毛傳："絣，縺也。"

3. 同源詞繫聯

"大索"與"率導"義相通，有以"率導"爲詞源意義的詞：

《說文》辵部："達，先道也。从辵率聲。"段注："道，今之導字。達，經典假率字爲之。《周禮》：'燕射，帥射夫以弓矢舞。'故書帥爲率，鄭司農云：'率當爲帥。'大鄭以漢人帥領字通用帥，與周時用率不同故也。此所謂古今字。《毛詩》'率時農夫'，《韓詩》作'帥時'。許引《周禮》'率都建旗'，鄭《周禮》作'帥都'。《聘禮》注曰：'古文帥皆爲率。'皆是也。又《釋詁》、毛傳皆云：'率，循也。'此引伸之義。有先導之者，乃有循而行者，亦謂之達也。"

行部："衛，將衛也。从行率聲。"段玉裁改爲"將衛也"，注曰："'衛也'，今本作'衛也'，誤。將，如鳥將雛之將，古不分平去也。衛，導也，循也，今之率字，率行而衛廢矣。率者，捕鳥畢也。將帥字古祇作將衛，帥行而衛又廢矣。帥者，佩巾也。'衛'與辵部'達'音義同。"董蓮池亦以率本義爲大索，繫聯達、衛二詞同源[1]。《郭店·六德》18："以智衛（率）人多。"《睡虎地·爲吏之道》18 壹—21 壹："審智（知）民能，善度民

---

[1]董蓮池《字形分析和同源詞繫聯》，《古籍整理研究學刊》1999 年第 6 期。

力,勞以衛(率)之,正以橋(矯)之。"《馬王堆·戰國縱橫家書·蘇秦謂
秦王章》68—69:"身衛(率)粱(梁)王牙(與)成陽君北面而朝奉陽君於
邯鄲,而勺(趙)氏不得。"

4. 詞源譜系

率—達衛[率導]

<h2 style="text-align:center">五九　蚤</h2>

1.《説文》本義

《説文》蚰部:"蝨,齧人跳蟲。从蚰叉聲。叉,古爪字。蚤,蝨或
從虫。"

2. 出土材料本義

蚤,裘錫圭指出甲骨文作 🐛、🐛(《甲骨文編》第468頁),本來是从又
从虫的一個會意字,可能是"搔"的初文,字形象徵用手搔抓身上有蟲或
爲蟲所咬之處。从"叉"的"蚤"當是改會意爲形聲的後起字①。"蚤"爲
"搔"之本字,字本从"又",後變作"叉",表義兼提示讀音,又累增"手"。

3. 同源詞繫聯

其有以"搔動"爲詞源意義的同源詞:

《説文》手部:"搔,括也。从手蚤聲。"段玉裁改爲"刮也",注曰:
"刮,各本作括,今正。括者,絜也。非其義。刮者,掊杷也。掊杷,正搔
之訓也。《内則》'疾痛苛養,敬抑搔之',注曰:'抑,按。搔,摩也。'摩馬
曰騷,其聲同。又广部'疥',搔瘍也。瘍之需手搔者,謂之搔瘍。"

壴部:"藭,夜戒守鼓也。从壴蚤聲。《禮》:'昏鼓四通爲大鼓,夜半
三通爲戒晨,旦明五通爲發明。'讀若戚。"

馬部:"騷,擾也。一曰摩馬。从馬蚤聲。"段注:"各本'摩馬'上有
'擾也一曰'四字,淺人所增也,今刪正。人曰搔,馬曰騷,其意一也。摩
馬如今人之刷馬,引伸之義爲騷動。《大雅·常武》傳曰'騷,動也'
是也。"

心部:"慅,動也。从心蚤聲。一曰起也。"段注:"《月出》:'勞心慅

---

①裘錫圭《殷墟甲骨文字考釋(七篇)》,《湖北大學學報》1990年第1期。

兮。'《常武》'徐方繹騷'，傳曰：'騷，動也。'此謂騷即慅之假借字也。二字義相近，騷行而慅廢矣。"

《廣韻》豪韻："溞，淅米。"

《玉篇》疒部："瘙，疥瘙。"《廣雅·釋詁》："瘙，創也。"瘙即疥瘡，刺癢欲搔，亦含有"動"義。《周家臺秦簡·病方及其他》378："[期]之乾，即出，治，和合樂（藥）□□[歙（飲）]食，即女子蚤已。"蚤，讀爲"瘙"，疥瘡[①]。

還有以"爪"爲詞源意義的"璪"：

《説文》玉部："璪，車蓋玉璪。从玉蚤聲。"王筠句讀："謂蓋弓之末，曲如叉形，以玉飾之也。"

4. 通用情況

(1)騷—搔　《睡虎地·法律答問》179："當者（諸）候（侯）不治騷馬，騷馬蟲皆麗衡厄（軛）鞅韅轅靷，是以炎之。"騷，讀爲搔[②]。

(2)騷—瘙　《張家山·脈書》："身病養（癢），農（膿）出，爲騷。"高大倫指出騷讀爲瘙，指疥瘡。"疥瘡多生於手指，尤以指縫爲最，刺癢難忍。其發病是由於疥蟲潛入皮膚，輾轉攻行，引致患部發癢鑽刺，甚則傳遍肢體。有因抓搔破皮而繼發感染者，多成膿窩疥。"[③]《馬王堆·五十二病方》419："先孰（熟）洒（洗）騷（瘙）以湯，潰其灌，撫以布，令毋（無）汁而傅之。"

5. 詞源譜系

　　搔騷騷慅溞瘙[搔動]
　／
蚤
　＼
　　璪[爪]

六〇　亟

1.《説文》本義

《説文》二部："亟，敏疾也。从人从口，从又从二。二，天地也。"

---

①陳偉主編《秦簡牘合集·釋文注釋修訂本（叁）》第248頁。

②裘錫圭《讀簡帛文字資料札記》，《簡帛研究》第1輯第26—27頁。

③高大倫《張家山漢簡〈脈書〉校釋》第32頁。

2. 出土材料本義

　　"亟"甲骨文作🜨(合 13637 反)形,金文作🜨(班簋)、🜨(史牆盤)、🜨(毛公鼎)等形。于省吾謂🜨爲亟之初文,亟爲古極字。亟字中从人,而上下有二横畫,上極於頂,下極於踵,而極之本義昭然可覩矣①。《管子·侈靡》:"亟則谿陵山谷之神之祭更應,國之稱號亦更矣。"《讀書雜誌·管子第六·侈靡》"亟"下王念孫曰:"亟與極同,(上文'其亟而反',亦以亟爲極。)言世之亂也。""亟"指頂點。《周易·繫辭上》:"六爻之動,三極之道也。"《世說新語·文學》:"不知便可登峰造極不?"

　　《説文》木部:"極,棟也。从木亟聲。"段注:"引伸之義,凡至高至遠皆謂之極。"《廣雅·釋詁》:"極,高也。"班簋:"王令毛白(伯)更虢城公服,𡩡(屏)王立(位),𠂤四方亟(極)。"文獻作極。《詩·商頌·殷武》:"商邑翼翼,四方之極。"《郭店·唐虞之道》19—20:"亟(極)仁之至,利天下而弗利也。"亟,用爲極,義爲頂點。《馬王堆·周易經傳·繫辭》3下—4上:"六肴(爻)之動,三亟(極)之道也。"

3. 同源詞繫聯

　　從"亟"聲的詞有以"頂點"爲詞源意義者:

　　《説文》歺部:"殛,殊也。从歺亟聲。《虞書》曰:'殛鯀于羽山。'"段注:"殊謂死也。《廣韵》曰:'殊,陟輸切,殊殺字也。從歹,歹,五割切。㱙,同殊。'據此知古殊殺字作殊,與誅責字作誅迥别矣。""死"即生命的盡頭。董珊指出:"侯馬盟書的常見語'丕顯晉公大冢明亟覦之'、'永亟覦之',在温縣盟書作'謫亟覦汝'、'永亟覦汝'。其中'亟'字的偏旁或有增减,但都應該讀爲'殛',訓爲'罰'。"②

　　黄易青亦同意于省吾的觀點,以🜨爲亟的初文,并指出其"造意以人在狹隘空間來表示空間的窄迫。空間窄迫與時間緊迫義相通,故文獻多表示時間緊"③。由此,亟的甲骨文字形清晰地展現了"亟"聲詞的詞源意義及其相互之間的關係。而表示"時間緊"又與"亟"的《説文》本義相合。

---

①于省吾《釋🜨》,《甲骨文字釋林》第 94—95 頁。

②董珊《侯馬、温縣盟書中"明殛視之"的句法分析》,復旦大學出土文獻與古文字研究
　　中心網 2008 年 1 月 5 日。

③黄易青《上古漢語同源詞意義系統研究》第 303 頁。

以"急"爲詞源意義的詞:

《說文》革部:"鞔,急也。从革亟聲。"王筠句讀"亟"下注:"《左·定五年傳》'歸粟于蔡以周亟',則又與革部'鞔'字義近。"《玉篇》革部:"鞔,急也。亦作亟。"《廣雅·釋詁》"鞔,疾也",王念孫疏證:"亟與鞔通。"

心部:"悈,疾也。从心亟聲。一曰謹重皃。"段注:"舉形聲關會意也。"

4. 通用情況

(1)極—亟　　《馬王堆·稱》17下:"惑而極(亟)反(返),□道不遠。"

(2)極—殛　　《北大三·周馴》81—82:"茲四主者,非不已嘗君百姓,有嗣不智不慧,故皆云(殞)極(殛)。"

5. 詞源譜系

六一　黃

1.《說文》本義

《說文》黃部:"黃,地之色也。从田从㷠,㷠亦聲。㷠,古文光。"

2. 出土材料本義

黃,甲骨文作𠂔(合 32509)、𩵋(合 916 正)、𠂔(合 29509)等形。唐蘭認爲:"'黃'字古文象人仰面向天,腹部膨大,是《禮記·檀弓》'吾欲暴尪而奚若'的'尪'字的本字。"①裘錫圭同意唐說,并進一步論述:"尪人突胸凸肚,身子顯得特別粗短,𠂔(合 12842 𧘂所从)字表示的正是這種殘廢人的形象。"②

---

①唐蘭《毛公鼎"朱韍、蔥衡、玉環、玉瑮"新解》,《光明日報》1961 年 5 月 9 日。本書引自《唐蘭全集三·論文集中編》第 1183 頁。

②裘錫圭《說卜辭的焚巫尪與作土龍》,《古文字論集》第 219 頁。

3. 同源詞繫聯

因爲“黄（尪）”腹部膨大，所以从“黄”聲詞有“大”義：

《説文》广部：“廣，殿之大屋也。从广黄聲。”段注：“土部曰：‘堂，殿也。’《倉頡篇》曰：‘殿，大堂也。’《廣雅》曰：‘堂埠，合殿也。’殿謂堂無四壁。《漢書·胡建傳》注‘無四壁曰堂皇’是也。覆乎上者曰屋。無四壁而上有大覆蓋，其所通者宏遠矣，是曰廣。引伸之爲凡大之偁。《詩·六月》《雝》傳皆曰：‘廣，大也。’”“‘廣’和‘擴’、‘横’同源，和‘狹’是反義詞，指的是寬闊，是横向擴大。”①《三代》二〇·三八·二矛銘：“郘王職乍（作）黄卒（萃）鈽（矛）。”黄卒當讀爲廣萃，即《周禮·春官·車僕》之“廣車之萃”②。《張家山·二年律令》465—466：“太醫、祝長及它都官長，黄（廣）鄉長，萬年邑長，長安廚長，秩各三百石，有丞、尉者二百石，鄉部百六十石。”整理者注：“廣鄉，漢初似屬鉅鹿郡。”

弓部：“彉，弩滿也。从弓黄聲。讀若郭。”

土部：“壙，塹穴也。一曰大也。从土廣聲。”段注：“謂塹地爲穴也，墓穴也。《周禮·方相氏》‘及墓入壙，以戈擊四隅’，鄭曰：‘壙，穿地中也。’”

日部：“曠，明也。从日廣聲。”段注：“廣大之明也。會意兼形聲字也。引伸爲虚空之偁。”《楚辭·招魂》“幸而得脱，其外曠宇些”，王逸注：“曠，大也。”《漢書·鄒陽傳》“以其能越攣拘之語，馳域外之議，獨觀乎昭曠之道也”，顏師古注：“曠，廣也。”

心部：“慶，闊也。一曰廣也，大也。一曰寬也。从心从廣，廣亦聲。”段玉裁改爲“闊也。廣大也”，注曰：“各本作‘廣也，大也’，今依《詩·泮水》釋文訂。《魯頌·泮水》曰‘慶彼淮夷’，釋文云：‘慶，《説文》作慶。’按：許‘闊也，一曰廣大也’，此慶之本義。毛云‘遠行也’，即其引伸之義也。由其廣大，故必遠行。然則《毛詩》自作‘慶’，今作‘憬’者，或以三家詩改之也。《元帝紀》：‘衆僚久慶，未得其人。’假慶爲曠字。”徐灝注箋：“闊即廣大也。寬亦廣也。此二義疑皆後人增竄。”

《玉篇》手部：“擴，引張之意。”《孟子·公孫丑上》：“凡有四端於我

① 王鳳陽《古辭辨》第 19 頁。
② 何琳儀《戰國古文字典——戰國文字聲系》第 636 頁。

者,知皆擴而充之矣。"孫奭音義:"擴,張大也。"朱熹集注:"擴,推廣之意。"

"廣大"與"粗獷"義相通:

《説文》犬部:"獷,犬獷獷不可附也。从犬廣聲。"段注:"《吕氏春秋》'荊文王得茹黄之狗',《説苑》作'如黄'。《廣雅》犬屬有'楚黄',《廣韵》作'楚獷',《經典釋文》作'楚獷',實一字也。引伸爲凡麤惡皃之偁。《漢書》曰:'獷獷亡秦。'"《集韻》梗韻:"獷,惡皃。"《後漢書·光武帝紀》"又驅諸猛獸虎豹犀象之屬,以助威武",李賢注:"猛或作獷。獷,猛皃也。"

胸腹突出,則胸腹明顯地橫於身體之中,从"黄"聲的詞又有"橫置"義:

《説文》角部:"觵,兕牛角可以飲者也。从角黄聲。其狀觵觵,故謂之觵。觥,俗觵从光。"段注:"觵觵,壯皃,猶僙僙也。《後漢書》曰:'關東觥觥郭子橫。'""1959年山西石樓桃花莊出土一牛角形橫置的容器,前面尖端作龍頭狀,龍齒間隙可注酒,背爲蓋,下有低淺圈足,後端無鋬,或即爲兕觥之形。"①朱鳳瀚指出:"現時通稱爲觥的青銅器,其一般形制是:橢圓形腹,圈足或四足,前有短流後有半環狀鋬,皆有蓋,蓋作有角獸首形。"②王鳳陽又指出:"野牛角大,所製酒器最初相當於大爵,後橫放,成爲貯酒器,'觥'即从'橫'得名。"③觥實際上兼有"橫"和"寬廣"兩個特點。

竹部:"簧,笙中簧也。从竹黄聲。"《釋名·釋樂器》:"簧,橫也,於管頭橫施於中也。以竹鐵作,於口橫鼓之,亦是也。"

木部:"橫,闌木也。从木黄聲。"段注:"闌,門遮也。引伸爲凡遮之偁。凡以木闌之皆謂之橫也。"《史記·周本紀》"西周恐,倍秦,與諸侯約從",張守節正義:"關東地南北長,長爲從,六國共居之。關西地東西廣,廣爲橫,秦獨居之。"橫亦兼有"橫"和"寬廣"兩個特點。

玉部:"璜,半璧也。从玉黄聲。"段注:"鄭注《周禮》、高注《淮南》同。按:《大戴禮》佩玉下有雙璜,皆半規,似璜而小。古者天子辟廱,築

---

① 馬承源《中國青銅器》(修訂本)第 229 頁。
② 朱鳳瀚《古代中國青銅器》第 100 頁。
③ 王鳳陽《古辭辨》第 267 頁。

土雝水之外圜如璧。諸侯泮宮,泮之言半也,蓋東西門以南通水,北無也。鄭箋《詩》云爾。然則辟廱似璧,泮宮似璜,此夤字之所由製歟?”

“璜是一種弧形片狀玉器。《説文》:‘半璧曰璜。’實物所見,除了圓弧形的特徵外,不同時代的玉璜,形制變化很大,雖多有弧形,但不限於規整的半璧形。……考古發掘中,璜主要作爲佩飾,稱‘佩璜’,多發現於墓主的胸腹部。”①有“橫置”的特點。縣改簋:“易女婦爵斝之弌(祕)周玉黃□。”黃,用作璜。

木部:“橫,所以几器。从木廣聲。一曰帷屏風之屬。”徐鍇繫傳:“橫之言橫也。几者,閣也。”《玉篇》木部:“橫,所以支器。一曰帷橫,屏風屬。”《廣韻》蕩韻:“橫,兵欄。”

從整體看,“黃”身體粗短,所以从“黃”聲的詞還有以“小”爲詞源意義的:

《説文》水部:“潢,積水池。从水黃聲。”段注:“《左傳》‘潢污行潦之水’,服虔曰:‘畜小水謂之潢,水不流謂之污。行潦,道路之水。’”《左傳·隱公三年》“潢污行潦之水”,孔穎達疏引服虔云:“畜小水謂之潢。”

《廣韻》庚韻:“甎,瓦也。”《集韻》庚韻:“甎,小瓦謂之甎。”

《説文》水部:“橫,小津也。从水橫聲。一曰以船渡也。”段注:“謂渡之小者也,非地大人衆之所。”《方言》卷九“方舟謂之橫”,錢繹箋疏:“橫之言橫也。橫流而渡也。”《廣雅·釋水》“橫,筏也”,王念孫疏證:“橫之言橫也,橫流而渡也。”橫的另一義有“橫置”的意義特點。

4. 通用情況

(1)簀—橫　　胡簋:“簀(橫)淛(致)朕心,墬(施)于四方。”“‘簀’疑讀爲‘橫’。‘淛’疑讀爲‘至’或‘致’。《禮記·孔子閒居》:‘夫民之父母乎,必達於禮樂之原,以致五至而行三無,以橫于天下。四方有敗,必先知之。’下言‘志之所至’等等爲五至。鄭玄《注》:‘橫,充也。’又:‘凡言至者,至于民也。至謂恩意。言君恩意至于民。……善推其所有以與民共之。人耳不能聞,目不能見,行之在胸心也。’意與此近。”②

(2)廣—曠　　《馬王堆·十六經·順道》139:“不廣(曠)亓(其)

①中國文物學會專家委員會主編《中國文物大辭典》第28頁。
②張政烺《周厲王胡簋釋文》,《張政烺文史論集》第533頁。

衆,不爲兵邾(主)。”

（3）曠—壙　　熹平四年胥氏鎮墓文:“各安其所,曠户以閉,累君後世,令無死喪。”黄景春:“曠,通‘壙’,指墓穴。曠户,墓門。以,通‘已’。”①

（4）壙—曠　　武斑碑:“商周倔[貌],歷世[壙遠],[不隕]其美。”高文注:壙即曠字。《漢書・李夫人傳》“托沈陰以壙久兮”,顔師古注:“壙與曠同。”②

（5）璜—黄　　安大簡《詩經・秦風・渭陽》55:“可(何)以曾(贈)之,逌(路)車輮(乘)璜(黄)。”

（6）潢—瀇　　《馬王堆・戰國縱横家書・公仲倗謂韓王章》255:“秦、韓戰於蜀潢,韓是(氏)急。”原整理者指出:蜀潢,《戰國策・韓策》《史記・韓世家》并作“濁澤”。古書“澤”常與“津”混,蜀“津”即濁澤。帛書“潢”通“瀇”,蜀瀇即蜀津。

（7）潢—璜　　《北大四・妄稽》37:“白環佩首,結末垂潢(璜)。”

5. 詞源譜系

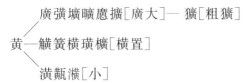

六二　官

1.《説文》本義

《説文》自部:“官,史,事君也。从宀从自。自猶衆也。此與‘師’同意。”

2. 出土材料本義

官,甲骨文作█(合 28033)等形,从宀从自,會衆人在屋下休息之意,爲“館”之初文。俞樾《兒笘録》:“今按:官者,館之古文也。以宀覆自正合館舍之義。食部:‘館,舍也,从食官聲。’此乃後出字,古字止作

①黄景春《早期買地券、鎮墓文整理與研究》第 127—128 頁。
②高文《漢碑集釋》(修訂本)第 80 頁。

官。"楊樹達舉出多條文獻例證證明"官"本指處所,非指人①。《合集》1916:"庚辰卜,貞,才(在)官(館)。"《睡虎地·法律答問》159:"舍公官(館),蘟火燔其舍,雖有公器,勿責。"整理者注:"公館,官府的館舍。"《馬王堆·老子甲本·道篇》143—144:"唯(雖)有環官,燕處[則昭]若。"原整理者注:"疑環官爲闤館,闤與館乃旅行必經之處,極躁之地。"《乙本·道篇》67:"雖有環官,燕処則昭若。"

《説文》食部:"館,客舍也。从食官聲。《周禮》五十里有市,市有館,館有積,以待朝聘之客。"

3. 同源詞繫聯

《國語·周語中》:"司里不授館,國無寄寓,縣無施舍。"先秦時期,"館舍分爲館、寄寓和施舍三種。後二種似專爲平民設,前一種似專爲國家賓客設"②。國家賓客,即國家使臣,館舍與官吏義相通,於是以"官吏"爲詞源意義派生出"倌"。

《説文》人部:"倌,小臣也。从人从官。《詩》曰:'命彼倌人。'"

殷寄明指出:管(形圓的竹製樂器)、逭(繞行)、棺(圍護屍體之物)、涫(打滾作圓周運動的沸水)、綰(盤繞成結)、輨(形圓的包裹在車轂上的金屬套)、琯(玉管,如笛)、裙(褲管)、錧(用同輨、輨)、婠(女性體態豐滿而美好)同源,均有"圓"義③;後來刪掉棺、錧、婠,增加臉(面曲貌),對保留各詞的解釋基本一致④。郝士宏亦指出"官"爲"館"本字,"綰、棺、管"同源,是從"官"的形象引申分化的,"倌"是由"官"的字義"官吏"分化出來的⑤。

上述二説基本可從。需要討論下三詞:

《説文》木部:"棺,關也,所以掩尸。从木官聲。"《孝經·喪親章》"爲之棺椁衣衾而舉之,陳其簠簋而哀慼之",唐玄宗注:"周尸爲棺。"有周繞義,與圓義相通。

"錧"用同"輨、輨",實爲記錄一詞,"錧"不再繫聯。

《説文》女部：“婠，體德好也。从女官聲。”不具有圓義。

兩個詞群之間的關係，即圓和官吏之間的關係却不好解釋，黄易青指出：“管鑰的‘管’，詞源意義是/貫入圓圜/（與/圈、圜/相關），以管鑰的關鍵作用引申出主司、主管者義；再由主司義引申出治事所在義。即：管——官——館。”[1]而我們認爲如下解釋要更好些：官有主司、關鍵義，而管亦有關鍵義，所以二者同源；又因爲起關鍵作用的管形狀是圓的，所以，以“官”爲聲符又派生出以“圓”爲詞源意義的詞。

4. 通用情況

（1）官—管　　《清華一·周武王有疾周公所自以代王之志》7：“官（管）弔（叔）返（及）丌（其）羣𤕝（兄）俤（弟）乃流言于邦曰……”

（2）官—棺　　《嶽麓一·占夢書》27：“夢死者復起，更爲官（棺）郭（椁）。”

（3）官—綰　　郏陵君王子申鐈：“羕（永）甬（用）之，官（綰）攼無疆。”

（4）綰—棺　　《睡虎地·秦律十八種》5：“唯不幸死而伐綰享者，是不用時。”綰享即棺椁。

（5）倌—官　　《璽彙》3580：“女倌”劉釗認爲即女官[2]。

5. 詞源譜系

官—館倌［官吏］—管［主司］—逭棺涫綰輨琯裸䆓［圓］

六三　辰

1.《説文》本義

《説文》辰部：“辰，震也。三月，陽气動，靁電振，民農時也。物皆生，从乙、匕，象芒達；厂，聲也。辰，房星，天時也。从二，二，古文上字。”

2. 現有考釋及出土材料本義

辰，甲骨文作（合 13262）、（合 19863），對其形體主要有兩種

---

[1] 黄易青《上古漢語同源詞意義系統研究》第 117 頁。
[2] 劉釗《楚璽考釋（六篇）》，《古文字考釋叢稿》第 200 頁。

觀點：

郭沫若："余以爲辰實古之耕器。其作貝壳形者，蓋蜃器也。《淮南·氾論訓》曰：'古者剡耜而耕，摩蜃而耨'"，"辰與蜃在古當係一字，蜃字从虫例當後起"[①]。《説文》虫部："蜃，雉入海，化爲蜃。从虫辰聲。"這種觀點影響很大，如陳夢家、楊樹達、陸宗達、王寧、何琳儀等均持此説[②]。

而裘錫圭認爲"從甲骨文看，辰是農業上用於清除草木的一種工具"，"郭沫若認爲這種'辰'字象'貝壳形'，代表'蜃器'，楊樹達也認爲'象蜃蛤之形'。這種解釋跟字形似乎也并不切合"[③]。

上述二説雖對"辰"所像何形的看法完全不同，但相同的是二者都認爲"辰"本爲農具，這一點應該是没有疑義的。季旭昇謂其本義爲"耕器"[④]，董蓮池認爲其爲"農業上清除草木的一種工具的象形"[⑤]，可謂是比較謹慎的説法。"辰"作爲耕器，其形狀或與一種貝殼相似。

3. 同源詞繫聯

《説文》示部："祳，社肉，盛以蜃，故謂之祳。天子所以親遺同姓。从示辰聲。《春秋傳》曰：'石尚來歸祳。'""祳"與"蜃"同源。

辰部："晨，早昧爽也。从臼从辰。辰，時也。辰亦聲。丮夕爲㖡，臼辰爲晨，皆同意。"楊樹達指出："蓋吾族以農立國，俗尚早起，農民兩手持蜃往田，爲時甚早，故以兩手持辰表昧爽之義。"[⑥]所以从"辰"聲的詞含有"時間"義，又包括：

晶部："曟，房星，爲民田時者。从晶辰聲。晨，曟或省。"段注："以晨解例之，當云'从晶从辰。辰，時也。辰亦聲'。上文'爲民田時者'，正爲从辰發也。曟星字亦徑作辰。《周語》：'辰馬，農祥。'"隨縣曾侯乙

---

①郭沫若《甲骨文字研究·釋支干》第 204—205 頁。

②陳夢家《殷虚卜辭綜述》第 543 頁；楊樹達《積微居小學述林全編》上册第 79 頁；陸宗達、王寧《訓詁與訓詁學》第 204 頁；何琳儀《戰國古文字典——戰國文字聲系》第 1332 頁。

③裘錫圭《甲骨文中所見的商代農業》，《古文字論集》第 165—167 頁。

④季旭昇《説文新證》第 1019 頁。

⑤董蓮池《説文解字考正》第 586 頁。

⑥楊樹達《積微居小學述林全編》上册第 79 頁。

墓箱蓋漆書:"民祀隹坊(房),日辰於維。"王暉指出辰應讀爲晨①。

　　會部:"𦥯,日月合宿从辰。从會从辰,辰亦聲。"

　　以農具除草,與草接觸的刃部是其邊緣,从"辰"聲的詞又有"邊緣"義:

　　《説文》肉部:"脣,口耑也。从肉辰聲。"段注:"口之厓也。假借爲水厓之字。鄭注《乾鑿度》引《詩》'寘之河之脣'。"

　　宀部:"宸,屋宇也。从宀辰聲。"段注:"屋者,以宮室上覆言之。宸謂屋邊,故古書言'柍桭'者,即棟宇也。《甘泉賦》'日月纔經於柍桭',伏虔曰:'柍,中央也。桭,屋梠也。'《魏都賦》'旅楹閑列,暉鑒柍桭',張載曰:'柍,中央也。桭,屋宇檼也。'是知'柍桭'即上棟下宇之謂。柍即央字,桭即宸字。《西京賦》:'消氛埃於中宸,集重陽之清澂。''中宸'即'柍桭'。韋昭注《國語》云:'宸,屋霤也。宇,邊也。'"

　　尸部:"屒,伏皃。从尸辰聲。一曰屋宇。"段玉裁"伏皃"下注曰:"未聞。""一曰屋宇"下注曰:"與宀部'宸'音義同,尸象屋形。"

　　阜部:"陙,水阜也。从阜辰聲。"徐鍇繫傳:"陙,若湨岸也。"

　　水部:"湨,水厓也。从水脣聲。《詩》曰:'寘河之湨。'"《廣雅·釋丘》"湨,厓也",王念孫疏證:"脣者,在邊之名,口邊謂之脣,水厓謂之湨,屋宇謂之宸,聲義並相近也。"

　　以農具除草,要不停地動,从"辰"聲的詞有"動"義:

　　《説文》足部:"蹍,動也。从足辰聲。"段注:"與口部'脣'、雨部'震'、手部'振'音義略同。"《玉篇》足部:"蹍,動也。"

　　欠部:"欨,指而笑也。从欠辰聲。讀若蜃。"段注:"《吕覽》舜爲天子,'轉轉欨欨,莫不載悦',高注曰:'欨欨,動而喜也。'又作'陳陳殷殷',無二切。皆謁字耳。欨蓋即欨字,轉寫从女。《吳都賦》'東吳王孫,赧然而咍',劉注云'赧,大笑皃',引莊周'齊桓公赧然而笑'。赧即欨字之異者,俗謁作赧。"

　　雨部:"震,劈歷,振物者。从雨辰聲。《春秋傳》曰:'震夷伯之廟。'"段注:"振與震疊韵。《春秋正義》引作'震物'爲長,以能震物而謂之震也。引申之,凡動謂之震。'辰'下曰:'震也。'"《馬王堆·周易經傳·周易》31 下：“六三，辰（震）疏＿（疏疏—蘇蘇），辰（震）行，無省（眚）。九四，辰（震）遂沂〈泥〉。”

手部：“振，舉救也。从手辰聲。一曰奮也。”《禮記·月令》“東風解凍，蟄蟲始振”，鄭玄注：“振，動也。”《馬王堆·五行》135：“大成也者，金聲玉辰之也。”18：“金聲而玉振之，有德者也。”

貝部：“賑，富也。从貝辰聲。”徐鍇繫傳：“賑，振也，振起之也。”段注：“見《釋言》，郭曰：‘謂隱賑富有。’《西京賦》‘鄉邑殷賑’，薛曰：‘謂富饒也。’《匡謬正俗》曰‘振給、振貸’字皆作振。振，舉救也。俗作賑，非。”

女部：“娠，女妊身動也。从女辰聲。《春秋傳》曰：‘后緡方娠。’”段注：“凡从辰之字皆有動意，‘震、振’是也。妊而身動曰娠，別詞也。渾言之則妊、娠不別。《詩》‘大任有身，生此文王’，傳曰：‘身，重也。’蓋妊而後重，重而後動，動而後生。”《爾雅·釋詁下》“娠，動也”，郭璞注：“娠，猶震也。”

口部：“唇，驚也。从口辰聲。”段注：“後人以震字爲之。”

4. 通用情況

（1）晨—辰　　《包山》46：“甲晨（辰）之日。”66：“壬晨（辰）之日。”

（2）晨—脣　　《睡虎地·日書甲種》77 正壹：“生子，三月死，不死毋（無）晨（脣）。”

（3）晨—振　　《郭店·五行》19：“金聖（聲）而玉晨（振）之，又（有）惪（德）者也。”《張家山·脈書》21—22：“卻（膝）外廉痛，晨（振）塞〈寒〉，足中指踝〈踝（痺）〉。”

（4）振—震　　《馬王堆·周易經傳·繫辭》5 下：“憂恚（悬—悔）闔（吝）者存乎分，振（震）无咎存乎謀（悔）。”

（5）唇—辰　　節可忌豆：“唇（辰）在丁亥。”

5. 詞源譜系

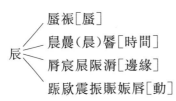

蜃裖［蜃］
晨曟（晨）曟［時間］
脣宸晨陙溽［邊緣］
踨趷震振賑娠唇［動］

　　上述詞族每個詞族中的全部成員,都與其聲符的出土材料本義有
直接或間接的意義聯繫,整個詞族是一個有機的系統。

　　另外,有 3 個詞族,其同聲符同源詞均與聲符的《説文》本義有關,
而與其出土材料本義無關。

六四　康

1.《説文》本義

　　《説文》禾部:"穅,穀皮也。从禾从米,庚聲。康,穅或省。"《詩經·
小雅·賓之初筵》"酌彼康爵,以奏爾時",鄭玄箋:"康,虛也。"

　　《墨子·備城門》:"二舍共一井爨,灰、康、粃、杯、馬矢皆謹收藏
也。"孫詒讓間詁:"畢云:《説文》云:'穅,穀皮也。'康,或省字。"《莊子·
天運》"夫播穅眯目,則天地四方易位矣",釋文:"穅,音康,字亦作康。"
《玉篇》禾部:"穅,米皮也。"《玉篇》米部:"糠,俗穅字。"

　　據《説文》訓釋"康"爲"穅"之本字。

2. 出土材料本義

　　康,甲骨文作🔶(合 36010)、🔶(合 35371),金文作🔶(矢令方彝)等
形。甲骨文"庸"作🔶(合 12839)、🔶(合 15994)等形,从庚。裘錫圭認爲
戴侗《六書故》根據金文指出"庚"象"鐘類",并認爲"庸"是"鏞"的初文,
是很精闢的見解[1]。"康"字从"庚",郭沫若認爲"庚"當是有耳、可搖之
樂器,當即鉦之初字,從庚之康必以和樂爲其本義[2]。李孝定同意郭説,
并進一步指出,"庚"在"卜辭中均用爲幹枝字無用其本義者,郭氏此説
遂無由獲直接之證明,然於字形及庚康二字之關係觀之蓋不誣也"[3]。
從古文字看,"康"本義爲和樂。

3. 同源詞繫聯

　　從"康"聲的詞以"空"爲詞源意義,穀皮即蘊含"空"義:

　　《説文》宀部:"康,屋康寠也。从宀康聲。"段注:"《方言》'康,空

---

① 裘錫圭《甲骨文中的幾種樂器名稱》,《古文字論集》第 196—198 頁。
② 郭沫若《甲骨文字研究·釋支干》第 174—175 頁。
③ 李孝定編述《甲骨文字集釋》第 4272 頁。

也’,郭注:‘漮㝔,空皃。’”《玉篇》宀部:“㝔,虚也,空也。”

欠部:“歉,飢虚也。从欠康聲。”段注:“飢者,餓也。漮者,水之虚。㝔者,屋之虚。歉者,餓腹之虚。”

水部:“漮,水虚也。从水康聲。”段注:“《爾雅音義》引作水之空也。蓋許用釋《爾雅》舊説,故爲分别之詞。《釋詁》曰:‘漮,虚也。’虚,師古引作空。康者,穀皮中空之謂,故从康之字皆訓爲虚。‘歉’下曰:‘饑虚也。’‘㝔’下曰:‘屋康㝔也。’《詩》‘酌彼康爵’,箋云:‘康,虚也。’《方言》曰:‘康,空也。’《長門賦》‘榱梁’,虚梁也。《急就篇》顔注曰:‘輨謂輿中空處,所用載物也。’水之空,謂水之中心有空處。”

《急就篇》卷三“輨輻轅軸輿輪輨”,顔師古注:“輨謂輿中空處,所用載物也。輨之言空也。”

4. 通用情况

(1)康—穅(糠)　　《睡虎地·日書甲種》59背貳:“鬼入人宫室,勿(忽)見而亡,亡(無)已,以脩(滫)康(糠),寺(待)其來也,沃之,則止矣。”

5. 詞源譜系

康—穅㝔歉漮輨［空］

六五　卂

1.《説文》本義

《説文》卂部:“卂,疾飛也。从飛而羽不見。”段注:“引申爲凡疾之偁,故‘撞’下曰:‘卂擣也。’辵部‘迅’从卂。”《玉篇》卂部:“卂,疾飛也。亦作迅。”從《説文》看,“卂”爲“迅”本字,本義爲迅疾。

辵部:“迅,疾也。从辵卂聲。”《北大四·反淫》42:“願得刣精神,奮卂(迅)刑(形)膿(體),强觀清華。”

2. 出土材料本義

甲骨文🦣(合 19129)从跪人,雙手反剪,从“口”表示詢問活口。疑爲被捕獲活的俘虜,即“訊”的最初文。“卂”當從“訊”簡化而來,簡化之初,究釋爲“訊虜”或“疾飛”,難以判定①。

①季旭昇《説文新證》第 859 頁。

《説文》言部："訊，問也。从言卂聲。"《里耶秦簡》8-231："詰卂兼寄成卒大夫□食"，卂，讀爲訊[①]。

3. 同源詞繫聯

从"卂"聲的詞有以"迅疾"爲詞源意義者：

《説文》水部："汛，灑也。从水卂聲。"段注："卂，疾飛也。水之散如飛，此以形聲包會意也。楊雄《劇秦美新》云：'況盡汛埽前聖數千載功業。'汛埽，即灑埽也。俗用爲潮汛字。"

4. 詞源譜系

卂—迅汛［迅疾］

六六　四

1.《説文》本義

《説文》四部："四，陰數也。象四分之形。凡四之屬皆从四。𦉫，古文四。"

2. 出土材料本義

四，初文作三（合 14611），積畫爲數。春秋時出現四（邵鐘）形，爲小篆所本。

丁山謂："竊疑積畫爲三者數名之本字，後之作四者皆借呬爲之。……四从口，象口形，或作四四者，兼口舌气象之也。其中之八蓋猶兄下从八象气下引；兮上从八气象越于。邵鐘八下之一，蓋猶甘曽之从一以象舌形，气蘊舌上而不能出諸口非呬而何。"[②]

春秋吳王鐘"四"作𣲺，曾憲通謂："象鼻息下引之形，構形最爲形象，實即呬的象形字。《方言》：'呬，息也。'……今見於吳王鐘之象形字作𣲺，更可證明許言'東夷謂息爲呬'確有所本。……四乃呬之本字，因與數名之三同音，因假四爲三。"[③]

《説文》口部："呬，東夷謂息爲呬。从口四聲。《詩》曰：'犬夷呬

---

①陳偉《里耶秦簡牘校釋》第 1 卷第 119 頁。

②丁山《數名古誼》，《史語所集刊》第 1 本第 1 分第 89—94 頁。

③曾憲通《吳王鐘銘考釋》，《古文字與出土文獻叢考》第 138 頁。

矣。'"上述諸説可從,四爲呬之初文,後主要使用假借用法。

3. 同源詞繫聯

從"四"聲的詞以"四（數詞）"爲詞源意義：

《説文》馬部："駟,一乘也。從馬四聲。"石鼓文《田車》："四介既簡（閑）,左驂驋驋。"郭沫若注："《詩·清人》,'駟介旁旁'。"[1]"四"讀爲"駟"。《馬王堆·老子甲本·德篇》52："故立天子,置三卿,雖有共之璧以先四馬,不善〈若〉坐而進此。"今本作："雖有拱璧以先駟馬,不如坐進此道。"

牛部："牭,四歲牛。從牛從四,四亦聲。"

4. 通用情況

（1）駟—四　　《睡虎地·秦律十八種》180："御史卒人使者,食粺米半斗,醬駟（四）分升一,采（菜）羹,給之韭葱。"

5. 詞源譜系

四—駟牭［數量四］

對於這 3 個詞族我們之所以也收入,是因爲它們也在本書確定的研究對象之中——聲符的出土材料本義與《説文》本義不同,同時又有同聲符的同源詞。

---

[1]郭沫若《石鼓文研究　詛楚文考釋》第 77 頁。

第二章 屬於多個詞族的同聲符同源詞繫聯

有 24 個同源詞組，其聲符的出土材料本義只能統攝部分同源詞，組內另外的一些同源詞的詞源意義與之没有明顯的意義聯繫。這部分同源詞詞源意義的來源有待考證，有一些與聲符的《説文》本義相關，有一些與《説文》本義亦没有關係。

○一　帝

1.《説文》本義

《説文》上部："帝，諦也。王天下之號也。从丄朿聲。"

2. 現有考釋及出土材料本義

《説文》謂"帝"从丄朿聲，從古文字發展來看，其本必不如此。"帝"，甲骨文作 （合 14204），金文作 （寡子卣），戰國楚簡作 （郭店·六德 4），西漢帛書作 （馬王堆·周易經傳·周易 92 下），小篆作 ，東漢碑刻作 （石門頌），字形發展一脈相承。對於"帝"的古文字構形，目前學界主要有兩説。

一是宋鄭樵《六書略》首倡，後吴大澂[1]、王國維、郭沫若、商承祚[2]、朱歧祥[3]等主張的"花蒂"説，同時認爲"帝"爲"蒂"本字。郭沫若認爲 若 像子房， 像萼， 像花蕊之雄雌，而"帝"表示天帝是由於生殖崇拜[4]。

另外一種觀點認爲"帝"本指一種祭祀。葉玉森認爲"帝从寮"[5]。嚴一萍指出帝與寮、柴爲一系，柴爲束薪焚於示前，寮爲交互植薪而焚，

---

[1] 吴大澂《説文古籀補》第 1 頁。
[2] 商承祚《説文中之古文考》第 4 頁。
[3] 朱歧祥《殷墟甲骨文字通釋稿》第 134 頁。
[4] 郭沫若《甲骨文字研究·釋祖妣》第 53—54 頁。
[5] 葉玉森《殷虚書契前編集釋》卷 1 第 82 頁。

帝者以架插薪焚而祭天也。三者不同處,僅在積薪之方式與範圍①。王輝亦主此説,但認爲其字形頂部的"一"是指示符號,代表天空,下面的部分表示柴祭,同時認爲其爲"禘"本字,并指出禘是火祭的一種②。徐中舒認爲象架木或束木燔以祭天之形,爲禘之初文③。

　　如果僅從字形看,兩説都可通,但僅靠字形確定詞的本義,是比較危險的。雖"花蒂"説由來已久,且影響廣泛,但本書認爲當以後説爲長。

　　"帝"在甲骨文中有大量用作祭祀義的用例。如《合集》14531:"帝于河。"這是對自然神的祭祀。《合集》14748:"貞,帝于王亥。"這是對先王的祭祀。這應該是"帝"用本義的用例。後來爲了明確其意義類別,增形旁"示"。王國維亦有言曰:"禘,古文作帝。"④

　　《説文》示部:"禘,諦祭也。从示帝聲。《周禮》曰:'五歲一禘。'""禘"最早見於《説文》一書。段注:"諦祭者,祭之審諦者也。何言乎審諦,自來説者皆云審諦昭穆也。諦有三,有時諦,有殷禘,有大禘。"

　　詹鄞鑫指出:"文獻中的周代'禘'禮只有二義:或是王者(或其胄裔)尊其祖之所自出(如黃帝、帝嚳、帝舜)而以其祖(如顓頊、文王、契)配之的祭祖大禮;或是合祭祧祖禰祖於始祖大廟的宗廟大禮,實爲'祫'祭別名。卜辭中的'帝'禮是禳災之祭,與文獻中的任何一種'禘'禮都是不相干的。"⑤文獻中的"禘"禮在周代,卜辭中的"帝"在商代,二者的不同或許是事物隨着時代的發展有所變化。而詞所指事物的變化并不能代表詞義的不同,即"帝(禘)"作爲禘祭的詞義沒有變化,變化的是這種祭祀的内容。就好比,古今時代的桌子形制不同,但"桌"的詞義并沒有發生變化。禘祭的變化不影響"帝"是"禘"本字的論斷。

　　"帝"的常用義"天帝"當是因爲與其祭祀的對象有關而引申出來的,卜辭中亦有大量用例,如《合集》900 正:"至甲辰,帝不其令雨。"再進一步引申則有"帝王"等義。

---

①嚴一萍《美國納爾森美術館藏甲骨卜辭考釋》第 8 頁。
②王輝《殷人火祭説》,《古文字研究論文集》(四川大學學報叢刊第 10 輯)第 271 頁。
③徐中舒主編《甲骨文字典》(第 3 版)第 7 頁。
④王國維《再與林博士論洛誥書》,《觀堂集林》第 45 頁。
⑤詹鄞鑫《禘禮辨——兼釋卜辭"帝"禮及"呺"禮》,《中國文字研究》第 1 輯第 60 頁。

3. 同源詞繫聯

"帝"爲"禘"本字。"帝"本指祭祀,其中蘊含有"審諦"義。《玉篇》示部:"禘,諦也。"《左傳·閔公二年》經:"夏五月乙酉,吉禘于莊公。"孔穎達疏:"禘者,諦也,言使昭穆之次審諦而不亂也。"由此派生出以"審諦"爲詞源意義的下列詞:

《説文》言部:"諦,審也。从言帝聲。"段注:"毛傳曰:'審諦如帝。'"《詩經·鄘風·君子偕老》:"胡然而天也? 胡然而帝也?"毛傳:"尊之如天,審諦如帝。"《温縣盟書》"帝愜覞女",何琳儀:"《三國志·魏志·明帝紀》注引《魏略》:'君諦視之。'視即盟書之覞。《説文》:'諦,審也。'"① "帝"用作"諦"。

糸部:"締,結不解也。从糸帝聲。"段注:"解者,判也。下文曰:'紐,結而可解也。'故結而不可解者曰締。""締"指"結得非常牢固,牢固到難以解開"②。

束薪焚而祭天,煙氣至於帝,故又有"至"義:

《説文》辵部:"適,之也。从辵啻聲。適,宋魯語。"段注:"《釋詁》:'適、之,往也。'《方言》:'逝、徂、適,往也。適,宋魯語也。'按:此不曰'往'而曰'之',許意蓋以'之'與'往'稍别。'逝、徂、往'自發動言之,'適'自所到言之。故變卦曰之卦,女子嫁曰適人。"

"至"義與"止"義相通:

《説文》足部:"蹢,住足也。从足,適省聲。或曰蹢躅。"段玉裁改爲"从足啻聲",注曰:"俗本作適省聲,非是。"

煙氣上達於帝,意義反向衍化,則有"下滴",所以,又有以"下滴"爲詞源意義者:

《説文》水部:"滴,水注也。从水啻聲。"段注:"《埤倉》有渧字,讀去聲,即滴字也。"

木部:"樀,户樀也。从木啻聲。《爾雅》曰:'檐謂之樀。'讀若滴。"段注:"按户樀謂門檐也。郭注《爾雅》及《篇》《韵》皆云屋梠,則不專謂門。""樀之言滴也,與雷滴相近。"

---

①何琳儀《戰國古文字典——戰國文字聲系》第 748 頁。
②王鳳陽《古辭辨》第 704 頁。

4. 通用情況

(1)適—蹢　　《馬王堆·周易經傳·周易》9 上：“有攸往，見兇(凶)，贏豨(豕)復(孚)適(蹢)屬(躅)。”

5. 詞源譜系

祶諦締[審諦]

帝—適[至]—蹢[止]

滴楴[下滴]

6. 詞族外其他同源詞繫聯

此外，從“帝”聲的詞有“匹敵”義：

《説文》攴部：“敵，仇也。從攴啻聲。”段注：“仇，讎也。《左傳》曰：‘怨耦曰仇。’仇者，兼好惡之詞。相等爲敵，因之相角爲敵。”《爾雅·釋詁上》“敵，匹也”，邢昺疏：“敵，相當之匹也。”

女部：“嫡，孎也。從女啻聲。”段注：“按：俗以此爲嫡庶字，而許書不爾。蓋嫡庶字古衹作適。適者，之也。所之必有一定也。《詩》‘天位殷適’，傳曰：‘紂居天位，而殷之正適也。’凡今經傳作嫡者，蓋皆不古。”《釋名·釋親屬》：“嫡，敵也，與匹相敵也。”《合集》30390：“弜乎汏帝子御史，王其每。”羅琨認爲帝讀爲“嫡”[1]。寡子卣[2]中有“帝家”一詞，王暉、李學勤均認爲帝讀爲“嫡”[3]。

以“尖鋭”爲詞源意義：

《説文》手部：“搞，搔也。從手適聲。一曰投也。”段注：“此義音剔。《詩》‘象之揥也’，傳曰：‘揥，所以摘髮也。’釋文云：‘揥，勑帝反。摘，他狄反。本又作搞，非也。搞音直戟反。’按：以許説繩之，則作搞爲是，搞正音他狄反也。以象骨搔首，因以爲飾，名之曰揥，故云‘所以摘髮’，即後人玉導、玉搔頭之類也。《廣韻》十二霽曰：‘揥者，揥枝，整髮釵。’許書無揥。”

《釋名·釋首飾》：“揥，摘也，所以摘髮也。”《廣韻》祭韻：“揥，佩飾。”《詩經·鄘風·君子偕老》“玉之瑱也，象之揥也”，毛傳：“揥，所以

---

①羅琨《釋“帝”》，《古文字研究》第 28 輯第 69—70 頁。

②此器即《殷周金文集成》5392 號，器名還有待討論，本文姑按舊稱。

③王暉《西周金文所見大宗“收族”現象研究》，《史學月刊》2016 年第 12 期；李學勤《試釋所謂“寡子卣”》，《出土文獻》第 10 輯第 36 頁。

摘髮也。"孔穎達疏:"以象骨搔首,因以爲飾,名之掃,故云'所以摘髮'。"

《説文》金部:"鏑,矢鏃也。从金啻聲。"段注:"謂矢族之入物者。"

張博用 6 個詞族證明了"尖鋭"與"斥責、毀謗"義通①,以"斥責"爲詞源意義的"帝"聲詞:

《説文》言部:"謫,罰也。从言啻聲。"《説文》"謫"前一字:"譴,謫問也。从言遣聲。"後一字:"諯,數也。一曰相讓也。从言耑聲。讀若專。"段注"數也"下注"謂數責也","一曰相讓也"下注"相責讓。二義亦略同耳"。按照《説文》以類相從的特點,"謫"義亦爲譴責。《廣雅·釋詁》:"謫,責也。"《左傳·成公十七年》"慶克久不出,而告夫人曰:國子謫我",杜預注:"謫,譴責也。"《詩經·邶風·北門》"我入自外,室人交徧讁我",毛傳:"讁,責也。"

通用情況:

(1)敵—嫡　　西周章叔粺簋:"其用追孝于朕敵(嫡)考。"叔夷鐘:"尸女(汝)康能乃又(有)事,遷敵寮,余用登屯(純)厚乃命。""敵寮,嫡僚,言爲夷直系之徒屬。"②《馬王堆·稱》6 下:"立正敵(嫡)者,○不使庶孽疑(擬)焉。"敵,用作嫡。

从"帝"聲的其他同源詞:

敵嫡[匹敵]

擿掃鏑[尖鋭]—謫(讁)[斥責]

○二　必

1.《説文》本義

《説文》八部:"必,分極也。从八弋,弋亦聲。"

2. 出土材料本義

郭沫若:"余謂必乃柲之本字。字乃象形,八聲。𢒉即戈柲之象形,許書以爲從八弋者,非也。其訓'必'爲'分極'乃後起之義,從木作之柲

①張博《漢語同族詞的系統性與驗證方法》第 276—278 頁。
②郭沫若《兩周金文辭大系圖録考釋》第 205 頁。

字,則後起之字也。"①

　　裘錫圭:甲骨文中的 **𠄌**、**𠄌**、**𠄌**(《甲骨文編》第 354、792、862 頁),是"柲"的象形初文,指古代戈、戟、矛等武器的柄。金文"必"字作 **火**、**必**(《金文編》第 41 頁)等形,金文、小篆的"戈"字作 **戈**、**戈**等形,如果去掉象戈頭的一横,剩下來的象戈柲的部分,正與金文"必"字所从的 **𠄌**、**𠄌**同形。"必"當爲"柲"字初文。但《説文》認爲"必"从"弋"聲是不對的。金文"弋"作 **𠔇**、**𠔇**(《金文編》第 638 頁)等形,秦漢金石篆文"弋"作 **𠔇**、**𠔇**(《漢印文字徵》12.16 上,《秦漢瓦當文字》1.13)等形,金文和秦漢金石篆文中用作偏旁的"弋"作 **𠔇**、**𠔇**(《金文編》第 626 頁"妖"字、第 310 頁"杙"字,《漢印文字徵》8.6 上"代"字)等形,都跟"必"字所从 **𠄌** 有相當明顯的區別。可見,"弋"和"柲"的象形初文 **𠄌** 是兩個字②。

　　何琳儀、季旭昇、王藴智、董蓮池均認爲"必"即"柲"③。裘説可從,"必"爲"柲"之本字。無重鼎:"易女玄衣黹屯,戈琱戚𢎉必彤沙,攸勒,緣旂。""必"用作"柲"。相同用法的"必"還見於五年師旋簋、休盤、袁盤等。

3. 同源詞繫聯

　　《説文》木部:"柲,欑也。从木必聲。"段注:"此即下文積竹杖也。《考工記》'廬人爲廬器,戈柲六尺有六寸,殳長尋有四尺,車戟常,酋矛常有四尺,夷矛三尋',注云:'柲猶柄也。'按:戈戟矛柄皆用積竹杖,不比他柄用木而已。殳則用積竹杖而無刃。柲之引伸爲凡柄之偁。《左傳》:'剥圭以爲戚柲。'戚柄不用積竹。"

　　戈柲當有"直"的特點,其與"眇"同源。

　　《説文》目部:"眇,直視也。从目必聲。"

4. 詞源譜系

　　必—柲眇[直]

5. 詞族外其他同源詞繫聯

　　此外,从"必"聲的詞又以"閉"爲詞源意義:

---

①郭沫若《戈琱戚𢎉必彤沙説》,《殷周青銅器銘文研究》第 177 頁。

②裘錫圭《釋"柲"》,《古文字論集》第 17 頁。

③何琳儀《戰國古文字典——戰國文字聲系》第 1101 頁;季旭昇《説文新證》第 84 頁;王藴智《字學論集》第 112 頁;董蓮池《説文解字考正》第 40 頁。

《説文》宀部："宓，安也。从宀必聲。"段注："此字經典作密，密行而宓廢矣。《大雅》'止旅乃密'，傳曰：'密，安也。'正義曰：'《釋詁》曰：密、康，静也。康，安也。轉以相訓，是密得爲安。'"

示部："祕，神也。从示必聲。"徐鍇繫傳："祕，祕不可宣也。祕之言閉也。"張舜徽約注："小徐以閉訓祕，是已。祕、閉雙聲，受義固同原也。神謂之祕，猶慎謂之毖耳。推之安謂之宓，閉門謂之閟，無聲謂之謐，山如堂者謂之密，蔽不相見者謂之覕，義並相近矣。"

比部："毖，慎也。从比必聲。《周書》曰：'無毖于卹。'"

見部："覕，蔽不相見也。从見必聲。"段注："覕之言閟也，祕也。蔽、覕雙聲。"

門部："閟，閉門也。从門必聲。《春秋傳》曰：'閟門而與之言。'"段注："引申爲凡閉之偁。《載馳》《閟宫》傳曰：'閟，閉也。'又假爲祕字。《閟宫》箋曰：'閟，神也。'此謂閟即祕之假借也。示部曰：'祕，神也。'"

言部："謐，静語也。从言㥁聲。一曰無聲也。"

山部："密，山如堂者。从山宓聲。"段注："土部曰：'堂，殿也。'《釋山》曰：'山如堂者，密。'"《周易・繫辭上》"聖人以此洗心，退藏於密"，韓康伯注曰："言其道深微，萬物日用而不能知其原，故曰退藏於密，猶藏諸用也。"《禮記・樂記》"使之陽而不散，陰而不密"，鄭玄注："密之言閉也。"孔穎達疏："密，閉也。陰主幽静，失在閉塞。"史密簋："師俗達（率）齊自（師）、述（遂）人左，□伐長必。"王輝認爲長必得名殆與密水有關，"必"用作"密"[1]。《銀雀山・守法守令等十三篇》962—963："㦸（陳）以數必（密）固，以疏□達。"

艸部："蔧，芙蕖本。从艸密聲。"段注："《釋艸》'其本蔧'，郭云：'莖下白蒻在泥中者。'按：蔧之言入水深密也，蒲本亦偁蔧。《周書》莫席，今作蔑席，織蒻席也。《檀弓》'子蒲卒，哭者呼滅'，注曰：'滅蓋子蒲名。'哭呼名，故子皋非之。莫、滅皆蔧之假借也。名蔧，故字蒲。"

又有以"肥"爲詞源意義者：

《説文》馬部："駜，馬飽也。从馬必聲。《詩》云：'有駜有駜。'"段注："《魯頌・有駜》曰'有駜有駜'，傳曰：'駜，馬肥彊皃。馬肥彊則能升

---

①王輝《史密簋釋文考地》,《人文雜誌》1991 年第 4 期。

高進遠,臣彊力則能安國。'按:許義小別。鄭箋亦云:'此言僖公用臣,必先致其禄食,禄食足而臣莫不盡其忠也。'"

肉部:"胐,肥肉也。从肉必聲。"《玉篇》肉部:"胐,肥肉也。"

又有以"香"爲詞源意義者:

《説文》艸部:"苾,馨香也。从艸必聲。"朱駿聲通訓定聲注:"艸香也。"

食部:"飶,食之香也。从食必聲。《詩》曰:'有飶其香。'"段注:"與艸部'苾'音同義近。"《玉篇》食部:"飶,食香也。"《廣雅·釋器》:"飶,香也。"

《玉篇》口部:"咇,芳香也。"《廣韻》屑韻:"咇,口香。"

通用情況:

(1)必—宓、毖　　《合集》174:"戊午卜,殼貞,令戊𠂤沚,其靐□。"裴錫圭指出:"𠤎字似乎應該讀爲'毖'。《説文·比部》:'毖,慎也。从比,必聲。'《廣雅·釋詁四》:'必,救也',王念孫《疏證》:'必當爲毖。'《酒誥》'厥誥毖庶邦庶士','如劫毖殷獻臣','汝典聽朕毖',皆戒救之意也。'毖沚'就是對沚人加以救戒鎮撫的意思。又裴書編按:"卜辭既有'宓𠫑'之文,又有'𠤎𠂤'之文,似用作動詞之'宓'與'𠤎'實表一詞,可能都應該讀爲訓'安''寧'的'宓',也可能都應該讀爲當'戒救'講的'毖'。戒救的目的就是要受戒救者安寧順從,'宓'與'毖'當爲同源詞。"[1]《説文》以"慎"訓"毖",實謹慎與救戒、安寧義亦均相通。

(2)宓—閟　　頂卣:"頂作母辛障彝,頂易婦娶曰,用鬻于乃姑宓。"子卣:"子乍婦婤彝,母子母庚宓祀障彝。𢆶。"劉雨指出:"兩器中的'宓'即文獻中的'閟'。第一器頂爲子,婦娶乃其妻,母辛乃頂之母,婦娶之姑。作卣宓祀母辛。第二器婦婤爲子之妻,作卣用以宓祀母庚。兩器皆作於西周早期,銘文記載了西周的高禖祭。《閟宮》所記與金文合。高禖祭行於閟宮,在周人是由來已久的。從西周金文看,祭祀高禖由妃婦單獨進行,閟祀的對象也不必是先妣姜嫄,而往往是'先姑'。"[2]

從"必"聲的其他同源詞:

①裴錫圭《釋"柲"》,《古文字論集》第24—25頁。
②劉雨《西周金文中的祭祖禮》,《考古學報》1989年第4期。

宓祕毖覛閟諡密蔤［密閉］

駜胇［肥］

苾飶泌［香］

○三　單

1.《説文》本義

《説文》吅部:"單,大也。从吅、甲,吅亦聲。闕。"

2. 出土材料本義

單,甲骨文作𒀀(合 137 正)、𒀀(合 10615)等形。"單是一種物象,即古代廣泛使用的狩獵工具——飛石索。它是把一根粗繩歧開,在兩根細繩的頂端分別纏上石頭,用於遠距離打擊形體較大的野獸。這種狩獵工具,石器時代的遺址中出土過(指那種專用的石頭),解放前納西人還在使用。"[①]

3. 同源詞繫聯

許家窰舊石器時代文化遺址中出土了 1059 個石球,最大的重達 1500 克以上,直徑超過 100 毫米,最小的重量不足 100 克,直徑在 50 毫米以下。中等大小的可以作爲飛石索,最小的可用作飛石索上握在手中的扣環,大的顯然難以作飛石索用,但無疑也是一種投擲武器[②]。可見,用於"單"(飛石索)的石頭應該具有小而圓的特點。由此,派生出下列詞:

《説文》弓部:"彈,行丸也。从弓單聲。"又《廣韻》寒韻:"彈,射也。"《東漢銅鏡》0041:"周羅容象,五帝天皇,白(伯)牙單(彈)琴,黃帝吉羊(祥)。"

艸部:"葷,亭歷也。从艸單聲。"《爾雅·釋草》:"葷,亭歷。"徐朝華《爾雅今注》指出其"根白,枝莖俱青,子扁小,有甜、苦兩種"[③]。

角部:"觶,鄉飲酒角也。《禮》曰:'一人洗,舉觶。'觶受四升。从角

[①] 趙平安《〈説文〉小篆研究》第 106 頁。

[②] 賈蘭坡、衛奇、李超榮《許家窰舊石器時代文化遺址 1976 年發掘報告》,《古脊椎動物與古人類》1979 年第 4 期。

[③] 徐朝華《爾雅今注》第 258 頁。

單聲。"《禮記·禮器》"尊者舉觶,卑者舉角",鄭玄注:"凡觴,一升曰爵,二升曰觚,三升曰觶,四升曰角,五升曰散。""四升、三升説與爵一升説相比,均和商、西周早期之青銅觶容量不相合,故《儀禮》《禮記》之諸酒器容量比,當非周初之制。""青銅器中習稱的觶有兩類,一類是扁體的,一類是圓體的,此兩類器商代晚期和西周早期皆有,後者且沿用至東周。"扁體觶"形制有的較大,而圓體觶没有較大的形制,故上述第一類是否即文獻中的觶,尚存在問題"。據王振鐸研究,觶是小而圓的飲酒器①。

竹部:"箪,笥也。从竹單聲。漢津令:箪,小筐也。《傳》曰:'箪食壺漿。'"段注:"《論語》孔注同。皇侃曰:'以竹爲之,如箱篋之屬。'《左傳》夫差以一箪珠問趙孟。蓋亦箪之小者也。"《左傳·哀公二十年》"與之一箪珠",杜預注:"箪,小笥。"《公羊傳·昭公二十五年》"高子執箪食與四脡脯,國子執壺漿",何休注:"箪,葦器也。圓曰箪,方曰笥。""箪"和"笥"的區別,從形制上説,"箪"小些,是圓形的,"笥"大些,是方形的或者長方形的②。

作爲盛器,"匰"與"箪"有同源關係。

《説文》匸部:"匰,宗廟盛主器也。《周禮》曰:'祭祀共匰主。'从匸單聲。"段注:"《周禮·司巫》'祭祀共匰主',杜子春云:'匰,器名。主,木主也。'許云'宗廟盛宝器',亦用杜説。"

縛石於繩與"縣持"相通:

《説文》手部:"撢,提持也。从手單聲。"段注:"提持猶縣持也。"《集韻》僊韻:"撢,《博雅》:'撢援,牽引也。'"按,牽引與提持二義相通。

古代狩獵與戰争往往是不分的,所以又派生出"戰"③。

《説文》戈部:"戰,鬬也。从戈單聲。"段注:"《左傳》曰:'皆陳曰戰。'戰者,聖人所慎也。故引申爲戰懼。"出土材料中"單"用作"戰"的詞例比較多,如《睡虎地·日書乙種》62:"徹,大徹,利單(戰)伐,不可以見人、取妻、嫁女、出入人民、畜生。"《馬王堆·刑德乙篇·刑德占》13:"單(戰)欲倍(背)[之右之,勿迎勿左]。"

---

①馬承源《中國青銅器》(修訂本)第 173 頁。
②王鳳陽《古辭辨》第 257 頁。
③郝士宏《古漢字同源分化研究》第 142—143 頁。

“戰”本身又有“恐懼”義,如《吕氏春秋·審應》“公子沓相周,申向説之而戰”,高誘注:“戰,懼也。”派生出“憚”。

《説文》心部:“憚,忌難也。从心單聲。一曰難也。”段注:“憎惡而難之也。《詩》亦假爲癉字,《大東》‘哀我憚人’是也。”“對令人感到困難的事情有所畏懼用‘憚’。”[①]北大秦簡《醫方雜抄》4-263:“今日庚午,浴啻(帝)女,毋單(憚)蟲戺校(咬)。”[②]《北大四·妄稽》11:“吾不單(憚)買妾,君財恐散。”

飛石索作爲武器具有破壞性,所以从“單”聲的詞又有以“敝敗”爲詞源意義者:

《説文》口部:“嘽,喘息也。一曰喜也。从口單聲。《詩》曰:‘嘽嘽駱馬。’”段注:“《小雅》傳曰:‘嘽嘽,喘息也。馬勞則喘息。’”

疒部:“癉,勞病也。从疒單聲。”段注:“《大雅》‘下民卒癉’,《釋詁》、毛傳皆云:‘癉,病也。’《小雅》‘哀我癉人’,《釋詁》、毛傳曰:‘癉,勞也。’許合云勞病者,如嘽訓喘息皃,憚訓車敝皃,皆單聲字也。”《周家臺秦簡·病方及其他》313:“以正月取桃橐(蠹)矢(屎)半升,置淳(醇)酒中,温,歙(飲)之,令人不單病。”單,陳偉認爲讀爲“癉”,一種熱病[③]。《銀雀山二·陰陽時令、占候之類·五令》1904:“則五穀有菑(災),民多單(癉)疾。”

巾部:“幝,車弊皃。从巾單聲。《詩》曰:‘檀車幝幝。’”段注本作“車敝皃”,注曰:“敝,各譌作弊,今正。”

糸部:“繵,帶緩也。从糸單聲。”段注:“繵之言綖也。《韓詩》‘檀車綖綖’,《毛詩》作‘幝幝’。”又同部:“綖,偏緩也。从糸羨聲。”段注:“緩,正作緩,緩也。《毛詩》‘檀車幝幝’,毛曰:‘幝幝,敝皃。’釋文云:‘《韓詩》作綖綖。’蓋物敝則緩,其義相通。”

4. 通用情況

(1)葟—彈　《馬王堆·五十二病方》438—439:“已(已)傅灰(灰,灰)盡漬□□□葟(彈)以捭(理)去之。”葟,似可讀爲彈,意爲

①王鳳陽《古辭辨》第 853 頁。

②田天《北大藏秦簡〈醫方雜抄〉初識》,《北京大學學報》2017 年第 5 期。

③陳偉《讀沙市周家臺秦簡札記》,《楚文化研究論集》第 5 輯第 340—345 頁。

叩打①。

(2)撣—彈　　《馬王堆·脈法》8:"相脈(脈)[之道,左手上踝五寸]案(按)之,右[手直踝而]撣(彈)之。"

(3)匰—簞　　《武威·甲本少牢》23 背:"一宗人奉匰(簞)巾,南面于般(盤)北。"

5. 詞源譜系

6. 詞族外的同源詞繫聯

又有以"紋理"爲詞源意義的"單"聲詞:

《説文》木部:"檀,木也。可以爲櫛。从木單聲。"段注:"《玉藻》曰:'櫛用檀櫛,髮晞用象櫛。'《禮器》曰'檀勺',鄭曰:'檀木白理。'《中山經》曰'風雨之山,其木多楲檀',郭曰:'檀木白理,中櫛。'"

馬部:"驒,驒騱,野馬也。从馬單聲。一曰青驒白鱗,文如鼉魚。"後一義有紋理義。

魚部:"鱓,魚名。皮可爲鼓。从魚單聲。"段注:"今人所食之黃鱔也。黃質黑文,似蛇。"

黽部:"鼉,水蟲,似蜥易,長大。从黽單聲。"段注:"《大雅·靈臺》傳曰:'鼉,魚屬。'馬部'驒'下曰:'青驒白鱗,文如鼉魚。'許依毛謂之鼉魚也。"

以"治地"爲詞源意義的同源詞:

《説文》示部:"禪,祭天也。从示單聲。"段注:"凡封土爲壇,除地爲墠。古封禪字蓋衹作墠。項威曰:'除地爲墠。後改墠曰禪,神之矣。'服虔曰:封者,增天之高,歸功於天;禪者,廣土地。應劭亦云:封爲增高,禪爲祀地。惟張晏云:'天高不可及,於泰山上立封,又禪而祭之,冀近神靈也。'《元鼎二年紀》云:'望見泰一,修天文襢。'襢即古禪字,是可證禪亦祭天之名。但禪訓祭天,似當與祡爲伍,不當厠此。"然文獻

────────

① 裘錫圭主編《長沙馬王堆漢墓簡帛集成》第 5 册第 294 頁。

未見"祭天"義。《大戴禮記·保傅》"是以封泰山而禪梁甫,朝諸侯而一天下",盧辨曰:"禪,謂除地於梁甫之陰,爲墠以祭地也。"《漢書·霍去病傳》"封狼居胥山,禪於姑衍,登臨翰海",顏師古注:"爲墠祭地曰禪也。"

土部:"墠,野土也。从土單聲。"段注:"野者,郊外也。野土者,於野治地除艸。《鄭風》'東門之壇',壇即墠字。傳曰:'除地町町者。'町町,平意。《左傳》楚公子圍逆女於鄭,鄭人請墠聽命,楚人曰:'若野賜之,是委君況於草莽也。'可見墠必在野也。鄭子產'草舍不爲壇',壇即墠字。可見墠必除草也。《周書》:'爲三壇同墠。'此壇高墠下之證也。《祭法》'王立七廟,二祧,一壇一墠',注曰:'封土曰壇,除地曰墠。'此壇、墠之別也。築土曰封,除地曰禪。凡言封禪,亦是壇墠而已。"

又有以"獨"爲詞源意義者:

《廣韻》寒韻:"單,單複也。"《荀子·正名》"單足以喻則單,單不足以喻則兼",楊倞注:"單,物之單名也。"

《說文》衣部:"襌,衣不重。从衣單聲。"段注:"此與重衣曰複爲對。"《釋名·釋衣服》:"襌衣,言無裏也。"《廣雅·釋器》"覆䘸、襂、襏,襌衣也",王念孫疏證:"襌之言單也。"

从"單"聲的其他同源詞:

樿驒鱓鼉［紋理］

襌墠［治地］

單襌［獨］

○四　古

1.《說文》本義

《說文》古部:"古,故也。从十、口。識前言者也。"

2. 出土材料本義

甲骨文作𢆡(合 16014),裘錫圭:"'古'是堅固之'固'的古字。'古'所从的'干'象盾牌。盾牌具有堅固的特點,所以古人在'干'字上加區別性意符'口'(跟'吠''鳴'等字所从的有具體意義的'口'旁不同),造成‘古’字來表示堅固之‘固’這個詞。”①

3. 同源詞繫聯

首先，以“堅固”爲詞源意義形成下列同源詞：

《説文》口部：“固，四塞也。从口古聲。”段注：“四塞者，無罅漏之謂。《周禮·夏官·掌固》注云：‘固，國所依阻者也。國曰固，野曰險。’按：凡堅牢曰固。”《清華六·子産》2：“不良君古位劫富，不懼失民。”單育辰認爲，古讀爲固，應是堅守、固執②。《馬王堆·老子甲本·道篇》166：“將欲拾（翕）之，必古（固）張之。”

木部：“梏，梏斗，可射鼠。从木固聲。”徐鍇繫傳：“梏之言錮也，護也。”

金部：“錮，鑄塞也。从金固聲。”段注：“凡銷鐵以窒穿穴謂之錮。《左傳》曰：‘子反請以重幣錮之。’《漢書》曰：‘下錮三泉。’”“此亦形聲包會意。”《漢書·賈誼傳》：“失今不治，必爲錮疾，後雖有扁鵲，不能爲已。”顏師古注：“錮疾，堅久之疾。”

“堅固”與“厚、大”意相通：

《説文》示部：“祜，上諱。”段注：“假令補之，則曰：‘祜，福也。从示古聲。’”《爾雅·釋詁下》：“祜，福也。”

肉部：“胡，牛顄垂也。从肉古聲。”段注：“玄應、司馬貞引皆作‘牛領’。按：此言顄以包頸也。顄，頤也。牛自頤至頸下垂肥者也。引伸之凡物皆曰胡，如老狼有胡，鶂胡，龍垂胡顄是也。胡與侯音轉冣近，故《周禮》‘立當前侯’，注曰：‘車轅前胡下垂柱地者。’經傳‘胡、侯、遐’皆訓何。《士冠禮》‘永受胡福’，鄭曰：‘胡猶遐也。’毛傳：‘胡，壽也。’《謚法》：‘彌年壽考曰胡，保民耆艾曰胡。’皆謂壽命遐遠。”《廣雅·釋詁》：“胡，大也。”《逸周書·謚法解》：“保民耆艾曰胡。彌年壽考曰胡。”《上博四·昭王毁室》5 董珊釋：“爾古（胡、何）須（待）既袼（落）安（焉）從事？”③《清華五·殷高宗問於三壽》24：“高文成且（祖），敢�（問）疋（胥）民古（胡）曰易？”

水部：“湖，大陂也。从水胡聲。揚州浸，有五湖。浸，川澤所仰以

①裘錫圭《説字小記》，《古文字論集》第 645 頁。

②單育辰《清華六〈子産〉釋文商榷》，《出土文獻》第 11 輯第 210—211 頁。

③董珊《讀〈上博藏戰國楚竹書（四）〉雜記》，簡帛網 2005 年 2 月 20 日。

灌漑也。”段注:“阜部曰:‘陂,一曰池也。’然則大陂謂大池也。古言‘鴻隙大陂’,言‘汪汪若千頃陂’,皆謂大池也。池以鍾水,湖特鍾水之大者耳。”

《玉篇》艸部:“葫,大蒜也。”《集韻》模韻:“葫,蒜名。”《説文》艸部“蒜”字段注曰:“其大蒜乃張騫始得自西域者。《本艸》大蒜名葫,小蒜名蒜。蓋始以大蒜別於蒜,後復以小蒜別於大蒜,古祇有蒜而已。”

人“對苦味的敏感程度大大高於其他味道”[1],又以“苦味”爲詞源意義:

《説文》艸部:“苦,大苦,苓也。从艸古聲。”《北大三·趙正書》47—48:“今將軍張(章)邯兵居外,卒士勞古(苦),委輸不給,外毋適(敵)而内有争臣之志,故曰危。”

鹽部:“鹽,河東鹽池。袤五十一里,廣七里,周百十六里。从鹽省,古聲。”段注:“《地理志》:‘河東郡安邑,鹽池在西南。’《郡國志》亦云:‘安邑有鹽池。’《左氏傳》曰‘郇瑕氏之地,沃饒而近鹽’,服虔注云:‘鹽,鹽池也。土俗裂水沃麻,分灌川野,畦水耗竭,土自成鹽,即所謂鹹鹺也。而味苦,號曰鹽田。’”桂馥義證引范守己:“鹽者,苦鹽之名。”《周禮·天官·鹽人》“祭祀,共其苦鹽、散鹽”,鄭玄注:“杜子春讀苦爲鹽,謂出鹽直用不湅治。”

堅固則“久”,於是有:

《説文》言部:“詁,訓故言也。从言古聲。《詩》曰詁訓。”段注:“故言者,舊言也。十口所識前言也。”

攴部:“故,使爲之也。从攴古聲。”段注:“今俗云‘原故’是也。凡爲之必有使之者,使之而爲之則成故事矣。引伸之爲故舊。故曰:‘古,故也。’《墨子·經上》曰:‘故,所得而後成也。’許本之。”大盂鼎:“古(故)天異(翼)臨子,瀍保先王,□有四方。”“古”用作“故”。《郭店·老子》甲12—13:“是古(故)聖人能専(輔)萬勿(物)之自肰(然),而弗能爲。”《馬王堆·道原》1下:“古(故)未有以,萬物莫以。”

广部:“痼,久病也。从广古聲。”段注本字作“痼”。《字彙》广部:“痼,久固之疾。”固、久二義在“痼”中統一。

---

[1]唐仲良等《神經系統生理學》第435頁。

女部:"姑,夫母也。从女古聲。"段注:"故母之晜弟爲舅,夫之父亦曰舅,妻之父曰外舅。夫之母曰姑,男子偁父之姊妹亦曰姑,偁妻之母曰外姑。蓋《白虎通》云:'舅者,舊也。姑者,故也。舊故之者,老人之偁也。'故其偁可氾用之。"《廣雅·釋親》:"姑,故也。"《詩經·邶風·泉水》"問我諸姑,遂及伯姊",毛傳:"父之姊妹稱姑。"孔穎達疏引孫炎曰:"姑之言古,尊老之名也。"塑鼎:"佳周公于征伐東尸(夷),豐白(伯)、專古(姑)咸弋。"《上博五·三德》10—11:"毋焚(煩)古(姑)謰(嫂),毋恥父跫(兄)。"①《上博六·競公瘧》10:"自古(姑)、蚤(尤)以西,翏(聊)、聑(攝)以東,其人婁(數)多巳。"越王兀北古劍"戉(越)王兀北古",馬承源認爲"兀北古"即"盲姑",是勾踐的孫子②。《銀雀山·陰陽時令古侯》三十時:"……三日奏古洗。""'古洗'即'姑洗'。《周禮·春官·大司樂》:'乃奏姑洗。'《史記·律書》:'三月也,律中姑洗。'"③

堅固與"乾枯"義亦相通。這二義的相通,在"干"族詞中亦有體現。

《説文》歹部:"殂,枯也。从歹古聲。"段注:"《周禮》'殺王之親者辜之',注:'辜之言枯也,謂磔之。'桀部曰:'磔,辜也。'按:殂同辜,磔也。《玉篇》曰:'胋,古文辜字。'"《玉篇》歹部:"殂,殂乾。""胋,古文辜字。"

木部:"枯,槀也。从木古聲。"

辛部:"辜,辠也。从辛古聲。"段注:"《周禮》'殺王之親者辜之',鄭注:'辜之言枯也,謂磔之。'按:辜本非常重罪。引申之,凡有罪皆曰辜。"

水部:"涸,渴也。从水固聲。讀若狐貈之貈。"《玉篇》水部:"涸,水竭也,盡也。"《吕氏春秋·慎大》:"商涸旱,湯猶發師,以信伊尹之盟。"高誘注:"涸,枯也。"

4. 通用情況

(1)故—古　　《清華六·鄭文公問太伯甲》4:"故(古)之人又(有)言曰:'爲臣而不諫,卑(譬)若飲(饋)而不酨(貳)。'"《馬王堆·周易經傳·衷》12上:"子[曰]:塞之'王臣',反故(古)也。"

(2)故—固　　《馬王堆·戰國縱橫家書·蘇秦自梁獻書於燕王

①劉國勝《上博(五)零札(六則)》,簡帛網 2006 年 3 月 31 日。
②馬承源《越王劍、永康元年群神禽獸鏡(上海博物館藏)》,《文物》1962 年第 12 期。
③王輝《古文字通假字典》第 68 頁。

章》64:“如是而薛公、徐爲不能以天下爲亓(其)所欲,則天下故(固)不能謀齊矣。”王輝指出:“《戰國策·趙策一》:‘故自以爲坐受上黨矣。’《史記·趙世家》故作固。《論語·子罕》:‘固天縱之將聖。’《論衡·知實》引固作故。”①

（3）姑—辜　　《楚帛書·丙》:“姑分長。”姑,用作“辜”,即《爾雅·釋天》十二月名之辜。

（4）故—辜　　盟盨:“雩邦人、正人、師氏人,有辠有故。”于省吾《澤螺居詩經新證》認爲“故”讀爲“辜”②。《馬王堆·戰國縱橫家書·蘇秦謂齊王章》115:“王不可以不故解之。”原整理者注:“不故,疑當讀作不辜,是無罪被殺的意思。”

（5）固—姑　　《東漢銅鏡》610:“便固(姑)章(嫜),利父母。”

（6）固—涸　　《北大五·雨書》15:“暑不至,是是兄未,春有霠(雪),澤水固(涸),有急令。”

（7）殀—辜　　《清華四·筮法》48:“二五夾四,殀(辜)者。”整理者注:“辜,《周禮·掌戮》注:‘謂磔之。’”

5. 詞源譜系

祜胡湖葫[厚、大]—苦鹽[苦味]

古—固梏錮[堅固]—詁故痼姑[久]

殀枯辜涸[乾枯]

6. 詞族外的同源詞繫聯

又以“買”爲詞源意義:

《論語·鄉黨》“沽酒市脯,不食”,釋文:“沽,買也。”《武威·乙本服傳》6:“牡麻絰,右本在上,冠者古(沽)功也。”

《説文》酉部:“酤,一宿酒也。一曰買酒也。从酉古聲。”“一曰買酒也”下段注:“《論語·鄉黨》作沽。”《肩水金關漢簡》73EJT27:4:“□知券齒,古(酤)酒旁二斗。”

《廣韻》姥韻:“估,市稅。”《晋書·甘卓傳》:“估稅悉除,市無二價。”
从“古”聲的其他同源詞:

①王輝《古文字通假字典》第 68 頁。
②于省吾《澤螺居詩經新證》第 38 頁。

沽酤估［買］

○五　攸

1.《説文》本義及其同源詞繫聯

　　《説文》攴部：“攸,行水也。从攴从人,水省。”段注：“戴侗曰：‘唐本作水行攸攸也。其中從巛。’按：當作‘行水攸攸也’。行水順其性,則安流攸攸而入於海,《衛風》傳‘浟浟,流皃’是也。作浟者,俗變也。《左傳》説火曰：‘鬱攸從之,蒙葺公屋。’火之行如水之行,故曰‘鬱攸’。《大雅》曰：‘爲韓姞相攸。’《釋言》：‘攸,所也。’水之安行爲攸,故凡可安爲攸。又借爲逌字,逌,气行皃。水行之攸,气行之逌皆主和緩,故或用攸,或用逌。”

　　以“和緩流動”爲詞義特點的還有：

　　《説文》㫃部：“旒,旌旗之流也。从㫃攸聲。”

　　以“急速”（和緩、急速相反相因）爲詞源意義：

　　《説文》足部：“踃,疾也。長也。从足攸聲。”徐鍇繫傳：“此亦倏忽字。”段注：“二義相反而相成。《易》‘其欲逐逐’,薛云：‘速也。’《子夏傳》作‘攸攸’,荀作‘悠悠’,劉作‘踃’,云‘遠也’。”

　　《説文》犬部：“倐,走也。从犬攸聲。讀若叔。”段玉裁改爲“犬走疾也”。

　　《玉篇》羽部：“翛,疾也。”《集韻》屋韻：“翛,飛疾皃。”

　　《廣韻》屋韻：“瀟,水波。”《正字通》水部：“瀟,水波迅疾也。”《文選》郭璞《江賦》“漰湟滂湙,瀟汩濥淪”,李善注：“皆水流漂疾之皃。”

　　攸—旒［和緩流動］—踃倐翛瀟［疾速］

2. 出土材料本義及其同源詞繫聯

　　攸,甲骨文作𠣫（合 17569 正）等形,从攴从人,葉玉森謂“象持卜擊人”[1]。

　　《説文》肉部：“脩,脯也。从肉攸聲。”段注：“按：此統言之,析言之

———————

[1] 葉玉森《殷虚書契前編集釋》卷 2 第 31 頁。

則薄析曰脯，捶而施薑桂曰段脩。”“‘脩’是經過敲打加了作料的肉乾。”①

攸—脩［敲打］

3. 詞族外的同源詞繫聯

以“小”爲詞源意義的“攸”聲詞：

《説文》竹部：“筱，箭屬。小竹也。从竹攸聲。”

木部：“條，小枝也。从木攸聲。”段注：“毛傳曰：‘枝曰條。’渾言之也。條爲枝之小者，析言之也。”《上博二·容成氏》40：“湯或（又）從而攻之，陞（降）自鳴攸之述（遂），昌伐高神之門。”整理者注：“‘鳴攸之述’即‘鳴條之遂’，湯敗桀於鳴條之野，見《書·湯誓序》《史記·殷本紀》、今本《竹書紀年》。”

魚部：“鰷，魚名。从魚攸聲。”《山海經·北山經》“其中多鰲魚，其狀如鰷而赤鱗”，郭璞注：“小魚曰鰷。”

以“編織”爲詞源意義：

《説文》艸部：“莜，艸田器。从艸，條省聲。《論語》曰：‘以杖荷莜。’”徐鉉曰：“今作蓧。”

匚部：“匜，田器也。从匚攸聲。”段注：“艸部曰：‘莜，耘田器也。’匜與莜音義皆同，蓋一物也。”《廣雅·釋器》“匜，畚也”，王念孫疏證：“《説文》：‘匜，田器也。’又云：‘莜，艸田器’，引《論語》‘以杖荷莜’。今本作‘蓧’，包咸注云：‘蓧，竹器。’皇侃疏云：‘籠篚之屬也。’釋文：‘蓧，本又作條，又作莜。’並字異而義同。”按，均指草編田器。

糸部：“絛，扁緒也。从糸攸聲。”段注：“《廣雅》作‘編緒’，《漢書》及賈生《新書》作‘偏諸’，蓋上字作‘編’、下字作‘諸’爲是。諸者，謂合衆采也。《賈誼傳》曰‘今民賣僮者，爲之繡衣絲履偏諸緣’，服虔曰：‘偏諸如牙絛，以作履緣。’又‘白縠之表，薄紈之裏，緁以偏諸’，晋灼曰：‘以偏諸緁著衣。’然則偏諸之爲‘絛’明矣。《雜記》注曰：‘紃，若今時絛也。’《毛詩》《左傳》正義曰：‘王后親織玄紞，即今之絛繩，必用雜采線織之。’按：綬、紱蓋其闊者，絛其陿者，紃其圜者。”《廣韻》豪韻：“絛，編絲繩也。”

以"黑"爲詞源意義：

《説文》黑部："儵,青黑繒縫白色也。从黑攸聲。"

金部："鋊,鐵也。一曰彎首銅。从金攸聲。"金部："鐵,黑金也。从金𢦔聲。"頌壺："易(賜)女(汝)玄衣黹屯(純)、赤市、朱黄、絲(鑾)旂、攸勒。""攸"讀爲"鋊"。

虎部："䖺,黑虎也。从虎儵聲。"段注："此舉形聲包會意也。但形聲則言攸聲已足,如鋊、儵是也。"

水部："滫,久泔也。从水脩聲。""久泔"亦呈黑色。

通用情況：

(1)莜—攸　　《璽彙》2289："莜幻。"莜讀爲攸,姓氏,召公後有攸氏,見《路史》①。

从"攸"聲的其他同源詞：

筱條儵[小]

莜匜條[編織]

儵鋊䖺滫[黑色]

○六　敫

1.《説文》本義

《説文》放部："敫,光景流也。从白从放。讀若龠。"段注："凡物光景多白,如白部所載是也,故從白。不入白部者,重其放於外也。"

白部："皦,玉石之白也。从白敫聲。"《玉篇》白部："皦,白也。又珠玉白皃。"《方言》卷十二："皦,明也。"俞樾《兒笘録》："敫者,皦之古文也。……其本義爲玉石之白,引申之,則凡白者皆謂之敫。"《詩經·王風·大車》"謂予不信,有如皦日",毛傳："皦,白也。"孔穎達疏："皦者,明白之貌,故爲白也。"

據《説文》對"敫"字形與意義的訓釋,其爲"皦"之初文,字本从"白",又累加"白"作意符。

2. 出土材料本義

敫,睡虎地秦簡作𣥺(睡虎地·日書乙種36),何琳儀認爲其从攴,

①何琳儀《戰國古文字典——戰國文字聲系》第208頁。

兒聲。擎之初文。《說文》："擎,旁擊也。從手,敎聲。"至於《說文》訓爲
"光景流也"的"敎",應與《方言》十二"曒,明也"義訓相因①。季旭昇亦
以"敎"爲"擎"之初文,惟以字從攴從兒,爲會意字②。

《說文》手部:"擎,旁擊也。從手敎聲。"《集韻》蕭韻:"敎,擊也。"
《公羊傳·宣公六年》"公怒,以斗擎而殺之",何休注:"擎,猶擊也。擎,
謂旁擊頭項。"

從古文字看,"敎"字從攴,爲"擎"之初文,可從,"手"作意符與"攴"
表意相近。

3. 同源詞繫聯

陳曉强梳理其詞源系統如下:

敎、曒、璬、橄有"明、白"義;噭、謷、歙有"吼叫"義;此外,"敎"聲與
"堯"聲相通,徼、繳源於"繞",覈、墩、擎源於"墝、嶢"(有堅硬、乾裂上翹
義),激源於"堯"聲之上翹、上揚義③。

陳說基本可信,我們以爲關於覈、墩、擎、激可作適當調整。

《說文》土部:"墩,磽也。從土敎聲。"段注:"石部曰:'磽者,礊石
也。''礊者,堅也。'磽之義同磽,則兼謂土石堅鞕耳,其字亦作墝。何注
《公羊》云:'墝埆不生五穀曰不毛。'"有堅硬義。

兩部:"覈,實也。考事,兩筆邀遮,其辭得實曰覈。從兩敎聲。"亦
含有"堅確"義。

水部:"激,水礙衺疾波也。從水敎聲。一曰半遮也。"段注:"當依
《衆經音義》作'水流礙邪急曰激也'。水流不礙則不衺行,不衺行則不
疾急。《孟子》:'激而行之,可使在山。'《賈子》曰:'水激則旱兮,矢激則
遠。'"水受阻後騰涌或飛濺,有"擊打"義。《銀雀山·孫臏兵法》391:
"……以威三軍之士,所以敎(激)氣也。"

堅硬與擊打二義相通,"干"聲詞亦同時含有此二義。"敎"從古文
字看,即爲"旁擊"義,所以"擎、激"同源;又引申出"堅硬"義,"墩、覈"
同源。

---

① 何琳儀《戰國古文字典——戰國文字聲系》第 330 頁。
② 季旭昇《說文新證》第 332 頁。
③ 陳曉强《漢語詞源與漢字形體的關係研究》第 202—203 頁。

4. 詞源譜系

　　敚—擎激[擊打]—覈墩[堅硬]

5. 从"敚"聲的其他同源詞

　　皦璬橌[明、白]

　　噭謍欨[吼叫]

　　徼繁[繞]

○七　于

1.《説文》本義

　　《説文》于部："亏,於也。象气之舒亏。从丂从一。一者,其气平之也。"徐鉉曰:"今變隸作于。"

2. 出土材料本義

　　于,甲骨文作 🗲(合 37398)、🗲(合 36828)等形,郭沫若指出:"于乃竽之初文,象形。二象竽管,丨其吹也。其从弓作者,乃管外之麃。"[①]

　　《説文》竹部:"竽,管三十六簧也。从竹于聲。"《吕氏春秋·仲夏紀》"執干戚戈羽,調竽笙塤篪",高誘注:"竽,笙之大者,古皆以匏爲之。"其有"大"義。

3. 同源詞繫聯

　　楊樹達繫聯盂、汙、圩有"汙下"義[②]。王力繫聯胯、跨、袴(絝)有"兩腿分開"義,繫聯汙、洿有"低窪、污穢"義,繫聯夸、誇有"大"義,繫聯迂、紆有"曲"義,繫聯訏、盱、芋、宇、竽有"大"義[③]。孟蓬生指出紆、尩、迂、靬有"迂曲"義[④]。張博指出芋、竽、盱、杅、玗、訏、宇、吁、夸、誇、洿、摳均有"大"義;"大"義與"分"義相反相因,刳、胯、跨、蹲、絝有"分"義[⑤]。殷寄明先是認爲訏、盱、芋、宇、竽、衧、夸、汙、杅均有"大"義,迂、靬、紆、

①郭沫若《殷契萃編》第 567 頁。

②楊樹達《積微居小學金石論叢》第 103—104 頁。

③王力《同源字典》第 107、119—120、135、122—123、143—144 頁。

④孟蓬生《上古漢語同源詞語音關係研究》第 214 頁。

⑤張博《漢語同族詞的系統性與驗證方法》第 130、262—266 頁。

汙、盂、盅、圩、杅、釪、芋均有"宛轉、圓周"義①；後調整爲宇、芋、扜、旴、袶、杅、竽有"大"義，夸、訏有"誇誕"義，杅、軒、迂、紆、釪、盂、尫有"圓、曲"義，罜、汙有"積"義，忓、疛有"憂病"義，圩、汙有"凹下"義，迂、旴有"緩"義②。幾家的説法不完全一致，本書在此基礎上論證如下：

以"大"爲詞源意義：

《説文》于部："旴，驚語也。从口从于，于亦聲。"口部："吁，驚也。从口于聲。"于部"旴"下段注："按：于有大義，故从于之字多訓大者。'芋'下云：'大葉實根，駭人。''旴'訓'驚語'，故从于、口，于者，驚意。此篆重以于會意，故不入口部，如句、丩屬字之例。後人又於口部增'吁'，解云'驚也'，宜删。"《上博三·彭祖》2："于（旴），女（汝）挐挐專（布）昏（問），舍（余）告女（汝）人綸（倫）。"任繼昉也繫聯芋、旴同源，但他認爲芋得名於人類采集薯芋時驚嘆其大之聲③。

言部："訏，詭譌也。从言于聲。一曰訏，嗟。齊楚謂信曰訏。"段注："按：信當作大。《釋詁》：'訏，大也。'《方言》：'訏，大也'，'中齊西楚之間曰訏'。許語本楊。"《爾雅·釋詁》："訏，大也。"《方言》："碩、沈、巨、濯、訏、敦、夏、于，大也。……中齊西楚之間曰訏。"

目部："旴，張目也。从目于聲。一曰朝鮮謂盧童子曰旴。"《經義述聞·春秋名字解詁上》"蔡公孫霍字旴"，王引之曰："旴之言于也。于，大也。《爾雅》：'訏，大也。'《方言》：'中齊西楚之間曰訏。'訏與旴聲義亦同。"

宀部："宇，屋邊也。从宀于聲。《易》曰：'上棟下宇。'"段注："宇者，言其邊。故引伸之義又爲大。《文子》及《三蒼》云：'上下四方謂之宇，往古來今謂之宙。'上下四方者，大之所際也。"《放馬灘秦簡·甲種日書》甲 22："甲亡，盜在西方一于（宇）中，食者五口，疵在上，得，男子殹。"

衣部："袶，諸袶也。从衣于聲。"段注："按：當云'諸袶，衣褎也'，《篇》《韵》可證。《後漢書·光武帝紀》'皆冠幘而服婦人衣，諸于繡䙱'，

---

①殷寄明《漢語同源字詞叢考》第 10—14 頁。

②殷寄明《漢語同源詞大典》第 39—45 頁。

③任繼昉《漢語語源學》(第 2 版)第 71—72 頁。

注引前書音義曰:'諸于,大掖衣,如婦人之袿衣。'按:大掖謂大其袞也。《方言》:'袿謂之裾。'于者,衧之假借字。"

艸部:"芋,大葉實根,駭人,故謂之芋也。从艸于聲。"《馬王堆一號墓竹簡遣册》115:"唐(糖)枎于(烏芋)穎(糗)二笥。"

《禮記·玉藻》"出杅,履蒯席,連用湯,履蒲席,衣布晞身,乃屨,進飲",鄭玄注:"杅,浴器也。"孔穎達疏:"杅,浴之盆也。"

《説文》大部:"夸,奢也。从大于聲。"段注:"奢者,張也。疊韵同義。"

足部:"跨,渡也。从足夸聲。"段注:"謂大其兩股間以有所越也,因之兩股間謂之跨下。"大其兩股,其間又藴含"分"義。

言部:"夸,譀也。从言夸聲。"《管子·白心》:"天行其所行而萬物被其利,聖人亦行其所行而百姓被其利,是故萬物均既夸衆矣。"房玄齡注:"夸,大也。"《文選》揚雄《長楊賦》:"明年,上將大夸胡人以多禽獸。"李善注:"吕忱曰:夸,大言也。"

言部:"譌,妄言也。从言雩聲。"《國語·周語下》:"邵犨見,其語迂。"韋注曰:"迂,迂回,加誣於人也。"《經義述聞·國語上》"其語迂",王引之曰:"家大人曰:迂,《賈子·禮容語篇》作訏。《説文》:'訏,詭譌也。'詭譌之言,以無爲有,故曰迂則誣人。《説文》:'譌,妄言也。'《法言·問明篇》曰:'譌言敗俗,譌好敗則。'訏、譌、迂聲義竝同。……《漢書·五行志》載《周語》亦作迂,顏師古注曰:'迂,夸誕也。'義長於韋矣。"

上述詞皆有"大"義。上引張博文指出大義與分義相反相因。又,跨本身就有"大"和"分"兩種意義特點,所以又與胯、袴、刳同源,有"分"義:

《説文》肉部:"胯,股也。从肉夸聲。"段注:"合兩股言曰胯。《廣韵》曰:'胯,兩股之間也。'"《集韵》禡韵:"骻,股間也。或作胯。"

糸部:"絝,脛衣也。从糸夸聲。"段注:"今所謂套袴也,左右各一,分衣兩脛,古之所謂絝,亦謂之褰,亦謂之襗,見衣部。"《釋名·釋衣服》:"絝,跨也,兩股各跨别也。"

刀部:"刳,判也。从刀夸聲。"《廣韵》模韵:"刳,剖破也。又判也,屠也。"

“大”與“曲”義通。上文引諸家對“于”聲詞的繫聯中，“杅”張博認爲其有“大”義，殷寄明先認爲其有“曲”義，後來認爲其同時具有二義。之所以出現這種情況，就是因爲“大”與“曲”義通，“杅、芋”同時具有這兩個詞義特點。以“曲”爲詞源意義：

《説文》辵部：“迂，避也。从辵于聲。”段注：“迂曲回避，其義一也。”《銀雀山·孫子兵法》120—121：“易其居，于(迂)其途，使民不得 慮 。”

革部：“靬，鞴内環靶也。从革于聲。”段玉裁改作“鞴内環靶也”，注曰：“鞴，各本譌鞴，今依《玉篇》。環靶者，環之以靶。”

尣部：“尪，股尪也。从尣于聲。”段注：“尪之言紆也。紆者，詘也。”

糸部：“紆，詘也。从糸于聲。一曰縈也。”段注：“詘者，詰詘也。今人用屈曲字。”“縈者，環之相積。紆則曲之而已。故別爲一義。”

弓部：“弙，滿弓有所鄉也。从弓于聲。”段注：“《大荒南經》‘有人方扜弓射黄蛇’，郭曰：‘扜，挽也。音紆。’按：此假扜爲弙也。弙與彎雙聲。”

皿部：“盂，飯器也。从皿于聲。”《廣雅·釋器》“盓、櫨、案盞、銚銳、柯、櫂、桐、栓、抉、蠹、盌、椀，盂也”，王念孫疏證：“盂之言迂曲也，盂、盌、椀，皆曲貌也。”又楊樹達認爲盂之爲器，中低而四傍高，有汙下義[1]。鳳凰山十號墓記陪葬物木牘“小于一具”，于讀盂。

瓠部：“瓠，瓝也。从瓜夸聲。”《詩經·邶風·匏有苦葉》“匏有苦葉，濟有深涉”，毛傳：“匏謂之瓠。”陳奐傳疏：“匏與瓠渾言不別，析言之則有異。……匏、瓠一物異名。匏，瓠之堅强者也；瓠，匏之始生者也，瓠其大名也。”

上述詞皆有“曲”義。“低窪”即不平之曲處，故又有以“低窪”爲詞源意義者：

《説文》水部：“汙，薉也。一曰小池爲汙。一曰涂也。从水于聲。”《孟子·公孫丑上》“宰我、子貢、有若，智足以知聖人，汙不至阿其所好”，趙岐注：“汙，下也。”小池即汙下之地。

水部：“洿，濁水不流也。一曰窊下也。从水夸聲。”

《史記·孔子世家》：“(孔子)生而首上圩頂，故因名曰丘云。”司馬

---

①楊樹達《積微居小學金石論叢》第103—104頁。

貞索隱：“圩頂言頂上窳也，故孔子頂如反宇。反宇者，若屋宇之反，中低而四傍高也。”

4. 通用情況

（1）吁—訏　《郭店·語叢二》15—16 劉釗釋：“愋（諼）生於欲，吁（訏）生於愋（諼），忘（妄）生於吁（訏）。”訏，詭訛也①。

（2）夸—跨　《張家山·引書》50：“引北（背）甬（痛），熊經十，前據十，端立，夸（跨）足。”

（3）芋—盂　《清華二·繫年》57：“宋公爲左芋（盂），奠（鄭）白（伯）爲右芋（盂）。”

（4）芋—竽　《東漢銅鏡》176：“日有熹（喜），月有富，樂毋（無）事，宜酒食，居必安，毋（無）憂患，芋（竽）瑟侍，心志，事樂已，□□□。”

（5）竽—盂　《馬王堆·戰國縱橫家書·蘇秦獻書趙王章》232：“且五國之主嘗合衡（横）謀伐趙，疏分趙壤，箸之飯（盤）竽（盂），屬之祝誩（詛）。”

（6）竽—吁　《北大四·妄稽》67：“竽（吁）！來虖（乎）！”

（7）杅—盱　《馬王堆·周易經傳·周易》34 上：“六三，杅（盱）餘（豫），悬（悬—悔），遲有悬（悬—悔）。”杅，今通行本《易》作“盱”，王弼注：“若其睢盱而豫，悔亦生焉。”孔穎達疏：“睢盱者，喜悅之貌。”《馬王堆·周易經傳·二三子問》27 下：“卦曰：‘盱予（豫），悔。’”

（8）汙—迂　《銀雀山·孫子兵法》69：“後人發，先人至者，知汙（迂）直之計者也。”

（9）汙—紆　漢君忘忘鏡：“奐不可盡兮，心汙結而獨愁。”汙，讀爲“紆”，“紆結”形容賢人失志②。

（10）圩—盂　《馬王堆·一號墓竹簡遣册》204：“右方髤（漆）華圩（盂）十，木般（盤）一，盛六合。”

---

①劉釗《郭店楚簡〈語叢二〉箋釋》，《古墓新知——紀念郭店楚簡出土十周年論文專輯》第 253—254 頁。

②李零《讀梁鑑藏鏡四篇——説漢鏡銘文中的女性賦體詩》，《中國文化》第 35 期第 30、39 頁。

5. 詞源譜系

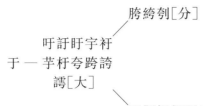

6. 詞族之外的同源詞繫聯

下列二詞有"塗飾"義：

《説文》水部："汙，薉也。一曰小池爲汙。一曰涂也。从水于聲。""一曰涂也"下段注："與'杅'義略同。木部曰：'杅，所以涂也。'"

木部："杅，所以涂也。秦謂之杅，關東謂之櫝。从木于聲。"

从"于"聲的其他同源詞：

汙杅[塗飾]

○八　畐

1.《説文》本義

《説文》畐部："畐，滿也。从高省，象高厚之形。"段注曰："《方言》'恫、偪，滿也。''凡以器盛而滿謂之恫'，注：'言涌出也。''腹滿曰偪'，注：'言勅偪也。'按：《廣雅》'恫、愊，滿也'本此。而《玉篇》云：'腹滿謂之涌，腸滿謂之畐。'與今本《方言》異。玄應書'畐塞'注曰'普逼切'，引《方言》'畐，滿也'。是則希馮、玄應所據《方言》皆作畐也。許書無偪、逼字，大徐附'逼'於辵部，今乃知逼仄、逼迫字當作畐。'偪、逼'行而'畐'廢矣。……畐、偪，正俗字也。《釋言》曰：'逼，迫也。'本又作偪。二皆'畐'之俗字。"朱駿聲通訓定聲："字亦作偪、作逼。"

2. 現有考釋及出土材料本義

畐，甲骨文作畐（合 30065），西周金文作畐（士父鐘），秦文字作畐（睡虎地・日書乙種 195），小篆作畐，字形發展一脈相承。

朱芳圃認爲字象長頸鼓腹圓底之器，當爲瓶之初文[1]。

———————

① 朱芳圃《殷周文字釋叢》第 90—91 頁。

　　羅振玉釋🔣、🔣、🔣、🔣爲"福",謂字"从兩手奉尊於示前,或省廾,或並省示,即後世之福字。在商則爲祭名……今以字形觀之,福爲奉尊之祭"①。按,福西周金文多作🔣(沈子它簋蓋),置酒器於示前。

　　《古文字譜系疏證》:"畐,本酒罈之象形,後追加示旁孳乳爲福,畐則福之初文。"②黃德寬又指出:"福,本作'畐',不从'示',爲酒器的象形。古人灌酒祭神以報神之福佑或求神以賜福佑,故加'示'以示明其義,構成'福'字。"③

　　董蓮池:"考其形,實像一種長頸鼓腹盛酒器(參見《金文編》第 9 頁"福"字條),以'十'畫於腹部,示内中滿盛酒漿,以之象徵豐滿。"④

　　顯而易見,學者基本都同意"畐"的字形"像一種長頸鼓腹盛酒器",但是這種字形表示的意義是什麽,則有不同看法:或以爲其本義就是盛酒器(瓶之初文),或以之表示以酒祭祀求福,或以之表示豐滿。具有象物性的字形既可以以其所表示的事物爲本義,也可能以與其所象事物相關的事物甚至是抽象的概念爲本義。考察早期出土文獻,"畐"常用作"福"。

　　《説文》示部:"福,祐也。从示畐聲。"如士父鐘:"降余魯多畐亡(無)疆。"士父鐘同名者四器,此句三器作"多福",一作"多畐"。《璽彙》4559"又(有)畐"、4560"大畐",當讀"有福""大福"。《嶽麓一·爲吏治官及黔首》62:"禍與畐(福)鄰。"《東漢銅鏡》1072:"上有四守(獸)辟羊(祥)至(致)畐(福)录(禄)。"準此,我們初步判斷"畐"爲"福"本字。"畐"是盛酒器的形象,與以之盛酒求福相關,後産生"福"。

3. 同源詞繫聯

　　如上文所述,"畐"從甲骨文至小篆,字形發展一脈相承。小篆的"畐"依然是盛酒器的象形,但是許慎把握了由此形象生發出的另一特點"滿"。器滿則偪,滿、偪義相通。從畐之字,正有兩個意義特點:滿(福)、逼近(偪、逼、楅)。

　　以"滿"爲詞源意義的詞:

———————

① 羅振玉《殷虚書契考釋三種·增訂殷虚書契考釋》第 417 頁。
② 黃德寬主編《古文字譜系疏證》第 310 頁。
③ 黃德寬《開啓中華文明的管鑰》第 67—68 頁。
④ 董蓮池《説文解字考正》第 212 頁。

《説文》宀部："富,備也。一曰厚也。从宀畐聲。""畐"以豐滿之形,派生出"富"。

心部："愊,誠志也。从心畐聲。"《方言》卷六："恫、愊,滿也。凡以器盛而滿謂之恫,腹滿曰愊。"《廣雅·釋詁》："愊,滿也。"

《廣雅·釋詁》："福,盈也。"

《玉篇》食部："餔,飽也。"《廣韻》職韻："餔,飽皃。"

《玉篇》禾部："稫,稫稄,滿皃。"《廣韻》職韻："稫,稫稄,禾密滿也。"

《廣韻》覺韻："簠,竹名。"漢楊孚《異物志》："有竹曰簠,其大數圍,節間相去局促,中實滿,堅強以爲屋椽,斷截便以爲棟梁,不復加斤斧也。"晋戴凱之《竹譜》："簠與由衙,厥體俱洪;圍或累尺,簠實衙空;南越之居,梁柱是供。"自注:"簠實厚肥,孔小,幾於實中。"

以"逼近"爲詞源意義的詞如下:

《玉篇》人部："偪,迫也。與逼同。"《左傳·莊公二十三年》"晋桓、莊之族偪",杜預注:"桓叔、莊伯之子孫強盛偪迫公室。"劉台拱《方言補校》指出:"《集韻》引《説文》:'畐,滿也。''或作偪。'蓋以《方言》作'偪'與'畐'同字。"華學誠同意劉説,亦認爲"畐、偪同,義爲滿"[1]。

《説文》新附辵部："逼,近也。从辵畐聲。"今大徐本無"逼"正篆,而説解中見,木部："楅,以木有所逼束也。从木畐聲。《詩》曰:'夏而楅衡。'"查唐寫本木部殘卷,此條訓釋作"以木有所迫束也",今作"逼束"。這或可證段説"許書無偪、逼字","今乃知逼仄、逼迫字當作畐"。逼,見於漢碑,如桐柏廟碑:"君準則大聖,親之桐柏,奉見廟祠,崎嶇逼狹。"《晏子春秋·内篇諫上》"貴戚不薦善,逼邇不引過",蘇與曰:"逼邇,近臣也。"

木部："楅,以木有所逼束也。从木畐聲。《詩》曰:'夏而楅衡。'"《廣韻》屋韻："楅,束以木逼於牛角不令牴觸人。"《廣雅·釋器》"楅,梛也",王念孫疏證:"楅之言偪也。"

《玉篇》水部："湢,湢汱,水驚涌貌。"

《説文》巾部："幅,布帛廣也。从巾畐聲。"段注:"凡布帛廣二尺二寸,其邊曰幅。《左傳》曰:'夫富如布帛之有幅焉。爲之制度,使無遷也。'引伸爲邪幅。《小雅》'邪幅在下',傳曰:'幅,偪也,所以自偪

---

[1] 華學誠《揚雄方言校釋匯證》第464—465頁。

束也。’”

車部：“輻，輪轑也。从車畐聲。”《廣韻》宥韻：“輻，輻湊競聚。”“輪轑謂之‘輻’，言其輳合逼仄聚於轂也。”①

《集韻》職韻：“踾，踾踧，行迫也。”《文選》馬融《長笛賦》“踾踧攢仄，蜂聚蟻同”，李善注：“踾踧，迫蹙貌。”

4. 通用情況

（1）福—富　　《郭店・成之聞之》17—18：“福而貧賤，則民谷（欲）其福之大也。”裘按：“此句疑當讀爲‘富而分賤，則民欲其富之大也。’”《郭店・老子》甲38—39：“貴福（富）喬（驕），自遺咎也。”

（2）福—幅　　《睡虎地・秦律十八種》66：“布袤八尺，福（幅）廣二尺五寸。”

（3）富—福　　《馬王堆・周易經傳・繆和》42上—42下：“天道毀盈而益嗛（謙），地道銷［盈而］流嗛（謙），［鬼神害］盈而富（福）［嗛（謙）］，人道亞（惡）盈而好溓₌（溓溓—謙。謙）者……”劉脩碑：“怜惟君德，忠孝正直，至行通洞，高明柔克，鬼神富謙。”富用作福，義爲降福。光和五年劉公則買地券：“無適有富，利生人子孫。”義爲“没有罪讁和懲罰，只有福佑。適，通‘讁’。富，通‘福’。”②

（4）榀—輻　　《馬王堆・老子乙本・道篇》51—52：“卅榀同一轂，當亓（其）无，有車之用也。”今本《道經》：“三十輻共一轂，當其無，有車之用。”

（5）幅—富　　《睡虎地・日書甲種》13背—14背：“豺剞强飲强食，賜某大幅（富），非錢乃布，非繭乃絮。”

5. 詞源譜系

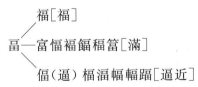

6. 詞族外同源詞繫聯

還有以“判”爲詞源意義的二詞：

---

①張希峰《漢語詞族三考》第114頁。
②黄景春《早期買地券、鎮墓文整理與研究》第75頁。

《説文》片部："福，判也。从片畐聲。"段玉裁改作"片也"，注曰："片，各本作判，今正。副者，判也。福則判木也。"

刀部："副，判也。从刀畐聲。《周禮》曰：'副辜祭。'"

从"畐"聲的其他同源詞：

福副［判］

○九　枼

1.《説文》本義

《説文》木部："枼，楄也。枼，薄也。从木世聲。"又同部："楄，楄部，方木也。从木扁聲。《春秋傳》曰：'楄部薦榦。'""枼，楄也"下段注曰："方木也。""葉，薄也"下又注曰："'枼'上當有'一曰'二字。凡木片之薄者謂之枼，故葉、牒、鍱、箕、偞等字皆用以會意。《廣韵》：'偞，輕薄美好皃。'"湯可敬認爲"楄"當从唐寫本木部殘卷作"牑"，義爲牀板①。

2. 出土材料本義

枼，甲骨文作（合 34167）等形，象樹葉形，爲"葉"本字。《清華五·厚父》11："曰民心隹（惟）本，氒（厥）復（作）隹（惟）枼（葉）。"

3. 同源詞繫聯

正因爲樹葉非常薄，所以段玉裁指出"葉、牒、鍱、箕、偞等字皆用以會意"，其中都含有"薄"的意義特點。

劉鈞傑繫聯枼、葉、箕、鍱、牒、腜、鰈、褋有"薄"義②。張希峰繫聯枼、葉、箕、鍱、牒、腜、牃、屟、褋、艓、碟、蝶、偞有"輕薄"義，鰈、堞、揲、喋、呭（詍）有"重疊、累積"義③。孟蓬生繫聯枼、葉、箕、牒、腜、褋、鍱同源，指出其詞源意義是"薄"④。陳曉强以枼爲葉本字，繫聯枼、葉、箕、牒、腜、揲、褋、屟、鰈、堞、碟有"薄"義，繫聯媟、偞、僷、諜有"輕"義⑤。幾家繫聯都有枼、葉、箕、鍱、牒、腜、褋，以"薄"爲詞源意義，正確可從。在

①湯可敬《説文解字今釋》第 819 頁。

②劉鈞傑《同源字典再補》第 188—189 頁。

③張希峰《漢語詞族續考》第 118—127 頁。

④孟蓬生《上古漢語同源詞語音關係研究》第 35 頁。

⑤陳曉强《漢語詞源與漢字形體的關係研究》第 361—362 頁。

此基礎上,還需補充:

《説文》尸部:"屧,履中薦也。从尸枼聲。"段注:"此藉於履下,非同履中荁也。荐者,藉也。吴宫有響屧廊,《東宫舊事》有'絳地文履屧百副',即今婦女鞵下所施高底。其字本音他頰切,轉爲他計切。今籤匱有抽屜,本即屧字。"《玉篇》尸部:"屧,《説文》曰:'履中薦也。'或作屟。"

新附魚部:"鰈,比目魚也。从魚枼聲。"明楊慎《異魚圖贊》卷二:"東海比目,不比不行,兩片得立,合體相生,狀如鞋屧,鰈實其名。"《漢語大字典》(第二版):"今指鰈科比目魚。仔魚身體左右對稱。在發育過程中,仔魚沉入水底卧於左側,左眼向右側移動,故成魚身體遂成薄片,兩眼俱在右側。"①

《集韻》葉韻:"艓,舟名。"杜甫《最能行》:"富豪有錢駕大舸,貧窮取給行艓子。"楊倫《杜詩鏡銓》:"艓,小舟名,言輕如葉也。"②

《説文》言部:"諜,軍中反間也。从言枼聲。"段注:"《釋言》'間,倪也',郭云:'《左傳》謂之諜,今之細作也。'按:《左傳》'諜輅之','諜告曰楚幕有烏',皆是。大史公書借爲牒札字。""間諜是利用敵方空隙刺探情報的探子,是利用對方人員之間的罅隙、矛盾從中挑撥離間、瓦解對方的奸細、地工。"③間諜必須利用對方小小的間隙,這小小的間隙與"薄"意義相通。

上述詞有薄義。"薄"與"多"意義相通,單位空間中,物體越薄容納的數量就越多,這與時間範疇中"快速"與"屢次"意義相通是一致的。

《説文》卅部:"世,三十年爲一世。从卅而曳長之。亦取其聲也。"然裘錫圭指出:"由於樹葉一年一生,'枼'引申而有世代的意思。(《詩·商頌·長發》:'昔在中葉',《毛傳》:'葉,世也。')'世''枼'古音相近,{世}應該是從{枼}分化出來的一個詞。從字形上看,'世'也應該是由'枼'分化出來的。周代金文中時代較早的'世'字寫作𣏟,顯然就是'枼'字的上半部。"④獻簋:"十枼(世)不諼(忘),獻身才畢公家。"《詛楚文》:"枼(世)萬子孫毋相爲不利。"《睡虎地·爲吏之道》20 伍—21

---

①漢語大字典編輯委員會編纂《漢語大字典》(第二版)第 5014 頁。
②楊倫箋注《杜詩鏡銓》第 602 頁。
③王鳳陽《古辭辨》第 403 頁。
④裘錫圭《文字學概要》(修訂本)第 121 頁。

伍："三枼(世)之後,欲士(仕)士(仕)之,乃(仍)署其籍曰:故某慮贅壻某叟之乃(仍)孫。"《銀雀山・孫臏兵法》285:"齊三枼(世)其憂矣。""世"當爲"枼"的孳乳字、派生詞。

《説文》口部:"呭,多言也。从口世聲。《詩》曰:'無然呭呭。'"段注:"《孟子》、毛傳皆曰:'泄泄,猶沓沓也。'曰部云:'沓,語多沓沓也。'言部又云'詍,多言也',引《詩》'無然詍詍'。"

言部:"詍,多言也。从言世聲。《詩》曰:'無然詍詍。'"段注:"與口部'呭'音義皆同。""口部偁《詩》作'呭呭',此作'詍詍',蓋四家之別也。"

《玉篇》口部:"喋,便語。"《集韻》帖韻:"喋,多言。"《史記・匈奴列傳》"嗟土室之人,顧無多辭,令喋喋而佔佔,冠固何當",裴駰集解:"喋,音諜。利口也。"

《説文》手部:"揲,閱持也。从手枼聲。"段注:"閱者,具數也,更迭數之也。'匹'下曰:'四丈也,从八、匸,八揲一匹。'按:八揲一匹,則五五數之也。五五者,由一五二五數之至於八五,則四丈矣。《毄辭傳》曰:'揲之以四,以象四時。'謂四四數之也。四四者,由一四二四數之至若干四,則得其餘矣。凡傳云三三、兩兩、十十、五五者皆放此。閱持者既得其數而持之,故其字从手。"《玉篇》手部:"揲,數蓍。"《廣雅・釋詁》:"揲,積也。"

"多"義與重複、反復意義相關,故又派生出下二詞:

《説文》土部:"堞,城上女垣也。从土枼聲。"段注:"女之言小也。阜部'陴'下曰:'城上俾倪女牆也。'堞與陴異字而同義。《左傳》'堙之,環城傅於堞',杜曰:'堞,女牆也。'古之城以土,不若今人以專也。土之上間加以專牆,爲之射孔,以伺非常。曰俾倪,曰陴,亦曰堞。""按:从枼者,如枼之薄於城也。亦有會意焉。今字作堞。"堞是牆上之牆,《釋名・釋宮室》:"(城上垣)或名堞,取其重叠之義也。"

齒部:"齛,羊粻也。从齒世聲。"《爾雅・釋獸》"羊曰齥",陸德明釋文作"齛",注云:"張揖音世,解云:'羊食已,吐而更嚼之。'"

"薄"與"輕"義通。陳曉強以媟、偞二詞有輕義[1],可從。

---

[1]陳曉强《漢語詞源與漢字形體的關係研究》第 361—362 頁。

4. 通用情況

（1）葉—世　　《睡虎地·日書乙種》157—158：“以有疾，辰少（小）翏（瘳），午大翏（瘳），死生在申，黑肉從北方來，把者黑色，外鬼父葉（世）爲姓（眚），高王父譴適（謫），豕☐。”

（2）葉—牒　　《銀雀山·孫臏兵法》298：“見使枼來言而動☐……”枼，張震澤讀爲牒，注曰：“牒，版也，札也；厚者曰牘，薄者曰牒，所以記事。此句言見到使者的牒報然後行動。”①

（3）葉—牒　　荆州印臺漢墓 M60、松柏漢墓 M1 出土的簡牘中有“葉書”，李零認爲即牒書，牒書是用零散的簡牘編成的書，主要屬於文書類②。

（4）葉—堞　　《銀雀山·守法守令等十三篇》796—797：“外葉（堞）高七尺，內葉（堞）高四尺，外葉（堞）埤堄……”葉讀爲堞，城上女垣。

（5）牒—諜　　《北大一·倉頡篇》20：“飫猒（厭）然（燃）稀（晞），丈袤（戀）牒（諜）膠。”

（6）諜—牒　　《睡虎地·封診式》91—92：“即疏書甲等名事關諜（牒）北（背）。”

（7）傑—世　　《上博二·容成氏》42：“湯王天下卅又一傑（世）而受（紂）复（作）。”

5. 詞源譜系

```
                 世呭（詍）喋揲［多］— 壣齛［重複、反復］
        葉籦牒䐈         ／
    枼—禕鍱屜鰈
        牒諜［薄］   ＼
                 媟傑［輕］
```

6. 詞族外同源詞繫聯

有以“牽引”爲詞源意義的下二詞：

《説文》手部：“拽，捈也。从手世聲。”段注：“‘厂’下曰‘拽也’，‘臾’下曰‘束縛捽拽也’。拽與曳音義皆同。《檀弓》‘負手曳杖’，釋文‘曳’

---

① 張震澤《孫臏兵法校理》第 50 頁。
② 李零《視日、日書和葉書——三種簡帛文獻的區別和定名》，《文物》2008 年第 12 期。

作'抴'。俗刻誤从木,非也。《九歌》'桂櫂兮蘭抴',王逸曰:'櫂,楫也。抴,船旁板也。'按《毛詩傳》云:'楫,所以櫂舟也。'故因謂楫爲櫂。櫂者,引也。船旁板曳於水中,故因謂之抴。俗字作櫂、作枻,皆非是也。"

糸部:"紲,系也。从糸世聲。《春秋傳》曰:'臣負羈紲。'緤,紲或从枼。"《廣雅·釋詁》"紲,係也",王念孫疏證:"紲之言曳也。"

以"泄出"爲詞源意義的下二詞:

《説文》水部:"渫,除去也。从水枼聲。"段注:"井九三曰'井渫不食',荀爽曰:'渫去穢濁,清潔之意也。'按:凡言泄漏者,即此義之引伸,變其字爲泄耳。"

《詩經·大雅·民勞》"惠此中國,俾民憂泄",鄭玄箋:"泄猶出也,發也。"《文選》左思《魏都賦》"窮岫泄雲,日月恒翳",李善注:"泄,猶出也。"

从"枼"聲的其他同源詞:

抴紲[牽引]

渫泄[泄出]

一〇　員

1.《説文》本義及其同源詞繫聯

《説文》員部:"員,物數也。从貝口聲。凡員之屬皆从員。鼎,籀文从鼎。"段注:"本爲物數,引伸爲人數。俗偁官員。《漢·百官公卿表》曰'吏員,自佐史至丞相十二萬二百八十五人'是也。數木曰枚,曰梃。數竹曰箇。數絲曰紽,曰總。數物曰員。"

如以《説文》本義爲起點,可派生出"覞":

《説文》見部:"覞,外博衆多視也。从見員聲。讀若運。"段注:"衆多之視,所視者衆也。員,物數也。覨,物數紛覨亂也。覞同音而義近。博,大通也。外大通而多所視也。"徐鍇繫傳:"覞,俗名目覞亂也。"《廣韻》問韻:"覞,衆視。"

員—覞[衆多]

2. 出土材料本義及其同源詞繫聯

員,甲骨文作鼎(合 10978)等形,从鼎从〇,爲"圓"本字。

從"員"聲的詞有"和"義,包括:

《説文》口部:"圓,圜全也。從口員聲。讀若員。"段注:"圜者天體,天屈西北而不全。圜而全,則上下四旁如一,是爲渾圜之物。《商頌》'幅隕既長',毛曰:'隕,均也。'按:《玄鳥》傳亦曰:'員,均也。'是則毛謂員、隕皆圓之假借字,渾圜則無不均之処也。箋申之曰:'隕當作圓,圓謂周也。'此申毛,非易毛。"王筠句讀:"再言此者,言圓非與方對之圜,乃是圓全無缺陷也。"《睡虎地·爲吏之道》24壹—26壹:"中不方,名不章;外不員(圓)。"《馬王堆·周易經傳·繋辭》21下—22上:"故蓍之德員(圓)而神,卦之德方以知,六肴(爻)之義易以工。"

新附音部:"韻,和也。從音員聲。裴光遠云:古與均同。未知其審。"《玉篇》音部:"韻,聲音和曰韻。"

肉部:"腪,切孰肉,内於血中和也。從肉員聲。讀若遜。"

耒部:"耺,除苗間穢也。從耒員聲。耘,耺或從芸。"除去穢草則"和"。

頁部:"顐,面色顐顐兒。從頁員聲。讀若隕。"《集韻》混韻:"顐,面首俱圓謂之顐。"

員—圓韻腪耺顐[和]

3. 詞族外同源詞繋聯

"員"聲詞還有"隕落"義:

《説文》石部:"磒,落也。從石員聲。《春秋傳》曰:'磒石于宋五。'"段注:"磒與隕音義同。隕者,從高下也。《春秋經·僖公十有六年》'隕石于宋五',《左》《穀》作'賈'。許所據《左傳》作'磒'。《釋詁》'隕、磒,落也',郭云:'磒猶隕也。'"

雨部:"賈,雨也。齊人謂靁爲賈。從雨員聲。一曰雲轉起也。"段注:"齊人謂靁曰賈,方俗語言如此。靁,古讀如回。'回'與'員'語之轉。《公羊傳》'星賈如雨',假爲'隕'字。"《玉篇》雨部:"賈,靁起出雨也。齊人謂靁爲賈。"

阜部:"隕,從高下也。從阜員聲。《易》曰:'有隕自天。'"《馬王堆·十六經·果童》21下:"前世法之,後世既員,繇(由)果童始。"原整理者注:"員,讀爲隕,斷絶。"

《玉篇》歹部:"殞,歿也。"

"隕落"與"損減"意義相關：

《説文》手部："損，減也。从手員聲。"《郭店·唐虞之道》19："又(有)天下弗能益，亡天下弗能員(損)。"

通用情況：

(1)損—隕　　阜陽漢簡《詩經·豳風》S133："十月損(隕)擇(蘀)，一之日于貉。"

从"員"聲的其他同源詞：

磒霣隕殞[隕落]—損[損減]

一一　參

1.《説文》本義

《説文》晶部："曑，商，星也。从晶㐱聲。𠻜，曑或省。"

2. 現有考釋及出土材料本義

關於"參"的形義，趙平安總結有四種主要説法：第一種以《説文》爲代表，從小篆字形出發，釋爲："曑商，星也。从晶㐱聲。"第二種以林義光《文源》爲代表，釋爲："參并也，从人齊……彡聲。"第三種以約齋《字源》爲代表，釋爲："像人頭上戴着珠寶的飾物，或又加彡。"第四種以林潔明《金文詁林》爲代表，釋爲："象參宿三星在人頭上，彡聲。"[1]又林清源以爲字象人的長髮卷曲之形，或者繫結髮飾之形，"參"爲"鬖"之本字[2]。

參，金文作𠻜(葡參父乙盉)、𠻜(曶鼎)諸形，趙平安認爲字象人頭上戴簪笄之形，後增彡，是爲了字形的勻稱美觀而增加的羨畫。參的本義指簪笄，後來這個用法用"篸"表示。《集韻》侵韻："先，《説文》：'首笄也。'或作簪、鐕、篸。"《字彙》竹部："篸，又與簪同。"因爲固髮之簪多用三枚，故"參"有"三"義；簪的作用是固定頭髮，故參引申爲"并"和"齊"；簪聳立在頭上，故引申爲"高"；簪的使用往往中間一枚，兩邊各一枚，故參引申爲"錯雜、交互"；簪有美化作用，由參構成的"㐱"義爲"好貌"；簪

①趙平安《釋參及相關諸字》，《語言研究》1995 年第 1 期。
②林清源《釋參》，《古文字研究》第 24 輯第 286—290 頁。

形似針,引申爲小,故从參之字有"小"義①。趙平安對"參"詞義系統的分析亦適用於同源詞繫聯。

3. 同源詞繫聯

以"三"爲詞源意義的詞:

《説文》牛部:"㸺,三歲牛。从牛參聲。""㹠"下段注曰:"按:㸺字从參,故爲三歲牛。"

馬部:"驂,駕三馬也。从馬參聲。"

以"高、長"爲詞源意義的詞:

《説文》木部:"槮,木長皃。从木參聲。《詩》曰:'槮差荇菜。'"段注:"見《周南》。今《詩》作'參',許所據作'槮',謂如木有長有短不齊也。"《楚辭·九辨》"菌櫹槮之可哀兮,形銷鑠而瘀傷",洪興祖補注:"櫹槮,樹長皃。"

《玉篇》毛部:"毿,毛長皃。"

以"錯雜"爲詞源意義的詞:

《説文》竹部:"篸,差也。从竹參聲。"段玉裁改爲"篸,篸差也",注曰:"各本'差'上無'篸',此淺人謂爲複舉字而刪之也。《集韵》:'篸差,竹皃。初簪切。'又:'篸,竹長皃。疏簪切。'按:木部'槮,木長皃',引'槮差荇菜'。蓋物有長有短則參差不齊,竹、木皆然。今人作'參差',古則从竹、从木也。"

《玉篇》彡部:"鬖,亂髮也。"

以"好"爲詞源意義的詞:

《説文》人部:"傪,好皃。从人參聲。"

以"小"爲詞源意義的詞:

《説文》水部:"滲,下漉也。从水參聲。"水一點一點地透過或漏出。

《集韵》嫌韵:"蔘,葦初生者。"

《廣雅·釋詁》:"摻,小也。"王念孫疏證:"摻之言纖也。"

《説文》米部:"糂,以米和羹也。一曰粒也。从米甚聲。……糝,古文糂从參。"段注:"蓋糝有零星之義,故今之小菜古謂之糝。"

---

①趙平安《釋參及相關諸字》,《語言研究》1995 年第 1 期。

4. 詞源譜系

參
- 幓驂[三]
- 槮毿[高、長]
- 篸鬖[錯雜]
- 傪[好]
- 滲蔘摻糝[小]

5. 詞族外同源詞繫聯

从“參”聲的詞還有以“殘殺”爲詞源意義的：

《説文》犬部：“狻，犬容頭進也。从犬參聲。一曰賊疾也。”《廣雅·釋詁》“狻，賊也”，王念孫疏證：“狻者，《説文》：‘狻，賊疾也。’《方言》：‘慘，殺也。’‘慘’與‘狻’聲義相近。”

《方言》卷一：“慘，殺也。”胡繼明繫聯狻、慘均有殘害義①。

从“參”聲的其他同源詞：

狻慘[殘殺]

一二 录

1.《説文》本義及其詞源譜系

《説文》录部：“录，刻木录录也。象形。”朱駿聲通訓定聲：“此字實即剥之古文。”《玉篇》录部：“录，刻木也。”

刀部：“剥，裂也。从刀从录。录，刻割也。录亦聲。”字作。段注：“‘录’下云：‘刻木录录也。’破裂之意也。”又同部：“割，剥也。从刀害聲。”

雖然目前文獻未見“录”用作“刻剥”的詞例，但從《説文》體系來看，朱説可從，“录”爲“剥”本字。

另外，《説文》鬼部“鬽”下：“，古文，，籒文。”髟部：“鬃()，鬅也。忽見也。从髟录聲。录，籒文魅，亦忽見意。”立部“逯”()下：“录，籒文鬽字”。其中出現的“录”是由甲骨文(合 14287)演變而來，與《説文》訓“刻木录录”的“录()”没有任何關係，其小篆字形亦有

①胡繼明《〈廣雅疏證〉同源詞研究》第 426 頁。

微別。

　　刻劃往往成了記錄,所以,"录"很可能引申出"記録、簿籍"等義,但文獻中這些意義均用"録"表示,《説文》金部:"録,金色也。从金录聲。"

　　詞源譜系:

　　录—剥[刻]

2. 現有考釋及出土材料本義

　　录,甲骨文作 (合 29408)、 (合 10970 正),西周金文作 (大保簋)、 (录作辛公簋),戰國楚文字作 (郭店·魯穆公問子思 7),(從录之"禄"秦璽作 ,璽彙 5423。)小篆作 。小篆字形與甲骨文 、 當有傳承關係。

　　關於 、 的字形、本義主要有如下諸説:

　　葉玉森指出,甲骨文中麓從录,象懸兵於架,預爲之防,所以守也①。

　　李孝定以爲此爲井鹿盧之初字,上象桔槔,下象汲水器,小點象水滴形。今字作轆,與轤字連文。徐中舒、季旭昇同意其觀點②。

　　孫常叙認爲甲骨文录即"淥"亦"漉"之象形初文,字形初誼象水從器漉漉然滴瀝以下也。陳五雲認爲 所懸者非兵,乃一包裹之物,小點,其水也,故"录"爲"淥"之本字。董蓮池、黄德寬等學者亦以之爲"淥"本字③。

　　我們認爲"录"或爲"淥(漉)"之本字。《説文》水部:"漉,浚也。从水鹿聲。淥,漉或從录。"段玉裁補"一曰水下皃",注曰:"鉉本無,今依鍇本。《封禪文》:'滋液滲漉。'後世言漉酒,是此義。"水部:"浚,杼也。从水夋聲。"段注本作"抒也",注曰:"抒者,挹也,取諸水中也。"臼部:"舀,抒臼也。从爪、臼。"湯可敬《説文解字今釋》:"'舀'字從爪,即從手,用手舀,就有漉濾義。"④《集韻》屋韻:"漉,《説文》:浚也。一曰滲也。

---

①葉玉森《殷契枝譚》,《學衡》第 31 期。

②李孝定編述《甲骨文字集釋》第 2347 頁;徐中舒主編《甲骨文字典》(第 3 版)第 774 頁;季旭昇《説文新證》第 589 頁。

③孫常叙《涿鹿邑布考》,《孫常叙古文字學論集》第 417 頁;陳五雲《古文字學習札記》,《古文字研究》第 23 輯第 216 頁;董蓮池《説文解字考正》第 276 頁;黄德寬《開啓中華文明的管鑰》第 71 頁。

④湯可敬《説文解字今釋》第 1584 頁。

或从录。”“漉”義爲“滲濾”。“录”加水旁作“淥”,而通行字爲“漉”。

3. 同源詞繫聯

水從器漉漉然以下,生發出兩個特點:一是從高而下,一是衆多。

以“從高而下”爲詞源意義的詞有“禄”:

《説文》示部:“禄,福也。从示录聲。”“‘禄’原本指上天對下人——其實是對統治者——的具體賜予,後來轉移爲‘天子’對臣下的賜予。”“‘禄’是‘录’的分化字,‘录’即古‘淥’字,古字象汁液從懸袋中滴瀝而下之形。在迷信上帝的時代,把由上天所賜的福亦稱作‘录’,爲區別而造‘禄’字,所以‘禄’是天賜之福的意思。”[1]頌壺:“用追孝祈匄康寙、屯(純)右(祐)、通录(禄)、永令(命)。”《郭店·六德》13—14:“子弟大材埶(藝)者大官,少(小)材埶(藝)者小官,因而它(施)录(禄)安(焉)。”《東漢銅鏡》1072:“上有四守(獸)辟羊(祥)至(致)畐(福)录(禄)。”

以“衆多”爲詞源意義的詞:

《説文》新附石部:“碌,石皃。从石录聲。”《廣韻》屋韻:“碌,多石皃。”《爾雅·釋丘》“天下有名丘五”,郭璞注:“此方稱天下之名丘,恐此諸丘碌碌未足用當之。”邢昺疏:“碌,小石也。碌碌,多貌。”

辵部:“逯,行謹逯逯也。从辵录聲。”段注:“張衡賦‘趦趄’謂‘局小皃’,義與此同。《廣雅》:‘逯逯,衆也。’”《玉篇》辵部:“逯,衆也。”《廣韻》燭韻:“逯,謹也。”

“逯”同時有“衆多”與“謹慎”的特點,“睩”亦有“謹慎”的意義:

《説文》目部:“睩,目睞謹也。从目录聲。讀若鹿。”段注:“娽娽,謹皃也。故睩爲目睞之謹,言注視而又謹畏也。《招魂》‘娥眉曼睩目騰光’,王曰:‘好目曼澤,時睩睩然視,精光騰馳,感人心也。’”

4. 詞源譜系

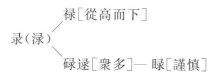

禄［從高而下］

录(淥)

碌逯［衆多］—睩［謹慎］

5. 詞族外其他同源詞繫聯

从“录”聲的詞有“青黄色”的意義:

---

[1]王鳳陽《古辭辨》第 450、396 頁。

《説文》糸部:"緑,帛青黄色也。从糸录聲。"段注:"《緑衣》毛傳曰: '緑,間色。'《玉藻》正義曰:'五方間色,緑、紅、碧、紫、騮黄是也。'"

艸部:"菉,王芻也。从艸录聲。《詩》曰:'菉竹猗猗。'""蓋"下段 注:"蘇恭、掌禹錫皆云:俗名菉蓐艸,《爾雅》所謂王芻,《詩·淇澳》之菉 也。"宋唐慎微《證類本草·蓋草》:"蓋草,味苦、平,無毒。""唐本注云: 此草,葉似竹而細薄,莖亦圓小。生平澤溪澗之側,荆襄人煮以染黄,色 極鮮好。洗瘡有效。"

金部:"録,金色也。从金录聲。"段注:"録與緑同音。金色在青黄 之間也。"

又有"曲"的意義:

《説文》見部:"覗,笑視也。从見录聲。"《廣韻》録韻:"覗,眼曲 覗也。"

《説文》走部:"趢,趢趗也。从走录聲。"段注:"《東京賦》曰'狹三王 之趢趗',薛云:'趢趗,局小兒也。'"又同部:"趗,行趢趗也。一曰,行曲 脊兒。从走萬聲。"段注:"《廣韵》:'趗,曲走兒。'"王筠句讀"趗"下曰: "行曲脊兒即趢趗之義。"

从"录"聲的其他同源詞:

緑菉録[青黄色]

覗趢[曲]

一三　匕

1.《説文》本義

《説文》匕部:"匕,相與比叙也。从反人。匕,亦所以用比取飯,一 名柶。"段注:"比者,密也。叙者,次弟也。以姒籀作妣、祕或作祐、秕或 作秜等求之,則比亦可作匕也。此製字之本義,今則取飯器之義行而本 義廢矣。""'目'者,用也,'用'字衍。'比'當作'匕',漢人曰匕黍稷、匕 牲體,凡用匕曰匕也。匕即今之飯匙也,《少牢饋食禮》注所謂飯橾也。 《少牢饋食禮》'廩人概甑獻匕與敦',注曰:'匕,所以匕黍稷者也。'此亦 當即飯匙。按:《禮經》匕有二,匕飯、匕黍稷之匕蓋小,經不多見。其 '所以別出牲體'之匕,十七篇中屢見。喪用桑爲之,祭用棘爲之。又有名疏、名挑之別。蓋大於飯匙，其形製略如飯匙，故亦名匕。鄭所云‘有淺斗，狀如飯檫’者也。以之別出牲體謂之‘匕載’，猶取黍稷謂之‘匕黍稷’也。匕牲之匕，《易》《詩》亦皆作‘匕’。《大東》傳、震卦王注皆云‘匕所以載鼎實’是也。《禮記·襍記》乃作‘枇’。本亦作‘朼’。鄭注《特牲》引之，而曰‘朼、畢同材’，曰‘朼載’。蓋古經作‘匕’，漢人或作‘朼’，非器名作‘匕’、匕載作‘朼’以此分別也。若《士喪》《士虞》《特牲》《有司》篇匕載字皆作‘朼’，乃是淺人竄改所爲。鄭注《易》亦云‘匕牲體、薦鬯’，未嘗作‘朼牲體’也。注中容有木旁之‘朼’，經中必無。”徐灝注箋：“匕、比古今字。匕，相與比叙也；比，密也，密即比叙之義。”若按《説文》對“匕”的第一義的解釋，“匕”爲“比”本字。比部：“比，密也。”“比叙”爲“比”之“密”義的引申。

2. 出土材料本義

匕，甲骨文作（合 19985）、（合 27781）等形，王恩田認爲其取象於木質肉匕，其用途是從鼎中取肉，長島王溝戰國墓出土的刻紋銅盤殘片上的一組畫像中有匕的形象[1]。陝西扶風莊白一號窖藏出土西周晚期青銅匕，銘文曰：“散（微）白（伯）瘋乍匕。”考古發現之匕，往往與鼎、鬲同出，正是段玉裁所謂的“大於飯匙”“所以別出牲體”之“匕”，文獻亦作“朼、枇”。

《類篇》木部：“朼，所以載牲體。”《集韻》旨韻：“枇、朼，所以載牲體。或省通作匕。”《詩經·小雅·大東》“有饛簋飧，有捄棘匕”，毛傳：“匕所以載鼎實。”朱熹集傳：“棘匕，以棘爲匕，所以載鼎肉而升之於俎也。”《儀禮·士喪禮》“乃朼載，載兩髀于兩端”，鄭玄注：“乃朼，以朼次出牲體，右人也。載，受而載於俎，左人也。”《禮記·雜記上》“枇以桑，長三尺，或曰五尺”，鄭玄注：“枇，所以載牲體者。”陸德明釋文：“枇，音匕，本亦作朼。”孔穎達疏：“枇者，所以載牲體，從鑊以枇升入於鼎，從鼎以枇載之於俎。”《武威·甲本有司》9 背：“司馬匕羊，亦司馬載。”阮刻十三經注疏《儀禮·有司》：“司馬朼羊，亦司馬載。”從古文字看，“匕”爲“朼、枇”之本字，而“匕”更常用。

3. 同源詞繫聯

以匕別出物體，則物體分於兩處，故含有“破裂”義。以“破裂”爲詞

---

[1] 王恩田《釋匕、氏、示》，《商周銅器與金文輯考》第 107—116 頁。

源意義的詞：

《説文》巾部："帗，幣裂也。从巾匕聲。"段注："謂殘帛裂也。《急就篇》曰：'帗敝囊橐不直錢。'《方言》：'器破而未離，南楚之間謂之敁。'聲同義近。亦作帗。"

糸部："紕，氐人繬也。讀若《禹貢》'玭珠'。从糸比聲。"《集韻》脂韻："紕，繒欲壞。"《六書故·工事六》："紕，經緯不相持之謂紕。"

《方言》卷六："器破而未離謂之璺，南楚之間謂之敁。"《玉篇》支部："敁，器破也。"

《説文》人部："仳，別也。从人比聲。《詩》曰：'有女仳離。'"離別義。

"破裂"與"錯誤"意義相通：

《玉篇》心部："恈，誤也。"

《玉篇》言部："諀，誤也，謬也。"《廣雅·釋詁》"諀，誤也"，王念孫疏證："諀、恈、紕並通。"

匕從鼎内至鼎外，兩處之匕含有并列、相近、親密等義。以"并列、相近、親密"爲詞源意義的詞：

《説文》比部："比，密也。二人爲从，反从爲比。"比，甲骨文作（合5450）、（合766正）等形，从二匕，匕亦聲。《包山》253："一金比。""比"讀爲"匕"，即飯匙。

卩部："妣，輔信也。从卩比聲。《虞書》曰：'妣成五服。'"段注："相輔之信也。信者，卩也。从比，故以輔釋之。《周禮·掌節》：'掌守邦節而辨其用，以輔王命。'"《玉篇》卩部："妣，輔信也。今作弼。"

女部："妣，殁母也。从女比聲。"《禮記·曲禮下》"祭王父曰皇祖考，王母曰皇祖妣"，鄭玄注："妣之言媲也，媲於考也。"《釋名·釋喪制》："母死曰妣。妣，比也，比之於父亦然也。"王鳳陽指出："它們在解釋'妣'的詞源上是對的。'妣'就是'比'、'媲'，就是'匹'、'配'，最初是配偶的意思。"①《合集》2450："虫于比庚，宰。"比，用作"妣"。按，卜辭祖妣字一般用"匕"，如《合集》27440："庚午卜，其又（有）歲于匕（妣）辛牢。"妣癸鼎："匕（妣）癸。"晕鼎："晕乍（作）比（妣）辛尊彝。"《清華一·

---

①王鳳陽《古辭辨》第 325 頁。

楚居》1:"逆上汌水,見盤庚之子,尻(處)于方山,女曰比(妣)隹。"《馬王堆·周易經傳·周易》35上—35下:"六二,過兀(其)祖,愚(遇)兀(其)比(妣),不及兀(其)君,愚(遇)兀(其)僕,无咎。"比,今本《易》作"妣",《易·小過》:"過其祖,遇其妣,不及其君,遇其臣,無咎。"

牛部:"牝,畜母也。从牛匕聲。《易》曰:'畜牝牛,吉。'"李孝定指出:"妣字古假'匕'爲之,後乃增'女',猶牝之增'牛'也。"①

鹿部:"麀,牝鹿也。从鹿,从牝省。"段注:"會意。按:牝本从匕聲,讀扶死反,麀音蓋本同。後人以鹿聲呦呦改其音,並改其字作麀耳。"

土部:"坒,地相次比也。衛大夫貞子名坒。从土比聲。"《廣雅·釋詁》"坒、笓,次也",王念孫疏證:"坒、笓一字也。《説文》:'坒,地相次坒也。'字亦作坒。""坒、笓、比並通。"

《集韻》至韻:"朼,配合也。"《太玄·玄首序》"陰陽朼參,以一陽乘一統,萬物資形",宋衷注:"朼,二也。"王涯注:"朼,配合也。"

《廣韻》齊韻:"笓,取蝦竹器。"竹條次比而爲器。

《説文》肉部:"膍,牛百葉也。从肉毘聲。一曰鳥膍胵。肶,膍或从比。"段注:"謂之百葉者,胃薄如葉,碎切之,故云百葉。"

木部:"棍,栶也。从木毘聲。讀若枇杷之枇。"段注:"棍之言比叙也。《西京賦》曰:'三階重軒,鏤檻文棍。'按:此文'棍'謂軒檻之飾,與屋栶相似者。"

女部:"媲,妃也。从女毘聲。"《爾雅·釋詁一》"妃,媲也",郭璞注:"相偶媲也。"

新附竹部:"篦,導也。今俗謂之篦。从竹毘聲。"髟部:"鬘,用梳比也。从髟次聲。"段注曰:"比者,今之篦字。古祇作比。用梳比謂之鬘者,次第施之也。凡理髮先用梳,梳之言疏也。次用比,比之言密也。"北京大學藏秦簡《隱語》9:"以吾説之,給(殆)類比(篦)疏(梳)。"②《馬王堆·一號墓竹簡遣册》237:"尺比(篦)二枚。"

阜部:"陛,升高階也。从阜坒聲。"段注:"升、登古今字,古假升爲登也。自卑而可以登高者,謂之陛。賈誼曰:'陛九級上,廉遠地,則堂

①李孝定《金文詁林讀後記》第409頁。
②李零《隱書》,《簡帛》第8輯第14頁。

高。陛無級,廉近地,則堂卑。'"

木部:"椑,椑柶也。从木,陛省聲。"段注曰:"按:當作坒聲。"《廣雅·釋宮》"椑,牢也",王念孫疏證:"《説文》:'牢,閑養牛馬圈也。'……椑之言比,密也。"指古代官署前阻擋行人的障礙物,用木條交叉做成,亦有比密義。

《廣雅·釋言》"綼,并也",王念孫疏證:"綼之言比也。"《玉篇》糸部:"綼,縷并也。"

《説文》非部:"陛,牢也。所以拘非也。从非,陛省聲。"劉鈞傑以之與比、椑同源,指出:"比是密;比密的木條交叉製成的柵欄叫椑;囚人犯的處所有木栅,故監獄叫陛。"①

匕可盛出物體,質地應比較堅硬,又有以"堅硬、堅固"爲詞源意義者:

《説文》革部:"鞼,蓋杠絲也。从革旨聲。"段玉裁改爲"蓋杠系也",注曰:"蓋杠,《考工記》謂之桯,桯讀如楹。系,各本作絲,今正。系,係也。係,絜束也。絜束者,圍而束之。鞼用革,故字從革。"指圍束在蓋杠上使車不前傾的皮繩。

肉部:"脂,戴角者脂,無角者膏。从肉旨聲。"段注:"《大戴·易本命》曰'戴角者無上齒',謂牛無上齒,觸而不噬也。'無角者膏而無前齒',謂豕屬也,無前齒者,齒盛於後不用前。'有羽者脂而無後齒',羽當爲角,謂羊屬也,齒盛於前不任後。《考工記》鄭注曰:'脂者牛羊屬,膏者豕屬。'《内則》注曰:'肥凝者爲脂,釋者爲膏。'按:上文'膏'系之人,則'脂'系之禽,此人、物之辨也。有角、無角者各異其名,此物中之辨也。釋膏以脂,禽亦曰膏。《周禮》香臊腥羶皆曰膏,此皆統言不別也。"《禮記·内則》"脂用蔥,膏用薤",鄭玄注:"脂,肥凝者,釋者曰膏。"《爾雅·釋器》"冰,脂也",邢昺疏引孫炎曰:"膏凝曰脂。"

木部:"楮,柱砥。古用木,今以石。从木耆聲。《易》:'楮恒凶。'"段玉裁改爲"柱氐也",注曰:"氐,各本作砥,誤,今正。日部'昏'下曰:'氐者,下也。'广部曰:'底,一曰下也。'氐、底古今字。玄應書引作'柱下',知本作'柱氐'矣。今之礎子也。《釋言》曰:'楮,拄也。'即楮柱之

①劉鈞傑《同源字典補》第 125 頁。

讍。礠在柱下而柱可立,因引伸爲凡支拄、挂塞之偁。"

匕"大於飯匙",又含有"大"義:

《説文》鹿部:"麘,大麋也。狗足。从鹿旨聲。"段玉裁改爲"大麋也",注曰:"麋,各本誤麤,今正。《釋獸》曰'麘,大麚,旄毛狗足',郭云:'旄毛者,獳長也。'"

蟲部:"蠶,虬蜉,大螳也。从蟲虮聲。虮,蠶或从虫比聲。"

《玉篇》金部:"釩,箭也。"《玄應音義》卷十一:"錍,又作釩、鎞二形,同。普迷反。《通俗文》:'霍葉曰釩。'釩即大箭也。"

《説文》豸部:"貔,豹屬,出貉國。从豸卑聲。《詩》曰:'獻其貔皮。'《周書》曰:'如虎如貔。'貔,猛獸。豼,或从比。"段注:"《大雅·韓奕》傳曰:'貔,猛獸也。'《尚書》某氏傳曰:'貔,執夷,虎屬也。'《釋獸》曰'貔,白狐',舍人曰:'名白狐也。'按:《方言》曰'貔,陳楚江淮之間謂之㹮,北燕朝鮮之間謂之貊,關西謂之狸',郭云:'貔,未聞語所出。'玉裁謂,《方言》所説狸也,非貔也。《爾雅》所説白狐蓋亦狸類,非貔也。而皆得貔名者,俗呼之相混也。《説文》《毛傳》《尚書》傳則皆貔之本義也。"

"大"義與"庇蔭"義通,以"庇蔭"爲詞源意義:

《説文》广部:"庇,蔭也。从广比聲。"段注:"蔭,艸奄也。引伸之爲凡覆庇之偁。《釋言》曰:'庇、休,蔭也。'""'庇'與'蔽'同源,重在各種建築物的遮擋雨露霜雪,也包括烈日。"[1]《睡虎地·爲吏之道》24 叁:"比臧封印。"整理者讀比臧爲庇藏。《馬王堆·春秋事語·魯桓公與文姜會齊侯于樂章》93—94:"知(智)者痁〈循〉李(理)長[慮]而身得比(庇)焉。"

《廣雅·釋器》"幖,幨也",王念孫疏證:"《説文》:'幨,帷也。'《釋名》云:'幨,廉也,自障蔽爲廉恥也。'"《玉篇》巾部:"幖,車帷也。"

以匕盛物,匕要在鼎中短暫停留,所以又有以"留止"爲詞源意義的詞:

《説文》稽部:"稽,留止也。从禾从尤,旨聲。"段注:"玄應書引'留止曰稽'。高注《戰國策》曰:'留其日,稽留其日也。'凡稽留則有審慎求詳之意,故爲稽攷。禹會諸侯於會稽。稽,計也。稽攷則求其同異,故

---

① 王鳳陽《古辭辨》第 500 頁。

説《尚書》'稽古'爲'同天'。稽,同也。如'流,求也'之例。"

首部:"䭫,下首也。从首旨聲。"段玉裁改爲"䭫首也",注曰:"蓋䭫首者,拱手至地,頭亦至於地,而顙不必觸地,與頓首之必以顙叩地異矣。䭫首者,稽遲其首也。頓首亦曰䭫顙。䭫顙者,稽遲其顙也。"

4. 通用情況

（1）比—枇　　《武威·甲本特牲》14:"贊者措（錯）柤（俎）,加枇（匕）。乃比（枇）。"

（2）陛—比　　《馬王堆·刑德甲篇·日月風雨雲氣占》3:"月八日南陛（比）,陰國亡地。"

（3）脂—旨　　《清華一·耆夜》7:"王又（有）脂（旨）酉（酒）,我憂（憂）以厫。"

（4）鈚—匕　　《馬王堆·周易經傳·周易》31上:"辰（震）敬（驚）百里,不亡鈚（匕）膓（鬯）。"

5. 詞源譜系

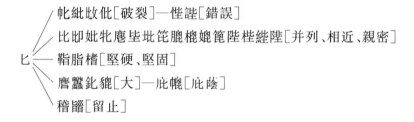

6. 詞族外同源詞繫聯

此外,又有以"美味"爲詞源意義的詞:

《説文》甘部:"旨,美也。从甘匕聲。"

魚部:"鮨,魚䐶醬也。出蜀中。从魚旨聲。一曰鮪魚名。"段注:"醬字衍。䐶者,豕肉醬也。引申爲魚肉醬,則偁魚䐶可矣。《公食大夫禮》'牛鮨'注曰:'《内則》鮨爲膾。然則膾用鮨。'謂此經之醓牛鮨,即《内則》之醓牛膾也。聶而切之爲膾,更細切之,則成醬爲鮨矣。鮨者,膾之冣細者也。牛得名鮨,猶魚得名䐶也。"

指動物的"鬐":

《説文》新附髟部:"鬐,馬鬐也。从髟耆聲。"

《禮記·少儀》"冬右腴,夏右鰭",鄭玄注:"鰭,脊也。"孔穎達疏:

“鰭,謂魚脊。”《史記・司馬相如列傳》“揵鰭擢尾,振鱗奮翼”,張守節正義:“鰭者,魚背上鬣也。”

“惡米”義:

《説文》禾部:“秕,不成粟也。从禾比聲。”段注:“按:不成粟之字从禾,惡米之字从米,而皆比聲,此其別也。《左傳》‘若其不具,用秕稗也’,杜云:‘秕,穀不成者。’《僞古文》云:‘若粟之有秕。’《吕覽》云:‘凡禾之患,不俱生而俱死。是以先生者美米,後生者多秕。是故其耨也,長其兄而去其弟。’按:今俗呼穀之不充者曰癟,補結切,即秕之俗音俗字也。引伸之凡敗者曰秕。”

米部:“粊,惡米也。从米北聲。《周書》有《粊誓》。”段玉裁改字爲“䉾”,注曰:“各本篆作𥠂,解云北聲,今正。䉾在古音十五部,不當用一部之北諧聲也。《經典釋文》《五經文字》皆不誤。若《廣韵》作‘粊’,注云:‘《説文》作粊。’蓋由《説文》之誤已久。《玉篇》作粊、作粊、作粊,皆云惡米,而皆粊之誤。”“粟之不成者曰秕,米之惡者曰䉾,其音同也。《莊子》‘塵垢粃穅’,粃即䉾字。《廣韻》至韻:“粊,惡米。又魯東郊地名。《説文》作‘粊’。”

“擊打”義:

《説文》新附珡部:“琵,琵琶,樂器。从珡比聲。”巴部:“祀,搉擊也。从巴、帚,闕。”段注:“搉者,反手擊也。今之琵琶,古當作搉祀。”

手部:“搉,反手擊也。从手𠄤聲。”段注:“《左傳》曰:宋萬‘遇仇牧于門,搉而殺之’。《玉篇》所引如是。今《左傳》作‘批’,俗字也。”

从“匕”聲的其他同源詞:

旨鮨[美味]

鬐鰭[鬣]

秕䉾[惡米]

琵搉[擊打]

一四 卒

1.《説文》本義

《説文》衣部:“卒,隸人給事者衣爲卒。卒,衣有題識者。”

2. 出土材料本義

卒，甲骨文作 (合 1210)、(合 26039)等形，前者从衣，在衣形中打叉，以示衣服縫製完畢，交叉綫象徵所縫的綫；後者末筆帶勾，可能表示衣服已經縫製完畢，可以折叠起來①。从衣上加横的 (郭店·唐虞之道 18)、(睡虎地·日書甲種 120 反)一類形體見於楚簡、秦簡。

3. 同源詞繫聯

衣服縫製完畢，即爲“終盡”義：

《説文》歺部：“殍，大夫死曰殍。从歺卒聲。”段注：“《曲禮》：‘天子死曰崩，諸侯曰薨，大夫曰卒，士曰不禄，庶人曰死。’《白虎通》曰：‘大夫曰卒，精燿終也，卒之爲言終於國也。’字皆作卒，於《説文》爲假借。”

酉部：“醉，卒也。卒其度量，不至於亂也。一曰潰也。从酉从卒。”段注：“此以會意包形聲。卒亦聲也。”

《集韻》至韻：“崒，止也。”《漢書·賈誼傳》：“異物來崒，私怪其故，發書占之，讖言其度。”《讀書雜誌·漢書第九·賈誼傳》“來崒”下王念孫按：“崒者，止也。”

《説文》新附日部：“晬，周年也。从日、卒，卒亦聲。”《武威醫簡·第二類簡》47：“凡七物皆父且（咀），漬以淳（醇）酒五升，卒（晬）時。”

“醉”的“酒醉”義與“憂、病”意義相通：

《説文》頁部：“顇，顦顇也。从頁卒聲。”段注：“許書無顦篆，大徐增之，非也。錢氏大昕曰，面部之‘醮’當是正字。《小雅》‘或盡瘁事國’，傳云：‘盡力勞病以從國事。’《左傳》引《詩》曰‘雖有姬姜，無棄蕉萃’，杜曰：‘蕉萃，陋賤之人。’《楚辭·漁父》‘顔色憔悴’，王曰：‘奸黴黑也。’班固《荅賓戲》：‘朝而榮華，夕而焦瘁。’其字各不同。今人多用憔悴字，許書無憔篆，悴則訓憂也。”

心部：“悴，憂也。从心卒聲。讀與《易》萃卦同。”段注：“《方言》：‘悴，傷也。’傷即慯字。”《廣雅·釋詁》“悴，憂也”，王念孫疏證：悴、顇、瘁並字異而義同。

《玉篇》疒部：“瘁，病也。”

縫製衣服，要把裁剪開的布聚在一起，裁開的布要“接觸”。《説文》

---

①裘錫圭《釋殷墟卜辭中的“卒”和“裚”》，《中原文物》1990 年第 3 期。

糸部："縫,以鍼紩衣也。从糸逢聲。"辵部："逢,遇也。从辵,夆省聲。"
張舜徽約注："縫之言逢也,謂迎合散材以爲一也。""'縫'是將分在兩處
的或裂開的東西連綴起來,使之變成一個整體。"①這可以證明縫製衣服
的構意中確實蘊含着接觸與會聚兩個特點。以"會聚"爲詞源意義:

《説文》艸部："萃,艸皃。从艸卒聲。讀若瘁。"段注："《易·象傳》
曰:'萃,聚也。'此引伸之義。"朱駿聲通訓定聲："萃,艸聚皃。"《左傳·
宣公十二年》:"楚師方壯,若萃於我,吾師必盡,不如收而去之。"杜預
注："萃,集也。"《馬王堆·周易經傳·周易》有"卒"卦,如 59 上:"卒
(萃),王叚(假)于廟,利見大人,亨。""卒",漢、唐石經本作"萃"。

米部："粹,不雜也。从米卒聲。"段注："劉逵引班固云:'不變曰醇,
不襍曰粹。'按:粹本是精米之偁,引伸爲凡純美之偁。"《廣雅·釋詁》
"粹,同也",王念孫疏證:"粹之言萃也。""'粹'來自'萃'。'萃',《廣
雅·釋詁》'聚也',《説文》'草貌'。'萃'是形容象草那樣叢生聚長的,
'粹'也表示同類事物聚集在一起。既然是同類的聚合,所以它既可以
是單一事物的集合,又可以是提煉物或挑選物的集合。"②

黹部："黼,會五采繒色。从黹,綷省聲。"段玉裁改爲"黼,會五采繒
也。从黹卒聲",注曰:"五采繒者,五采帛也。《大人賦》'綷雲蓋',如淳
云:'蓋有五色也。'《吳都賦》:'孔雀綷羽以翺翔。'按:綷者,或黼字。"
《廣韻》隊韻:"黼,《説文》曰:繪五綵繒也。""綷,黼同。"《集韻》隊韻:
"綷,會五采繒色。"

新附人部："倅,副也。从人卒聲。"艸部"蒩"下段注曰:"倅,《周禮》
作萃、作倅,亦湊集意也。"

以"接觸"爲詞源意義:

《説文》口部："啐,驚也。从口卒聲。"《廣雅·釋詁》:"啐,嘗也。"
《集韻》隊韻:"啐,少飲酒也。"《禮記·雜記下》:"主人之酢也,嚌之,衆
賓兄弟則皆啐之。"鄭玄注:"嚌、啐,皆嘗也。嚌,至齒;啐,入口。""嘗"
即食物與口接觸。

齒部："齭,齭齼也。从齒卒聲。"《廣雅·釋詁》:"齭,齧也。"

---

①王鳳陽《古辭辨》第 705 頁。
②同上注第 955 頁。

足部："踤，觸也。从足卒聲。一曰駭也。一曰蒼踤。"段注："《長楊賦》'帥軍踤阹'，《漢書音義》曰：'踤，聚也。'師古曰：'踤，足蹴也。'"

火部："焠，堅刀刃也。从火卒聲。"段注："《王襃傳》'清水焠其鋒'，郭樸《三倉解詁》曰：'焠，作刀鑑也。焠，子妹切。鑑，工練切。'師古云：'焠謂燒而內水中以堅之也。'按：火而堅之曰焠，與水部'淬'義別。《文選》譌作'淬'，非也。《天官書》曰：'火與水合曰焠。'"王筠釋例："'焠'與水部'淬'蓋同。焠，堅刀刃也。淬，滅火器也。……正謂以器盛水滅刀之火，以堅其刃也。今謂之瀄，刀甫出火，即投之水，故兩從也。"

水部："淬，滅火器也。从水卒聲。"段注："滅火器者，蓋以器盛水濡火使滅，其器謂之淬。與火部之'焠'義略相近，故'焠'通作'淬'。"朱駿聲通訓定聲："淬，貯水以焠刃之器，其實焠、淬同字。刃出于火，故从火；入于水，故从水。"《周家臺秦簡・病方及其他》323："瘕（瘕）者，燔劍若有方之端，卒（淬）之醇酒中。"整理者注："'卒'，讀作'淬'。淬，染。"陳偉指出："'卒'應是將燒熱的頭端浸入醇酒中，可讀爲'淬'或'焠'，不能解釋爲一般意義上的'染'。"[1]《馬王堆・經法・名理》72下："如燔如卒（淬），事之反也。"原整理者注："卒，讀爲淬，今言淬火。水火本不相容，若'火與水合'，不循事理，故言'事之反'。"《馬王堆・五十二病方》171—172："以醇酒入[□]，煮膠，廣[□□□□□]消，而燔段（煅）糵[□□□]火而焠酒中，沸盡而去之，以酒歊（飲）病者。"

手部："捽，持頭髮也。从手卒聲。"段注："《金日磾傳》'日磾捽胡，投何羅殿下'，孟康曰：'胡音互。捽胡，若今相僻臥輪之類也。'晉灼曰：'胡，頸也。捽其頸而投殿下也。'"

4. 通用情況

（1）瘁—卒　《北大三・周馴》73—74："余恐而輕國而不好文理，不愛民而乏絕吾祀，持（特）令我瘁（卒）而若闔廬不㚝（孝）而已。"整理者注："'瘁'同'卒'，義爲'終'。"

（2）萃—卒　阜陽漢簡《詩經・邶風》S025："父旖（兮）母旖（兮），畜我不萃（卒）。"《詩經・邶風・日月》"父兮母兮，畜我不卒"，鄭玄箋："卒，終也。"

---

①陳偉《讀沙市周家臺秦簡札記》，《楚文化研究論集》第5輯第340、345頁。

（3）倅—萃　　　《銀雀山·孫臏兵法》278:"倅險贈（增）畾,靜戒毋動,毋可□前,毋可怒。"整理者注:"倅,疑當讀爲萃,止也,處也。萃險猶言據險,依險。"

（4）醉—淬　　　《馬王堆·養生方》62:"煎白罂（嬰）丘（蚯）引（蚓）,㲋智（蜘）蛛㒺（網）及苦瓠,而醉（淬）戠（鐵）,即以汁傅之。"

（5）醉—萃　　　北大藏秦簡《酒令》木牘一:"黄黄鳥邪,醉（萃）吾冬栂（梅）。"①

（6）啐—萃　　　《上博三·周易》42:"啐（萃）:王叚（假）于宙（廟）,利見大人,卿（亨）,利貞。"

5. 詞源譜系

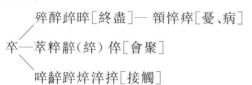

6. 詞族外同源詞繫聯

又有以"破碎"爲詞源意義者:

《説文》石部:"碎,礦也。从石卒聲。"段玉裁改爲"糳也",注曰:"糳,各本作礦,其義迥殊矣。礦,所以碎物,而非碎也。今正。米部曰:'糳,碎也。'二篆爲轉注。'糳'各書假'靡'爲之,《孟子》假'糜'爲之。碎者,破也。糳者,破之甚也。義少別而可互訓。瓦部曰:'甇者,破也。'音義同。"《廣韻》隊韻:"碎,細破也。"

瓦部:"甇,破也。从瓦卒聲。"段注:"'破'上當有'瓦'字。'破'下曰'石甇也',此曰'瓦破也',是二篆爲轉注,而形各有所从。'甇'與'碎'音同義異。碎者,糳也。甇則破而已,不必糳也。今則碎行而甇廢矣。"

肉部:"脃,小耎易斷也。从肉,从絕省。"《集韻》祭韻:"脃,《説文》:'小耎易斷也。'或从毳、从卒。"

又有以"突然"爲詞源意義的下列二詞:

《説文》穴部:"窣,从穴中卒出。从穴卒聲。"段注:"卒、猝古今字。《子虚賦》'鬢姍勃窣,上乎金隄',韋昭曰:'鬢姍勃窣,匍匐上也。'按:鬢

①李零《北大藏秦簡〈酒令〉》,《北京大學學報》2015 年第 2 期。

姍謂徐行,勃窣謂急行。"

　　犬部:"猝,犬从艸暴出逐人也。从犬卒聲。"段注:"假借爲凡猝乍之偁。古多假卒字爲之。""短時間内在人們没有精神準備的情况下意外地出現。"①《銀雀山·孫臏兵法》294:"用此者,所以應卒(猝)宭(窘)處隘塞死地之中也。"

　　"碎"與"小"義通,空間的小與時間的短相通,所以"破碎"與"突然"義通。

　　从"卒"聲的其他同源詞:

　　碎瓬脺[破碎]—窣猝[突然]

十五　危

1.《説文》本義

　　《説文》危部:"危,在高而懼也。从厃,自卩止之。"段注:"引伸爲凡可懼之偁。《喪大記》注:'危,棟上也。'"

　　厂部:"厃,仰也。从人在厂上。一曰屋梠也,秦謂之桷,齊謂之厃。"桂馥義證:"厃,通作危。"《六書故·地理二》:"厃,即危也。從人在厂上,或在山上,其義一也。"

2. 現有考釋及出土材料本義

　　楊樹達指出:"二篇下足部云:'跪,拜也。从足危聲。'跪用郄,故危字從卩,从厃聲,即跪之初字也。跪爲加注義旁字,从卩復从足,余所謂會意形聲字加義旁,必有義近之字駢列者也。若安危之字,字本作厃,人在厂上,故爲危也。九篇下厂部許君訓厃爲仰,失其形義矣。"②張玉金基本同意楊説,他指出:"'跪'的初文是'危','危'是形聲字,從'卩'(跪坐要用膝)、'厃'聲。而'厃'是安危之危的初文,人在厂上,會危險之義。"③

　　厃,戰國璽印文字作𠂤(璽彙123),楚簡作𡉕(郭店·六德17),以人在山上會高危之意。《類篇》山部:"厃,虞爲切,在高而懼也。從人在山

---

①王鳳陽《古辭辨》第 988 頁。

②楊樹達《積微居小學述林全編》上册第 68—69 頁。

③張玉金《釋甲骨文中的"𠂤"和"𠂤"》,《古文字研究》第 23 輯第 4 頁。

上。""凸"爲"厂"之異體,即危高之"危"的專字①。

危,秦簡作危、楚簡作（包山 263）,漢帛書作危,从卩、从止均與"跪"義相關②。《包山》263:"一筶。"即一跪席。《禮記·曲禮上》:"授立不跪,授坐不立。"釋文:"跪,求委反,本又作危。"《上博四·曹沫之陳》63:"乃自愆(過)以敓(悦)於萬(萬)民,弗瘁危地,毋亦飤(食)飤。"《馬王堆·經法·國次》11 上—11 下:"是胃(謂)[□]逆以芒(荒),國危破亡。"義均爲"危險"。

《説文》足部:"跪,拜也。从足危聲。"段注:"手部曰:'撻,首至手也。'按:跪與拜二事,不當一之。疑當云'所以拜也',後人不達此書'所以'字,往往删之。《釋名》:'跪,危也。兩膝隱地,體危陧也。'"《正字通》足部:"跪,屈膝也。……朱子謂古人只是跪坐,著《跪坐拜説》云:兩膝著地,以尻著膝而稍安者爲坐;伸腰及股而勢危者爲跪;因跪而益致其恭以頭著地爲拜。""'跪'的姿態同'跽'一樣,也是兩膝貼席,大腿同上身成一條直綫。這同現代漢語的跪沒有區別。'跪'和'跽'的區別是:'跪'同'拜'聯繫在一起;'跽'同'拜'沒有關係。"③

則,"危"爲"跪"本字。

3. 同源詞繫聯

"跪"包含有高和危險義。高、危險二義相關,胡世文專門論證了二者的關係(具體詳下文)。

"跪"即身體高聳,从"危"聲的詞有"高峻"義:

《説文》土部:"垝,毀垣也。从土危聲。《詩》曰:'乘彼垝垣。'陒,垝或从自。"段注:"當曰'垝垣,毀垣也'。《衛風·氓》曰'乘彼垝垣',傳曰:'垝,毀也。'下文云:'毀,缺也。'"胡世文指出:"語義上,'垝'爲毀垣、高,'危'爲危險、高,它們有共同的意義核心'高、危',故爲同族。"并指出从危聲之字或爲高義,或爲危義,或兼而有之,進而繫聯跪、詭、嵬、

---

①周波《中山器銘文補釋》,《出土文獻與古文字研究》第 3 輯第 203 頁。

②按《上博七·武王踐阼》9　字,整理者指出其"从卩,从土,如人跪地,當古'跪'字,會意"。(馬承源主編《上海博物館藏戰國楚竹書(七)》第 160 頁。)程燕同意《上博七》整理者的意見,認爲楚簡"跪"作　(包山 243)形,從卩從土会意。(程燕《"坐"、"跪"同源考》,《古文字研究》第 29 輯第 641—643 頁。)

③王鳳陽《古辭辨》第 813 頁。

桅、恑①。

《玉篇》山部："嵬，高兒。亦作嵬、峗。"

《説文》木部："桅，黄木，可染者。从木危聲。"段玉裁改字爲"栀"，注曰："各本篆文誤作桅，今依《韵會》所據本正。小徐云：'《史記·貨殖傳》千畞巵茜，又書記多言鮮支，皆此。'是鍇本固作栀字。證一。《玉篇》列字次弟與《説文》同，而'栚、棟、初、㯓'四字之間，字作栀，之移切，不作桅，桅字乃在下文孫强等增竄之處。證二。水部'染'下引裴光遠曰：'從木，木者所以染，栀茜之屬也。'此用《史記》栀茜，而亦譌作桅。證三。桅，今之栀子樹，實可染黄。相如賦謂之鮮支，《史記》假巵爲之。"段説可從。《玉篇》木部："桅，俱彼切。黄木，可染也。又五回切。舡上檣竿。"《类篇》木部："桅，吾回切，舟上帆干。又古委切。《説文》：'黄木，可染者。'"《正字通》木部："桅，吾回切，音危，檣也。俗謂舟上帆竿曰桅。"

"跪"是"坐"的變異，從"危"聲的詞有"變異"義，下列各詞分别指不同事物的"變異"：

《説文》言部："詭，責也。从言危聲。"段注："《漢書》：'況自詭滅賊。'孔融表云：'昔賈誼求試屬國，詭係單于。'"《玉篇》言部："詭，欺也，責也，怪也，謾也。""'詭'是乖離於正，違背真實的意思。"②

角部："觤，羊角不齊也。从角危聲。"段注："《釋嘼》曰'角不齊，觤'，郭云：'一短一長。'按：此依《爾雅》系之羊，上文觬、觭不系之牛者，意以觬、觭可凡獸通偁也，觤、𧤜則專謂羊。"於兩角齊等者爲"變異"。

心部："恑，變也。从心危聲。"段注："今此義多用詭，非也。詭訓責。"王筠句讀作"恑，變詐也"，注曰："依元應引補"，"謂變異詐妄也"。《玉篇》心部："恑，異也。"

虫部："蛫，蟹也。从虫危聲。"段注："《廣雅》：'蜅、蟹，蛫也。其雄曰蜋螘，其雌曰博帶。'"桂馥義證引《本草圖經》："蟹之類甚多，六足者名蛫，有大毒，不可食。"於八足無毒可食者爲"變異"。

示部："祄、祪，祖也。从示危聲。"徐鍇繫傳："祄，祖也，《爾雅·釋詁》之文。郭璞曰：‘祧，毀也，附新廟毀舊廟也。’”段注：“見《釋詁》。祔謂新廟，祧謂毀廟，皆祖也。《説文》併祔字連引之，故次之以祔。”朱駿聲通訓定聲：“將毀而祭曰祧，新廟曰祔。”《玉篇》示部：“祧，毀廟之祖也。”《穀梁傳·文公二年》：“作主壞廟有時日，於練焉壞廟。壞廟之道，易檐可也，改塗可也。”范甯注：“禮，親過高祖則毀其廟，以次而遷，將納新神，故示有所加。”

《玉篇》人部：“佹，戾也。”《詩經·大雅·皇矣》“是伐是肆，是絶是忽，四方以無拂”，鄭玄箋：“拂，猶佹也。言無復佹戾文王者。”陸德明釋文：“佹，九委反，戾也。”

4. 詞源譜系

```
        跪峗桅垝［高峻］
       ╱
   危
       ╲
        詭觤恑蛫祧佹［變異］
```

5. 詞族外同源詞繫聯

從“危”聲的詞又有“閒習”義：

《説文》頁部：“頠，頭閒習也。從頁危聲。”徐鍇繫傳：“閒習謂低仰便也。”段注：“閒當作嫻，字之誤也。引伸爲凡嫻習之偁。《釋詁》曰：‘頠，静也。’‘頠’與女部之‘婑’義略同。”

女部：“婑，閒體，行婑婑也。從女危聲。”段注：“閒，各本作閑，今正。閒者，幽閒也。《神女賦》：‘志解泰而體閒，既姽嫿於幽静。’李引《説文》曰：‘婑，靖好兒。’”《廣雅·釋詁》：“婑，好也。”

從“危”聲的其他同源詞：

頠婑［閒習］

一六　粦

1.《説文》本義及其同源詞繫聯

《説文》炎部：“粦，兵死及牛馬之血爲粦。粦，鬼火也。從炎、舛。”段注：“《列子·天瑞》曰‘馬血之爲轉鄰也，人血之爲野火也’，張注：‘此皆一形之内自變化也。’《淮南·氾論訓》曰‘老槐生火，久血爲燐’，許注：‘兵死之士血爲鬼火。’見《詩》正義。高注：‘血精在地，暴露百日則爲燐,遙望炯炯若然火也。'又《説林訓》曰'抽簪招燐,有何爲驚',高注:'燐血似野火,招之應聲而至,血灑汙人,以簪招則不至。'《博物志》:'戰鬥死亡之處有人馬血,積年化爲粦。粦著地入草木,皆如霜露,不可見,有觸者,著人體便有光,拂拭便散無數。又有吒聲如燼豆。'"《廣韻》震韻:"粦,《説文》作'粦',鬼火也,兵死及牛馬血爲之。""燐,同粦。"《集韻》稕韻:"粦,《説文》:'兵死及牛馬之血爲粦。粦,鬼火也。'……或作蕪、燐。"

據《説文》訓釋,"粦"爲"燐"之本字。"粦"本從"炎","燐"又增從"火"。

鬼火即夜間在野地裏所見的忽隱忽現的青色火焰,由此派生出兩方面的意義,一是光亮,一是若隱若現。二者看似相反相對,但却可以統一於"鬼火"的意義中。以"光亮"爲詞源意義的詞:

《玉篇》虫部:"蟒,螢火也。"

《説文》巜部:"粼,水生厓石間粼粼也。從巜粦聲。"《玉篇》巜部:"粼,粼粼,清澈也,水在石間也。"《廣韻》真韻:"粼,水在石間。亦作磷。"

以"若隱若現"爲詞源意義的詞:

《説文》目部:"瞵,目精也。從目粦聲。"王筠句讀:"似當作目少精也。"《玉篇》目部:"瞵,《倉頡篇》云:視不了也。"《廣韻》震韻:"瞵,視不明皃。"

頁部:"䫪,䫪䫪也。從頁粦聲。一曰頭少髮。""䫪"下徐鍇繫傳曰:"䫪䫪,猶隱淪難分皃。不見於色,故曰慎事。"

2. 出土材料本義及其同源詞繫聯

粦,甲骨文作 (合261),金文作 (尹姞鼎),趙平安指出其金文字形象人行走時大汗淋漓的樣子,是遴的本字。遴本作粦,增累爲衛或遴、僯,後遴行而衛、僯廢①。

────────

①趙平安《〈説文〉小篆研究》第171頁。

《説文》辵部："遴,行難也。从辵,粦聲。《易》曰:'以往遴。'僯,或从人。"段注:"《漢書》:'遴柬布章。'遴簡謂難行封也。引伸爲遴選,選人必重難也。"

大汗淋漓,即很多汗珠次比而附著於皮膚上,由此可以生發出"鄰近、次比"的意義:

《説文》邑部："鄰,五家爲鄰。从邑粦聲。"段注:"按:引伸爲凡親密之偁。"《淮南子·精神》"與道爲際,與德爲鄰",高誘注:"鄰,比也。"《廣韻》真韻:"鄰,近也。"

新附山部："嶙,嶙峋,深崖皃。从山粦聲。"《漢書·揚雄傳上》"岭嶒嶙峋,洞亡厓兮",顔師古注:"嶙峋,節級貌。"《文選》左思《魏都賦》"櫺檻嶙囄,階陏嶙峋",李周翰注:"嶙峋,次級也。"

魚部："鱗,魚甲也。从魚粦聲。"

《爾雅·釋畜》"青驪驎,駽",郭璞注:"驎,色有深淺斑駁隱粼,今之連錢驄。"邢昺疏引孫炎曰:"驎,色有深淺,似魚鱗。"

《説文》新附車部："轔,車聲。从車粦聲。"《集韻》真韻:"轔,轔轔,衆車聲。"

而行走與"踐踏"又意義相關:

《説文》田部："疄,轢田也。从田粦聲。"段注:"轢,車所踐也。《子虚賦》'掩兔轔鹿',字从車。《上林賦》'車徒之所闟轥',又假闟爲之。足部曰:'躪,轢也。'義相近。"

足部："躪,轢也。从足粦聲。"段注:"車部曰:'轢,車所踐也。'"

```
            鄰嶙鱗驎轔[鄰近、次比]
          ／
粦（遴）
          ＼
            疄躪[踐踏]
```

3. 詞族外同源詞繫聯

"粦"聲詞又有堅硬義:

《説文》犬部："獜,健也。从犬粦聲。《詩》曰:'盧獜獜。'"《廣雅·釋詁》:"獜,健也。"

《玉篇》瓦部："瓬,器也。"《篇海類編·器用類·瓦部》:"瓬,器堅。"

《玉篇》木部："橉,木名。"《本草綱目·木部·橉木》:"此木最硬,梓人謂之橉筋木是也。木入染絳用,葉亦可釀酒。"

從"粦"聲的其他同源詞：

獜瓋橉[堅硬]

一七　巠

1.《説文》本義

《説文》川部："巠，水脈也。从川在一下。一，地也。壬省聲。一曰水冥巠也。"

2. 出土材料本義

巠，金文作 𝌆（大盂鼎），戰國楚簡作 𝌆（郭店·尊德義 13）、𝌆（郭店·唐虞之道 19）等。林義光指出："巠即經之古文，織縱絲也。川象縷，壬持之，壬即滕字，機中持經者也。上从一，一亦滕之略形。"[1]郭沫若亦以巠爲經之初字，并認爲巠之字形象織機之縱綫形[2]。毛公鼎："今余唯肈（肇）巠（經）先王命。"大盂鼎："芍（敬）雝德巠（經），敏朝夕入諫。"常則、準則。

《説文》糸部："經，織也。从糸巠聲。"段玉裁改爲"織從絲也"，注曰："'從絲'二字依《太平御覽》卷八百二十六補。""織之從絲謂之經，必先有經而後有緯，是故三綱五常六藝謂之天地之常經。《大戴禮》曰：'南北曰經，東西曰緯。'抑許云：'絞，縊也。''縊，經也。'縊死何言經死也？謂以繩直縣而死，從絲之義之引申也。平者、立者皆得謂之從。"徐灝注箋："下文云'緯，織橫絲也'，則此似當有'從絲'二字。然可勿補也。蓋織以經爲主，而後緯加之。經者所以織也，經其常也。"

3. 同源詞繫聯

從"巠"聲的詞含有"直而長"義，這也基本上是學界的共識。其"直而長"的特點正可用其本爲"經"本字解釋。經、頸、莖、脛、徑，有直而長義，自不待言。

此外，下列詞亦含有"直而長"義：

《説文》牛部："牼，牛斸下骨也。从牛巠聲。《春秋傳》曰：宋司馬牼

---

①林義光《文源》第 122 頁。
②郭沫若《釋巠》，《金文叢考》第 194 頁。

字牛。”段注:“牛脛也。脛者,骸也。”王筠句讀:“䢬,蓋與脛同。䢬爲牛
卻骨專字。”

　　水部:“涇,水。出安定涇陽开頭山,東南入渭。雝州之川也。从水
巠聲。”段注:“按《爾雅》‘直波爲涇’,《釋名》作‘直波曰涇’,云:‘涇,徑
也,言如道徑也。’《莊子》‘涇流之大’,司馬彪云:‘涇,通也。’《大雅》‘鳧
鷖在涇’,鄭箋曰‘涇,水中也’,與下章‘沙’訓‘水旁’爲反對,謂水中流
徑直孤往之波也。今蘇州嘉興溝瀆曰某涇某涇,亦謂其可徑通。”《釋
名·釋水》:“水直波曰涇。涇,徑也,言如道俓也。”《爾雅·釋水》:“直
波爲徑。”《詩經·大雅·鳧鷖》“鳧鷖在涇,公尸來燕來寧”,馬瑞辰傳箋
通釋:“在涇,正泛指水中有直波處言,非涇渭之涇。”《殷周金文集成》收
多件克鐘,“王親令克遹巠東至於京𠂤(師)”,“巠”或作“涇”。

　　《釋名·釋道》:“俓,經也,人所經由也。”

　　《説文》女部:“娙,長好也。从女巠聲。”段注:“體長之好也,故其字
从巠。上文曰:‘秦晋謂好爲娙娥。’漢婦官十四等,有娙娥。武帝邢夫
人號娙娥。”

　　金部:“鋞,温器也。圜直上。从金巠聲。”

　　木部:“桱,桱桯也,東方謂之蕩。从木巠聲。”徐鍇繫傳:“桯,即横
木也。桱,勁挺之皃也。東方,今關東、江淮,謂杉木長而直爲杉桱是
也。”段注:“蕩,《集韵》《類篇》皆從竹作簜。桱、蕩皆牀前几之殊語也,
而《方言》不載。”

　　“直而長”與“彊勁”義相通,這在前文“吉”聲詞中亦有體現:

　　《説文》疒部:“痙,彊急也。从疒巠聲。”段注:“《本艸經》曰:‘术主
痙疸。’《廣韵》曰:‘風强病也。’按:《急就篇》‘癰疽瘛瘲痿痹疭’,疭即
痙,顏云:‘體强急,難用屈伸也。’”

　　力部:“勁,彊也。从力巠聲。”與“彊”相比,“‘勁’則側重在堅韌挺
直”[1]。《銀雀山二·論政論兵之類·十問》1561:“交和而舍,適(敵)人
氣(既)衆以强,巠捷以剛,兌陳以胥,毄(擊)之奈何?”王輝認爲巠讀爲
勁,舉出《北齊書·安德王高延宗傳》:“氣力絶異,馳騁行陣,勁捷

---

①王鳳陽《古辭辨》第881頁。

若飛。"①

《六書故·地理二》:"硜,小石堅介,扣其聲硜硜然。"《論語·子路》"言必信,行必果,硜硜然小人哉",朱熹集注:"硜,小石之堅確者。"

4. 通用情況

(1)巠—頸　　《放馬灘秦簡·日書乙種》137:"到巠(頸),妻死。"

(2)經—徑　　《上博五·姑成家父》7 沈培釋:"吾直立經(徑)行,遠慮圖後,雖不當世,句(苟)義,毋久,立死何傷哉!"注曰:"'徑行'見於古書,《禮記·檀弓》子游之語:'有直情而徑行者,戎狄之道也。'"②

(3)經—涇　　《上博二·容成氏》27:"甶(禹)乃迵(通)經(涇)與渭,北豉(注)之河,於是虖(乎)虞州曰(始)可尻(處)也。"《馬王堆·戰國縱橫家書·謂燕王章》217:"然則王何不使可信者棲〈捷〉收燕、趙,如經(涇)陽君,如高陵君。"

(4)涇—經　　者汈鐘:"女(汝)亦虔秉不汭(墜)涇德。"何琳儀讀"涇德"爲"經德"③。

(5)俓—徑　　《馬王堆·十六經·三禁》48 上:"進不氏,立不讓,俓(徑)遂凌節,是胃(謂)大凶。"

(6)俓—經　　《上博八·顏淵問于孔子》2B:"敬又(有)俓也,所以爲樂也。"俓爲蕭毅所釋,并指出讀爲"經"④。

(7)桱—莖　　《上博六·莊王既成》1 正:"以昏(問)籃(沈)尹子桱(莖)曰。"《馬王堆·三號墓竹簡遣册》11:"執長桱(莖)矛八人,皆衣紺、冠。"

(8)桱—徑　　《馬王堆·一號墓竹簡遣册》214:"㯅(漆)畫卑虒,桱(徑)八寸,卌。"

(9)頸、脛—痙　　《馬王堆·五十二病方》30:"傷痙＿(痙:痙)者,傷,風入傷,身倍〈信(伸)〉而不能詘(屈)。"34:"傷而頸(痙)者,以水財煮李實……"43:"傷脛(痙)者,擇蓳(蓳)一把……"頸、脛皆讀爲痙。

---

① 王輝《古文字通假字典》第 356 頁。
② 沈培《上博簡〈姑成家父〉一个編聯組位置的調整》,簡帛網 2006 年 2 月 22 日。
③ 何琳儀《者汈鐘銘校注》,《古文字研究》第 17 輯第 149 頁。
④ 蕭毅《讀簡札記一》,《古文字研究》第 29 輯第 592—595 頁。

5. 詞源譜系

巠—經頸莖脛徑輕涇俓婞鋞桱［直而長］—痙勁硜［彊勁］

6. 詞族外同源詞繫聯

从"巠"的詞又有"空"義：

《説文》穴部："窒，空也。从穴巠聲。《詩》曰：'瓶之窒矣。'"段注："空虚、孔穴本無二義，但有孔穴則是空虚也。"

山部："輕，谷也。从山巠聲。"

"空"與"隔、斷"義相通：

《説文》阜部："陘，山絶坎也。从阜巠聲。"段注："陘者，領也。《孟子》作'徑'，云'山徑之蹊'，趙注：'山徑，山領也。'楊子《法言》作'山陘之蹊'。皆即陘字。凡巠聲之字皆訓直而長者，河北八陘：一曰軹關陘，二曰太行陘，三曰白陘，四曰滏口陘，五曰井陘，六曰飛狐陘，七曰蒲陰陘，八曰軍都陘。戴先生《水地記》曰：'此皆兩山中隔以成隘道也。'軹關之山與大行中隔沁水，其山脈來自大岳；白陘之山與大行中隔丹水，其山脈自發鳩別而東；井陘、滏口之山與白陘中隔漳水，其山脈自清漳之源沾領別而東；飛狐、蒲陰之山與井陘中隔滹沱，其山脈來自北岳；軍都之山與蒲陰中隔桑乾水，其山脈自大同府之外陰山別而東。大行之名尤顯著，故儕大行八陘。《元和郡縣圖志》引《述征記》曰：'大行山首始於河内，北至幽州，凡有八陘。'後代史志地記多本其説。於軹關已北、軍都已南諸山概目以大行，其亦不達於理矣。先生所論八陘冣爲明析，而'山絶坎'之訓亦明。凡天下之地勢，兩山之間必有川焉，則兩川之間必有山焉，是爲坎象。坎者，陷也。陷者，高下也，高在下間爲陷。陘者，一山在兩川之間，故曰'山絶坎'。絶猶如絶流而渡之絶，其莖理亙於陷中也。"《經義述聞・春秋名字解詁下》"魯公孫有陘字山"，王引之曰："陘之言𨻶也。《廣雅》：'𨻶，隔也。'隔絶不相連之稱也。凡兩山中斷以成隘道者，皆謂之陘。"

刀部："剄，刑也。从刀巠聲。"段注："剄謂斷頭也。《左傳》：'越句踐使罪人三行，屬劍於頸而辭曰：臣不敢逃刑，敢歸死。遂自剄也。'"《玉篇》刀部："剄，以刀割頸也。"

《廣雅・釋詁》："𨻶，隔也。"《玉篇》𨸏部："𨻶，隔也。"

从"巠"聲的其他同源詞：

窒崆［空］—陞到壓［隔、斷］

一八　不

1.《說文》本義

《說文》不部：“不，鳥飛上翔不下來也。从一，一猶天也。象形。”

2. 出土材料本義

不，甲骨文作 𝙭（合 6834 正）、 𝘼（合 20572）等形。王國維謂：“帝者，蒂也。不者，柎也。”① 羅振玉亦謂：不“象花不形。花不爲不之本誼”②。郭沫若進一步指出：“以不爲柎説始於鄭玄。《小雅·常棣》‘常棣之華，鄂不韡韡’，箋云：‘承華者曰鄂。‘不’當作‘柎’，柎，鄂足也。古音不柎同。’王（國維）謂‘不’直是柎，較鄭玄更進一境，然謂與帝同象尊之全形，事未盡然。余謂‘不’者房也，象子房猶帶餘蕊，與帝之異在非全形。房熟則盛大，故‘不’引申爲‘丕’。”③《説文》“不”下段注：“又《詩》‘鄂不韡韡’，箋云：‘不當作柎。柎，鄂足也。’‘古聲不、柎同。’”木部“柎”下段注曰：“《小雅》‘鄂不韡韡’，傳云：‘鄂猶鄂鄂然，言外發也。’箋云：‘承華者曰鄂。‘不’當作‘柎’，柎，鄂足也。鄂足得華之光明則韡韡然盛。’‘古聲不、柎同。’箋意鄂承華者也，柎又在鄂之下，以華與鄂喻兄弟相依。郭璞云：‘江東呼草木子房爲柎。草木子房如石榴房、蓮房之類，與花下鄂一理也。’”《詩經·小雅·常棣》“常棣之華，鄂不韡韡”，鄭玄箋：“承華者曰鄂。‘不’當作‘柎’，柎，鄂足也。……古聲不、柎同。”鄭樵《通志·六書略第一》謂“不”象華萼蒂之形。

3. 同源詞繫聯

以“大”爲詞源意義的詞：

《説文》一部：“丕，大也。从一不聲。”頌壺：“頌敢對揚天子不顯魯休。”《郭店·成之聞之》22：“《君奭》曰‘唯髟（冒）不（丕）單禼（稱）悳（德）’害（何）？”

艸部：“芣，華盛。从艸不聲。一曰芣苢。”段注：“《詩》言‘江漢浮

①王國維《釋天》，《觀堂集林》第 283 頁。
②羅振玉《殷虚書契考釋三種·增訂殷虚書契考釋》第 454 頁。
③郭沫若《甲骨文字研究·釋祖妣》第 53 頁。

浮’，‘雨雪浮浮’，皆盛皃。芣與浮聲相近。”

頁部：“頯，曲頤也。从頁不聲。”段注：“曲頤者，頤曲而微向前也。《揚雄傳》‘頯頤’，師古曰：‘曲頤也。’按：廣頤曰頯，曲頤曰頯。頤狀之不同也。”《類篇》頁部：“頯，大面皃。”“曲”與“大”義通。

人部：“伾，有力也。从人丕聲。《詩》曰：‘以車伾伾。’”《集韻》脂韻：“伾，《説文》：‘有力也’，引《詩》‘以車伾伾’。一曰衆也。”《廣雅·釋訓》“伾伾，衆也”，王念孫疏證：“伾伾，群行貌也。”《詩經·魯頌·駉》“有駓有駓，有騂有騏，以車伾伾”，毛傳：“伾伾，有力也。”

魚部：“魾，大鱯也。其小者名魠。从魚丕聲。”段注：“丕訓大，此會意兼形聲也。《爾雅》‘鮤，魾’，亦謂鮤之大者爲魾。”《爾雅·釋魚》：“魾，大鱯。小者魠。”

喜部：“嚭，大也。从喜否聲。《春秋傳》吳有太宰嚭。”段注：“按：訓大則當从丕，《集韵》一作‘噽’是也。”

木部：“桮，㔶也。从木否聲。𣜈，籀文桮。”段注：“匸部曰‘㔶，小桮也’，析言之。此云‘桮，㔶也’，渾言之。《方言》：‘盃、械、盞、溫、閜、㽀、㽅，杯也。桮其通語也。’古以桮盛羹，桮圈是也。”

又花柎乃花之始，从“不”聲的詞又有以“始”爲詞源意義的：

《説文》肉部：“肧，婦孕一月也。从肉不聲。”《集韻》尤韻：“肧，肧胎未成，物之始。或从血。”《爾雅·釋詁》“胎，始也”，郭璞注：“肧胎未成，亦物之始也。”《正字通》肉部：“肧，俗作胚。”

糸部：“紑，白鮮衣皃。从糸不聲。《詩》曰：‘素衣其紑。’”段注：“本義謂白鮮，引申之爲凡新衣之偁。”

土部：“坏，丘再成者也。一曰瓦未燒。从土不聲。”段玉裁改“再”爲“一”，注曰：“一，各本作再，今正。《水經注》曰：‘河水又東逕成皋大坏山下。《爾雅》山一成謂之坏。許慎、呂忱等並以爲丘一成也。孔安國以爲再成曰坏。’據此，是俗以孔傳改易許書，今本非善長所見也。”桂馥義證：“徐鍇《韻譜》作山一成。”“鄭氏所見《説文》作‘丘一成’，今作‘再成’者，後人據《書傳》改之。”

血部：“衃，凝血也。从血不聲。”徐鍇繫傳：“衃，猶肧也。”《廣雅·釋言》“㲉，培也”，王念孫疏證：“《説文》：‘坏，瓦未燒也。’……‘坏’與‘培’通。坏之言肧胎也。郭璞《爾雅》注云：‘肧胎未成，物之始也。’《説文》:'肧,婦孕一月也。''衃,凝血也。'《玉篇》:'醅,未釃之酒也。'坏、肧、衃、醅並音片回反,義亦相近也。"

4. 詞源譜系

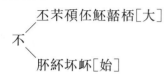

5. 詞族外同源詞繫聯

"不"表示否定,亦派生出一系列詞:

《説文》口部:"否,不也。从口从不。"朱駿聲通訓定聲指出"不聲"。

不部:"否,不也。从口从不,不亦聲。"段注:"否字引申之義訓爲不通,如《易》之'泰否'、《堯典》之'否德'、《小雅》之'否難知也'、《論語》之'子所否者'。"《上博三·周易》7:"初六,帀(師)出以聿(律),不(否)痞(臧)凶。"《馬王堆·周易經傳·周易》3下:"九四,好攓(遯),君子吉,小人不(否)。"不,今通行本《易》作"否"。

女部:"姏,不肖也。从女否聲。讀若竹皮箁。"

《玉篇》人部:"佫,不肯,誼妄也。"《集韻》海韻:"佫,不可也。"

《説文》疒部:"痞,痛也。从疒否聲。"段注:"《廣韻》曰:'腹内結痛。'"朱駿聲通訓定聲:"痞,腹内結滯而痛。"《玉篇》疒部:"痞,腹内結病。"結滯即阻隔不通,《廣雅·釋詁》:"否,隔也。"《廣韻》旨韻:"否,塞也。"

从"不"聲的其他同源詞:

否姏佫痞[否定]

一九　至

1.《説文》本義

《説文》至部:"至,鳥飛从高下至地也。从一,一猶地也。象形。不,上去;而至,下來也。"段注:"凡云來至者,皆於此義引申假借。引申之爲懇至,爲極至。許云:'到,至也。''臻,至也。''徦,至也。'此本義之引申也。又云:'親,至也。''窴,至也。'此餘義之引申也。"

2. 出土材料本義

至，甲骨文作〓（合 27503），以矢至地表示“到、至”義。

3. 同源詞繫聯

“至”則“止”，從“至”聲的詞有“止”義：

《説文》木部：“桎，足械也。从木至聲。”《廣雅·釋宫》“械謂之桎”，王念孫疏證：“桎之言窒，械之言礙，皆拘止之名也。”

穴部：“窒，塞也。从穴至聲。”《易·訟》“有孚，窒惕，中吉，終凶”，陸德明釋文：“窒，馬作咥，云讀爲躓，猶止也。”

广部：“庢，礙止也。从广至聲。”段注：“石部曰：‘礙者，止也。’凡‘庢礙’當作此字，今俗作‘窒礙’，非也。《七發》曰‘發怒庢沓’，言水初發怒，礙止而涌沸也。”《文選》枚乘《七發》“發怒庢沓，清升踰跇，侯波奮振，合戰于藉藉之口”，李善注：“言初發怒，礙止而涌沸。”

《集韻》屑韻：“闛，閉也。”

《説文》夊部：“致，送詣也。从夊从至。”朱駿聲通訓定聲：“至亦聲。”段注：“言部曰：‘詣，候至也。’送詣者，送而必至其處也。”《漢書·公孫弘傳》“致利除害，兼愛無私，謂之仁”，顔師古注：“致，謂引而至也。”五年瑪生簋：“余弗敢亂，余或至（致）我考我母令（命）。”《包山》32：“辛巳之日，不以所死於其州者之居處名族至（致）命，阩門有敗。”《馬王堆·老子甲本·道篇》116：“三者不可至（致）計（詰），故圂［而爲一］。”

《廣雅·釋詁》“駤，止也”，王念孫疏證：“駤者，《説文》：‘鷙，馬重皃。’《史記·晉世家》云‘惠公馬鷙不行’，鷙與‘駤’同。”

《説文》虫部：“蛭，蟣也。从虫至聲。”《爾雅·釋魚》“蛭，蟣”，郭璞注：“今江東呼水中蛭蟲入人肉者爲蟣。”水蛭會吸附於人身上，故亦有“止”義。

宀部：“室，實也。从宀从至。至，所止也。”徐鍇繫傳作“室，實也。從宀，至聲。室、屋皆從至，所止也。”段注本同，注曰：“大徐無‘聲’字，非也。古至讀如質，至聲字皆在十二部。下文又言此字之會意。”

容納人、物的室與容納事物的胃，又可相通：

《説文》肉部：“胵，鳥胃也。从肉至聲。一曰：胵，五藏總名也。”

矢至於地，即刺入地，從“至”聲的詞有“刺”義：

《説文》手部：“摯，刺也。从手致聲。一曰刺之財至也。”段注：“刺者,直傷也。《方言》曰:'撾,到也。'《廣雅》曰:'撾,至也。'"《方言》卷十三:"撾,到也。"

《集韻》至韻:"《字林》:鞱,刺履底也。"

矢可刺入地,又與"堅固"有關。同時,"止"亦與"堅固"義通,"各"聲詞已論證。以"堅固"爲詞源意義的"至"聲詞有:

《説文》齒部:"齸,齒堅也。从齒至聲。"段玉裁改爲"齸,齧堅也",注曰:"《玉篇》:'齧堅皃。'《廣韵》:'齧聲。'各本'齧'作'齒',恐誤。"

《玉篇》人部:"侄,牢也,堅也。"《集韻》至韻:"侄,堅固也。"

"刺"與"獲禾"義可相通:

《説文》金部:"銍,穫禾短鎌也。从金至聲。"段注:"《周頌》'奄觀銍艾',傳曰:'銍,穫也。'按:艾同乂,穫也。銍,所以穫也。淺人刪'所以'二字。《禹貢》'二百里納銍',某氏曰:'銍,艾。謂禾穗。'亦謂所穫之穗爲銍。"

《説文》手部:"挃,穫禾聲也。从手至聲。《詩》曰:'穫之挃挃。'"

一物到另一物處,則二物親密接觸。矢至於地,二者關係"親密",無論本義、構意,其中均可分析出"親密"義。

《説文》女部:"姪,兄之女也。从女至聲。"段注:"从至者,謂雖適人而於母家情摯也。形聲中有會意也。"《武威·甲本服傳》41:"姪者何也? 胃(謂)我姑者吾胃(謂)之姪。"安徽淮南市蔡家崗趙家孤堆古墓出土戰國者旨於賜戈銘:"戎(癸)亥,郤(徐)□至子越王者旨於賜。"何琳儀讀至爲姪,姪子即姪之子[1]。

糸部:"絰,喪首戴也。从糸至聲。"段注:"《喪服》經'苴絰',注曰:'麻在首,在要皆曰絰。絰之言實也。明孝子有忠實之心,故爲制此服焉。'"結在頭上或腰部的葛麻布帶。《郭店·成之聞之》8:"君衰藜(絰)而尻(處)立(位),一宮之人不勑(勝)丌(其)[哀]。"劉釗認爲藜乃絰字異體[2]。

糸部:"緻,密也。从糸致聲。"

4. 通用情況

(1)窒—室　　《璽彙》4090:"窒中登。"3938:"窒孫丘。"何琳儀認

---

① 何琳儀《皖出二兵跋》,《安徽大學漢語言文字研究叢書·何琳儀卷》第 201 頁。
② 劉釗《郭店楚簡校釋》第 139 頁。

爲室讀爲室,"室中、室孫"皆複姓,見《通志·氏族略》①。《北大三·陰陽家言》10:"秋食金遂(燧)之火,□於□□十二室(室)十二竈而月佚(迭)。"

(2)致—至　《睡虎地·日書乙種》134—135:"節(即)以有爲也,其央(殃)不出歲,小大必致(至)。"《馬王堆·天下至道談》12:"七動致(至)堅以强,八動志驕以陽(揚)。"

(3)絰—姪　《武威·丙本喪服》15:"絰(姪)丈夫婦人。"

5. 詞源譜系

6. 詞族外同源詞繫聯

從"至"聲的詞又有忿怒義:

《説文》至部:"蟄,忿戾也。從至,至而復遜。遜,遁也。《周書》曰:'有夏氏之民叨蟄。'蟄,讀若摯。"

《廣雅·釋言》"喳,咄也",王念孫疏證:"喳之言叱也。"

從"至"聲的其他同源詞:

蟄喳[忿怒]

二○　亡

1.《説文》本義

《説文》亡部:"亡,逃也。從入從乚。"

2. 出土材料本義

亡,甲骨文作𠃜(合7372正)、𠃜(合506正),林潔明認爲:"𠃜蓋爲鋒芒之本字,從刀,一點以示刀口鋒芒之所在,當爲指示字,如本字從木一

①何琳儀《戰國古文字典——戰國文字聲系》第1088—1089頁。

點以示木本之所在也。"①裴錫圭、季旭昇、張世超等、何琳儀、董蓮池同意此説②。何琳儀以之爲"鋩"本字。

按,亡字本象刀之鋒芒,後作芒,《説文》依據從艸之字形訓其爲"艸端",後又有字作鋩,復又從金,字形指示刀之鋒鋩。實正如段玉裁所言,芒、鋩可用爲"凡鑯鋭之偁"。

《玉篇》金部:"鋩,刃端。"

3. 同源詞繫聯

以"鋒芒"爲詞源意義,有:

《説文》艸部:"芒,艸耑。從艸,亡聲。"段注曰:"《説文》無鋩字,此即鋒鋩字也。"束部:"束,木芒也。象形。"段注:"芒者,艸耑也。引申爲凡鑯鋭之偁。今俗用鋒鋩字,古衹作芒。"《鐵雲藏印續集》收有"邙亡埼□",吳振武認爲"邙亡"即"句芒",見於《禮記・月令》等③。

艸部:"莣,杜榮也。從艸忘聲。"《爾雅・釋草》"莣,杜榮",郭璞注:"今莣草,似茅,皮可以爲繩索履屩也。"釋文:"莣,字亦作芒。"郝懿行義疏:"芒草葉如茅而長大,其鋒刺人。"

4. 通用情況

(1)芒—亡　　《郭店・緇衣》9:"古(故)心以體瀍(廢),君以民芒(亡)。"

5. 詞源譜系

亡—鋩芒莣[鋒芒]

6. 詞族外同源詞繫聯

從"亡"聲詞有"廣、大"義,以"廣"爲詞源意義者:

《説文》川部:"㠩,水廣也。從川亡聲。《易》曰:'包㠩用馮河。'"段注:"引申爲凡廣大之偁。《周頌》'天作高山,大王荒之',傳曰:'荒,大也。'凡此等皆假荒爲㠩。荒,蕪也。荒行而㠩廢矣。"

糸部:"統,絲曼延也。從糸㠩聲。"段注:"曼、延疊韵字。曼,引也。

---

① 周法高主編《金文詁林》第 7059 頁。

② 裴錫圭《釋"無終"》,《裴錫圭學術文化隨筆》第 66—67 頁;季旭昇《説文新證》第 908 頁;張世超等《金文形義通解》第 2990 頁;何琳儀《戰國古文字典——戰國文字聲系》第 726 頁;董蓮池《説文解字考正》第 503 頁。

③ 吳振武《古璽姓氏考(複姓十五篇)》,《出土文獻研究》第 3 輯第 86 頁。

延,行也。綄之言网也。巾部有'帗'。帗氏湅絲。帗、綄古蓋一字。"

艸部:"荒,蕪也。从艸宂聲。一曰艸淹地也。"段注:"荒之言尨也,故爲蕪薉。"《廣韻》宕韻:"荒,草多皃。"《清華五·命訓》14:"均一不和,哀至則貴(匱),樂繻(伸)則亡(荒)。"

《玉篇》宀部:"宺,《倉頡篇》宺,廣也。"

"廣"與"蒙覆、網羅"義相通:

《説文》巾部:"帗,設色之工,治絲練者。从巾宂聲。一曰:帗,隔。讀若荒。"段注:"《詩》曰'葛藟荒之',傳曰:'荒,掩也。''隔'之義謂綱其上而蓋之,即《詩》所謂'荒之'也。《玉篇》曰:'帗,幪也。'"《廣韻》唐韻:"帗,蒙掩。"

网部:"网,庖犧所結繩以漁。从冂,下象网交文。凡网之屬皆从网。罔,网或从亡。網,网或从糸。"《漢書·刑法志》"以死罔民,失本惠矣",顔師古注:"罔,謂羅網也。"《孟子·梁惠王上》:"及陷於罪,然後從而刑之,是罔民也。"朱熹集注:"罔,猶羅網也,欺其不見而取之也。"《馬王堆·周易經傳·周易》33上:"九三,小人用壯,君子用亡(罔),貞厲。"《玉篇》糸部:"網,亦作罔,羅也。"《馬王堆·老子乙本·德篇》38:"天罔(網)絟(恢恢),疏而不失。"

《釋名·釋車》:"輞,罔也,罔羅周輪之外也。"《玉篇》車部:"輞,車輞。"

《廣雅·釋器》"幠,幪也",王念孫疏證:"巾屬,所以覆物者也。"《玉篇》巾部:"幠,巾也。"

以"大"爲詞源意義的詞:

《説文》木部:"宺,棟也。从木亡聲。《爾雅》曰:'宺廇謂之梁。'"段注:"按:此條當以此八字冠於'從木亡聲'之上,而删去'棟也'二字,門部'閌謂之楣'正其例也。棟與梁不同物,棟言東西者,梁言南北者。上文言棟而未及梁,故於此補之。宺廇者,宺之言网也。廇者,中庭也。架兩大梁,而後可定中庭也。《釋宮》曰:'宺廇謂之梁。其上楹謂之梲。'今宮室皆如此。不得謂梁爲棟也。"《爾雅·釋宮》"宺廇謂之梁",郭璞注:"屋大梁也。"《玉篇》木部:"宺,屋大梁也。"

邑部:"邙,河南洛陽北亡山上邑。从邑亡聲。"段玉裁改"亡"作"芒",注曰:"芒,宋本或作亡,或作土,《玉篇》《集韻》《類篇》作土,今定作芒。《左傳・昭廿二年》杜注曰：'北山，洛北芒也。'《文選》應休璉《與從弟君苗君胄書》曰'登芒濟河'，李注引《説文》：芒，洛北大阜也。今《説文》雖無此語，然所據爲唐以前書。《郡國志》雒陽下亦引《皇覽》'縣北芒山，道西吕不韋冢'。《水經注・穀水篇》曰：'廣莫門北對芒阜。'是則山本名芒，山上之邑則作邙。""亦從芒省，會意。"

蚰部："蝱，齧人飛蟲。從蚰亡聲。"段注："人當作牛。《楚語》'譬如牛馬，處暑之既至，蝱蜹之既多，而不能掉其尾'，韋云：'大曰蝱，小曰蜹。'《説苑》曰：'蠹蠍仆柱梁，蚊蝱走牛羊。'《史記》：'搏牛之蝱，不可以破蟣蝨。'《淮南書》曰：'蟁蝱不食駒犢。'今人尚謂齧牛者爲牛蝱，《本艸經》有木蝱、蜚蝱。"《玉篇》蚰部："蝱，蟁蝱也。俗作虻。"《國語・楚語上》："夫邊境者，國之尾也。譬之如牛馬，處暑之既至，蝱蜹之既多，而不能掉其尾，臣亦懼之。"韋昭注："大曰蝱，小曰蜹。"

《類篇》水部："潣，水大皃。"

"蒙覆"則不可見，猶"今"聲詞"覆蓋"與"禁閉"義相通。從"亡"聲的詞又有以"迷茫、無"爲詞源意義的：

《説文》目部："盲，目無牟子。從目亡聲。"

女部："妄，亂也。從女亡聲。"《法言・問神》："無驗而言之謂妄。"與"狂"相比，"'妄'所表示的則是無事實道理根據的胡説瞎動。'妄'的詞源應該是'盲'，是不分青紅皂白的亂説，陷入盲目性的亂動"[1]。阜陽漢簡《周易》125："無亡(妄)，元亨。"

民部："氓，民也。從民亡聲。讀若盲。"段注："《詩》'氓之蚩蚩'，傳曰：'氓，民也。'《方言》亦曰：'氓，民也。'《孟子》'則天下之民皆悦而願爲之氓矣'，趙注：'氓者，謂其民也。'按：此則氓與民小別。蓋自他歸往之民則謂之氓，故字從民亡。""'氓'是由'亡民'組成的，是脱離原有土地逃亡或流亡在外的'民'。"[2]

田部："甿，田民也。從田亡聲。"段注："甿爲田民，農爲耕人，其義一也。民部曰：'氓，民也。'此從田，故曰'田民也'。唐人諱民，故'氓之蚩蚩'，《周禮》'以下劑致氓'，石經皆改爲甿。古祇作萌，故許引《周禮》

①王鳳陽《古辭辨》第 872 頁。
②同上注第 360 頁。

‘以興鋤利萌’，蓋古本如是。鄭云：‘變民言萌，異外内也。萌猶懵懵無知貌。’”《周禮·地官·遂人》“凡治野，以下劑致甿，以田里安甿”，鄭玄注：“變民言甿，異外内也。甿猶懵懵無知貌。”《廣雅·釋詁》“甿，癡也”，王念孫疏證：“甿，與‘氓’同。亦通作‘萌’。《賈子·大政》篇云：‘夫民之爲言也，冥也。萌之爲言也，盲也。’《周官·遂人》注云：‘甿，猶懵懵無知貌也。’”

　　心部：“忘，不識也。從心從亡，亡亦聲。”《漢書·武五子傳》“臣聞子胥盡忠而忘其號，比干盡仁而遺其身”，顏師古注：“忘，亡也。吳王殺之，被以惡名，失其善稱號。”延熹九年西安昆侖廠鎮墓文：“長相亡（忘）……”

　　《廣雅·釋詁》“慌，忘也”，王念孫疏證：“慌之言荒。”《集韻》唐韻：“慌，《博雅》：‘忘也。’或作慌。”《楚辭·九嘆·憂苦》“僕夫慌悴，散若流兮”，王逸注：“慌，亡也。言己欲求賢人而未遭遇，僕御之人感懷愁悴，欲散亡而去，若水之流，不可復還也。”洪興祖補注：“慌，音荒。《博雅》云：‘忘也。’”

　　《説文》哭部：“喪，亡也。從哭從亡。會意。亡亦聲。”

　　《方言》卷十：“沅澧之間，凡相問而不知，答曰誺；使之而不肯，答曰肓。”《玉篇》口部：“使人問而不肯，答曰肓。”《廣韻》唐韻：“肓，不知也。”

　　《説文》言部：“読，夢言也。從言㐬聲。”段注：“夕部曰：‘夢，不明也。’《吕覽》‘無由接而言見読’，高曰：‘読讀爲誣妄之誣。’按：讀読爲誣者，正如亡、無通用，荒、憮通用也。”

　　禾部：“穢，虚無食也。從禾荒聲。”段注：“《爾雅》：‘果不孰爲荒。’《周禮》疏曰：‘疏穀皆不孰爲大荒。’按：‘荒年’字當作‘穢’，荒行而穢廢矣。”《廣韻》唐韻：“穢，果蓏不熟。”“無”與“迷茫”義通。

　　《文選》潘岳《西征賦》“惘輟駕而容與，哀武安以興悼”，李善注：“惘猶罔，罔，失志之貌也。”

　　《説文》亡部：“望，出亡在外，望其還也。從亡，朢省聲。”壬部：“朢，月滿與日相望，以朝君也。從月從臣從壬。壬，朝廷也。”“望、朢”原本爲一字，甲骨文作𦣻（合547）、𦣻（合6182）等形，“遠望”爲其本義，其中亦含有迷茫義。

　　《方言》卷二：“茫，遽也。”《玉篇》艸部：“茫，速也。”《廣韻》唐韻：

"茫,滄茫。"《楚帛書》乙篇:"夢夢墨墨,亡章弼弼。"連劭名:"亡,讀爲莽或茫。《淮南子‧俶真》:'茫茫沈沈。'高注:'茫茫,盛貌。'"①

通用情況:

(1)亢—荒　　《上博五‧三德》22:"四亢(荒)之内,是帝之閩(關)。"

(2)亢—忘　　《郭店‧唐虞之道》8:"㤅(愛)𡩋(親)亢(忘)㑞(賢),仁而未義也。"

(3)市—妄　　《馬王堆‧老子甲本‧道篇》123:"不知常,市_(妄,妄)作兇。"

(4)市—荒　　《銀雀山‧守法守令等十三篇》903—904:"十月冬衣畢具,无余布人卌尺、余帛人十尺者,親死不得爲市。"白於藍認爲"市"讀爲"荒",是柩車上的一種棺飾名稱。柩車棺飾分上下兩部分,上部蓋狀部分是柳,蒙在柳上的布稱作荒。這種用法的"荒"在文獻中亦作"帎"②。

(5)罔—妄　　《睡虎地‧日書甲種》24背壹:"詰咎,鬼害民罔(妄)行,爲民不羊(祥),告如詰之。"

(6)罔—輞　　《睡虎地‧爲吏之道》34肆—35肆:"觀民之詐,罔服必固。"整理者注:"罔,讀爲輞,車輪的外周。"

(7)忘—亡　　《上博七‧凡物流行甲》16—26:"是古(故)聖人尻〈尸—處〉於亓(其)所,邦豪(家)之厄(危)攸(安)朁(存)忘(亡),惻(賊)惉(盜)之㦰(作),可之〈先〉智(知)。"③

(8)忘—妄　　《郭店‧語叢二》15—16劉釗釋:"㥥(諉)生於欲,吁(訏)生於㥥(諉),忘(妄)生於吁(訏)。"④《武威醫簡‧第一類》34:"良,勿忘(妄)傳也。"《馬王堆‧戰國縱橫家書‧蘇秦謂齊王章》80:"臣賢王於桓公,臣不敢忘(妄)請□□□王誠重迎臣。"

---

① 連劭名《長沙楚帛書與中國古代的宇宙論》,《文物》1991年第2期。
② 白於藍《銀雀山漢簡校釋》,《考古》2010年第12期第85—86頁。
③ 復旦大學出土文獻與古文字研究中心研究生讀書會《〈上博(七)‧凡物流形〉重編釋文》,《出土文獻與古文字研究》第3輯第274—283頁。
④ 劉釗《郭店楚簡〈語叢二〉箋釋》,《古墓新知——紀念郭店楚簡出土十周年論文專輯》第253—254頁。

（9）忘—荒　　　蔡侯申鐘：“余唯末少（小）子，余非敢寧忘（荒）。”《清華一·耆夜》11：“康藥（樂）而母（毋）忘（荒），是佳（惟）良士之迈＝（方方）。”

（10）忘—望　　　《馬王堆·五行》56—57：“詹（瞻）忘（望）弗及，［泣］涕如雨。”

（11）妄—荒　　　毛公鼎：“女（汝）母（毋）敢妄（荒）寧，虔夙夕速（惠）我一人。”《馬王堆·周易經傳·周易》46 上—46 下：“九二，枹（包）妄（荒），用馮河，不瑕（遐）遺，弗忘，得尚于中行。”

从“亡”聲的其他同源詞：

“亡”聲詞的詞源意義與其本義“鋒鋩”關係不明顯（除了芒、鋩）。通過上面的分析，以“亡”爲聲符的詞應當是以“蒙覆、網羅”義爲派生起點，由其可發展出“廣、大”“無”的意義。而“蒙覆、網羅”是“网”的本義，“网”後來增加聲符“亡”，从“亡”聲的詞的詞源意義可能來自“网”。

二一　乍

1.《說文》本義

《說文》亡部：“乍，止也。一曰亡也。从亡从一。”

2. 出土材料本義

乍，甲骨文作 ![] （合 13927）、![] （合 23586）等形，目前學者對其形義的分析還有多種説法。本書認爲曾憲通説較爲合理，他認爲“乍”的初文 ![] 取象於耒形，![] 上之 ![] 疑是以耒起土時隨庇而起的土塊，因知以耒起土是“乍”字的本義，引申而爲耕作、農作。《乙》1155：“令尹大乍田？”即用耕作義[1]。

《墨子·兼愛下》“文王若日若月乍照，光于四方，于西土”，孫詒讓間詁：“孫星衍云：乍古與作通。”出土材料中“乍”多用作“作”，如《合集》

————————
[1] 曾憲通《“作”字探源——兼談“耒”字的流變》，《古文字研究》第 19 輯第 408—412 頁。

14201:"貞,王乍邑,帝若。"西周静簋:"用乍(作)文母外姞嬃簋。"《上博五·用曰》5:"民之乍(作)勿(物),佳(唯)言之又(有)信。"

3. 同源詞繫聯

"以耒起土"包含"起"義,有以"起"爲詞源意義者:

《説文》人部:"作,起也。从人从乍。"段注:"《秦風·無衣》傳曰:'作,起也。'《釋言》《穀梁傳》曰:'作,爲也。'《魯頌·駉》傳曰:'作,始也。'《周頌·天作》傳曰:'作,生也。'其義别而略同。别者,所因之文不同;同者,其字義一也。有一句中同字而别之者,如《小雅》'作而作詩',箋云:'上作,起也。下作,爲也。'辵部曰:'迮迮,起也。'然則作、迮二篆音義同,古文假借乍爲作。"

辵部:"迮,迮迮,起也。从辵,作省聲。"段注:"此與人部'作'音義同。《公羊傳》'今若是迮而與季子國',何云:'迮,起也,倉卒意。'按:《孟子》'乍見孺子將入於井',乍者,倉卒意,即迮之假借也。引伸訓爲迫迮,即今之窄字也。"《玉篇》辵部:"迮,子各切,起也。今爲作。又阻格切,迫迮也。"《公羊傳·襄公二十九年》"今若是迮而與季子國,季子猶不受也",何休注:"迮,起也,倉卒意。"同時有"倉猝"義。

由"迮"可知"起"與"倉猝"義相通,而時間的"倉猝"與空間的"狹促"又相通,均有"緊迫"義:

《説文》日部:"昨,壘日也。从日乍聲。"《廣韻》鐸韻:"昨,昨日,隔一宵。"與今日時間上最近。

竹部:"笮,迫也。在瓦之下,棼上。从竹乍聲。"段注:"《説文》無窄字,笮、窄古今字也。屋笮者本義,引伸爲逼窄字。"《釋名·釋宫室》:"笮,迮也,編竹相連迫迮也。"《玉篇》竹部:"笮,側格切,狹也,迫也,壓也,矢箙也。亦作筰。又仄乍切,笮酒也。"《廣雅·釋詁》"笮,濫也",王念孫疏證:"笮者,壓笮出其汁也。《玉篇》音仄乍切,云'笮酒也'。《廣韻》云:'醡,壓酒具也。榨,打油具也。並出《證俗文》。'……笮、醡、榨並同義。"

《玉篇》木部:"榨,打油具。"《集韻》卦韻:"榨,取油具。"

《玉篇》酉部:"醶,造酒也。""醡,同醶。"《類篇》酉部:"醡,壓酒具。"

《玉篇》穴部:"窄,迫也。陝也。或作迮。"《廣雅·釋詁》:"窄,陝也。"

王寧指出:"古人認爲,禾苗是天地萬象和諧的產物。冷暖中,剛柔適,陰陽調,內外平,上下通,始有禾的成熟;所以,禾苗是自然協調的象徵。這是中國社會進入農耕時代所產生的觀念。這種崇尚自然,贊美天籟,尊重人與物的本性的審美心理,幾千年來,在中國的國樂、國畫、詩詞曲中時有體現。這是文化的精華。然而,這種觀念的另一面,則是對變革、創造、更新的抗拒和反感。奴隸制晚期保守的政治思想,要求舊秩序加以維護的思想,又可以從另一組派生詞中反映出來。表示‘變化’、‘創新’、‘超越’等意義的詞,常常發展出貶義的派生詞來:‘爲’(作爲)派生出‘僞’(欺僞);‘化’(變化)派生出‘訛’(訛誤);‘作’(初創)派生出‘詐’(詭詐)。"①

《説文》言部:"詐,欺也。从言乍聲。"《爾雅·釋詁下》:"詐,僞也。"《清華一·皇門》9:"乃佳(維)乍(詐)區(詬)以合(答),卑(俾)王之亡(無)依亡(無)薦(助)。"

"詭詐"與"慚愧"義相關:

《説文》言部:"詐,慙語也。从言作聲。"徐鍇繫傳:"在心曰怍,在言曰詐。"段注:"與心部‘怍’音同義近。《論語》‘其言之不怍,則爲之也難’,當作此詐。"

心部:"怍,慙也。从心,作省聲。"

4. 通用情況

(1)迮—作　　《郭店·六德》23—24:"古(故)夫夫、婦婦、父父、子子、君君、臣臣、六者客(各)行丌(其)戠(職),而宔訾亡繇(由)迮(作)也。"

(2)作—乍　　《孔家坡·日書》44:"陰日,是胃(謂)作(乍)陰作(乍)陽,先辱後有慶。"

(3)詐—作　　蔡侯盤:"用詐(作)大孟姬媵彝鎰,禋享是台(以)。"中山王䦉鼎:"佳十四年,中山王䦉詐(作)鼎。"

(4)詐—詐　　《張家山·二年律令》14:"……諸詐(詐)增減券書,及爲書故詐(詐)弗副,其以避負償,若受賞賜財物,皆坐臧(贓)爲盜。"

---

①王寧《訓詁學原理》第 155—156 頁。

5. 詞源譜系

```
              作迮[起]—昨笮榨醡窄[緊迫]
           /
        乍
           \
              詐[詭詐]—誝怍[慚愧]
```

6. 詞族外同源詞繫聯

從"乍"聲的詞還有以"酬酢"爲詞源意義的：

《説文》肉部："胙，祭福肉也。從肉乍聲。"段注："福者，'皇尸命工祝，承致多福無疆，于女孝孫'是也。《周禮》'以脤膰之禮親兄弟之國'，注曰：'同福禄也。'引伸之凡福皆言胙。如《左傳》言'天胙明德''無克胙國'、《國語》'胙以天下''胙四岳國'是也。自後人肍造'祚'字以改經傳，由是胙、祚錯出矣。"王鳳陽指出："'胙'源於'酢'，'酢'是謝神之禮，《書·顧命》'秉璋以酢'，注'報祭曰酢'。祭祀社稷、宗廟，一是答謝神靈、祖宗的保佑，二是向神靈、祖宗祈福，這種答謝叫'酢'；經神靈、祖先嘗過的肉就是'福肉'了。……'胙'是祈福的，它産生的福祐義後來分化爲'祚'。"①1948年陝西鄠縣出土之秦封宗邑瓦書銘文："四年，周天子使卿大夫辰來致文武之酢。""酢"讀爲"胙"。

新附示部："祚，福也。從示乍聲。"《文選》張衡《東京賦》"神歆馨而顧德，祚靈主以元吉"，薛綜注："祚，報也。"

酉部："酢，醶也。從酉乍聲。"《尚書·顧命》"太保受同，降，盥以異同，秉璋以酢，授宗人同，拜，王荅拜"，孔安國傳："報祭曰酢。"孔穎達疏："酢訓報也，故報祭曰酢。飲酒之禮稱獻酢者，亦是報之義也。"

食部："餷，楚人相謁食麥曰餷。從食乍聲。"段注："《方言》：'餥、餷，食也。陳楚之内相謁而食麥饘謂之餥，楚曰餷。凡陳楚之郊、南楚之外相謁而餐或曰餤，或曰餥。秦晋之際、河陰之間曰饁饂。此秦語也。'"《方言》卷一"餷，食也"，"楚曰餷。凡陳楚之郊、南楚之外相謁而飱或曰餷"，錢繹箋疏："餷之言酢也。"

阜部："阼，主階也。從阜乍聲。"段注："階之在東者。古者天子踐阼臨祭祀，故國運曰阼。"《儀禮·士冠禮》"主人玄端爵韠，立于阼階下，直東序西面"，鄭玄注："阼，猶酢也。東階，所以荅酢賓客也。"《集韻》鐸

韻："阼,東階,賓主之所酬酢也。"

通用情況:

(1)作—酢　　《武威・甲本泰射》16—17:"酌膳,執幕(羃)如初,以作(酢)主人于西階上。"

(2)酢—作　　春秋王子臺鼎:"王子臺自酢飤鼎。""酢"讀爲"作"。《睡虎地・日書乙種》183:"庚辛病,壬閒,癸酢(作),煩及歲皆在南方,其人赤色,死火日。"整理者注"作"義爲起床。

從"乍"聲的其他同源詞:

胙祚醋酢阼[酬酢]

二二　無

1.《説文》本義

《説文》林部:"楙,豐也。从林、爽。或説規模字。从大、卌,數之積也。林者,木之多也。卌與庶同意。《商書》曰:'庶草繁無。'"段注:"按:此'蕃楙'字也。隸變爲'無',遂借爲'有楙'字,而'蕃無'乃借'廡'或借'蕪'爲之矣。"《玉篇》林部:"楙,繁楙,豐盛也。"

2. 出土材料本義

無,甲骨文作𣎴(合 12819)、𣎳(合 20979)等形,象人持牛尾、羽毛等舞蹈求雨形,爲"舞"本字。

3. 同源詞繫聯

舞蹈當是"美"的,所以有以"美"爲詞源意義者:

《説文》舛部:"舞,樂也。用足相背,从舛,無聲。"《睡虎地・日書甲種》76 背:"盜者長須(鬚)耳,爲人我我然好歌無(舞)。"

肉部:"臘,無骨腊也。楊雄説:鳥腊也。从肉無聲。《周禮》有臘判。讀若謨。"段注:"無骨之腊,故其字從肉。無骨則肥美,故引伸爲凡美之偁。《毛詩傳》曰:'臘臘,美也。'"《周禮・天官・内饔》"凡掌共羞、脩、刑、臘、胖、骨鱐,以待共膳",鄭玄注:"臘,膜肉,大臠。"《玉篇》肉部:"臘,亡古切,土地腴美臘臘然也。又訶姑切,無骨腊。"《詩經・大雅・緜》"周原臘臘,菫荼如飴",毛傳:"臘臘,美也。"朱熹集傳:"臘臘,肥美貌。"

女部："嫵,媚也。从女無聲。"段注："《上林賦》'嫵媚纖弱',李善引《埤倉》曰:'嫵媚,悅也。'按:嫵媚可分用。《張敞傳》'長安中傳京兆眉憮',憮即嫵字。蘇林曰:'憮音嫵。'北方人謂眉好爲詡畜。"《廣雅·釋詁》:"嫵媚,好也。"

目部："膴,膴婁,微視也。从目無聲。"徐鍇繫傳曰:"膴,微視媚也。"《廣雅·釋詁》"膴,好也",王念孫疏證:"'膴'與'嫵媚'之'嫵'聲義同也。"

"美"和"大"意義相通,又以"大"爲詞源意義:

《説文》艸部："蕪,薉也。从艸無聲。"《爾雅·釋詁》"蕪,豐也",陸德明釋文:"蕪,蕃滋生長也。"徐灝注箋:"豐蕪與蕪穢兼美惡二義,猶亂訓爲治,徂訓爲存也。"《北大四·妄稽》35:"衡(蘅)若蘪(蘪)無,芷蕙(蕙)連房。"無,整理者釋"蕪",張傳官認爲字當釋"無",讀爲"蕪"①。

巾部："幠,覆也。从巾無聲。"段注："《喪大記》:'幠用斂衾。'《釋詁》:'幠,大也。''幠,有也。'皆覆義之引伸也。《投壺》曰'無幠無敖',注曰:'幠、敖皆慢也。'又其引伸也。《斯干》以'芋'爲'幠'。"《儀禮·士喪禮》"死于適室,幠用斂衾",鄭玄注:"幠,覆也。"《詩經·小雅·巧言》"無罪無辜,亂如此幠",毛傳:"幠,大也。"

广部："廡,堂下周屋。从广無聲。廠,籀文从舞。"段注："《釋名》曰:'大屋曰廡。幽、冀人謂之庌。'説與許異,許謂堂之四周爲屋也。《洪範》《晋語》'蕃廡'皆假廡爲楙也。《釋名·釋宮室》:"大屋曰廡。廡,幠也。幠,覆也。并、冀人謂之庌。"《管子·國蓄》"夫以室廡籍,謂之毀成",房玄齡注:"小曰室,大曰廡。"阜陽漢簡《倉頡篇》C020:"□囷廬無(廡)。"

4. 詞源譜系

楙(無)—舞膴嫵膴[美]—蕪幠廡[大]

5. 詞族外同源詞繫聯

"無"聲詞又有"愛"義:

《説文》心部："憮,愛也。韓鄭曰憮。一曰不動。从心無聲。"段注："《方言》:'亟、憐、憮、俺,愛也。宋衛邠陶之間曰憮,或曰俺。'又曰:'韓

---

①張傳官《北大漢簡〈妄稽〉校讀與復原札記》,《出土文獻》第 11 輯第 297 頁。

鄭曰憮。'《釋詁》曰:'憮,撫也。'"《爾雅·釋言》"憮,撫也",郭璞注:"憮,愛撫也。"

手部:"撫,安也。从手無聲。"《秦家嘴楚簡》M1 墓 1:"周客艴無(撫)王于宋東之歲。"《張家山·引書》30:"引内癉,危坐,□尻,左手無(撫)項,右手無(撫)左手。"

从"無"聲的其他同源詞:

憮撫［愛］

二三　且

1.《説文》本義

《説文》且部:"且,薦也。从几,足有二横;一,其下地也。"段注:"且,古音俎,所以承藉進物者。"

2. 出土材料本義

關於"且"的形義,歷來有多位學者進行過討論,存在多種看法,陳劍對其進行了綜合論述,其説法可信。陳文又指出,"且"甲骨文自組大字類作🔲(合 19850)等形(筆者注:陳文同意林澐的觀點,認爲自組大字應該是在甲骨上刻字的最原始狀態,進而認爲🔲［合 27374］類形體是文字書寫中發生的變化,不能作爲解釋其所像之物的根據),象正面俯視的長方形俎面之形,其中間的二横爲俎面上的横格、闌界。金文俎作🔲(三年癲壺)、🔲(鄭太子與兵壺)等形,全形象俎案側視與俯視之形的結合。俎足部分演變過程中與右旁分離,即訛變爲俎字中之"仌"形。"俎"與"宜"字非一字。"且"爲"俎"字初文,古文字中用作"祖"爲假借①。王筠句讀:"且當是俎之古文。"《上博六·天子建州甲》10:"尻(處)正(政)不訏(語)樂,酓(尊)且(俎)不折(制)事。"

《説文》且部:"俎,禮俎也。从半肉在且上。"《左傳·隱公五年》"鳥獸之肉不登於俎",杜預注:"俎,祭宗廟器。"桂馥義證:"切肉之薦亦曰俎。"《史記·項羽本紀》:"如今人方爲刀俎,我爲魚肉,何辭爲?""且"爲

___

① 陳劍《甲骨金文舊釋"蠿"之字及相關諸字新釋》,《出土文獻與古文字研究》第 2 輯第 38—40 頁。

"俎"本字。

3. 同源詞繫聯

"且"下桂馥義證曰:"凡從且者皆有薦藉義。"俎是藉以薦肉的,所以從"且"聲的詞有"薦藉"義:

《説文》艸部:"苴,履中艸。從艸且聲。"段注:"且,薦也。此形聲包會意。"《廣韻》魚韻:"苴,履中藉。"《玉篇》艸部:"苴,履中薦也。"《漢書·賈誼傳》"臣聞之,履雖鮮不加於枕,冠雖敝不以苴履",顏師古注:"苴者,履中之藉也。"

口部:"咀,含味也。從口且聲。"段注:"含而味之。凡湯酒膏藥舊方皆云㕮咀。《廣韵》九麌云:'㕮咀,嚼也。'按:㕮即哺字。古父、甫通用,後人不知爲一字矣。'含味'之上似當有'哺咀'二字。"《釋名·釋飲食》:"咀,藉也,以藉齒牙也。"《武威醫簡·第二類》47:"凡七物皆父(㕮)且(咀),漬以淳(醇)酒五升,卒(晬)時。"《馬王堆·房内記》4:"取空罍二斗,父(㕮)且(咀),段之,□□成汁,若美醯二斗漬之。"

山部:"岨,石戴土也。從山且聲。《詩》曰:'陟彼岨矣。'"

艸部:"菹,茅藉也。從艸租聲。禮曰:封諸侯以土,菹以白茅。"段注:"《司巫》祭祀共鉏館,杜子春云:'鉏讀爲菹','菹,藉也'。玄謂'菹之言藉也。祭食有當藉者,館所以承菹'。《士虞禮》:'苴刌茅長五寸,實于筐。'按:鄭謂《儀禮》之苴即《周禮》之菹也。"《玉篇》艸部:"茅菹藉封諸侯。菹之言藉也。"《周禮·春官·司巫》"祭祀則共匰主,及道布,及菹館",鄭玄注:"菹之言藉也。"《周禮·地官·鄉師》"大祭祀,羞牛牲,共茅菹",賈公彦疏:"鄉師得茅,束而切之,長五寸,立之祭前以藉祭,故云茅菹也。"

物與物的薦藉可以引申出相互藉助的意義[1]:

《説文》力部:"助,左也。從力且聲。"段注:"左,今之佐字。'左'下曰:'手相左助也。'二篆爲轉注。'右'下曰:手口相助也。《易》傳曰:'右者,助也。'按:左、右皆爲助。左者,以ナ助又。右者,以手助口。疑此解當云'左右也',傳寫奪右字。《商頌》曰'實左右商王',傳云:'左

---

[1] 黃易青《上古漢語同源詞意義系統研究》第 70 頁。黃文又繫聯且、俎、岨與助、租、耡同源。

右,助也。’”

金部:“鉏,立薅所用也。从金且聲。”段玉裁改爲“立薅斫也”,注曰:“‘斫也’,各本作‘所用也’,今依《廣韻》正。薅者,披去田艸也。斫者,斤也。斤以斫木,此則斫田艸者也。云‘立薅’者,古薅艸坐爲之,其器曰檣,其柄短;若立爲之,則其器曰鉏,其柄長。檣之用淺,鉏之用可深,故曰斫。《釋名》曰:‘齊人謂其柄曰橿,橿然正直也。頭曰鶴,似鶴頭也。’”“俗作鋤。”《釋名·釋用器》:“鋤,助也,去穢助苗長也。”《急就篇》卷三“疆畔畷伯瀑犁鋤”,顏師古注:“鋤之言助也,助苗去穢也。”

耒部:“耡,商人七十而耡。耡,耤税也。从耒助聲。《周禮》曰:‘以興耡利萌。’”段注:“《孟子》曰:‘夏后氏五十而貢,殷人七十而助,周人百畝而徹,其實皆十一也。徹者,徹也。助者,藉也。’趙曰:‘徹者,猶人徹取物也。藉者,借也,猶人相借力助之也。’按:耤、耡二篆皆俑古成語,而後釋其字義,耡即以耤釋之。耤税者,借民力以食税也。”《周禮·地官·遂人》:“凡治野,以下劑致甿,以田里安甿,以樂昏擾甿,以土宜教甿稼穡,以興鋤利甿,以時器勸甿,以彊予任甿,以土均平政。”鄭玄注:“杜子春讀鋤爲助,謂起民人令相佐助。”賈公彦疏:“耡,助也,興起其民以相佐助。”

禾部:“租,田賦也。从禾且聲。”《詩經·豳風·鴟鴞》“予所捋荼,予所蓄租”,陸德明釋文引《韓詩》云:“租,積也。”其同時還有“聚積”義。

以俎薦物即物止於俎,故从“且”聲的詞又有“止”義:

《説文》阜部:“阻,險也。从阜且聲。”《吕氏春秋·知士》“能自知人,故非之弗爲阻”,高誘注:“阻,止。”《詩經·邶風·雄雉》“我之懷矣,自詒伊阻”,朱熹集傳:“阻,隔也。”《馬王堆·十問》:“毄(擊)此者,慎避險且(阻),決而道(導)之,牴(抵)諸易。”

走部:“趄,趑趄也。从走且聲。”“趑,趑趄,行不進也。”

《玉篇》足部:“跙,行不進也。”《廣韻》語韻:“跙,行不進皃。”

《説文》歺部:“殂,往,死也。从歺且聲。《虞書》曰:‘勛乃殂。’”段注:“殂之言退也。退,往也。故曰往,死。《玉篇》曰:‘殂,今作徂。’”王筠句讀:“殂之言徂也。徂,往也。此謂不忍死其君者,諱而言徂也。”死即生命之“止”。

木部:“柤,木閑。从木且聲。”徐鍇繫傳:“閑,闌也。柤之言阻也。”

段注："門部曰：'閑，闌也。'《廣雅》曰：'柤、樘、柱，距也。'距當作拒，止也。"《廣雅·釋器》："柤，距也。"又《釋宮》"柤，隒也"，王念孫疏證："隒之言偃也"，"柤之言阻遏也"。

广部："疽，癰也。从广且聲。"《正字通》广部："疽，癰之深者曰疽，疽深而惡，癰淺而大。"王鳳陽指出："'疽'也是毒性惡瘡，它源於'阻'或'沮'，古代醫學認爲'疽'是氣血不暢、受阻聚積而成，故名。"[1]

网部："罝，兔网也。从网且聲。羅，罝或从糸。𦋺，籀文从虘。"《爾雅·釋器》"兔罟謂之罝"，郭璞注："罝，猶遮也。"郝懿行義疏："罝之言阻也。"

艸部："菹，酢菜也。从艸沮聲。蒩，或从皿。䔉，或从缶。"徐鍇繫傳："菹，以米粒和酢以漬菜也。"《釋名·釋飲食》："菹，阻也。生釀之，遂使阻於寒溫之間，不得爛也。"

血部："䘓，醢也。从血菹聲。䘓，䘓或从缶。"段注："按：菹亦爲肉稱，故其字又作䘓。从血、菹會意也。从血猶从肉也。……䘓、䘓二篆又見艸部，後人增之耳。《玉篇》艸部無之，當删彼存此。"

"止"與"至"義相通：

《説文》辵部："徂，往也。从辵且聲。𨗉，齊語。徂，徂或从彳。遣，籀文从虘。"

"聚積"與"止"二義相通。同類有"集、積"。《説文》雥部："雧，羣鳥在木上也。从雥从木。集，雧或省。"引申有"止"義，如《國語·晋語二》"人皆集於苑，己獨集於枯"，韋昭注："集，止也。"又引申有"聚集"義，如《尚書·胤征》"乃季秋月朔，辰弗集于房"，孔安國傳："集，合也。"《説文》禾部："積，聚也。从禾責聲。"其有"滯積、阻塞"的引申義，如《莊子·天道》"天道運而無所積，故萬物成"，成玄英疏："積，滯也，蓄也。"

以"聚集"爲詞源意義的"且"聲詞：

《説文》土部："坥，益州部謂蟆場曰坥。从土且聲。"段注："《郡國志》自漢中至犍爲屬國郡國十二，益州刺史部也。蟆，丘蚓也。場，失羊切，俗作塲，古作壤。《穀梁傳》：'吐者外壤，食者内壤。'徐邈、糜信皆作塲，音傷，是也。蟆場謂其外吐之土。《方言》曰'梁宋之間蚍蜉犛鼠之場謂之坻,螾場謂之坥',郭云:'其糞曰坥。'按:醫書謂之蚓樓,今土面虛起者是也。許云益部,與梁宋之間不合。疑《方言》宋當作益。"

糸部:"組,綬屬。其小者以爲冕纓。从糸且聲。"段注:"屬當作織,淺人所改也。組可以爲綬,組非綬類也。綬織猶冠織,織成之幀梁謂之纚,織成之綬材謂之組。《玉藻》綬必連組,曰'玄組綬''朱組綬'是也。《內則》曰:'織紝組紃。'《周禮》:'典絲掌組。'《詩》曰'執轡如組',傳曰:'組,織組也',執轡如組,'御衆有文章。言能制衆。動於近,成於遠也'。按:《詩》意非謂如組之柔,謂如織組之經緯成文,御衆纓而不亂,自始至終秩然,能御衆者如之也。織成之後所用韇佩之系,其大者也。"

聚集與"取"義通,前文已論證。以"叉取"爲詞源意義:

《説文》手部:"抯,挹也。从手且聲。讀若樝棃之樝。"段注:"《方言》曰:'抯、摣,取也。南楚之間凡取物溝泥中謂之抯,亦謂之摣。'"

又部:"叔,又卑也。从又虘聲。"段注本作"又卑也",注曰:"各本作'又取',今依《類篇》作'又'、宋本作'卑'正。又卑者,用手自高取下也。今俗語讀如渣。若手部云'籀'者,以鋷物刺而取之也。《方言》:'抯、摣,取也。南楚之間凡取物溝泥中謂之抯,或謂之摣。'亦此字引伸之義。"徐鍇繫傳、桂馥義證、朱駿聲通訓定聲、王筠句讀皆作:"叔,又取也。"《玉篇》又部:"叔,取也。"

4. 通用情况

(1)俎—菹　　《武威·有司》13 背—14 背:"左執爵,右取韭,俎,擩于三豆,祭于豆間。"阮刻十三經注疏《儀禮·有司》:"左執爵,右取韭,菹,擩于三豆,祭于豆間。"

(2)苴—咀　　《馬王堆·胎産書》22:"以方苴(咀)時,取蒿、牡、卑(蜱)稍(蛸)三,冶,歊之,必産男。"

(3)苴—罝　　《上孫家寨·關於佈陣及列隊》:"□爲浮(罘)苴(罝)之法一校□。"

(4)苴—菹　　《馬王堆·一號墓竹簡遣册》154:"襄(囊)荷苴(菹)一資。"

(5)柤—俎　　《武威·特牲》11:"執事之柤(俎),陳于階間,二列,北上。"《銀雀山·尉繚子》525:"柤(俎)豆同利制天下……"今本《尉繚子·原官》:"俎豆同制,天子之會也。"禮器碑:"雷洗觴觚,爵鹿柤梪,籩柸禁壺。”柤桓即俎豆。

　　(6)柤—阻　　　《銀雀山二·論政論兵之類·善者》1160—1161：“進則傅於前，退則絕於後，左右則臽(陷)於柤(阻)，墨(默)然而處，軍不免於患。”

　　(7)柤—組　　　《里耶秦簡》9-2296：“柤(組)纍(縷)一，度給縣用足。”①

5. 詞源譜系

6. 詞族外同源詞繋聯

　　從“且”聲的詞有以“美好”爲詞源意義的：

　　《説文》玉部：“珇，琮玉之瑑。從玉且聲。”段注：“《方言》曰：‘珇，好也，美也。’許意謂兆瑑之美曰珇。”《方言》卷十三：“珇，好也。珇，美也。”《廣雅·釋詁》：“珇，好也。”

　　衣部：“祖，事好也。從衣且聲。”段注：“事好猶言學好也。黹部引《詩》‘衣裳黼黼’。《方言》曰：‘珇，好也。珇，美也。’然則祖與黼、珇音義略同。”《廣雅·釋詁》“祖，好也”，王念孫疏證：“祖者，《説文》：‘祖，事好也。’‘祖’與‘珇’聲近義同。”

　　黹部：“黼，合五采鮮色。從黹盧聲。《詩》曰：‘衣裳黼黼。’”段注：“《曹風·蜉蝣》曰‘衣裳楚楚’，傳曰：‘楚楚，鮮明皃。’許所本也。黼其正字，楚其假借字也。蓋三家詩有作黼黼者，如毛‘革’韓‘鞷’之比。”

　　馬部：“駔，牡馬也。從馬且聲。一曰馬蹲駔也。”段玉裁改爲“壯馬也”，注曰：“壯，各本作牡，今正。李善《文選注》引皆作‘壯’，戴仲達引唐本《説文》作‘奘馬也’，皆可證。此猶‘牙’下‘壯齒’譌‘牡齒’耳。土部曰：‘壯者，大也。’介部：‘奘者，駔大也。’《釋言》曰‘奘，駔也’，郭云：

——————————
①里耶秦簡博物館、出土文獻與中國古代文明研究協同創新中心中國人民大學中心編著《里耶秦簡博物館藏秦簡》第 194 頁。

‘今江東呼爲大駔，而猶麤也。’按：駔本大馬之偁，引伸爲凡大之偁，故‘駔’篆下云‘奘馬’，而‘奘’篆下但云‘駔大’。許書義例之精密如是。”《玉篇》馬部：“駔，駿馬也。”

以“粗疏”爲詞源意義：

《説文》米部：“粗，疏也。从米且聲。”段注：“《大雅》‘彼疏斯粺’，箋云：‘疏，麤也，謂糲米也。’麤即粗，正與許書互相證。疏者，通也，引伸之猶大也，故粗米曰疏。糲米與粺米挍，則糲爲粗。稷與黍稻粱挍，則稷爲粗。《九穀攷》云：‘凡經言疏食者，稷食也。’《論語》‘疏食菜羹’，即《玉藻》之‘稷食菜羹’。《左傳》：‘粱則無矣，麤則有之。’麤對粱而言，稷之謂也。《儀禮・昏禮》婦饋舅姑，有黍無稷。特著其文，蓋婦道成以孝養，不進疏食也。按：引伸假借之凡物不精者皆謂之粗。”

人部：“伹，拙也。从人且聲。”段注：“《廣韵》作‘拙人’，當是《説文》古本。拙者，不巧也。《廣雅》曰：‘伹，鈍也。’《玉篇》引之，《集韵》《類篇》皆引之，云千余切。今《廣雅》乃譌爲但，度滿切矣。按：此字千余切，與粗同紐，即今粗笨字也。”

《廣雅・釋言》“皻，皰也”，王念孫疏證：“皰之言麤也。”

以“驕傲”爲詞源意義：

《説文》心部：“怚，驕也。从心且聲。”段注：“此與女部‘嫭，驕也’音義同。”

女部：“嫭，嬌也。从女虘聲。”段注：“按：心部‘怚，驕也’音義皆同。”

以“窺伺”爲詞源意義：

《説文》鳥部：“鴡，王鴡也。从鳥且聲。”段注：“按：‘鴡鳩’見《詩》《春秋傳》。《傳》曰：‘雎鳩氏司馬也。’五鳩鳩民之一。許不當不箸‘鴡鳩’二字，‘王鴡也’之上當出‘鴡鳩’，乃與前文鶌鳩、祝鳩、尸鳩爲一例。《釋鳥》‘鴡鳩，王鴡’，郭云：‘雕類。今江東呼之爲鶚。’《周南》毛傳曰：‘雎鳩，王雎也。鳥摯而有別。’摯，本亦作鷙，古字同。”

虍部：“虘，虎不柔不信也。从虍且聲。讀若鄌縣。”段注：“剛暴矯詐。”

犬部：“狙，玃屬。从犬且聲。一曰：狙，犬也，暫齧人者。一曰犬不齧人也。”

　　胡世文以上述三詞同源,指出其詞源意義是"伺機迅猛地攻擊目標"①,可從。另外,與之同源的應該還有"覷":

　　《説文》見部:"覷,拘覷,未致密也。从見盧聲。"段注本作"親覷也。一曰拘覷,未致密也","親覷也"下注曰:"三字依全書通例補,淺人删之耳。覷,古多假狙爲之。《周禮·蜡氏》注曰:'蜡讀如狙司之狙。'狙司即覷伺也。《史》《漢》'狙擊秦皇帝',應劭云:'狙,伏伺也。'《方言》:'自關而西曰索,或曰狙。'《三倉》:'狙,伺也。'《通俗文》:'伏伺曰狙。'是則覷、狙古今字。如今本少此三字,則覷之本義隱也。"《廣韻》御韻:"覷,伺視也。"胡繼明繫聯覷、狙,均有伺機義②。

　　从"且"聲的其他同源詞:

　　珇祖齟駔[美好]

　　粗伹䟃[粗疏]

　　怚嬞[驕傲]

　　鴡盧狙覷[窺伺]

二四　申

1.《説文》本義

　　《説文》申部:"申,神也。七月,陰气成,體自申束。从臼,自持也。吏臣餔時聽事,申旦政也。"

2. 出土材料本義

　　申,甲骨文作𖼡(合5509正)等形,爲"電"之初文,這已是學界的共識。許慎在虫部"虹"下也提到:"虹,螮蝀也。狀似蟲。从虫工聲。《明堂月令》曰:'虹始見。'𧍷,籀文虹,从申。申,電也。"

　　《説文》雨部:"電,陰陽激燿也。从雨从申。"

3. 同源詞繫聯

　　《説文》示部:"神,天神,引出萬物者也。从示、申。""申"與"神"的孳乳關係,有好幾位學者已經論證。如于省吾指出:"'申'字加'雨'爲

①胡世文《黄侃〈手批爾雅義疏〉同族詞研究》第178頁。

②胡繼明《〈廣雅疏證〉同源詞研究》第180—181頁。

形符,則變爲形聲字。古人見電光閃爍於天,認爲神所顯示,故金文又以‘申’爲‘神’,‘神’爲‘申’的孳乳字。”①姚孝遂指出:“由於古代的人們對於‘電’這種自然現象感到神秘,認爲這是由‘神’所主宰,或者是‘神’的化身。因此,‘𤰈’又用作‘神’,可以認爲是引申義。”②陸宗達、王寧指出:“‘申’派生出‘神’字。《易•繫辭》:‘陰陽不測之謂神。’與‘電’下所謂的‘陰陽激耀’同意。《禮記•孔子閑居》説:‘地載神氣,神氣風霆,風霆流行,庶物露生。’《穀梁傳•隱公九年》説:‘電,霆也。’可見古人認爲靁、霆是電,也是神。”③杜伯盨:“其用享孝皇申(神)且(祖)考。”《璽彙》4701“敬申”,申讀神。《馬王堆•老子甲本•德篇》47:“非亓(其)鬼不神也,亓(其)神不傷人也。非亓(其)申(神)不傷人也,聖人亦弗傷[也]。”《乙本•德篇》22:“非亓(其)鬼不神也,亓(其)神不傷人也。非亓(其)神不傷人也,聖人[亦]弗傷也。”今本:“非其鬼不神,其神不傷人。非其神不傷人,聖人亦不傷人。”

鬼部:“鬽,神也。从鬼申聲。”段注:“當作‘神鬼也’。神鬼者,鬼之神者也,故字从鬼、申。”

陸、王接着又指出:“電光屈伸,因而‘申’又有‘引’義,孳乳出‘伸’字。虹與電均象帶,故此申爲大帶,孳乳出‘紳’字。”④實則,“大帶”與“伸”義亦相通。以“伸”爲詞源意義的詞:

《説文》人部:“伸,屈伸。从人申聲。”《廣雅•釋詁》:“伸,直也。”《玉篇》人部:“伸,舒也。”《集韻》真韻:“伸,《説文》:‘屈伸。’經典作‘信’。通作‘申’。”《尹灣•神烏傅(賦)》124—125:“其雄惕而驚,扶翼申(伸)頸。”

口部:“呻,吟也。从口申聲。”徐鍇繫傳:“呻,聲引氣也。”段注:“按:呻者吟之舒,吟者呻之急,渾言則不別也。”

肉部:“胂,夾脊肉也。从肉申聲。”沿着脊椎,具有伸展的特點。

申部:“䌷,擊小鼓,引樂聲也。从申柬聲。”朱駿聲通訓定聲:“此字從柬,申聲。《説文》無柬部,故附申部,柬非聲也。説解‘引樂聲’,

①于省吾《壽縣蔡侯墓銅器銘文考釋》,《古文字研究》第1輯第51頁。
②姚孝遂《再論古漢字的性質》,《古文字研究》第17輯第317頁。
③陸宗達、王寧《訓詁與訓詁學》第206頁。
④同上注第206—207頁。

引、申同部,蓋以聲訓。"《玉篇》申部:"楝,小鼓,在大鼓上,擊之以引樂也。"

糸部:"紳,大帶也。从糸申聲。"《廣雅・釋詁》"紳,束也",王念孫疏證:"'紳'與'申'同義。"《禮記・內則》:"子事父母,雞初鳴,咸盥、漱,櫛、縰、筓、總,拂髦、冠、緌、纓、端、韠、紳,搢笏,左右佩用。"鄭玄注:"紳,大帶,所以自紳約也。"

又部:"�,引也。从又昌聲。昌,古文申。"徐鍇繫傳:"㫶,引而申之也。"段玉裁改爲"伸也",注曰:"依宋本。"王筠句讀:"㫶,与申字同訓義,即申之絫增字也。"

攴部:"㩉,理也。从攴伸聲。"《類篇》攴部:"㩉,申也,引㦿也。"

攴部:"敶,列也。从攴陳聲。"段注:"此本'敶列'字,後人假借'陳'爲之,陳行而敶廢矣。"王鳳陽指出:"從來源上看,'陳'和'伸'、'展'同源,所以它的特點是向面上擴展、伸延。"①《上博二・容成氏》53正:"武王素虜(甲)以申(陳)於礨(殷)蒿(郊)。"

《爾雅・釋木》"木自獘,柛",郝懿行義疏:"柛,猶伸也。人欠伸則體弛懈如顚仆也。"

《廣韻》震韻:"眒,張目。"

4. 通用情況

(1)神—電　　《上博七・凡物流形甲》11—12A:"簹(孰)爲靁(雷)神(電)? 簹(孰)爲啇(霆)?"②《銀雀山・守法守令等十三篇》863:"動如雷神(電),起如蜚(飛)鳥,往如風雨。"

(2)呻—紳　　伯晨鼎:"易女(汝)魯㔾一卣、玄袞衣、幽夫、赤舄、駒車、畫呻(紳)……"《馬王堆・胎產書》5—6:"欲產女,佩蠶(簪)耳(珥),呻(紳)朱(珠)子,是胃(謂)内象成子。"

(3)伸—敶　　《銀雀山・守法守令等十三篇》972—973:"出卒伸(敶)兵,行伸(敶)視適(敵)。"

---

①王鳳陽《古辭辨》第562頁。

②復旦大學出土文獻與古文字研究中心研究生讀書會《〈上博(七)・凡物流形〉重編釋文》,《出土文獻與古文字研究》第3輯第274—283頁。

5. 詞源譜系

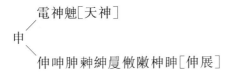

6. 詞族外同源詞繫聯

　　"申"表示干支義,又派生出"坤":

　　《説文》土部:"坤,地也。《易》之卦也。从土从申。土位在申。"

　　上述詞族,聲符的出土材料本義統攝一部分同聲符同源詞,另外部分同源詞的詞源意義另有來源。還有 3 個聲符比較特殊,它們的出土材料本義與同聲符的同源詞没有任何意義聯繫,而與聲符的《説文》本義有一定聯繫。

二五　昔

1.《説文》本義

　　《説文》日部:"昔,乾肉也。从殘肉,日以晞之。與俎同意。䐹,籀文从肉。"籀文下段注:"今隸作腊。"《逸周書·器服解》:"二丸弅焚菜膾五昔。"昔,乾肉。

　　《釋名·釋飲食》:"腊,乾昔也。"《周禮·天官·腊人》"腊人掌乾肉,凡田獸之脯腊膴胖之事",鄭玄注:"大物解肆乾之謂之乾肉,若今涼州烏翅矣。薄折曰脯,棰之而施薑桂曰鍛脩。腊,小物全乾。"《睡虎地·日書乙種》120—121:"以大生(牲)兇(凶),小生(牲)兇(凶),以昔(腊)肉吉。"《北大四·反淫》12:"楚英之昔(腊),菜以山膚,濮之肉,肔(芼)以筍蒲。"

2. 出土材料本義

昔,甲骨文作**答**(合 1772 正),學界一般認爲其從日從巛,取義於洪水之日,"巛"兼表音,與"腊"没有關係。

3. 同源詞繫聯

"乾肉"有"乾燥"義,從"昔"聲的詞有以乾燥爲詞源意義者:

《玉篇》火部:"焟,乾也。"《廣雅·釋詁》:"焟,乾也。"

"乾燥"與"粗糙"義相通,這可以通過"潤"來證明。"潤"有"濕潤"義,與"乾燥"義相反,如《墨子·辭過》:"室高足以辟潤濕,邊足以圉風寒,上足以待雪霜雨露。""潤"同時有"光滑細膩"義,《廣韻》稕韻:"潤,潤澤也。"又有"潤滑"的雙音詞。"濕潤"與"細膩光滑"義通,反過來"乾燥"與"粗糙"義通。以"粗糙"爲詞源意義者:

《爾雅·釋木》"楛,皵",郭璞注:"謂木皮甲錯。"

《玉篇》皮部:"皵,皴皵也,木皮甲錯也。"

物體粗糙則紋理交錯,"粗糙"與"交錯"義相通,以"交錯"爲詞源意義者:

《説文》辵部:"逪,迹逪也。從辵昔聲。"段玉裁改爲"迊逪也",注曰:"迊,各本作迹,依《廣韵》《玉篇》正。《小雅》'獻醻交錯',毛曰:'東西爲交,邪行爲錯。'《儀禮》:'交錯以辯。'旅酬行禮,一迊一逪也。"朱駿聲通訓定聲:"東西爲迊,衺行曰逪。"

厂部:"厝,厲石也。從厂昔聲。《詩》曰:'他山之石,可以爲厝。'"段玉裁改爲"厝石也",注曰:"各本作厲石,今正。《小雅·鶴鳴》曰'他山之石,可以爲錯',傳曰:'錯,錯石也(今本少一錯字),可以琢玉。舉賢用滯,則可以治國。'下章曰'他山之石,可以攻玉',傳曰:'攻,錯也。'錯古作厝。厝石,謂石之可以攻玉者。《爾雅》玉曰琢之。玉至堅,厝石如今之金剛鑽之類,非厲石也。假令是厲石,則當次厎、厲二篆之下,而不當次此矣。金部'鑢'下云:'錯銅鐵也。'錯亦當作厝,謂劃硪之。"

金部:"錯,金涂也。從金昔聲。"段注:"涂俗作塗,又或作搽,謂以金措其上也。或借爲措字,措者,置也。或借爲摩厝字,厝者,厲石也。或借爲迊逪字,東西曰迊,邪行曰逪也。"《清華九·鄭武夫人規孺子》14:"二三臣吏(事)於邦,远=安=(惶惶焉,焉)宵(削)昔(錯)器於巽(選)贊(藏)之中。"《張家山·引書》13:"陽見者,反昔(錯)手北(背)而卬(仰),後雇(顧)。"昔讀爲錯,交錯。

西部:"醋,客酌主人也。从西昔聲。"段注:"《瓠葉》傳曰:‘酢,報也。’《彤弓》箋曰:‘主人獻賓,賓酢主人,主人又飲而酌賓,謂之醻。’"《玉篇》西部:"醋,報也。進酒於客曰獻,客荅主人曰醋。"

《廣韻》藥韻:"鮖,魚名。出東海。"《本草綱目·鱗部·鮫魚》:"鮫皮有沙,其文交錯鵲駮,故有諸名。古曰鮫,今曰沙,其實一也。"

以"昔"爲聲符的詞還有以"借"爲詞源意義、以"刺"爲詞源意義者。以"借"爲詞源意義,如下:

《説文》人部:"借,假也。从人昔聲。"段注:"古多用藉爲借,如言藉令即假令也。"

耒部:"耤,帝耤千畝也。古者使民如借,故謂之耤。从耒昔聲。"段注:"鄭注《周禮》《詩序》云:‘藉之言借也。借民力治之,故謂之藉田。’韋注《周語》云:‘藉,借也。借民力以爲之。’按:鄭、韋與許同。"《廣韻》昔韻:"耤,耤田。耤,借也。"《玉篇》耒部:"耤,借也。"

艸部:"藉,祭藉也。一曰艸不編,狼藉。从艸耤聲。"段注:"‘稭’字下:‘禾稾去其皮,祭天以爲藉也。’引伸爲凡承藉、藴藉之義,又爲假藉之義。"《睡虎地·日書甲種》29 背壹:"人毋(無)故鬼昔(藉)其宮,是是丘鬼。"

竹部:"籍,簿書也。从竹耤聲。"王鳳陽指出:"籍"與"耤"關係密切,"‘耤田’的數量是按能勞動的人頭來計算的,因而耤法的實行,最重要的一條是登記人口,爲實行耤法而登記的人口册子也叫‘耤’。古代的户口册是寫在竹簡、木板上的,所以字分化爲‘籍’;連帶的,登記人口的行爲,也就叫‘籍’了"①。

以"刺"爲詞源意義:

《説文》手部:"𥴩,刺也。从手,籍省聲。《周禮》曰:‘𥴩魚鼈。’"段注:"刺者,直傷也。《周禮·鼈人》‘以時𥴩魚鼈龜蜃’,鄭司農云:‘𥴩謂以杈刺泥中搏取之。’《魯語》里革曰‘鳥獸孕,水蟲成,獸虞於是乎禁罝羅,矠魚鼈以爲夏槁’,韋云:‘矠,捝也,捝刺魚鼈。’按:矠本矛屬,此假借矠爲𥴩也。許所據《國語》作𥴩,與《周禮》同。"

矛部："䂞,矛屬。从矛昔聲。讀若笮。"段注："《魯語》'䂞魚鼈以爲夏槁',韋云：'䂞,撴也,撴刺魚鼈以爲槁儲也。'按：此'䂞'字引申之義也。《周禮》作'籍魚鼈',注云：'謂杈刺泥中搏取之。'《莊子》：'掇鼈於江。'《東京賦》：'毒冒不蔟。'皆音近義同者也。"《廣韻》麥韻："䂞,以又矛取物也。"

4. 通用情況

（1）遣—錯　　毛公鼎"遣衡",應即《詩經·大雅·韓奕》"簟茀錯衡"之"錯衡"。

（2）厝—錯　　二十五年上郡守戈："廿五年,上郡守**厝**造……"**厝**陳平隸作厝,認爲應讀爲錯,其人很可能即秦之名將司馬錯[1]。《馬王堆·周易經傳·衷》21 下："天地定立（位）,山澤［通氣］,火水相射,靁風相榑（薄）,八卦相厝（錯）。"

（3）耤—借　　《銀雀山二·論政論兵之類·［聽有五患］》1509："耤（借）而有（又）耤（借）,果成王伯（霸）。"

（4）耤—藉　　《睡虎地·法律答問》196："耤（藉）牢有六署,囚道一署旞,所道旞者命曰署人,其它皆爲更人。"《銀雀山·晏子》558："厚耤（藉）斂,急使令,正（政）無以和民。"

（5）耤—籍　　《睡虎地·爲吏之道》1 伍—2 伍："凡治事,敢爲固,謁私圖,畫局陳卑以爲耤（籍）。"

（6）藉—籍　　《張家山·二年律令》507："爲致告津關,津關謹以藉（籍）、久案閱,出。"

（7）籍—藉　　《睡虎地·秦律十八種》137："居貲贖責（債）者,或欲籍（藉）人與并居之,許之。"《馬王堆·稱》14 上—14 下："毋籍（藉）賊兵,毋裹盜量（糧）。"

5. 从"昔"聲的同源詞

昔—腊焟［乾燥］—楛皵［粗糙］—遣厝錯醋鯺［交錯］

借耤藉籍［借］

籍䂞［刺］

---

[1]陳平《試論戰國型秦兵的年代及有關問題》,《中國考古學研究論集——紀念夏鼐先生考古五十周年》第 322 頁。

二六　或

1.《説文》本義

《説文》戈部:"或,邦也。从口从戈,以守一。一,地也。域,或又从土。"段注:"邑部曰:'邦者,國也。'蓋或、國在周時爲古今字,古文祇有或字,既乃復製國字。""或又从土"段注作"或或从土",下注曰:"既从口从一矣,又从土,是爲後起之俗字。"

《玉篇》土部:"域,封也。"《廣雅·釋詁》:"域,國也。"《詩經·商頌·玄鳥》"古帝命武湯,正域彼四方",朱熹集傳:"域,封竟也。"《漢書·韋玄成傳》"慎爾會同,戒爾車服,無婣爾儀,以保爾域",顏師古注:"域,謂封邑也。"《上博三·互先》1:"自猒(厭)不自忍,或(域)乍(作)。"《銀雀山·守法守令等十三篇》938:"州、鄉以地次受(授)田於野,百人爲區,千人爲或(域)。"

《説文》口部:"國,邦也。从口从或。"段注:"戈部曰:'或,邦也。'古或、國同用,邦、封同用。"朱駿聲通訓定聲:"或者,竟内之封;國者,郊内之都也。"《左傳·僖公七年》:"國危矣,請下齊以救國。"静方鼎:"王才(在)宗周,令師中眔静眚(省)南或(國)。"《上博一·緇衣》7:"又(有)共悳(德)行,四或(國)川(順)之。"

從《説文》看,"或"爲"域、國"的本字,本義爲邦國。

2. 出土材料本義

或,甲骨文作✦(合 7690)、✦(合 35913)等形,金文作✦(或作父丁鼎)、✦(明公簋)、✦(保卣)、✦(禹鼎)等形。

對於"或"有學者以爲是"國"之初文,有學者認爲是"域"之初文,還有學者指出"或、國、域"本一字。黄金貴認爲由金文和早期文獻可證"邦"是周時對國家的通稱,"或"在金文主要用作"域",而并非"國",春秋時期"國"字産生"國家"義,戰國以後,"國"成爲使用最廣的"國家"通稱[①]。大西克也全面測查了西周到漢初的出土材料,更具體地論述了

---

① 黄金貴《古代文化詞義集類辨考》第 5—8 頁;黄金貴《古代文化詞義集類辨考》(新一版)第 4—6 頁。

"或、國、域"的關係:"或"字又作"國、郰、彧",用法相同。先秦時期的"或"字系應釋爲"域"。先秦時期國家的意義由"邦"字表現,從數量看,"或"系字還没有成爲國家的通稱。它有時指國家,這只是其"域"義的一種引申,而且用法上有限制。一般只在比較莊重的語體中出現。漢朝爲了避高祖劉邦諱,"或"字系的這一引申義代替了"邦",字也統一使用"國"形。漢代以後,"國"和"域"是兩個不同的概念①。季旭昇認爲"或"爲"國、域"的初文,本義爲區域,邦國爲引申義,"國"的本義也是區域②。

　　謝明文在李學勤、陳劍的基礎上對上述觀點提出了不同看法,認爲𢧑是在𢧑、𢧑等形的兵器納"秘"之後的象形字,字上"秘"的○分離出來以後就成爲𢧑一類寫法,在○的周圍添加飾筆,就作𢧑、𢧑等形,西周晚期又有𢧑一類寫法,爲《説文》篆文所本。後來的人根據這類訛體誤把"疆域、國家"之類的假借義當作"或"的本義或引申義,也將字形附會成會意字③。

　　謝文分析𢧑的形體及用法翔實可靠,其説可從,表示區域、邦國爲借義。國,西周金文作𢧑(录戓卣)等形,春秋金文作𢧑(蔡侯紐鐘)、𢧑(國差鐏)。"國"所增之"囗"、"域"所增之"土"都是意符。"或"用作"疆域"義更早一些,"邦國"可看作其引申義,在《説文》中被當作本義。

3. 同源詞繫聯

　　從"或"聲的同源詞以其出土材料本義的借義爲派生起點,有以"被界限圈定的"與"界限"爲詞源意義的詞:

　　以"被界限圈定的、區域"爲詞源意義:

　　《説文》木部:"楓,筐當也。从木國聲。"段注:"匡當,今俗有此語,謂物之腔子也。楓亦作簂,亦作蔮。《士冠禮》注云:'縢薜名蔮爲頍。'《釋名》曰:'簂,恢也。恢廓覆髮上也。魯人曰頍,齊人曰幗。'按:鄭、劉所説楓之一耑耳。"

---

①大西克也《論古文字資料中的"邦"和"國"》,《古文字研究》第 23 輯第 186—194 頁。

②季旭昇《説文新證》第 901、532 頁。

③謝明文《"或"字補説》,見於謝明文《商代金文的整理與研究》(復旦大學博士學位論文 2012 年)、《出土文獻研究》第 15 輯(中西書局 2016 年)、謝明文《商周文字論集》(上海古籍出版社 2017 年)。本文引自《商周文字論集》第 108—110 頁。

新附巾部:"幗,婦人首飾。从巾國聲。"《玉篇》巾部:"幗,帨也,覆髮上也。"

以"界限"爲詞源意義:

《說文》黑部:"黬,羔裘之縫。从黑或聲。"段注:"《召南》'羔羊之革,素絲五緎',傳曰:'革猶皮也。緎,縫也。'許所據《詩》作黬。"

《爾雅·釋訓》"緎,羔裘之縫也",郭璞注:"縫飾羔皮之名。"邢昺疏:"孫炎云:緎之爲界緎。然則縫合羔羊皮爲裘,縫即皮之界緎,因名裘縫爲緎,故郭云'縫飾羔皮之名'。"《詩經·召南·羔羊》"羔羊之革,素絲五緎",朱熹集傳:"緎,裘之縫界也。"

《說文》門部:"閾,門榍也。从門或聲。《論語》曰:'行不履閾。'"段注:"木部曰:'榍者,門限也。'相合爲一義。《釋宫》曰:'柣謂之閾。'柣,郭千結反,即榍字也。"《左傳·僖公二十二年》"婦人送迎不出門,見兄弟不踰閾",杜預注:"閾,門限。"孔穎達疏:"經傳諸注皆以閾爲門限,謂門下橫木,爲外内之限也。"

"界限"與"斷裂"意義相通,"界限"即事物分離之處。"勿"聲詞中"分離"與"遠"義通,"兆"聲詞中"界限"與"遠"義通,可證明"界限"與"分離、斷裂"亦通:

《說文》耳部:"聝,軍戰斷耳也。《春秋傳》曰:'以爲俘聝。'从耳或聲。馘,聝或从首。"

《玉篇》手部:"摑,摑裂也。"《廣韻》麥韻:"摑,裂也。"

4. 通用情況

(1)國—域　　《馬王堆·老子甲本·道篇》142:"國(域)中有四大,而王居一焉。"

又,从或聲的詞與急流義有關:

《說文》水部:"淢,疾流也。从水或聲。"段注:"急疾之流也。《江賦》'測淢濜溳',是其義也。"

川部:"㘕,水流也。从川或聲。"段注:"《江賦》'濼淢濜溳',李云:'參差相次也。'淢即㘕。"桂馥義證曰:"《六書故》引作'水流疾㘕㘕也'。"

从"或"聲的同源詞:

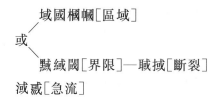

減惑［急流］

二七　我

1.《説文》本義

《説文》我部：“我，施身自謂也。或説：我，頃頓也。从戈从手。手，或説古垂字。一曰古殺字。”“或説：我，頃頓也”下段注：“謂順側也。頃，頭不正也。頓，下首也。故引申爲頃側之意。《賓筵》‘側弁之俄’，箋云：‘俄，傾貌。’人部曰：‘俄，頃也。’”

2. 出土材料本義

我，甲骨文作𠥱（合 21249）等形，是有鋸齒的長柄兵器。

3. 同源詞繫聯

从“我”聲的同源詞與其出土材料本義無關。

以“傾側”爲詞源意義，與《説文》“或説”相關：

《説文》人部：“俄，行頃也。从人我聲。《詩》曰：‘仄弁之俄。’”段玉裁改爲“頃也”，注曰：“各本作‘行頃’，乃妄加‘行’耳，今正。《玉篇》曰：‘俄頃，須臾也。’《廣韵》曰：‘俄頃，速也。’此今義也。尋今義之所由，以俄頃皆偏側之意，小有偏側，爲時幾何，故因謂倏忽爲俄頃。許説其本義，以晐今義，凡讀許書當心知其意矣。匕部曰：‘頃，頭不正也。’《小雅・賓之初筵》箋云：‘俄，傾皃。’《廣雅》：‘俄，衺也。’皆本義也。若《公羊傳》曰‘俄而可以爲其有矣’，何云：‘俄者，謂須臾之間，制得之頃也。’此今義也。”《銀雀山・晏子》590：“我而不用，晦朝，致邑與爵。”傳本《晏子春秋・内篇雜上》：“俄而不用，每朝致邑與爵。”

馬部：“騀，馬搖頭也。从馬我聲。”段注本馬部：“騀，駊騀，馬搖頭也。从馬皮聲。”注曰：“駊騀於頗俄皆近。”“騀”下段注本作：“騀，駊騀也。从馬我聲。”注曰：“此二篆併解，各本譌舛，今依全書通例及《玉篇》所載訂正。”《玉篇》馬部：“騀，駊騀，馬搖頭。”

《廣雅・釋詁》：“䫩，衺也。”《廣韻》哿韻：“䫩，側牟也。”

此外,還有以"高"爲詞源意義者:

《説文》山部:"峨,嵯峨也。从山我聲。"

石部:"硪,石巖也。从石我聲。"段注:"巖,厓也。石礧,石厓也。"《玉篇》石部:"硪,砐硪,山高皃。"

4. 从"我"聲的同源詞

俄騀頗[傾側]

峨硪[高]

下　編
利用出土材料繫聯同聲符
同源詞族（組）相關問題的探討

第三章　聲符義與同聲符同源詞派生的關係

　　通過前文對同聲符同源詞族（組）的繫聯，可以發現同聲符同源詞的派生與聲符義有各種不同的關係。其直觀表現就是聲符義在多大程度上與同聲符的同源詞有意義聯繫。本書所説的聲符義指聲符獨立成字時所記録的詞的本義及其獨立成字時字的構意，需要區別時分別稱爲聲符本義、聲符構意。經過統計，聲符義只與本族詞有意義聯繫的詞族共 63 個，同聲符同源詞除形成本詞族外，還有其他的同源詞，這樣的同源詞族（組）24 個，聲符義與以之爲聲符的同源詞間没有意義聯繫的同源詞族（組）有 6 個。這三種情況代表了聲符義與以之爲聲符的同源詞的不同關係。

第一節　聲符義與所有同聲符同源詞均有意義聯繫

　　聲符義與所有同聲符同源詞均有意義聯繫的有 63 個詞族，其中又有各種複雜的情況。

一、詞族內所有詞群與聲符義有直接的意義聯繫

　　詞族內各詞群均直接與聲符義相聯繫的有 28 個詞族。根據派生方向的不同，可以分爲單方向派生和多方向派生兩類。

　　（一）單方向派生的同源詞族

　　詞族內同源詞的派生只有一個方向，包括“皇、若、敝、壬、正、建、冓、因、昆$_1$、昆$_2$、族、甬、率、弘、害”，共 15 個詞族。具體如下：

　　皇—凰瑝喤膨煌鍠［大］

　　若—諾婼［順］

　　敝—擎瞥蟞［擊打］

　　壬—廷庭挺娗鋋珽莛筳梃侹艇頲霆涏脡［挺直］

　　建—楗健鍵鞬腱［强固、堅硬］

　　冓—搆溝媾篝構購覯遘講斠顜［相交］

　　因—茵咽恩捆姻[依因、憑藉]

　　昆₂—崑焜猑鯤混[大]

　　族—簇蔟[聚]

　　圅—顄涵菡梒鎦[包含]

　　率—達術[率導]

　　害—割犗瘒[傷害]

　　這些詞族均是由聲符義向一個方向派生出了一個詞群。統觀上舉 12 個詞族，詞源意義與聲符本義完全相同的有"若、攲、壬、因、害"5 個詞族；其他詞族的詞源意義均是聲符本義中蘊含的某一方面的特點。

　　"若"以人理順頭髮形表示"順"義，"攲"以擊巾之形表示"擊打"義，"壬"以人挺立之形表示"挺直"義，"因"以人在衣中表示"依因、憑藉"義，"害"以虵蟲螫足表示"傷害"義。這 5 個詞共同的特點在於造字時均是以具體的事物來表達抽象的意義，這些詞直接以本義爲詞源意義派生出同源詞。

　　"皇"本義是鳳凰，因爲這種鳥在人們觀念中的重要地位，產生"大"義，并以此作爲詞源意義派生出一系列詞。"建"是"樹立柱礎"，其中包含"直立、强固"兩個相通的意義特點，其詞源意義是"强固、堅硬"。"昆₂"爲"蠅"本字，因爲蠅"大腹"，產生"大"義。"族"本義是軍事組織，既然是組織，就是多人聚集在一起，所以有"聚集"的意義特點。"圅"本義是藏矢器，矢藏於其中，即由其包含，所以有"包含"的特點。"率"本義爲大索，蘊含"引領"義。這些詞的詞源意義都不是聲符義本身。它們的共同之處在於聲符本義都是具體的，而詞源意義是抽象的，是從中抽取、概括出來的。

　　"冓"是相遇，是比較抽象的意義，相遇與相交義通，由此生發出"相交"義作爲詞源意義。

　　"正、昆₁、弘"3 個詞族有些特殊。

　　正—延（征）延[遠行]—鉦証整政窺定[中正]

　　昆₁—緄輥掍[同]—惃倱[亂]

　　弘—强靷弸襑繉[强]—宖泓[大]

　　它們都是首先以本義爲詞源意義派生出一個詞群，然後再以一個與本義有關的意義爲詞源意義派生出另外一個詞群。雖然詞族中包含兩個詞群,但是因爲第一個詞群的詞源意義就是聲符本義,第二個詞群的詞源意義才是由聲符本義派生出來的,所以也符合各詞群均與聲符義有直接聯繫且只有一個派生方向的條件,故將其列於此,只是屬於比較特殊的情況。“正”本義是“遠行”,遠行進行征伐,征伐的目的在於“正人”——這是社會習俗的影響,所以又有“中正”義。昆₁本義就是“同”,首先以“同”爲詞源意義派生出同源詞,“同”與“混合、混亂”意義相通,又產生“混同、混亂”的詞源意義。“弘”本義就是“强”,而“强”與“大”義相通,又以“大”爲詞源意義派生出新詞。以本義爲詞源意義,再以這個詞源意義爲基礎派生出新詞的時候,新產生的詞源意義可能是原有詞源意義某一方面的特點,如“正人”之於“遠行”,也可能不是原有詞源意義包含的特點,而是二者意義的相通,如“混同、混亂”之於“同”、“大”之於“强”。這體現出從具體聲符本義中提取意義特點形成的詞源意義,與由舊詞源意義生發新詞源意義,二者的產生機制不完全相同。

　　通過對上述 15 個詞族的分析,我們發現:

　　(1)如果聲符本義本身就是抽象概念,這種經過提煉的、概括的、抽象的意義,同時也可能是人對事物特徵的感知與取意,可能是詞命名的理據。所以,這些詞直接以本義爲詞源意義派生出同源詞,詞彙意義與詞源意義重合。王艾錄、司富珍曾指出:“語詞理據具有潛隱性質,是對總體而言的,但是并不能就此否認在少數情況下呈現相反的現象——理據凸現,即爲了特別地取得理據的注意價值而使之特別引人注意。”① “若、敝、壬、因、害、正、昆₁、弘”8 個詞族,詞源意義即聲符本義。

　　(2)如果聲符本義是抽象的,還有一種可能是以與之相通的意義爲詞源意義,如“菁”。

　　(3)如果聲符本義本身是具體的,就必須對其再進行抽取和提煉,從而形成詞源意義。作爲命名理據的抽象的詞源意義,居於本義的下一個層次,是本義所代表的事物中包含的特徵。詞源意義是人對事物特徵的理解與取意,而這個事物恰好是詞的本義所指。這樣,詞源意義與詞的本義發生聯繫。詞源意義如何從本義中提取出來,上述“皇、建、昆₂、族、函、率”6 個詞族表現出來兩種情況:

----

①王艾錄、司富珍《漢語的語詞理據》第 117 頁。

①詞源意義的産生源於詞彙内部,本義所代表的具體事物本身具有的特點形成詞源意義,包括"建、昆₂、族、函、率"。

②詞源意義受思想觀念、社會習俗的影響而産生,詞具有某些其意義本身不具備的特點,如"皇"族詞。

由於第二種情况的數量不多,而且與第一種情况有相似之處——詞源意義都是與本義所代表的事物有關,只不過其中的聯繫要用思想觀念、社會習俗來解釋,所以下文在不强調二者的區別時,將其看作一類。如可以認爲"大"是"皇"的本義鳳凰的特徵。

(二)多方向派生的同源詞族

各詞群均由聲符義直接派生的詞族,還包括由本義同時向多個方向派生同源詞的情况。

其詞源派生譜系釋例如下:

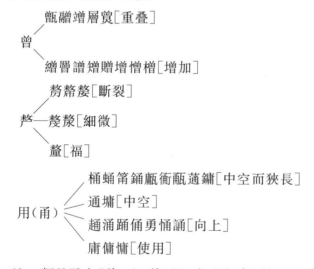

這一類具體有"曾、止、麸、用、肖、則、盧、昌、尼、奚、亟、辰、畚",共13個詞族。

"曾"本義爲甑,因甑中有箅,而有"重叠"和"增加"義。"止"本義爲脚,而有"止息"和"基址"義。"麸"本義爲獲麥,撲擊麥粒中蘊含着"斷裂、細微"義,獲麥豐收又有"福"義。"用(甬)"爲"桶"本字,桶的形狀有中空狹長的特點,使用時要向上提起,作爲日常用具又與"使用"義相關,不同的方向分别派生出詞源意義不同但均與本義相關的同源詞。"肖"是月光消減,消減則微小,剩下的則爲末梢,消減即使之小,由此産生三個詞源意義。“則”是照着器樣作器,器樣在旁,器樣又是作器的標準和法則,於是有以“旁側”和“法則”爲詞源意義的兩個詞群。“盧”爲“鑪(爐)”本字,因其爲火所熏,故有“黑”義,因其形狀爲淺腹,又有“短小”義。“尼”是一人坐於另一人背上,二人親近但是却不願接受這種方式的親近,坐於人背即止於人背,同源詞朝着“親近”與“止”兩個方向派生。“奚”是奴隸,地位低下,其中蘊含“恥辱”和“小”兩個特點。“辰”爲“蜃”本字,由蜃的功用派生出多個方向的同源詞群:祭祀用蜃,派生出“裖”;持蜃往田,與時間有關,“時間”成爲詞源意義;用蜃的邊緣除草,產生“邊緣”的詞源意義;以蜃除草,要動,產生詞源意義“動”。“蚤”是“搔”本字,抓搔要動,又要用手,分別派生出以“搔動”和“爪”爲詞源意義的同源詞。

上文“曾、止、埶、用、肖、則、盧、尼、奚、辰、蚤”11 個詞族,各詞族中都没有以聲符本義爲詞源意義的,聲符本義也都是具體的。這正與前文的分析結果相合。它們是從具體的本義中概括出不同的特點,形成不同的詞源意義,派生出多方向的詞群。上述 11 個詞族中的詞源意義基本上都與本義所代表的事物相關,是這些具體事物某一方面的特點。

“昌”本義爲歌唱,首先名動相因,以之爲詞源意義派生出“倡”。最初的歌唱,是要通過這種聲音叫大家起床,所以又蘊含“引領”的意義。

通過前文單方向同源詞派生的分析,我們知道,如果聲符本義是抽象概念的話,同聲符同源詞的派生就可能直接以之爲詞源意義。一般情況下通過出土材料分析出來的詞的本義只有一個。所以,表面上看,以聲符本義爲詞源意義的同源詞派生應該只能是單方向的(由這個方向派生出同源詞後,以這個詞群爲基礎的第二層次的同源詞派生或有可能是多方向的)。那麽,以聲符義爲起點,向多個方向派生同源詞,似乎不會以聲符本義爲詞源意義,這個聲符本義也應該不是抽象的概念。但,事實并非如此,如“亞”族,其派生譜系如下:

“亟”是“極”的本字,本義是“頂點”,首先以“頂點”爲詞源意義派生出一個小詞群。同時,它的造意“上極於頂,下極於踵”,除了有“頂點”義外,還有空間狹促意義,空間狹促與時間緊迫相通,於是又有以“急”爲詞源意義的另外一個詞群。它的兩個詞群,一個詞源意義是本義,一個詞源意義是由與本義相關的具體事物的特點引申出來的意義。這種情況的産生是因爲“亟”的造意——上極於頂,下極於踵——包含兩個特點,一個是“頂點”,一個是空間的狹促。這兩個特點一個成了“亟”的本義,既在文獻當中使用,又成爲了詞族的詞源意義;另一個特點則經過引申成爲了另外一個深層隱含的詞源意義。

二、詞族内的詞群分別與聲符義有直接或間接的意義聯繫

詞族内既有聲符義直接派生的詞群,同時又有聲符義間接派生的詞群,這樣的詞族共 35 個,亦可分爲單方向派生和多方向派生兩類。

(一)單方向派生的同源詞族

聲符義向一個方向直接和間接派生出詞群,即連鎖式的派生,後面的詞群依次由前面的詞群派生,第一個詞群由聲符直接派生。包括“吉、寺、呂、幾、咠、去$_1$、去$_2$、主、侖、官”,共 10 個詞族。

其中本義是抽象概念的包括“吉、寺、幾、咠”4 個詞族。

吉—齰硈點鮚劼佶詰[強固]—趌桔頡[直]—髻結袺襭[曲]

“吉”本義就是堅實,首先以“堅實、强固”爲詞源意義派生出詞群,因爲“堅實、强固”與“直”義相通,“直”成爲了第二次派生的詞源意義,“直”與“曲”反向義通,“曲”又成了第三次派生的詞源意義。

“吉”首先以本義爲詞源意義派生同源詞,“寺、幾、咠”第一個層次的派生其詞源意義是與本義相通的意義。

寺—持庤峙時峙待峙跱侍偫埘時恃[止]—蒔梼[直立]

“寺”本義是持物手中,即物止於手,所以產生“止”的詞源意義。“止”與“直立”兩種意義亦可相通,其他詞族中也有二者的相通。

幾—譏[訖盡]—璣嘰譏饑機儢蟣鐖[微小]

“幾”本義是危殆,危殆往往意味着人或物的消失,所以與“訖盡”義相通，而將要終盡又與"微小"義相通。

晶—熅慍揾輼醞煴薀（蘊）韞［包蘊在内］—温［暖］

"晶"本義爲蘊藏，蘊藏即包蘊在内，而包蘊在内又與温暖義相通。

"幾、晶"兩個詞族，第一派生層次的詞源意義與本義相通，第二層次以後的派生都不是從本義中概括出的詞義特點，而是以與前一詞源意義相通的某一個意義作爲新詞源意義。通過前文的分析，我們發現，詞義是具體概念時，往往會從不同角度分析出一個或多個與之相關的詞義特點；而對於抽象的概念，不太容易再抽象出詞義的特點。"幾、晶"兩個詞族正與之相合。

本義是具體概念的包括"去₁、去₂、侖、吕、主、官"6個詞族。

去₁—呿（欥）肤祛［分張］—阹祛［離開］

"去₁"本義爲開口，是"呿"本字，開口即張開嘴，有分張的特點，而分張又意味着分離。

去₂—盍盇厺鈝榼闔搕瞌［閉合］—劫迲［止］

"去₂"爲"盍"本字，器蓋相合蘊含閉合的特點，而"閉合"與"止"義相通。

侖—綸輪倫論惀淪搶［條理］—棆崘蜦睔［傑出］

"侖"本義爲樂管，本身蘊含條理義，而有條理與雜亂無章相比，是更優秀的，所以又產生"傑出"的詞源意義。

上述3個詞族的派生，其聲符本義都是具體的，從中抽取出一個意義特點作爲第一層次派生的詞源意義，第二層次的詞源意義都是與前一詞源意義相通的意義。

"吕、主、官"族詞與上述3個詞族不太一樣。

吕—梠紹［相連］—閭侶笴［聚集］

"吕"本義爲金屬錠塊，是"鋁"本字。其本義雖然也是具體的，但是并未從中抽取詞源意義。其甲骨文作🔲（合29687），金文或作🔲，均象兩塊金屬，這樣的構意中包含相連義。"相連"遂成爲詞源意義，"相連"又與"聚集"義通，由此產生第二層次的派生。其第一派生層次的詞源意義源於構意。

主—炷㝎柱駐住拄注跓［駐立不動］—疰註［灌注］

"主"爲"㝎"本字，本義爲宗廟宔祐，其中蘊含駐立不動的特點。因爲“灌注”義的“注”除了有駐立不動的特點外,還有將一物灌注於另一物的特點,所以又産生了以“灌注”爲詞源意義的另外一個詞群。

官—館倌[官吏]—管[主司]—逭棺涫綰輨琯裍醜[圓]

“官”是“館”本字,館舍與官吏義通,官吏有主司義,派生出“管”,而“管”同時還有“圓”的特點,所以又以“圓”爲詞源意義派生出了一系列的同源詞。

“主、官”兩個詞族代表了同源詞多層次派生的一種類型。即後一層次詞源意義的産生不是依托前一層次詞群的詞源意義,而是因爲前一個詞群中某個詞同時具有兩個或多個意義特點,其中一個意義特點是前一詞群的詞源意義,剩下的特點成爲後面詞群的詞源意義。

(二)多方向派生的同源詞族

包含兩個以上派生層次的詞族,即有些詞群與聲符義直接有關,有些詞群與之間接有關。在這樣的詞族中,只要包含多方向的派生,我們都把它放到這裏討論。具體有“甫、央、夬、朱、弱、吳、勿、黃、孚、差、今、袁、求、恩、方、各、良、韋、合、出、尚、易、兆、丯、干”,共 25 個詞族。其中包括三類:一類是多方向派生發生在第一個派生層次,也就是由聲符義抽取出多個詞源意義;一類是多方向的派生發生在第二層次以後(包括第二層次,全文同),以某一個詞源意義或詞爲起點向多個方向派生同源詞;一類是在第一層次和後面的某一層次同時發生多方向的派生。

第一類,多方向派生發生在第一個派生層次。包括“夬、朱、弱、黃、甫、吳、勿、央”8 個詞族。

這 8 個詞族,具體的派生情況不盡相同。其中“朱、弱、黃”,其多方向的派生是從本義所代表的具體事物中抽取出詞義特點作爲各詞源意義的。第二層次的派生依托於意義的相通。

朱(株)—[赤]—[堅硬、堅固]—[好]
　　　　　　　—[斷裂]
　　　　　　　—[小]

“朱”本義是(位於地面以上)樹根,有堅固、短小的特點,同時其橫切面的中心顏色又有紅的特點,三個特點分別成爲了同源詞派生的詞源意義。第二層次的派生均是依托詞義的相通:“堅固”與“好”義通,

"赤"與"斷裂"義通（關於二者的相通，黄易青做過很好的論證，《上編》已引，此不贅述）。

"弱"本義是尿水，"沉溺、軟弱"是其特點。"軟弱"則引人憂慮，又以"憂慮"爲詞源意義派生出新詞。

"黄"爲"尪"本字。尪這種人腹部膨大，産生"廣大"的詞源意義；胸腹突出橫於身體之上，又有"橫置"義；身體粗短，又有"小"義。關於前兩個特點它的古文字字形 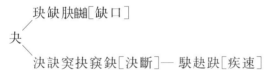（合 29509）可以比較直觀的體現。廣大與粗獷義的相通又造成了第二層次的派生。

"夬"族詞，第一層次的多方向派生，兩個詞源意義均爲本義"扳指"中蘊含的特點，第二層次派生的詞源意義源於前一詞群的"決"。

玦缺胅齨[缺口]

夬

決訣突抉窫鈌[決斷]— 駃趹趹[疾速]

"甫、吳、勿、夬"族詞的派生不同於上述 4 個詞族，它們發生在第一層次的多方向派生并不是都從具體的本義中提取的詞源意義，來源不是單一的途徑，情況較爲複雜。

"甫"爲"圃"本字。園中有蔬，與"在口中"意義相通。蔬菜"禁錮"於園中，亦鋪陳於園中，所以其有"捕取（捕取亦是一種'禁錮'）""鋪陳"義。蔬菜相較於糧食是輔助，所以又有"輔助"的特點。"鋪陳"又與"大"義相通，"輔助"與"兩側""傾斜"遞相義通，各自形成第二層次後的派生。

"吳"本義爲"大言",與"歡娛"意義相通,其中又有"大"的特點。"大"又與"謬誤"義通,這應該與傳統的崇尚中庸的觀念有關,過大則誤。

"勿"爲"刎"本字,割斷即分離,産生"分離"的詞源意義。"分離"可以認爲是"割斷"包含的特點,也可以認爲是二義的相通。"割斷"與"終盡"義相通。"分離"與"遠""迷茫不清"遞相義通,形成了後面的同源詞派生。

央—[環繞]—[廣、盛、大]—[鮮明、光亮]

"央"的本義是殃咎,殃咎同時也是詞源意義。此外,"央"的構意是以頸荷物,頸在中央,物環繞於周圍,又從它的構意生發出兩個特點。共向三個方向派生同源詞。第二層次的派生以"環繞"爲起點,環繞與盛大義相通,盛大又與光明義相通。第二層次以後的派生是以意義相通爲基礎的。

上述 8 個詞族反映了第一層次詞源意義的不同來源。

第二類,多方向派生發生在第二派生層次以後。包括"袁、求、孚、今、㥁、差"6 個詞族。

其中"袁、求、孚、今"4 個詞族,聲符本義是具體的。

"袁"爲"𧙕"本字,本義爲穿衣,穿衣包含"貫穿、環繞"的特點,"環

繞”成爲第一層次派生的詞源意義。“環繞”與“遠”義通。“環繞”又與“牽引”義通（“榬”同時具有這兩個意義特點），“牽引”又與“攀援”義通（“援”即同時具有二義），所以又有“攀援”的詞源意義。“動態範疇之圍束、迫束義，於質量範疇則爲急窄、局迫義”[1]，“環繞”義與“急速”義相通。

“求”爲“蛷”本字，蛷多脚，於是有“聚集”的特點，“聚集”與圓曲、求索義相通。“萊、梂”同時具有聚集、圓曲兩個詞義特點。

上述“袁、求”2個詞族聲符本義是具體概念，首先從本義中提取一個特點作爲詞源意義，然後再以與這個詞源意義相通的若干意義爲詞源意義進行後面層次的派生。

“孚”本義是俘獲，俘獲包含“取”的特點，也可以説“俘獲”義與“取”義相通，而“取”與“聚”義通。聚集同時與多個意義相通，向多個方向派生出了同源詞。“孚”族詞是由本義産生第一層次詞源意義，又以這個詞源意義産生第二個詞源意義，多方向派生以第二個詞源意義爲起點，比上述兩個詞族多了一個派生層次。

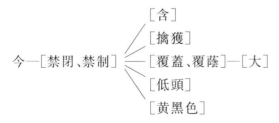

“今”本義爲閉口，閉口有“禁閉、禁制”的特點，而“禁閉、禁制”與“含”[2]“擒獲”“覆蓋、覆蔭”“低頭”意義相通，因爲有“禁閉、禁制”意義特

---

①黄易青《上古漢語同源詞意義系統研究》第250頁。
②閉口亦與“含”義通。

點的"金"這個詞,其顏色是黃黑色,又産生以"黃黑色"爲詞源意義的詞群。同時,"禁閉"義與"黑色"義亦通。其多方向派生的詞源意義,既源於意義的相通,也有從前一詞群中的某一個詞提取詞源意義。

"悤""差"的本義是抽象的。

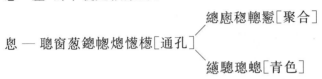

悤 — 聰窗蔥鏓憁熜憽檧[通孔]

"悤"本義指心有孔竅、聰明,其中蘊含"通孔"的特點。因爲"熜"同時有"通孔、聚合"的特點,所以又有以"聚合"爲詞源意義的詞群;因爲"蔥"同時具有"通孔、青色"的特點,所以"青色"也成了下一層次派生的詞源意義。這一詞族的第二層次的多方向派生不是以第一層次的詞源意義爲基礎,而是以其中的兩個詞爲起點,這兩個詞的詞義内容都是既包含第一層次派生的詞源意義"通孔",同時又有另外的特點,而這另外的特點又被提取出來成爲了新的詞源意義。

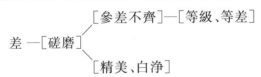

"差"的本義是磋磨,首先以磋磨爲詞源意義派生出詞群,磋磨的動作中包含"不齊"的特點,而"不齊"又與"等級"義相關。另一方面,"磋磨"的目的或結果是"精美、白淨",又産生另外一組同源詞。"差"族詞,第一層次的派生是以本義爲詞源意義的。就是因爲"搓磨"是一個比較抽象的概念,所以可以適合於不同的事物,由此可以成爲不同詞的詞源意義。

第三類,多方向派生同時發生在第一層次與第二層次以後。包括"方、各、良、韋、合、出、尙、易、兆、芈、干"11個詞族。

"良、合、干、方、芈",它們的本義都是具體概念。

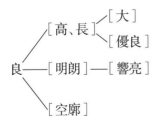

"良"爲"廊"本字,本身包含"高、長""明朗""空廓"的特點,"高、長"又與"大""優良"兩個意義相通。

"合",器蓋相合之形,"盒"本字。由它的構意能概括出會合、閉合的特點,成爲第一層次派生的詞源意義,"閉合"與"阻塞、隔絕""黑"的意義相通,又派生出兩個詞群。

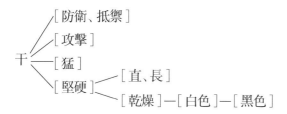

"干"像盾形,本義爲盾,因其可鑲帶有攻擊性的鍚,所以由其本身的特點而有"防衛、抵禦""攻擊""猛""堅硬"的詞源意義。第二層次的派生,"堅硬"與"乾燥"義相通,具有堅硬特點的"骭、稈"二詞同時又有"直、長"的特點,也可以看作"堅硬"與"直、長"義通。

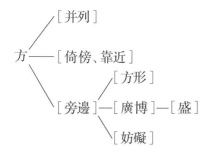

"方"本義爲下端歧頭的農具,包含"并列、倚傍、旁邊"三個特點,派生出三個詞群,"旁邊"又與"方形、廣博"義通,"防"這個詞同時具有"旁邊""妨礙"兩個意義特點,第二層次又派生三個詞群。

上述4個詞族,聲符本義都表示具體事物。它們的詞族派生譜系也比較清楚,首先從表示具體事物的本義中抽取出多個意義特點,成爲第一層次派生的詞源意義,第二層次的派生其詞源意義或與前面某一詞源意義相通,或是前一詞群的某個詞具有兩個詞義特點。

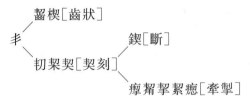

"丯"本義是契刻,直接以"刻契"爲詞源意義派生同源詞。因爲刻的是契約,而契約多以齒的相合爲依據,所以其中又包含"齒狀"的特點。刻契與"斷"義通。刻契刻出紋路要引刀,又有"牽掣"的特點。刻契是一個比較具體的概念,刻的對象很明確。這個詞族的特殊就在於"刻契"這個具體概念成爲了詞源意義。但是,我們分析以"契刻"爲詞源意義的詞就可以解釋這種似乎反常的現象,"㓞、㓞"都是"丯"的累增字,而"契"是與之名動相因的。所以,"契刻"雖然意義具體,也可以作爲這些詞的詞源意義。由此,我們可以得出一個具體意義成爲詞源意義的條件——這個意義統攝的同源詞有名動相因的關係。以具體概念爲詞源意義在本書的研究中還有前文提到的"昌"。

"各、韋、出、屵、易、兆"6個詞族,它們的聲符本義都是相對抽象的概念。同源詞的派生也比較複雜。

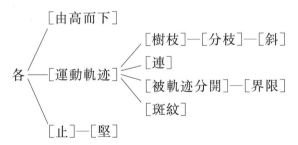

"各"以足向居穴會來格之意,足從外至居穴,強調其運動性、過程性。"各"的本義相對抽象,而其構意是具體的,由其具體的構意中概括出"過程性、運動軌迹"的特點成爲詞源意義,而"運動軌迹"又與後面四個意義相通,由此產生第二層次的多方向派生。另外,抽象的水平方向的"至"與垂直方向的下落意義相通,到達與停止意義相通,又產生兩個詞源意義。

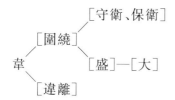

　　"韋"現在不太容易確定是"圍、違"二者誰的本字,很可能同時是二者的本字,其古文字字形➰(花束 195)、➰(合 10026 正)中體現"圍繞""違離"兩個相反相通的特點,這也成爲了"韋"族詞第一層次派生的兩個詞源意義。"圍繞"又與"守衛""盛"義相通。無論"圍繞"還是"違離",其表達的意義相對來講都是比較抽象的,所以才可能成爲詞源意義。這個詞族反映了同一個具體的字形可以表達兩種抽象概念的現象,所以,雖然聲符本義不是具體概念,在第一個派生層次也出現了多方向的派生。

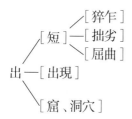

　　"出"本義是出去,出去與"出現"意義相通。而"窟、洞穴""短"是由其構意"脚從穴出"抽取出來的。第二層次的派生是因爲"短"與"猝乍""拙劣""屈曲"意義相通。

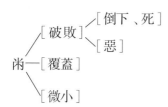

　　"㡀"以巾上有塵表示破舊義,"破舊、破敗"意義抽象,本身首先作爲詞源意義。"破敗"與"倒下、死""惡"意義相通,形成第二層次的派生。另外,通過"㡀"的構意,又概括出"覆蓋"與"微小"兩個意義特點,也派生出新詞。

"易"的本義是給予,也相對抽象,給予與"更易"意義相通,給予一定涉及某種事物位置的更易。給予與"去除"意義亦通,事物位置更易,從其原來位置的角度來講,是"去除"。而"容易"的特點是從其構意"水(液體)從一個器皿倒入另一個器皿"中概括出來的。"容易"又與後三義相通。

"兆"本義是界域,界域同時又是其派生同源詞的詞源意義。"界域"是兩個區域的起點,而起點與"小"義相通。另外一個由聲符概括出來的詞源意義"遠"是從其構意"二人隔水相背"中抽取出來的。"遠"與"高""長"義相通。

通過前文的論述,我們發現原則上本義爲抽象概念,很難從這個抽象的意義再抽取出詞義特點作爲詞源意義。但是,作爲表意性的漢字,形體與意義相關,而形體直接體現的是構意,構意再體現本義。構意與本義相比,有更直觀、更具體的特點。那麼,有些聲符本義是抽象的,却可從其具體的構意中抽取不同於本義的詞源意義。"韋"不屬於這種情況,字形可做兩種解釋,也就是有兩個意義相對的構意,分別對應兩個抽象的本義①。

三、詞源意義與聲符義的基本聯繫形式

通過上述分析,可以總結出詞源意義與聲符義的基本聯繫形式:
一、詞源意義是聲符本義所記錄的事物的特點,聲符本義表達具體概

---

① 劉釗認爲從"集"的古文字字形看,"降落""停留""聚集"都是它的本義,其間不存在引申或假借的關係,同時指出這是古文字和古漢語中很特殊的例子(劉釗《"集"字的形音義》,《中國語文》2018 年第 1 期)。"韋"與之類似。

念。二、詞源意義與聲符本義相通。三、表意的漢字用具體的形象表達抽象的本義,同源詞派生時直接以這個本義爲詞源意義。四、從具體的構意中抽取詞義特點作爲詞源意義,這較多地出現在本義是抽象的、又在第一個層次發生多方向派生的情況中。"吕"族詞,本義是具體的,却也是從構意中抽取了詞源意義,是比較少見的情況。

其中第二類,意義的相通,可以出現在任何派生層次。第二派生層次後實際上是詞源意義的運動,黄易青、張博都有過專門的論述,尤其是黄易青的《上古漢語同源詞意義系統研究》,整部書都是以此作爲研究焦點的,我們在第五章會結合本書的實際情況加以討論。

在後一層次的派生以前一層次的詞源意義爲基礎的情況下,兩個詞源意義只能是意義相通,其他三類只出現在第一派生層次。因爲首先前一層次的詞源意義已經是抽象的、概括的,不再體現具體事物,後一層次就不能再出現以事物特徵爲詞源意義的情況;其次在一種系統中本義是唯一的[①],第二層次以後的詞源意義不可能再與本義相同;再次,構意要依托於本義,前一層次的詞源意義雖然可以與本義重合,但它從本質上不是本義,所以後一層次的詞源意義蘊含於前一層次詞源意義的構意中,這在理論上是不存在的。如果後一層次的詞源意義是從前一詞群中的某個詞概括出來的,那麼,上述四種情況理論上都可以發生在第一派生層次之外。

四、聲符義與詞群間關係的解釋

聲符義與詞群有直接關係的情形在上文已經闡述。聲符義與詞群有間接關係的,二者的聯繫要靠中間詞群來溝通。聲符義與這些詞群間的關係是間接的,如果没有中間詞群的話,根本無法找到它們之間的聯繫。所以,聲符義對於統攝整個詞族確有至關重要的作用。換句話説,如果没有聲符義,各詞群間的關係無法解釋,詞族無法完整地繫聯。將本書的繫聯與前人的繫聯做一比較,即可證明聲符義在繫聯整個詞族、解釋詞群的意義關係與層次方面的重要作用。如:

"求"詞族:

[①]一種系統中即本文所説的出土文獻中,如果從《説文》與出土文獻兩個系統分析詞的本義,可能會有變化。在出土文獻中,也可能出現特殊情況,即上文提到的"韋""集"一類,如果是這種情況,兩個本義只可能成爲第一派生層次的詞源意義。

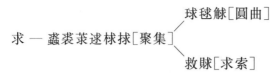

求 — 蝵裘莍逑梂捄[聚集]

球毬觩[圓曲]

救賕[求索]

劉鈞傑繫聯求、賕,有求索義①;繫聯裘、莍、梂同源,指出"裘是毛朝外的皮衣;莍是果實外皮密生疣狀突起的腺體,形似裘皮;梂是櫟樹的果實,外皮有刺猬毛狀物"②。仍然是詞群的單獨繫聯,沒有完整的詞族,詞群之間的關係不清楚。

"孚"族詞,我們繫聯的譜系如下:

孚 — 俘[取] — 捊[聚集]

烰孚[多]

孵莩脬郛稃罦孚[外表、裏覆] — 浮枹桴蜉[上浮]

此前,有不少學者對以"孚"爲聲符的詞進行過同源詞繫聯。如楊樹達謂"孚"聲字有包裹在外之義,繫聯孚、稃、脬、枹、莩、郛同源③。王力繫聯浮、桴與漂同源④,劉鈞傑又增加蜉⑤。張希峰繫聯浮、蜉(桴)、烰、雩、孚有"漂浮"義,繫聯稃、莩、脬、郛、孚有"在外裏覆"義⑥。

此前的"孚"聲詞繫聯基本上限於各個詞群的不完全繫聯,沒有更好地利用聲符義從中挖掘詞源意義,沒有完整的詞族,看不到詞群與聲符義的關係,雖然涉及了詞群之間關係的解釋,但因爲沒有完整的詞族,這種解釋只能是局部的。

"辰"詞族,本書的繫聯:

辰

蜃祳[蜃]

晨曟(晨)脣[時間]

脣宸屒陙漘[邊緣]

賑欨震振賑娠脣[動]

---

①劉鈞傑《同源字典補》第 44 頁。

②劉鈞傑《同源字典再補》第 1—2 頁。

③楊樹達《積微居小學金石論叢》第 95—96 頁。

④王力《同源字典》第 200—201 頁。

⑤同注②第 59 頁。

⑥張希峰《漢語詞族三考》第 23—26、80—83 頁。

王力繫聯振、娠、震，均有"動"義；繫聯脣、漘、屒、宸，有邊緣義；繫聯祳（脤）、蜃，均有"大蛤"義①。劉鈞傑繫聯震、跩，有震動義；繫聯蜃、辰、農、晨，有農具、農耕義②；繫聯振、跩、脣、殿，有動義③。張希峰繫聯振、賑、震、脣、跩、欣、娠，有動義④。胡繼明繫聯辰、振、娠、震，皆有震動義⑤。陳曉强指出辰的古文字形象蜃，蜃與耕器有關。古人日出而耕，故"農"等字與星辰、清晨義相關。"辰"爲蛤形，又似女陰，因此"娠、震"與懷孕義有關。源於古人文化中陰陽交合而動的思想，"娠、震"引申又有震動義。此外，"脣"等邊緣義，當出於聲符假借現象。其具體繫聯的詞如下：辰、蜃、祳，有蜃、農器義；辰、娠、震、跩、脣、振、賑，有妊娠、震動義；辰、晨、農、䢈，有星辰、早晨義；脣、宸、桭、陙、漘，聲符假借有邊緣義⑥。

除了陳文都是單個詞群的單獨繫聯。陳文利用"辰"的古文字字形及其本義，解釋聲符與部分詞群之間的關係，但是其説法我們不完全同意。首先，"辰"聲詞震動義的由來，我們認爲還是和農具的使用方式相關；另外，邊緣義的由來可能也可以不用聲符假借來解釋，還是可以從辰作爲農具這種意象來提取。理解文獻時，對於字的意義我們慎言借用，那麼講同源詞的派生時，我們也應該慎言聲符的借用。此前的研究較爲全面地繫聯了"辰"聲的同源詞，也涉及了聲符義與詞群間關係的解釋，但解釋不到位。

"韋"聲的詞源譜系如下：

①王力《同源字典》第 515—517、519—520 頁。

②劉鈞傑《同源字典補》第 182、185 頁。

③劉鈞傑《同源字典再補》第 155 頁。

④張希峰《漢語詞族續考》第 240—243 頁。

⑤胡繼明《〈廣雅疏證〉同源詞研究》第 314—316 頁。

⑥陳曉强《漢語詞源與漢字形體的關係研究》第 334—336 頁。

　　王力繫聯違(韋)、瞉、奪有違背義,繫聯圍、幃、衛有環繞義①。劉鈞傑繫聯煒、韡、暐有明亮義②,繫聯圍、緯有圍繞義③。張博繫聯圍、樟、緯、潿、幃、褘、褘有回環圓轉義④。陳曉强亦認爲韋的甲骨文字形可作兩種解釋:圍繞、違離,并以此二相反相承之義繫聯同源詞如下:圍、衛、潿、緯、樟、闈(存疑)、幃、辢、褘有環繞義,韋、違、諱、瞉、奪、嬀、韙、偉(存疑)有違離、違背義,又因爲與"軍"聲符互通,偉、韡、煒、葷有盛、大義⑤。

　　除陳文外,仍都是單個詞群的繫聯,陳文已經很好地利用了"韋"的古文字字形,以之統攝"環繞""違離、違背"義。但是他以"盛大"義的由來是因爲與"軍"聲相通,則不大合適。要"環繞"某物,一定要大於此物,所以"環繞"與"盛大"義相通,這種相通在"央"族詞中也有體現。如此,則聲符"韋"可統攝所有同聲符同源詞,無需假借。

　　可見,正確利用聲符義,整個詞族得以完整展現,派生譜系清晰可見,詞群間關係得以合理解釋。反之,則只能是單個詞群的零散繫聯。

　　通過聲符義可以統攝全部同聲符同源詞的詞族,我們分析得出了詞源意義與聲符義的基本聯繫形式,明確了聲符義在繫聯整個詞族與解釋詞群之間意義關係方面的作用。

第二節　　聲符義與部分同聲符同源詞有意義聯繫

　　聲符義可以統攝部分同聲符的同源詞,也就是只有部分同聲符同源詞與聲符義有直接或間接的意義聯繫,而另外一部分同源詞與聲符義没有任何關係,這樣的同源詞組共 24 個。聲符義可統攝的部分形成同聲符同源詞族。

　　我們首先分析聲符義與同聲符同源詞有意義聯繫而形成的詞族,再討論二者之間没有意義聯繫的詞群。

――――――――――

① 王力《同源字典》第 399—401 頁。
② 劉鈞傑《同源字典補》第 169 頁。
③ 劉鈞傑《同源字典再補》第 116 頁。
④ 張博《漢語同族詞的系統性與驗證方法》第 117—123 頁。
⑤ 陳曉强《漢語詞源與漢字形體的關係研究》第 247—249 頁。

一、聲符義與其可統攝的詞族之間的意義聯繫

對於這 24 個詞族,聲符義與同聲符同源詞有直接或間接的意義聯繫,同樣可以進行本章第一節的分析,來觀察聲符義與詞源意義及詞群、詞族的關係。

(一)聲符義與族內所有詞群有直接聯繫

1.單方向派生

必—柲泌[直]

攸—脩[敲打]

敫—擎激[擊打]—礉墩[堅硬]

員—圓韻膭賴顗[和]

亡—芒苄鋩[鋒芒]

其中“敫”本義爲“擊打”,首先以之爲詞源意義派生出“擎、激”,因爲“擊打”與“堅硬”義通,又以“堅硬”爲詞源意義派生出“礉、墩”。

2.多方向派生

畐—[福];[滿];[逼近]

參—[三];[高、長];[錯雜];[好];[小]

危—[高峻];[變異]

舜(遴)—[鄰近、次比];[踐踏]

申—[天神];[伸展]

上述詞族派生大部分與之前討論的詞族表現出來的現象是一致的,爲避免行文的冗沓,此處不再具體分析,只對有必要説明的問題進行簡要説明。“畐”是盛酒器,因社會習俗其與“福”意義相通;“申”有“天神”的詞源意義,是受古人思想觀念影響的。

(二)聲符義與族內詞群有直接或間接的聯繫

1.單方向派生

橆(無)—膴嫵舞瞴[美]—蕪幠廡[大]

巠—經莖脛頸到徑輕涇俓娙鋞椡[直而長]—痙勁硜[彊勁]

2.多方向派生

帝—[至]—[止]
　　[下滴]
　　[審諦]

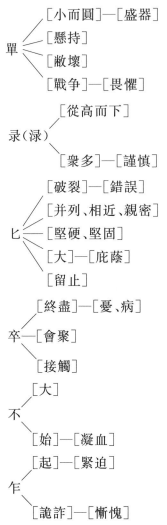

上述 7 個詞族多方向派生發生在第一個派生層次。需要説明的是
如下問題："單"派生出"戰",是受社會習俗的影響;"乍"有"詭詐"的詞
源意義,是受思想觀念的影響;"录"族詞有"謹慎"的詞源意義,是因爲
"逯"的意義中既有"衆多"的特點,又有"謹慎"的特點。

　　　　　　　　　┌[厚、大]—[苦味]
　　古 —[堅固]—[久]
　　　　　　　　　└[乾枯]

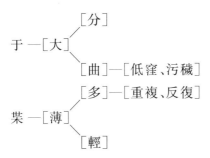

上述 3 個詞族多方向派生發生在第二派生層次。"于"族詞，第一層詞源意義"大"之後，又產生"分"與"曲"的詞源意義。"大"與"曲"意義相通，與"分"反義相因，以"于"爲聲符的"跨"同時有"大"和"分"兩個意義特點。

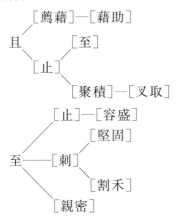

"且、至"均是在兩處發生多方向派生。"至"族，"至"的本義"至、到達"本身是比較抽象的概念，其與"止、親密"①兩個意義相通，而"刺"這個詞源意義是由"矢至地"的構意中抽取。"刺"與"堅固"義通，"割禾"的動作與"刺"的動作亦通，於是在"刺"的基礎上又派生出兩組同源詞。

(三)詞源意義與聲符義聯繫的再討論

第一節基於聲符與所有同聲符同源詞有聯繫的詞族討論了詞源意義與聲符義聯繫的基本形式。此處，結合第一節與本節合計 87 個聲符可以統攝的同聲符同源詞族，全面討論詞源意義與聲符義之間的聯繫。

1.與聲符義有直接聯系的詞源意義

(1)詞源意義與聲符義之間的單一聯繫

---

①"親密"同時與"矢至地"的構意有關。

　　①詞源意義是聲符本義所代表事物的某種特徵,如"皇",從鳳凰中概括出"大"的特點;"用(甬)"從桶中抽取出"中空而狹長""中空""上涌""使用"的特點。

　　這一類,本義通常是表達具體意義的。而作爲命名理據的抽象的詞源意義,居於本義的下一個層次,是本義所代表的事物中包含的特徵。詞源意義是人對事物特徵的理解與取意,而這個事物恰好是詞的本義所指。這樣,詞源意義與詞的本義發生聯繫。

　　②詞源意義與聲符本義意義相通,如"官"爲"館"本字,館舍與官吏義相通,以"官吏"爲第一層次的詞源意義。"幾",本義是危殆,"訖盡"與之意義相通,成爲第一派生層次的詞源意義。

　　這種情況,本義可能是具體的,也可能是抽象的。與事物特徵相聯系的命名理據蘊含在詞的本義的深層,與本義有意義上的相通。

　　③詞源意義與聲符本義相同,如"若、吉"。

　　④詞源意義蘊含於聲符構意中。如,"吕"爲"鋁"本字,意義具體,但"相連"是從"兩塊相連的金屬塊"構意中提取出來的;昌,爲"唱"本字,這種歌唱是日方出時呼唤大家起身幹事的聲音,構意中體現了詞源意義"引領"。這兩個詞的本義都是具體的,也有可能本義是抽象的,詞源意義包蘊於構意之中,如"亞"族①。

　　構意是漢字的理據,是文字問題。構意反映本義,有時與本義相同,有時只是本義的具體化,不在文獻中使用。陸宗達、王寧在討論詞義引申時指出,詞的本義具有概括性,但"與反映在文字上的本義相聯系的那個具體事物,却是不可忽視的。在觀察詞義運動規律時,這些形象遠比詞的概括的抽象意義更爲重要,因爲往往就是它决定了詞義的特點和引申的方向"②。這個具體事物决定詞義特點和引申方向,同時,在詞義引申中也常常會有詞源意義的介入③。而與本義相聯系的具體

①"亞"族第一派生層次有兩個詞群,其中一個詞源意義包含於構意中。這個詞族不是所有的詞源意義都與聲符義具有一種聯繫形式,爲了説明本義是抽象的也有可能從構意中提取詞源意義,故在此舉此例。

②陸宗達、王寧《訓詁與訓詁學》第 110 頁。

③李冬鴿《從〈説文〉本義與出土材料本義的不同談詞義的引申方式》,《語文研究》2017 年第 1 期。

事物往往在構意中顯現，所以文字的構意也會與詞源意義産生聯繫。詞的命名依據影響文字的理據，文字的理據反過來反映詞源意義。李國英在談造意與引申的關係時明確指出“具體形象的造意常常反映概括詞義的某些特點，從而決定詞義引申的方向”，舉“云”爲例，認爲“回轉”是其造意，其有回轉的引申義，又引申出運動義，同時以回轉義派生出“囩、沄、芸”①，這已經揭示了造意與詞源意義的關係。這在此前很多的同源詞繫聯實踐中已經有所反映。例如《説文》車部：“軍，圜圍也。四千人爲軍。从車，从包省。”段注：“於字形得圜義，於字音得圍義。凡渾輠煇等軍聲之字皆兼取其義。”又如沈兼士指出“非”的形體爲“‘從飛下翅，取其相背’，故其右文爲分背義”②。字是爲了記録詞而産生的，古人爲詞造字時，字形的構造可以是在文獻中使用的本義的具體化，也可以是不在文獻中使用的深層隱含的詞源意義的具體化。

　　上述四種詞源意義與聲符義的單一聯繫，實即詞源意義與聲符義聯繫的基本形式。除了詞源意義與聲符本義相同，其他三種也分別代表不同的聯繫形式，這在有些詞上能區分得十分清楚，但在另外一些詞上則難以確定一定屬於某一種形式。詞源意義與聲符本義相通，詞源意義是聲符本義所代表事物的特徵，這二者有時能明確區分，有時又難以截然劃清。如“甬”聲詞，“中空而狹長”“中空”，只能分析爲“桶”的特點，而不能是與“桶”義相通。“吴”本義爲大言，“歡娱”與之意義相通，而不能是“大言”的特點，大聲叫喊不一定是歡娱。而“官”本義爲館舍，往往是專爲國家使臣而設，那麽可以分析爲“館舍”與“官吏”義相通，如果認爲“官吏”是“館舍”包含的特點，似亦可。也有一些詞，其詞源意義既與聲符本義有聯繫，又與聲符構意有聯繫，如“族”本義是軍旅組織，其中隱含着“聚集”的詞源意義，而其構意“矢所以殺敵，从所以標衆”也可以分析出“聚集”義。但“呂”聲詞的詞源意義“相連”只能從構意中得出。還有一些詞，詞源意義既是聲符本義所代表事物的某種特徵，又可以認爲藴含於聲符構意中，如“合”聲詞的詞源意義“相合”“閉合”，可以

---

① 李國英《〈説文〉的造意——兼論辭書對〈説文〉訓釋材料的采用》，《辭書研究》1987 年第 1 期。
② 沈兼士《右文説在訓詁學上之沿革及其推闡》，《沈兼士學術論文集》第 120 頁。

認爲是“盒”這種事物具有的特點①，也可以認爲蘊含於器蓋相合的構意中。但“央”聲詞“中央”“環繞”的詞源意義只能從構意中體現，“甬”聲詞“中空而狹長”“中空”的詞源意義只能是本義所代表事物的特點。所以，詞源意義是聲符本義所代表事物的某種特徵、詞源意義與聲符本義意義相通、詞源意義蘊含於聲符構意中，這三種情況在某些詞中没有明確界限，但又確實代表了不同的類型，不能混爲一談。這是聲符義與詞源意義聯繫的一個特點。

曾昭聰《形聲字聲符示源功能述論》對聲符示源研究進行了學術史梳理，具體到聲符具有的意義與詞源意義之間的關係，也有多位學者論述，彼此的表述方式與觀點内容均不相同。黄侃談到形聲字的形音義必須相應時指出，有“聲與義同一”“聲之取義雖非其本義，而可以引申者”“聲與義不相應”三種類型②，曾昭聰分别概括爲“源義素爲聲符字的本義”“源義素爲聲符字的引申義”“源義素爲聲符字的假借義”③。沈兼士在分析具體的詞例時已經認識到“聲母與形聲字意義相應”、借聲母表音④，曾書概括爲“聲符所表示之義素有來自聲符字本義、引申義、假借義”⑤。黄永武《形聲多兼會意考》考證了大量的聲符和從之得聲的見於《説文》的形聲字之間的關係，得出“形聲字與所從聲母字義全同”“形聲字與所從聲母字義相近”“形聲字與所從聲母字義引申可通”“形聲字之聲母不取自所從之聲母，而取自同從一聲之形聲字”“形聲字之聲母或因多音而有多義之現象”“所從之聲母爲假借”“以聲命名者”“狀聲詞”“由異域方語譯音所成之字”“由方語有殊後加聲符以注音之字”⑥。曾昭聰將其概括爲：聲符所示之義（原作者注：按我們的説法當爲源義素）除聲符本身固有意義之外，還有引申義、假借義、狀聲詞、狀況詞、以聲命名之詞⑦。殷寄明在《漢語語源義初探》中談到形聲字聲符義的規

①《漢語大字典》（第二版）釋“盒”爲“一種由底蓋相合而成或抽屉式的盛器”（2745 頁）。
②黄侃述，黄焯編《文字聲韻訓詁筆記》第 38—42 頁。
③曾昭聰《形聲字聲符示源功能述論》第 148 頁。
④沈兼士《右文説在訓詁學上之沿革及其推闡》，《沈兼士學術論文集》第 120—121 頁。
⑤同注③第 155 頁。
⑥黄永武《形聲多兼會意考》第 169—171 頁。
⑦同注③第 178 頁。

整性分布時指出:"聲符承載通假義的字在字族中呈單個、零星狀態,聲符承載本義或引申義的字能形成群體,聲符承載語源義的字也能形成群體,數量上以此類爲最多。"①曾昭聰據此進一步明確指出聲符示源的類型有四種:"源義素爲聲符詞的本義、源義素爲聲符詞的引申義、源義素爲聲符詞的語源義、源義素爲聲符詞的假借義。"②殷、曾兩位學者在前人的基礎上提出了聲符承載語源義,他們所説的語源義是隱性語義,包括兩類:一是與聲符字所記録語詞的本義、引申義無關,純屬聲符字的聲韻所載之别義,寓於借字語音中;一是與聲符字所記録的語詞所指稱的事物的具體特徵有關,然非該詞的本義、引申義,語源義寓於本字本音中③。

　　本書總結的聲符義與詞源意義聯繫的基本形式與上述殷、曾兩位學者的研究相比有同有異:本書的"詞源意義是聲符本義所代表事物的某種特徵"與兩位學者所説的"源義素爲聲符詞的語源義"之中去掉"寓於借字語音中的語源義"大致對應;"詞源意義與聲符本義相同"與"源義素爲聲符詞的本義"大致對應;"詞源意義與聲符本義意義相通"與"源義素爲聲符詞的引申義"對應,但不相同,雖然引申義也是與本義相通,但引申義爲詞彙意義,與詞源意義本質不同,如果與聲符本義意義相通的詞源意義正好是引申義,只能説二者重合,但還有很多不重合的,例如"干"聲詞,"勇猛"與"干"的本義"盾"意義相通,是詞源意義,是深層隱含的,而"干"没有"勇猛"的引申義;"詞源意義藴含於聲符構意中"是本書新提出的;"源義素爲聲符詞的假借義"是本節後面要討論的問題。

　　(2)多個詞源意義與聲符義的多種聯繫

　　與聲符義有直接聯繫的詞源意義如果有多個的話,詞源意義可能與聲符義産生多種聯繫,即上述單一聯繫的複合。具體情況較爲複雜:

　　①一個詞源意義與聲符本義相同,一個詞源意義與聲符本義相通。這只出現在單方向多層次的同源詞族中。如:

---

① 殷寄明《漢語語源義初探》第 105 頁。

② 曾昭聰《形聲字聲符示源功能述論》第 41 頁。

③ 殷寄明《漢語同源字詞叢考·聲符義概説》第 12 頁;曾昭聰《形聲字聲符示源功能述論》第 50—52 頁。

吉,本義是堅實,首先以"堅實、强固"爲詞源意義。堅、强、固則直,又派生出以"直"爲詞源意義的詞。昆₁,本義爲"同",首先以"比同"爲詞源意義,"比同"又與"混亂"義通,"混亂"是第二派生層次的詞源意義。

②一個詞源意義與聲符本義相同,其他詞源意義與聲符構意有聯繫。如"亟",第一層次的多方向派生既以本義"頂點"爲詞源意義,又從構意中概括并引申出"急"作爲詞源意義。又如"卒",第一層次的派生中本義"終盡"是詞源意義,又從衣服縫製完畢的構意中提取"會聚"與"接觸"兩個詞源意義。

③部分詞源意義是聲符本義所代表事物的某種特徵,部分詞源意義與聲符本義相通。如"干"本義是盾,其有"堅硬"的特點,同時"盾"義與"抵禦"①"勇猛"義相通,由聲符産生三個并列的詞源意義。又如"申",爲"電"本字,電光屈伸,有"伸展"的特點,又由於古人的觀念,電與"神"意義相通。"伸展、神"成爲第一層次派生的詞源意義。

④部分詞源意義與聲符本義相通,部分詞源意義與聲符構意相關。如,"出"本義是出去,"出現"與之意義相通;同時其構意是脚從穴出,又從中提取出"窟""短"的詞源意義。又如"至",本義即到,"止""親密"②與之意義相通;矢至地的構意中又有"刺"義。"止""親密""刺"是與聲符義有直接意義聯繫的三個詞源意義。

在本書關注的同聲符同源詞族中,詞源意義與聲符義有多種直接聯繫的只有上述四種類型。如果是基本形式兩兩組合的話,還可以組合出"一個詞源意義與聲符本義相同,其他詞源意義是聲符本義所代表事物的特徵"、"部分詞源意義是聲符本義所代表事物的特徵,部分詞源意義與聲符構意有關"這兩種情況,但事實上没有。因爲與詞源意義相同的本義往往是抽象的,而詞源意義是聲符本義所代表事物的特徵,本義一般是具體的,所以二者應該不會同時出現。詞源意義與聲符構意發生聯繫,這個時候構意與本義不同,構意更具體,本義是概括與抽象的,但如果本義是具體的,構意往往與本義重合,詞源意義會直接與本

---

① "抵禦"也可以看作盾所具有的特徵。
② "親密"也可以看作與構意相關。

義聯繫。"詞源意義是聲符本義所代表事物的特徵",本義一般是具體的,那麼就不大會同時出現詞源意義與聲符構意有聯繫。另外,還可能存在多個詞源意義與聲符義具有三種直接聯繫,排除掉上述兩兩組合中不出現的情況,還剩"一個詞源意義與本義相同,部分詞源意義與聲符義相通,部分詞源意義與聲符構意有聯繫"這種情況,但實際未見。

2. 與聲符義有間接聯繫的詞源意義

同聲符同源詞詞族中多層次的派生,第二派生層次以後的詞源意義,一般與聲符義產生間接的聯繫①。第二層次及以後的派生起點有兩種可能:以前一詞群的所有詞,即前一詞群的詞源意義爲派生起點;以前一詞群中的某個詞爲派生起點。這兩種不同的派生方式導致詞源意義與聲符義的關係有所不同。

(1)詞源意義源於與前一詞群詞源意義的相通,例子比比皆是,不贅舉。後一層次的派生以前一詞群的詞源意義爲基礎,前後兩個詞源意義相通,後面的詞源意義間接與聲符義產生聯繫。

(2)詞源意義從前一詞群的某個具體詞中抽取而來,典型例子如前文討論的"恩"族詞"青色"義的由來,"官"族詞中"圓"義的由來。後一層次的派生以前一詞群中的某個詞爲基礎,後一層次的詞源意義與前一詞群中的這個詞,在理論上可以出現四種基本聯繫形式中的任何一種,而實際上只有一種情況——後面的詞源意義是前一詞群的詞所代表事物的一個特點。這樣,後一層次的詞源意義通過這一個或幾個詞與聲符義發生間接聯繫,這種聯繫更爲疏遠。

上文在討論詞源意義與聲符義的聯繫時,主要著眼於聲符義對概括詞源意義的作用。實際上,鑒於二者之間的聯繫,詞源意義對分析詞的本義也是有重要作用的。如前文提到的"皇、合、央、尼",利用詞源意義可以幫助確定它們的本義。所以,詞源意義與詞的本義或字的構意之間是互證的關係,因爲本書的研究目的,上文主要討論了聲符義對詞源意義的作用。

---

① 單方向多層次的派生中,第二派生層次的詞源意義可能會與聲符義有直接聯繫,即上文提到的多個詞源意義與聲符義有多重聯繫中的"一個詞源意義與聲符本義相同,一個詞源意義與聲符本義相通"一類。

二、聲符義與詞群的派生没有任何聯繫

通過前文的分析,可以發現很多同聲符同源詞的全部或部分與聲符義有直接或間接的聯繫,聲符義與同聲符同源詞的派生有密切關係。但是,同樣存在聲符與同源詞之間没有任何意義聯繫的情況。本節討論的 24 個詞族,都另外有一些詞群與聲符義之間找不到聯繫,這種情況我們只能歸爲"聲符假借"。

(一)聲符只發生一次假借

聲符只發生一次假借,表現在同源詞繫聯上就是同聲符同源詞組中只有一個詞源意義與聲符義没有意義聯繫。具體如下:

古…沽酤估[買]

于…汙杅[塗飾]

畐…腷副[判]

無…憮撫[愛]

參…㺑慘[殘殺]

危…頠姽[閒習]

不…否妡佱痞[否定]

至…螷喹[忿怒]

乍…胙祚酢詐阼[酬酢]

申…坤

"空、卒",聲符假借後,在借用產生的詞源意義的基礎上,通過意義的相通又產生了新的詞源意義,派生新的詞群。

空…窒硿[空]—陘到礊[隔、斷]

卒…碎瘁膵[破碎]—窣猝[突然]

"亡"的借用派生比較複雜:

"亡"可能是借作同聲符的"罔",以"罔"爲起點派生出了一個相對完整的詞族。

(二)聲符發生多次假借

聲符發生多次假借,表現在同源詞繫聯上就是同聲符同源詞組中

有多個詞源意義與聲符義沒有意義聯繫。具體如下：

帝…敵嫡[匹敵]

　…擿掃鏑[尖銳]—謫(讁)[斥責]

必…宓祕怭覕闂謐密蔤[密閉]

　…馝胇[肥]

　…苾飶佖[香]

單…嘽驒鱓鼉[紋理]

　…墠墠[治地]

　…單襌[獨]

攸…脩[和緩流動]—悠倏儵瀀[疾速]

　…筱條鰷[小]

　…莜㼱絛[編織]

　…鯈鋚鸐滫[黑色]

敫…曒璬皦[明、白]

　…噭警歔[吼叫]

　…徼繜[繞]

枼…抴緤[牽引]

　…渫泄[泄出]

員…鶰[眾多]

　…磒賱隕殞[隕落]—損[損減]

彔…剝[刻]

　…綠菉錄[青黃色]

　…親趢[曲]

旨…旨鮨[美味]

　…鬢鰭[鬢]

　…秕粊[惡米]

　…琶捝[擊打]

　　　　鳞、鄰[光亮]

粦(燐)

　　　　瞵、躙[若隱若現]

　…獜瓴磷[堅硬]

　　且…珇祖駔［美好］

　　　…粗伹皻［粗疏］

　　　…怚媎［驕傲］

　　　…䳙虘狙覰［窺伺］

　　這些同聲符同源詞與聲符義無關，本書不做過多討論。

　　上述 24 個同源詞組（族）一方面在聲符義的基礎上派生詞群，另一方面又通過聲符借用派生詞群，反映了同源詞派生與聲符義之間的複雜關係。聲符借用後派生的同源詞會和別的詞群形成詞族。聲符借用在同源詞的派生過程中是普遍存在的，因爲同源詞本身是詞彙問題，本質是音義聯繫，同聲符只是其在文字形體方面的特點。詞族不同於字族，同源詞也不可能局限於同聲符，所以一定會有聲符不同的同源詞。而我們要做的是儘可能利用漢字的聲符服務於同聲符同源詞的繫聯。

第三節　聲符義與所有同聲符同源詞没有意義聯繫

　　除了前兩節討論的兩大類同聲符同源詞族（組），還有 6 個同源詞組，同源詞的派生與聲符義完全没有任何聯繫。其中聲符的常用借義能夠統攝全部同源詞的有"康"族、"卂"族、"四"族 3 個，常用借義能統攝部分同源詞的有"昔、或"族 2 組；詞源意義與常用借義亦無關的有"我"族 1 組。

　　康…穅康歘㶇轈［空］

　　"康"出土材料本義爲和樂，借義是穀皮，"空"義當是從"穀皮"而來。

　　卂…迅汛［迅疾］

　　"卂"的出土材料本義爲訊問，迅疾當是借義。

　　四…駟牭［數量四］

　　"四"爲"呬"本字，但其詞源的派生與此無關，是以它的假借義爲詞源意義的。

　　昔…腊焟［乾燥］—瘔楉［粗糙］—遤厝錯醋鯌［交錯］

　　　…借耤藉籍［借］

…籍猎［刺］

　　"昔"本義是過去，借義是乾肉，從中概括出"乾燥"的詞源意義，"乾燥"與"粗糙"相通，"粗糙"又與"交錯"相通。此外，又通過聲符假借，分別派生以"借""刺"爲詞源意義的兩個詞群。

　　　　　　　域國楓幗［區域］

　　或

　　　　　　黓緎閾［界限］— 膱棫［斷裂］

　　　　…減嘁［急流］

　　"或"本義是一種兵器，借義爲疆域，從中概括出"區域""界限"的詞源意義，"斷裂"與"界限"義相通。又通過聲符假借，産生以"急流"爲詞源意義的同源詞。

　　我…俄䮫頵［傾側］

　　　　…峨硪［高］

　　"我"本義是兵器，常用的借義是第一人稱代詞。以"我"爲聲符的同源詞派生與這兩個意義都沒有關係，當是另外的聲符借用。

　　本書研究範圍中，聲符義與同聲符同源詞的派生完全没有關係的詞族非常少。

　　在全部 93 個同源詞族（組）中，從出土材料分析的聲符義能夠全部統攝、部分統攝、完全不能統攝同聲符同源詞的詞族（組）數量分别是 63 個、24 個、6 個。這樣的數量比例能夠充分説明一個問題：同源詞的派生經常是與聲符義相關的，或者説是以聲符義爲派生起點的。同源詞的派生經常會受到聲符的影響，詞族與字族的重合是比較多的。

　　很多時候同源詞的派生會以聲符義爲基礎，其本義或是構意的特點會成爲詞源意義導致同源詞的派生，進而聲符可以把同聲符的全部或部分同源詞統一起來，展現其間的意義層次，揭示各詞群與聲符以及各詞群之間的關係，使所有同聲符同源詞成爲一個有機的整體。

　　同時，還必須看到，因爲同源詞的本質是音義的衍化，不可能完全與字族的派生相合，詞族與字族只是部分的相合，只有部分形聲字的聲符可以提示詞源意義。

第四章　出土材料與同聲符同源詞族(組)的繫聯

在討論出土材料與同聲符同源詞族(組)繫聯的關係之前,我們首先有兩點要説明。

第一,前文我們已經交代了本書的研究對象和研究範圍:即只繫聯同聲符詞,亦字族和詞族重合的部分,并且只選擇出土材料本義與《説文》本義不同的聲符作爲考察對象。這樣做的目的在於更加突出地、最大限度地利用出土材料在同源詞族繫聯過程中的作用。因爲詞的用例、字的通用的用例,傳世文獻中亦非常豐富,出土文獻主要起補充作用。傳世文獻中沒有但出土材料中相當豐富的,是在確定本義過程中發揮重要作用的古文字字形及出土實物,所以我們選定上述的研究對象與範圍。另外,出土材料優於傳世典籍的還有詞出現的較爲確切的年代,此前我們也曾考慮對此加以利用,嘗試通過確定詞産生的年代還原同源詞的派生過程,但後來不得不放棄。原因主要有兩個。首先,一般來講,記録聲符詞的字應該比以之爲聲符的形聲字産生的要早,邏輯上講,應該是先有聲符,再有以之爲聲符的形聲字。雖然因爲漢字産生與發展的複雜性,也會有特殊情況,但特殊情況畢竟是少數,所以我們放棄把大量精力與時間花在少數的特殊情況上。其次,我們也嘗試利用古文字字形、本義、詞出現的時代還原文字孳乳,以此來確定詞的派生,但具體操作非常繁瑣。上述兩個原因使我們放棄了出土文獻可以提供詞的産生時代的這個優點。出土材料還有一個優於傳世典籍的地方,就是出土文獻中許多不見於傳世典籍的詞,這些詞有的也可以繫聯到相應的同源詞族中。不過,由於這些詞後來逐漸被淘汰,我們并沒有把它們納入研究範圍。鑒於上述原因,本章討論出土材料與同聲符同源詞繫聯的關係,也是著眼於出土材料與判斷本義、提取詞源意義、聯繫詞群使詞族有機完整之間的關係。

第二,要突出出土材料的價值,在比較中才能看得更加清楚。確定出土材料在判斷本義、提取詞源意義、聯繫詞群使詞族有機完整方面的作用，以之與《説文解字》在這些方面的作用進行比較，是很可行的做法。因爲利用出土材料與利用《説文》是兩種主要途徑，通過比較才能更清楚二者的價值與不足。而且，我們選取研究對象的標準就是出土材料本義與《説文》本義不同。

本章的討論是基於上述兩點的。

第一節　出土材料本義與《説文》本義不同的表現

基於出土材料本義與《説文》本義不同的條件，我們選擇了 93 個聲符作爲研究的對象，以之爲基礎繫聯同聲符同源詞。這些聲符的出土材料本義與《説文》本義如何不同，具體情況也比較複雜。總的來講，有兩種情況：聲符的出土材料本義與《説文》本義有意義上的聯繫；二者之間意義上没有聯繫。

一、聲符的《説文》本義與出土材料本義有意義上的聯繫

(一)《説文》本義與其出土材料本義相同，構意不同

《説文》絲部："幾，微也。殆也。从絲从戍。戍，兵守也。絲而兵守者，危也。"幾，金文作🔤(幾父壺)、🔤(伯幾父簋)形，《金文形義通解》認爲："金文象以束絲懸人，戈加於絲，絲斷在即，千鈞一髮之際也，因表危殆之義。"①危殆與幾微義通，《説文》給出了意義相關的兩個本義。對字形的解釋與出土材料不同。

刀部："則，等畫物也。从刀从貝。貝，古之物貨也。"西周甲骨文作🔤(H11:14)，金文作🔤(段簋)，是器樣或照器樣作器義。孫常叙指出，"《説文》所説的'等畫物'就是比照樣子刻劃器物——照樣子作東西"②，分析字形"从刀从貝"與出土材料的構意不同。

口部："因，就也。从口、大。"本義爲"依憑"。"因"甲骨文作🔤(合12359)、🔤(合 14294)，象人在衣中之形，依因、憑藉是其本義。兩個角度"因"的本義相同，構意不同。

---

① 張世超等《金文形義通解》第 950 頁。
② 孫常叙《則、灋度量則、則誓三事試解》，《古文字研究》第 7 輯第 12 頁。

宀部:"害,傷也。从宀从口。宀、口,言从家起也。丰聲。"害,金文作🔲(害弔簋),象下器上蓋,中有器實之形①,傷害是借義。傷害義的本字甲骨文作🔲(合 2435)。就詞來講,《說文》與出土材料對"害"的本義解釋相同,但構意不同。就字來講,出土材料中本字是🔲,🔲是借字。

至部:"至,鳥飛从高下至地也。从一,一猶地也。象形。不,上去;而至,下來也。"至,出土材料以矢至地的構意表示本義到達。二者本義一致,但構意不同。

聲符的《說文》本義與其出土材料本義相同,構意不同。這是因爲記錄詞的字形發生變化,而文獻意義未變,許慎據原有本義與變化了的字形爲說。

這一類之所以也包含在本書的研究範圍之內,是因爲即使《說文》本義與出土材料相同,但不同的構意會影響同源詞繫聯。

(二)《說文》本義與出土材料本義有詞彙意義層面的聯繫

詞的《說文》本義與出土材料本義有詞彙意義層面的聯繫,即二者的詞彙意義具有引申關係。如:

《說文》丄部:"帝,諦也。王天下之號也。从丄朿聲。"以"諦"釋"帝"是聲訓,其本義是天帝。按出土材料分析,"帝"爲"禘"本字,本義是禘祭,"天帝"是它的引申義。

口部:"吉,善也。从士、口。""吉"的出土材料本義是强固、堅實,"善"可看作它的引申義。

止部:"止,下基也。象艸木出有址,故以止爲足。""止"從出土材料看是"趾"本字,"下基"可看作它的引申義。

古部:"古,故也。从十、口。識前言者也。""古"的出土材料本義是堅固,堅固與"久、故"意義相通,可引申出"久、故"義。

卜部:"𤕝,灼龜坼也。从卜,兆,象形。𥝌,古文兆省。"義爲卜兆,灼龜的裂紋。出土材料中"兆"爲"垗"本字,本義是垗域。裂紋與垗域義通,"或"聲詞"界限"與"斷裂"義通可證。

自部:"官,史,事君也。从宀从自。自猶眔也。此與師同意。"出土材料中"官"爲"館"本字,"官吏"可看作其引申義。

①周法高主編《金文詁林》第 6184 頁周法高按語。

申部:"申,神也。七月,陰气成,體自申束。从臼,自持也。吏臣鋪時聽事,申旦政也。"出土材料,"申"爲"電"本字,因爲古人的觀念,引申有"神"義。

因爲意義和字形的發展,一個與商周時期的本義直接相關聯的意義成了《説文》本義。王寧指出訓詁學中的本義是與字形相貼切的、是它所記録的詞的一個義項,這個義項是觀察詞義引申的出發點[①]。衆所周知,漢語中記録詞的字的形體是在不斷變化的,詞的義項也是在變化的,漢語不同時代、不同體系的文字所記録的詞的"本義"當然就也可以有不同。《説文》所依賴的文字、詞彙、文獻的材料均與出土材料有不同之處,所以它所解釋的本義可以不同於出土材料。上述幾個詞不同的《説文》本義與出土材料本義均在各自的詞義系統之中[②],并且意義通過詞彙意義直接相關。

(三)《説文》本義與出土材料本義通過詞源意義産生聯繫

詞的出土材料本義與《説文》本義除了有表面上的詞彙意義的聯繫,還有大量的是表層詞彙意義無關而通過深層隱含的詞源意義可以展現其間的聯繫。

1.《説文》本義與其出土材料本義包含相同的詞義特點

《説文》王部:"皇,大也。从自。自,始也。始皇者,三皇,大君也。自,讀若鼻,今俗以始生子爲鼻子。"段注曰:"始王天下,是大君也,故號之曰皇,因以爲凡大之稱。此説字形會意之恉,并字義訓大之所由來也。皇本大君,因之凡大皆曰皇。"據《説文》及段注,"皇"从自从王,會始王之義,始王是偉大的君主,從中提取出"大"義。《説文》所訓之"大"義是由"大君"義而來。從出土材料看,"皇"爲"凰"本字,本義是鳳凰。"大君""鳳凰"二義中均含有"大"的意義特點。

夂部:"建,立朝律也。从聿从夂。""立朝律"於典籍無徵,其中有"建立"義。"建"的出土材料本義是樹立柱礎,其中也含有"建立、樹立"義。

寸部:"寺,廷也。有法度者也。从寸之聲。"《廣雅·釋宮》"寺,官

---

①王寧《訓詁學原理》第43頁。

②如果詞的《説文》本義與出土材料本義不在一個詞義系統中,其中應該是有文字的借用,此時,兩個意義之間就沒有意義聯繫了。

也”，王念孫疏證：“寺之言止也。”《文選》潘岳《在懷縣作》“登城望郊甸，遊目歷朝寺”，李善注：“《風俗通》曰：‘今尚書御史所止，皆曰寺也。’”出土材料中“寺”爲“持”本字，持物即物止於手中。二者皆有“止”的意義特點。

冓部：“冓，交積材也。象對交之形。”有相交的特點。出土材料中“冓”爲“遘”本字，亦有相交的特點。

皿部：“盧，飯器也。从皿䖒聲。”作爲飯器應有“粗短”的特點。出土材料中“盧”爲“爐”本字，“爐”亦有“粗短”的特點。

丶部：“主，鐙中火主也。从𡈼，象形。从丶，丶亦聲。”“主”出土材料爲“宔”本字。鐙中火主、石宔，二者均含有“駐立不動”的特點。

亼部：“合，合口也。从亼从口。”有“相合”的詞義特點。“合”的古文字字形以器蓋相合的形象表示“盒”本字，其中亦有“相合”的特點。

亼部：“侖，思也。从亼从册。”段注：“龠下曰：‘侖，理也。’《大雅》毛傳曰：‘論，思也。’按：論者，侖之假借。思與理，義同也。思猶鰓也。凡人之思必依其理。倫、論字皆以侖會意。”“侖”的古文字字形象排列有序的樂管，本義爲樂管，其中亦含有“條理”義。

出部：“出，進也。象艸木益滋，上出達也。”爲“茁”本字，其中包含“出現”的意義特點。“出”的古文字字形以足出坎穴表達出去義，其中亦有“出現”義。同時，從足出坎穴與艸初生中又都可以概括出“短”的詞源意義。

日部：“昌，美言也。从日从曰。一曰日光也。”《説文》解釋的兩個意義均蘊含“美”義。“昌”從出土材料看爲“唱”本字，字形可解釋爲以日方出時呼喚大家起身幹事的叫聲，日方出，則與光明、美盛義相關。

晶部：“曑，商，星也。从晶㐱聲。參，曑或省。”《詩經・召南・小星》“嘒彼小星，維參與昴”，孔穎達正義：“《天文志》云：‘參，白虎宿，三星直，下有三星，旒，曰伐。其外四星，左右肩股也。’則參實三星。”《大戴禮記・夏小正》：“參也者，伐星也，故盡其辭也。”方向東集解：“王象晋曰：‘參七星，兩肩雙足，三爲心。見其肩股，見其四星也。參三星，曰參。伐七星，曰虎伐。”其中蘊含“三”“錯雜”的意義。出土材料中“參”爲“簪”本字，其中亦蘊含“三”“錯雜”的意義。

马部：“圅，舌也。象形。舌體马马。从马，马亦聲。肣，俗圅从肉、今。”段注:“舌在口,所以言別味也。函之言含也,含於口中也。”從出土材料看,“函”爲盛矢器,亦蘊含“包含”的詞義特點。

吕部:“吕,脊骨也。象形。”其中包含“相連”義。“吕”出土材料爲“鋁”本字,甲骨文作呂(合 29687)等形,構意中亦有“相連”義。

㡀部:“㡀,敗衣也。从巾,象衣敗之形。”出土材料中“㡀”以巾上有塵表示破舊。二者均含有“破敗”義。

裘部:“裘,皮衣也。从衣求聲。一曰象形,與衰同意。凡裘之屬皆从裘。求,古文省衣。”皮衣,裏覆於身,具有“裏覆、外表”的特點,與“聚集”義通。從出土材料看“求”爲“蛷”本字,多脚蟲中蘊含“聚集”義。

尸部:“尼,從後近之。从尸匕聲。”其中包含“親近”義。出土材料中“尼”象人坐於另一人的背上,表示不莊重的親昵。

方部:“方,併船也。象兩舟省總頭形。”從出土材料看,“方”本爲一種下端歧頭的農具,因其尖端是并列的歧頭,所以其詞義中蘊含“并列、倚傍、依附、靠近、旁邊”的特點。《説文》所釋“併船”義亦含有并列等特點。

危部:“危,在高而懼也。从厃,自卪止之。”從出土材料看,“危”爲“跪”本字,其意義亦蘊含“高峻”義。

蚤部:“蚤,齧人跳蟲。从蚰叉聲。叉,古爪字。蚤,蚤或从虫。”殷寄明指出:“蚤性好動,因以得名。”[1]從出土材料看,“蚤”爲“搔”本字,其中蘊含“動”義。

且部:“且,薦也。从几,足有二横;一,其下地也。”指墊放物體的器具。出土材料中“且”爲“俎”本字。《説文》的訓釋相對而言比較寬泛,從二者中可概括出相同的意義特點“薦藉”。

辰部:“辰,震也。三月,陽气動,靁電振,民農時也。物皆生,从乙、匕,象芒達;厂,聲也。辰,房星,天時也。从二,二,古文上字。”出土材料中“辰”爲“蜃”或“槈”本字。其中蘊含“動”的特點。

許慎雖然據變化了的形、義爲説,但其對深層隱含的詞義特點的把握還是比較準確的。這在一定程度上可以説明,與詞彙意義相比,詞源意義更穩定。詞源意義“來源於造詞的理據,由詞的内部形式所負載;

---

[1] 殷寄明《漢語同源字詞叢考》第 429 頁。

它貫穿於詞義引申的全過程,也貫穿在同源派生詞之間——在詞義引申和新詞的派生中,使用義發生了變化,而詞源意義只在某一階段發生相應的分解,却從不消逝","詞源意義雖然不在使用中直接實現,但它對使用意義的特點有決定作用"①。因爲詞源意義源於造詞的理據,它決定詞彙意義的特點,所以,即使是記錄詞的字形改變②、詞在文獻中使用的本義發生變化,詞源意義還是會保持不變。這樣,相同的詞源意義就有可能包蘊於同一個詞的兩個不同的詞彙意義中,進而將這兩個詞彙意義聯繫起來,而這兩個意義分別是出土材料與《説文》中的本義。用圖表表示如下:

通過相同的詞源意義,詞由本義 1 而産生本義 2,這也是一種詞義引申的方式,是新義産生的一種途徑。

蘇寶榮曾指出:詞義的引申發展中存在着這樣一種常見的情況:"所指義(甲)"變爲"所指義(乙)",但"所指義(乙)"并不是由"所指義(甲)"直接引申出來的,而是由"所指義(甲)"的深層"隱含義"③引申出來的,詞義的引申經歷了"所指義(甲)"——→"隱含義"——→"所指義(乙)"的過程④。

所以,有詞源意義介入而發生的詞義變化,同樣是詞義的引申。下文還會出現其他具體類型。

---

①王寧《訓詁學原理》第 105 頁。

②包括原字形的演變和另造新字形。蘇寶榮指出文字有多源性的問題,即文字的不同形體可能有不同的來源(蘇寶榮《文字的多源性與字典本義的説解》,《辭書研究》1988 年第 5 期)。不管是原有字形發生了形變還是記錄同一個詞的字不是同一來源,都不會影響詞源意義,因爲它是造詞的理據,與記錄詞的字是不同的問題。詞源意義屬於語言的範疇,記錄詞的形體屬於文字的範疇。

③蘇寶榮指出詞的深層"隱含義"是詞內部蘊藏的意義,即詞所表示的某一對象區別於其他對象的特徵,是詞高度抽象、升華後所體現出來的意義,往往寓於"音"(蘇寶榮《詞的表層"所指義"與深層"隱含義"》,《詞彙學與辭書學研究》第 42—43 頁)。與本文所指的"詞源意義"雖不完全相同,但在很大程度上一致。

④蘇寶榮《詞的表層"所指義"與深層"隱含義"》,《詞彙學與辭書學研究》第 48 頁。

2.出土材料本義是《説文》本義的一個特點

《説文》艸部："若，擇菜也。从艸、右。右，手也。""若"的出土材料本義是"順"，而"順"是擇菜中包含的特點，擇菜要將菜擇净弄順。

這一類目前只發現這 1 例。"若"的出土材料本義"順"比較抽象，而小篆字形與甲骨文字形差距又比較大，許慎還是能夠捕捉到它的意義重點，只是字形無法解釋，所以他選擇了文獻未見却不是捕風捉影的"擇菜"義來解釋它，（"若"下段玉裁注曰："《晋語》：'秦穆公曰：夫晋國之亂，吾誰使先若夫二公子而立之，以爲朝夕之急？'此謂使誰先擇二公子而立之，若正訓擇。擇菜引伸之義也。"）而"順"義藴含其中。用圖表表示如下：

"若"的詞源意義與它的出土材料本義重合，後來這個詞源意義又藴含於另外一個表層詞彙意義中，這個詞彙意義即《説文》本義。雖然這一類只發現 1 例，但詞的詞源意義與其出土材料本義重合是比較常見的，詞源意義包藴於另一個詞彙意義中也是常見的，即這 1 例反映的不是特殊現象而是普遍現象。

3.《説文》本義是其出土材料本義的一個特點

《説文》又部："夬，分決也。从又，彑象決形。""夬"的出土材料本義是扳指，扳指有凹槽，即缺口、分決。《説文》本義是從"扳指"中概括出的意義特點。

攴部："厤，坼也。从攴从厂。厂之性坼，果孰有味亦坼，故謂之厤。从未聲。""厤"出土材料中是穫麥義，斷裂是其中包含的意義特點。

用部："用，可施行也。从卜从中。"出土材料中"用"爲"桶"本字，可施用是它的特點。

冂部："央，中央也。从大在冂之内。大，人也。"央，古文字作𦥑（合 3021）、𣁋（合 3010 反）等形，是以頸荷物的象形，"中央"是其中包含的意義特點。

畗部："畗，滿也。从高省，象高厚之形。"出土材料中"畗"以盛酒器的形狀記録"福"義。"滿"是它的一個意義特點。

舛部：“舛，相背也。从舛口聲。”從出土材料看，“舛”爲“違、圍”二者的本字，違離即有“相背”的特點。

木部：“朱，赤心木。松柏屬。从木，一在其中。”實際《説文》以“赤”爲“朱”本義，之所以許慎釋爲“赤心木”，是結合字形作出的形訓。出土文獻中，朱爲“株”本字，本義是樹根，“紅色”是它的一個特點。

木部：“枼，楄也。枼，薄也。从木世聲。”段注曰：“方木也。”“枼，薄也”下注曰：“枼上當有一曰二字。”從出土材料看“枼”爲“葉”本字，含有“薄”的特點。《説文》給“枼”作了兩個訓釋，其中“薄”實際是其出土材料本義的一個意義特點。

詞的詞源意義非常強勢，從詞義的深層浮現到表面，由詞源意義轉化爲詞彙意義。許慎直接以這個原本的詞源意義爲詞的本義，也形成詞源意義與詞彙意義重合的局面。用圖表示如下：

上述 2、3 兩種情況，均涉及了詞源意義與詞彙意義的重合。2 是詞源意義與出土材料本義相同，3 是詞源意義與《説文》本義相同。蘊含於詞義深層的詞源意義一般是經過提煉與概括的較爲抽象的意義，所以它可以蘊含在不同的具體的詞彙意義中，1 正屬於這種情況。而如果本義本身就是抽象的，它就有可能同時是詞源意義，2、3 即是如此。

4.《説文》本義與其出土材料本義有更間接的聯繫

《説文》正部：“正，是也。从止，一以止。”出土材料中“正”爲“征”本字，本義爲遠行，又引申爲征伐，受社會習俗的影響，征伐所以正人，有中正的特點，中正與“是”意義相通。

干部：“干，犯也。从反入，从一。”出土材料中“干”本義爲盾，因其可鑲帶有攻擊性的錫，所以由其本身的特點而有“攻擊”的詞源意義。攻擊與“侵犯”意義相通。

左部：“差，貳也。差不相值也。从左从㤡。”從出土材料看“差”爲“搓”本字，磋磨中蘊含“參差不齊”義，參差不齊與“差錯”義通。

皿部：“昷，仁也。从皿以食囚也。官溥説。”段注：“凡云温和、温柔、溫暖者,皆當作此字。溫行而昷廢矣。”出土材料中“昷”爲“蘊”本字,有“包蘊在内”的詞源意義,這一意義與“溫暖”義通。

富部:“良,善也。从富省,亡聲。”出土材料中“良”爲“廊”本字,廊有高、長的特點,而高、長與“善”義相通。

彡部:“弱,橈也。上象橈曲,彡象毛氂橈弱也。弱物并,故从二弓。”段注曰:“橈者,曲木也。引伸爲凡曲之偁。直者多强,曲者多弱。”“弱”出土材料本義爲尿水,尿水有“弱”的特點。

二部:“亟,敏疾也。从人从口,从又从二。二,天地也。”出土材料中,“亟”爲“極”本字,其中蘊含空間狹促義,空間的狹促與時間的緊迫意義相通。

上述詞的出土材料本義與《説文》本義的關係,圖示如下:

《説文》口部:“各,異辭也。从口、夂。”“各”的出土材料本義是來格、至,因爲其意義特點是强調過程性,强調運動的軌迹,而運動軌迹可以將物分開,“異辭”與分開意義相通。

用部:“甫,男子美稱也。从用、父,父亦聲。”出土材料“甫”爲“圃”本字,蔬果在圃中鋪陳,有鋪陳義,而鋪陳與“大”義相通。“大”與男子美稱意義相通。

林部:“㸚,豐也。从林、㮣。或説規模字。从大、卌,數之積也;林者,木之多也。卌與庶同意。”段注:“按:此‘蕃㸚’字也。隸變爲‘無’,遂借爲‘有無’字,而‘蕃無’乃借‘廡’或借‘蕪’爲之矣。”其中包含“大”的意義特點。“無”從出土材料看爲“舞”本字,舞有“美”義,而“美”義與“大”義相通。“無”的《説文》本義與出土材料本義均與“大”義有關。

衣部:“袁,長衣兒。从衣,叀省聲。”“長”與“遠”意義相通。出土材料中“袁”爲“擐”本字,表示穿衣,“穿衣”包含“環繞”的特點,而環繞與“遠”意義相通。

上述 4 個詞的出土材料本義與《説文》本義的關係,圖示如下:

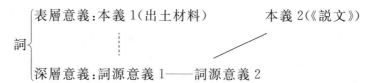

《説文》爪部:"孚,卵孚也。从爪从子。"按,《説文》"孚"爲"孵"本字,本義是孵卵,孵卵要裏覆於卵上。而從出土材料看"孚"爲"俘"本字,俘獲含有"取"的特點,"取"與"聚集"義通,"聚集"與"裏覆"義通。"孚"出土材料本義中蘊含的詞義特點,經過意義的相通,得到與《説文》本義蘊含的相同的詞義特點。圖釋如下:

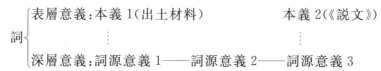

這一類,表面上《説文》本義與出土材料本義很難找到聯繫,但是通過詞族的繫聯,通過對這些詞中蘊含的詞源意義的把握,二者之間亦呈現出清晰的聯繫。《説文》的本義訓釋,與時代更早的出土材料本義相差較遠,反映了詞義的發展。這種詞義發展主要是詞源意義在起作用,或者是詞源意義與詞彙意義相通,或者是通過詞源意義之間的相通將兩個詞彙意義聯繫起來。

(四)其他情況

《説文》去部:"去,人相違也。从大凵聲。"去,𠫓(合 7312)形爲"呿"本字,𠫓(合 30178)爲"盍"本字,後世二者訛混。《説文》的"去"與"呿"有間接的聯繫,"呿"爲張口,其中包含"分張"義,分張與"離開"意義相關。

日部:"昆,同也。从日从比。"昆,出土材料有兩系,一作𣊟(昆疕王鐘),戰國璽印作𣊟(璽彙 5311),秦刻石作𣊟(泰山刻石),西漢帛書作𣊟(馬王堆·稱 13 下),从日,从比,會日日比同之意。一作𧈙(郭店·尊德義 28)、𧈙(郭店·尊德義 29)等形,爲蠅的象形初文。後來二者訛混。就第一系來講,與《説文》訓釋的本義、構意均相同。

攴部:"敝,帗也。一曰敗衣。从攴从㡀,㡀亦聲。"出土材料中"敝"爲"撆"本字,以擊巾形表達擊打義。這與《説文》所訓前一義無關,與後一義意義相通。

匕部:"匕,相與比叙也。从反人。匕,亦所以用比取飯,一名柶。"

匕,甲骨文作(合 19985)、(合 27781)等形,與《説文》所釋第二義相同。

壬部:"壬,善也。从人、士。士,事也。一曰象物出地挺生也。"出土材料"壬"爲"挺"本字,與《説文》"一曰"所解意義相同,但構意不同。另外,"挺直"與"善"意義相關。

夨部:"吴,姓也。亦郡也。一曰吴,大言也。从夨、口。"從出土材料看,"吴"本義爲大言,與《説文》所釋第二義同。

我部:"我,施身自謂也。或説我,頃頓也。从戈从禾。禾,或説古垂字。一曰古殺字。"出土材料中"我"是兵器,與《説文》所釋意義無關。

"去、昆"在出土材料中都有兩系,因爲兩系的訛混,《説文》只對其中一系的本義進行了説解。"去"的《説文》本義與出土材料中一系的本義通過詞源意義相聯繫。"昆"的《説文》本義與出土材料中一系的本義相同。"敝、匕、壬、吴、我"都是《説文》在本義之外,還有"一曰"("或説"),這是許慎對詞的本義不確定的表現。通過利用出土材料的分析,這些詞中"一曰"的意義與出土材料本義或相同或有意義聯繫。

二、聲符的《説文》本義與出土材料本義没有意義上的聯繫

《説文》八部:"曾,詞之舒也。从八从曰,囪聲。"從出土材料看"曾"爲"甑"本字,與"詞之舒"無關。

八部:"必,分極也。从八、弋,弋亦聲。"從出土材料看,"必"是"柲"本字,與"分極"無關。

吅部:"單,大也。从吅、甲,吅亦聲。闕。""單"從出土材料看是飛石索,與"大"没有關係。

攴部:"攸,行水也。从攴从人,水省。"出土材料中"攸"爲擊打義,二者没有任何聯繫。

放部:"敫,光景流也。从白从放。"出土材料中"敫"本義爲擊打,二者無關。

肉部:"肖,骨肉相似也。从肉小聲。不似其先,故曰不肖也。"出土材料中"肖"本義爲月光消減,二者没有意義關係。

丯部:"丯,艸蔡也。象艸生之散亂也。"㓞部:"㓞,巧㓞也。从刀丯聲。"韧部:"栔,刻也。从韧从木。"大部:"契,大約也。从大从韧。""丰"
從出土材料看當象刻齒形,爲"韧、栔、契"本字,與"艸蔡"無關。

于部:"于,於也。象气之舒于。从丂从一。一者,其气平之也。"
"于"出土材料中爲"竽"本字,與《説文》訓釋義無關。

人部:"今,是時也。从人从ㄱ。ㄱ,古文及。"出土材料中"今"本義
爲閉口,與《説文》本義無關。

員部:"員,物數也。从貝口聲。"出土材料中"員"爲"圓"本字,與
"物數"義無關。

日部:"昔,乾肉也。从殘肉,日以晞之。與俎同意。"昔,甲骨文作
答(合 1772 正),本義是"過去"。

㫃部:"族,矢鋒也。束之族族也。从㫃从矢。"出土材料中"族"指
軍旅組織,二者没意義上的聯繫。

彔部:"彔,刻木彔彔也。象形。""彔"出土材料爲"祿"本字,二者意
義無關。

禾部:"穅,穀皮也。从禾从米,庚聲。康,穅或省。""康"從出土材
料看本義是和樂,與"穀皮"義無關。

衣部:"卒,隸人給事者衣爲卒。卒,衣有題識者。"出土材料中"卒"
義爲"終盡",二者之間没有意義上的關聯。

勿部:"勿,州里所建旗。象其柄,有三游。雜帛,幅半異。所以趣
民,故遽稱勿勿。""勿"從出土材料看爲"刎"本字,與"旗幟"義無關。

易部:"易,蜥易,蝘蜓,守宫也。象形。《祕書》説:日月爲易,象陰
陽也。一曰从勿。"易,出土材料中本義爲"給予",與《説文》所訓無意義
聯繫。

炎部:"粦,兵死及牛馬之血爲粦。粦,鬼火也。从炎、舛。"粦,出土
材料中爲"遴"本字,與《説文》所釋無關。

囟部:"恖,多遽恖恖也。从心、囟,囟亦聲。"恖,古文字作 ♦(合
5346)、♥(大克鼎)、♥(蔡侯紐鐘)等形,指心之孔竅。

亢部:"奚,大腹也。从亢,繇省聲。繇,籒文系字。"奚,出土材料中
爲"嫛"本字,指奴隸,與"大腹"義無關。

川部:"巠,水脈也。从川在一下。一,地也。壬省聲。一曰水冥巠
也。"巠,出土材料爲"經"本字,指絲縱綫,與"水脈"義無關。

　　卂部："卂,疾飛也。从飛而羽不見。"卂,出土材料爲"訊"本字,與"疾飛"義無關。

　　不部："不,鳥飛上翔不下來也。从一,一猶天也。象形。"從出土材料看,"不"本義爲花柎,與《説文》所訓無關。

　　戈部："或,邦也。从口从戈,以守一。一,地也。域,或又从土。"從出土材料看"或"爲兵器,與《説文》本義無關。

　　亡部："亡,逃也。从人从乚。"亡,從出土材料看本義是鋒芒,與"逃"義無關。

　　亡部："乇,止也。一曰亡也。从亡从一。"乇,出土材料本義是以末起土,與《説文》所釋意義無關。

　　弓部："弘,弓聲也。从弓厶聲。厶,古文肱字。"弘,從出土材料看本義是强大,與"弓聲"義無關。

　　率部："率,捕鳥畢也。象絲罔,上下其竿柄也。"率,出土材料中本義爲大索,二者之間没有明顯聯繫。

　　黃部："黃,地之色也。从田从炗,炗亦聲。炗,古文光。"出土材料中"黃"爲"尪"本字,與"地之色"義無關。

　　四部："四,陰數也。象四分之形。"出土材料中爲"呬"本字,與數量詞無關。

　　聲符的出土材料本義與《説文》本義没有意義上的聯繫,情況比較單一,問題也比較簡單。

　　三、對《説文》本義的再認識

　　自從有出土材料被發現,學者就以《説文》爲主要的參照對其進行研究,也會將二者的異同進行比較。而隨着出土材料的日漸豐富與研究的日趨深入,將《説文》對文字形體及其本義的説解與從出土材料研究的結果相比較,很多學者指出《説文》的解釋與出土材料不符。季旭昇的《説文新證》專門"挑選《説文解字》有誤,古文字材料能更正《説文》的部分"撰成①,可謂是以出土材料糾正《説文》的集大成之作。"許慎有不少講錯了"也逐漸成爲一些學者的看法。

　　我們不太主張用出土材料否定《説文》,而是將其與出土材料看作

_____

① 季旭昇《説文新證·凡例》第 2—3 頁。

兩個系統。許慎著《説文解字》"是嚴格地從古代文獻的用詞中來摘取詞義的訓釋的"①,"《説文》是許慎對先秦文獻詞義的精審總結,是先秦文獻詞義的集大成"②。許慎説解詞義的主要依據是傳世文獻,説解字形的主要依據是小篆,而且《説文》一書本身有嚴密的系統性。王寧早就指出:"它(《説文》)與甲骨、金文不屬同一文字體制,不必要求它與甲骨、金文處處相合。……許慎看到的文字距造字初期已經較遠,許慎采擷的詞義是五經詞義,就漢語的發生説來,也比較晚。"③《説文》要晚於出土材料中的甲骨、金文。基於詞彙、文字歷時發展的視角,詞義隨着時間的改變而改變是很正常的。

　　我們把《説文》與出土材料看作兩個系統,承認語言、文字的發展變化,不用各自依托的文獻與字形互相否定。另一方面還要强調,這兩個系統本質上都屬於同一個漢語漢字體系,只是處於不同的發展階段,所以二者之間勢必有大量是相同的或者是有某種意義聯繫的。而通過出土材料背景下同源詞的繫聯,我們在更大程度上發現了兩個系統之間不同但有關聯的方面。在本書的研究對象中,除去 30 例《説文》本義與出土材料本義沒有任何關係的,其餘 63 例《説文》本義與出土文獻本義雖然詞彙意義不同,但聯繫很清楚:5 例二者本義相同,構意不同;49 例二者之間有引申關係,7 例是詞彙意義直接聯繫,42 例通過詞源意義聯繫;9 例稍微特殊一些,但二者之間的關係都可解釋。

　　對於《説文》説解與出土材料解釋完全不同且沒有任何聯繫的詞來講,因爲文字的形體與用法不斷地發展變化,許慎依托他所見的字形與文獻用例,作出了與出土材料完全不相干的解釋。在本書中,共涉及 30 個聲符。它們更多地反映了語言文字的變化。

　　總之,在將出土文獻與《説文》看作兩個系統的基礎上,既要承認二者的差異,正是這些差異反映了語言文字的發展變化,又要認識到這些變化更多地體現了歷時層面上詞義的引申。這樣評價《説文》説解,認識《説文》與出土材料的關係,應該更公允一些。

---

① 陸宗達、王寧《訓詁與訓詁學》第 28 頁。
② 宋永培《〈説文解字〉與文獻詞義學》第 7 頁。
③ 王寧《基礎漢字形義釋源——〈説文解字〉部首今讀本義・序》第 6 頁。

第二節　出土材料本義對同聲符同源詞族(組)繫聯的重要作用

第三章,我們已專門討論了聲符義與同聲符同源詞族(組)繫聯的關係,聲符義全部就出土材料本義而言。之前的立足點在於聲符義對同聲符同源詞繫聯的作用,但并未突出出土材料的作用。此處再討論,主要是通過與利用《説文》本義的對比突出出土材料的價值。

一、同聲符同源詞族中聲符的《説文》本義、出土材料本義繫聯同源詞作用的比較

聲符的出土材料本義與所有同聲符同源詞有意義聯繫的,共 63 個詞族。對這些詞族我們一一比較聲符的出土材料本義和《説文》本義在統攝同聲符同源詞方面的作用。

(一)利用聲符的《説文》本義與出土材料本義可以繫聯完全相同的詞族

有些詞族,利用聲符的《説文》本義與出土材料本義繫聯的結果完全一樣,但這些相同詞族中相同詞源意義的來源可能不一樣。

1. 從兩個聲符義中可以抽取出相同的詞源意義

"方"族,從兩個體系的本義中均可以抽取出"旁邊""倚傍、靠近""并列"三個詞源意義形成第一層次的派生。

"建"兩個體系的本義中都包含"建立、樹立"義,"建立、樹立"義與"强固"義通。

官,聲符的《説文》本義是其出土材料本義的引申義,但從這兩個意義中可抽取出相同的詞源意義。

止,《説文》解釋爲"下基",出土材料爲"趾"本字,"脚、脚趾"是本義。"下基""脚、脚趾"均與"止息""基址"義相關。

因,《説文》本義與出土材料本義相同,構意不同,但可提取相同的詞源意義。

吴,《説文》的"一曰"與出土材料本義相同,可以歸納出相同的詞源意義。

壬,《説文》的"一曰"與出土材料本義相同,構意不同,但可以歸納出相同的詞源意義。

　　此外,還有"皇、寺、冓、夬、幾、則、主、合、侖、圅、求、害、吕"13個詞族屬於這種情況。

　　2.出土材料本義是《説文》本義的詞義特點,同源詞派生時以這個意義爲詞源意義。只有"若"族,陸宗達、王寧已指出"若"孳乳出"諾、婼","若"有順義,"諾"是順着對方,"婼"訓"不順"是它反方向的引申。他們以"擇菜"爲"若"的本義,謂擇菜"便有將菜擇净弄順的意思",所以有"順"義①。

　　(二)利用聲符的《説文》本義與出土材料本義可以繫聯相同的詞族,但起點不同

　　有一些詞族,利用聲符的出土材料本義和《説文》本義繫聯起來的同聲符同源詞是一樣的,詞群間的關係也都是清楚的,但是它們所屬詞群在詞族中所處的位置不同。這是因爲,兩種詞族内各詞源意義之間意義相通,但聲符的出土材料本義與《説文》本義不同導致第一層次派生的詞源意義彼此不同。具體有:

　　"吉",《説文》訓"善也"。陸宗達、王寧指出:"古代以直爲善、爲幸,以曲爲惡、爲凶。"②那麽,其與"直"義相通,"直"又分別與"强固""曲"義通。如果以《説文》本義爲起點,則其詞族爲:

　　"孚",以《説文》本義爲起點,其詞族譜系應該是這樣的:

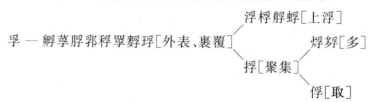

①陸宗達、王寧《訓詁與訓詁學》第274頁。

②同上注第32頁。

③爲避免行文重複,此處不再列本書繫聯的詞源譜系,僅以加粗字表明本書繫聯的起點,即第一層次派生的詞源意義。

“尼”族詞,此前的繫聯都没有利用出土材料。王力繫聯泥、昵,有泥義;繫聯尼、昵,有近義①。劉鈞傑繫聯尼、柅、泥,有止義②。張希峰繫聯泥、呢、柅、昵、迡,有泥滯、親暱義③。利用《説文》本義亦可以概括出“親近”的意義特點,“親近”則“止”,二者意義相通。不利用出土材料,其詞族可能是連鎖式派生的。

尼—昵泥[**親近**]—柅抳呢[**止**]

“昷”族詞,王力繫聯藴、韞有積聚義,繫聯温、煴有鬱蘊義,繫聯温、韫有暖義④。陸宗達、王寧指出韞、愠、醖、蘊同源,韞是密閉的車,愠是怨怒的情緒,爲積聚於心中之氣,醖是釀酒,發酵時需密閉,蘊有積藏義,四字義相通,都取“昷”爲聲符⑤。“包蘊在内”與“温暖”之間的意義聯繫是比較明顯的。利用“昷”的《説文》本義,“仁”與“温暖”義通,進而與“包蘊在内”義通。

(三)不利用聲符的出土材料本義可以繫聯詞族,但是無法解釋詞族與聲符之間的關係

有些詞族,没有聲符的出土材料本義也可以繫聯,如果其中包含多個詞群,詞群間的關係也清楚,但是無法解釋詞族與聲符之間的關係。包括:

“族”族,王力繫聯族、簇(蔟),但并未指出其中藴含的聚義的來源⑥。

“奚”族,殷寄明繫聯溪、𧥷、溪、騱、徯、蹊有小義⑦。但不能解釋其與“奚”的意義聯繫。

昌,雖然其《説文》本義與出土材料本義中有相同的詞義特點“美盛”,但這個詞義特點没有成爲同源詞派生的詞源意義。所以,依據《説文》訓釋,詞源意義“引領”與聲符間的意義是不清楚的。

---

①王力《同源字典》第 420—421、470—471 頁。

②劉鈞傑《同源字典補》第 120 頁。

③張希峰《漢語詞族叢考》第 167—171 頁。

④同注①第 448—451、502 頁。

⑤陸宗達、王寧《訓詁與訓詁學》第 372 頁。

⑥同注①第 197—198 頁。

⑦殷寄明《漢語同源字詞叢考》第 475—476 頁。

　　沒有出土材料，聲符與詞族的關係無法溝通，而詞群間的關係能解釋，是因爲這些詞群的詞源意義相通。

　　此外，沒有出土材料不能解釋聲符與同源詞間意義關係的還有"曾、肖、恩、敝、半、弘、率、勿"8個詞族。

　　（四）不利用聲符的出土材料本義可以繫聯單個或部分詞群，無法解釋與其他詞群的關係

　　有些詞族，如果沒有聲符的出土材料本義，利用其《說文》本義可以繫聯一些詞群，聲符與詞群間的聯繫清楚，但是還有同聲符的其他同源詞群與其《說文》本義沒有關係。包括：

　　"正"族，利用《說文》本義可繫聯以"中正"爲詞源意義的詞群，無法解釋其與以"遠行"爲詞源意義的詞群之間的關係。

　　"用（甬）"族，利用《說文》本義只能繫聯以"施用"爲詞源意義的詞，其他三個詞群"中空而狹長""中空""上涌"無法利用《說文》本義繫聯，其間的關係也無法解釋。

　　"良"族，如果以《說文》本義爲起點，應該是如下譜系：

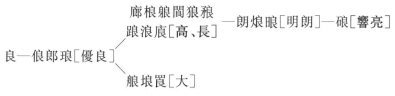

以"空廓"爲詞源意義的詞群就不能納入了。

　　"弱"族，王力繫聯弱、蒻有弱義①。劉鈞傑繫聯溺（休）、蒻、輇，指出："溺是沒入水中，蒻是蒲荷莖没入泥中的部分，輇是車輻插入車轂中的部分。"②其"軟弱"義的由來可用《說文》本義解釋，但"沉溺、沉没"義與聲符"弱、軟弱"義之間的關係則不明顯。

　　"去"族，《說文》中的"去"實際上是由原來的兩個詞混同而成的，《說文》中从"去"聲的詞也應該有兩個系列。沒有出土材料，這個問題是無法解釋清楚的，同源詞的繫聯也是不能做到有的放矢。例如，楊樹達指出去聲字多含開張義，繫聯坎、呿、袪、胠、祛③。王力繫聯去、袪、朅

①王力《同源字典》第 236—237 頁。
②劉鈞傑《同源字典再補》第 77 頁。
③楊樹達《積微居小學述林全編》上册第 64 頁。

均有離開義，又繫聯盍、闔有閉合義①。按照《説文》所釋“人相違”，實際上可以抽取出“離開”的詞源意義，而“離開”與“分張”義相通。但以“閉合”爲詞源意義的同源詞與“離開”一系同源詞的關係則無法解釋，只有從出土材料才可以看出，二者本來分屬兩個不同的詞。

“昆”與“去”的情況屬於一類，利用《説文》本義，只可以繫聯出一個系列的同源詞。

此外，還有“各、䟆、差、盧、韋、兆、出、甫、朱、肖、㽙、袁、辰、蚤”14 個詞族屬於這種情況。

（五）不利用聲符的出土材料本義只能繫聯單個詞群，無法形成詞族，聲符與詞群的關係亦不能解釋

有些詞族，沒有聲符的出土材料本義，只能將同聲符的各個詞群單獨繫聯起來，這些詞群與聲符的意義聯繫、詞群之間的意義聯繫都不能解釋，因此，無法形成有機完整的詞族。包括：

“易”，《説文》以之爲“蜥蜴”本字，那麼它與詞族間就看不出意義聯繫了。詞群之間，“更易”“去除”二者意義相通，但它們與“容易”的關係不明了。王力繫聯易、剔、傷有輕慢義②，如果沒有出土材料，其與聲符“易”的關係也無法解釋。

“黄”族，沒有出土材料可以分別繫聯“廣大”“橫置”“小”三個詞群，但“黄”與各詞群及詞群之間的相互關係無法解釋。

不利用出土材料，聲符與同源詞的關係、各詞群之間的關係都無法解釋。各詞群的詞源意義沒有義通的關係，只能靠聲符義從中溝通。這一類還有“今、敝”2 個詞族。

二、同聲符同源詞組中聲符的《説文》本義、出土材料本義繫聯同源詞作用的比較

這一類中，對於與聲符的出土材料本義有意義聯繫的同聲符同源詞族來説，如果分別分析這些詞族與聲符的出土材料本義和《説文》本義的關係，并將二者進行比較，其具體表現如下：

利用《説文》本義（包括《説文》中的“一曰”）與出土材料本義可以繫

---

①王力《同源字典》第 134—135、589—590 頁。
②同上注第 272—273 頁。

聯出完全相同詞族的有"枼、且、匕"3 個詞族;利用《説文》本義與出土材料本義可以繫聯相同的詞族,但起點不同的有"畐、無"2 個詞族;没有出土材料本義可以繫聯詞族,但是無法解釋詞族與聲符之間的關係的有"必、敦、于、員、坙、亡"6 個詞族;利用《説文》可以繫聯部分詞群,無法解釋與其他詞群的關係的有"帝、古、參、危、至、申"6 個詞族;没有出土材料本義只能繫聯單個詞群,無法形成詞族,聲符與詞群的關係亦不能解釋的有"單、彔、卒、舜、攸、不、乍"7 個詞族。

在上面做法的基礎上,以每個聲符的所有同聲符同源詞爲討論對象,把與聲符的出土材料本義無關的同源詞群也包括進來,分析聲符的出土材料本義與《説文》本義與所有這些同源詞間的關係,并將二者進行比較,結果如下:

(一)聲符的《説文》本義、出土材料本義均與部分同聲符同源詞有意義聯繫

1.聲符的出土材料本義與《説文》本義可以統攝相同的詞群

畐,出土材料中爲"福"本字,其中還可以概括出"滿、逼近"的意義特點。《説文》畐部:"畐,滿也。從高省,象高厚之形。"其中也藴含"逼近"義,受思想觀念的影響,其與"福"義亦相通。二者都可以繫聯出"福""滿""逼近"三個詞群,只是起點不同。另外,從"畐"聲的詞還有以"判、剖"爲詞源意義的詞,與兩個體系的本義都無關。

枼,出土材料爲"葉"本字,樹葉有"薄"的特點。《説文》木部:"枼,楄也。枼,薄也。從木世聲。"其"一曰"的意義是"薄"。無論以哪個本義爲起點,都可以提取出"薄"作爲詞源意義。而"薄"與"多""輕"意義相通。另外,還有"牽引""瀉出"兩個詞源意義與兩個本義都没有意義聯繫。

"古、無、且、匕"4 個聲符情況相同。

2.聲符的出土材料本義與《説文》本義各統攝數量相等且彼此不同的詞群

員,出土材料中爲"圓"本義,統攝"和"詞群。《説文》員部:"員,物數也。從貝口聲。"可統攝"衆多"義詞群。另外,還有"隕落"義詞群與兩個本義都没有關係。

舜,出土材料爲"遵"本字,可概括出"臨近、次比"與"踐踏"的詞源

意義。《説文》炎部:"粦,兵死及牛馬之血爲粦。粦,鬼火也。从炎、舛。"可概括出"光亮"與"若隱若現"義。而它們都與另外一個詞源意義"堅硬"没有明顯的意義聯繫。

申,出土材料爲"電"本字,其與"天神""伸展"義相通。《説文》申部:"申,神也。七月,陰气成,體自申束。从臼,自持也。吏臣鋪時聽事,申旦政也。"亦有"天神"義,另外,從《説文》的解釋中還可看出它與干支"申"的關係,可派生出"坤"。

3.聲符的出土材料本義統攝的詞群多於《説文》本義統攝的詞群

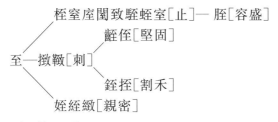

《説文》至部:"至,鳥飛从高下至地也。从一,一猶地也。象形。不,上去;而至,下來也。"本義也是到達,與"止"義通,因爲包含"止"的意義特點的"室"同時有"容盛"的特點,所以派生出"腔"。"到達"又與"親密"意義相通。其他詞源意義與《説文》"至"的本義、構意無關。

參,出土材料爲"簪"本字,其中蘊含"三""高、長""錯雜""好""小"的詞義特點。《説文》晶部:"曑,商星也。从晶㐱聲。曑,曑或省。"其中蘊含"三""錯雜"的意義。另外,還有"殘殺"義詞群與兩個本義都没有關係。

這種情況還有以"帝、录、亡、危、敫"爲聲符的5個同源詞組。

4.聲符的出土材料本義統攝的詞群少於《説文》本義統攝的詞群

攸,出土材料本義爲擊打,其只與"脩"同源,均含有擊打義。《説文》攴部:"攸,行水也。从攴从人,水省。"從中可概括出"和緩流動"的詞源意義,而這一意義又與"疾速"義相反相關。而無論出土材料本義還是《説文》本義都無法解釋"攸"與"小""編織""黑色"三個意義之間的關係。這種情況只有這1個聲符。

(二)《説文》本義與所有同聲符同源詞都没有意義聯繫

必,出土材料爲"柲"本字,有"直"的意義特點,而與"密閉""肥""香"没有意義聯繫。《説文》八部:"必,分極也。从八、弋,弋亦聲。"與上述意義均無關。

單，出土材料本義爲飛石索，與"小而圓""懸持""敝壞""戰争"義有關，與"紋理""治地""獨"義無關。《説文》㗊部："單，大也。从㗊、甲，㗊亦聲。闕。"與上述意義均無關。

于，出土材料中爲"竽"本字，其有"大"的特點，以"大"爲詞源意義派生出一系列詞，"大"又與"分""曲"義相通，"曲"又與"低窪、污穢"義相通。由此，出土材料的本義統攝起以"于"爲聲符的絶大部分同源詞。只有"塗飾"義與"于"的關係難以解釋。《説文》于部："于，於也。象气之舒于。从丂从一。一者，其气平之也。"這個意義與"于"聲的同源詞都没有意義聯繫。

此種情况還有"卒、巠、乍、不"4個聲符。

三、出土材料對繫聯同聲符同源詞的作用

同聲符同源詞族，聲符的出土材料本義與所有同源詞有意義聯繫，上述五種情况，除了前兩種情况涉及的 25 個詞族，利用聲符的出土材料本義與《説文》本義可以繫聯到相同的詞族外，剩下的 38 個詞族，出土材料在繫聯同源詞、形成完整詞族、解釋聲符與詞族及詞群間關係方面明顯優於《説文》。利用出土材料可以更加全面地繫聯和解釋同聲符同源詞族。

同聲符同源詞組，聲符的出土材料本義與部分同聲符同源詞有意義聯繫，其中《説文》本義與部分詞群有意義聯繫的共 17 個同源詞組。具體來看，聲符的出土材料本義與《説文》本義可以統攝相同詞群，這樣的同源詞組有 6 個；聲符的出土材料本義與《説文》本義各統攝數量相等且彼此不同的詞群，這樣的同源詞組有 3 個；聲符的出土材料本義統攝的詞群多於《説文》本義統攝的詞群，這樣的同源詞組有 7 個；聲符的出土材料本義統攝的詞群少於《説文》本義統攝的詞群，這樣的同源詞組有 1 個。此外，《説文》本義與所有同聲符同源詞都没有意義聯繫，這樣的同源詞組有 7 個。

另外，同源詞的派生與聲符的出土材料本義完全没有任何聯繫的，共 6 個詞族。其中聲符的《説文》本義能夠統攝全部詞族的有"康"族、"卂"族、"四"族 3 組，《説文》本義能統攝部分同源詞的有"昔"族、"或"族、"我"族 3 組。

對我們繫聯的 93 組同聲符同源詞，一一分析其利用聲符的出土材料本義繫聯與利用聲符《説文》本義進行繫聯的異同，已經明顯地看出，出土材料在其中的價值與優勢要大於《説文》。

<h2 style="text-align:center">第三節　對利用《説文》本義繫聯
同聲符同源詞族（組）的評價</h2>

雖然前文我們一再强調和突出出土材料在同聲符同源詞繫聯過程中的作用，但對《説文》本義的價值也不只是否定。本節擬以全部的 93 個詞族（組）爲基礎，對《説文》本義在繫聯同聲符同源詞族（組）過程中的價值和作用作一客觀評價。

一、利用《説文》本義繫聯同聲符同源詞族（組）的表現

（一）利用聲符的《説文》本義可繫聯出全部詞族

利用聲符的《説文》本義可以繫聯全部詞族的共 24 個聲符，其中：

聲符的出土材料本義與族内所有同源詞都有意義聯繫的有 21 個詞族：方、壬、建、因、吴、官、寺、冓、幾、則、主、合、侖、凾、求、皇、若、止、昆$_1$、害、吕。它們或是出土材料本義與《説文》本義相同，又以這個本義爲詞源意義，如“昆$_1$”；或是《説文》本義與出土材料本義不同，但可以概括出相同的詞源意義，如“方、寺、主”；或是二者本義相同，構意不同，可概括相同的詞源意義，如“則”；或是《説文》的“一曰”可概括出與出土材料相同的詞源意義，如“吴”。

聲符的出土材料本義與族内所有同源詞無關的有 3 個詞族：康、廾、四。

（二）利用《説文》本義可以繫聯出全部詞族，但與利用出土材料本義繫聯的詞族的起點不同

就同聲符的同源詞來講，利用聲符的《説文》本義與利用其出土材料本義繫聯起來的具體同源詞是一樣的。只是，繫聯的起點與各詞群在詞族系統中所處的位置不同。包括 5 個詞族：吉、孚、尼、去$_1$、朂。

（三）利用聲符的《説文》本義可以繫聯部分詞群，不能完全解釋詞族間的關係

利用聲符的《説文》本義可以繫聯部分詞群的共 39 個詞族（組），

其中：

　　聲符的出土材料本義與所有同源詞有關的有 21 個詞族：夬、正、用（甬）、出、干、甫、袁、央、良、弱、各、𢧵、差、盧、韋、兆、朱、尚、亟、辰、蚤。

　　聲符的出土材料本義與部分同源詞有意義聯繫的有 16 個同源詞組：帝、古、敫、參、彔、匕、危、至、員、舜、申、攸、畐、枼、無、且。其中"古、畐、枼、無、且"這幾個詞族，利用聲符的《説文》本義與利用出土材料本義，可統攝的詞群是完全一致的。

　　聲符的出土材料本義與族內所有同源詞均無關的 2 個：昔、或族。

　　（四）聲符的《説文》本義與同源詞族（組）没有任何意義聯繫

　　聲符的《説文》本義與同源詞族（組）没有任何意義聯繫的同源詞族（組）25 個，其中：

　　聲符的出土材料本義可統攝全部同源詞的有 16 個詞族：今、昌、族、奚、曾、肖、敝、半、弘、率、勿、易、黄、㫃、去₂、昆₂。

　　聲符的出土材料本義能統攝部分同源詞的有 8 個同源詞組：必、單、于、卒、巠、亡、乍、不。

　　聲符的出土材料本義不能統攝同聲符同源詞的有"我"1 個同源詞組。

　　二、利用《説文》本義繫聯同聲符同源詞族（組）的作用

　　通過上述分析得出的結論是：利用聲符的《説文》本義可以繫聯全部或部分同源詞的有 68 個聲符；《説文》本義與所有同聲符同源詞没有任何意義聯繫的聲符有 25 個。這 68 個聲符，《説文》本義對繫聯同聲符同源詞都有利用價值，其中的三分之一具有與出土材料本義相同的價值。

　　據前文的研究統計，《説文》本義與出土文獻本義有意義聯繫的聲符 63 個，意義無關的 30 個。而利用聲符的《説文》本義能夠繫聯全部或部分同聲符同源詞的聲符有 68 個，聲符的《説文》本義對繫聯同聲符同源詞完全没有作用的聲符 25 個。從一般意義上看，聲符的《説文》本義與出土文獻本義有聯繫，更有可能通過兩個本義能繫聯到相同的同聲符同源詞；聲符的《説文》本義與出土文獻本義没有意義聯繫，很難利用二者繫聯到相同的同聲符同源詞。事實也基本相符，但是不完全對應。

聲符的《説文》本義與出土文獻本義無關,但可利用聲符的《説文》本義繫聯同聲符同源詞,這樣的聲符有"攸、敫、員、昔、或、录、康、粦、卂、四"10個。其中有兩種情況:一是利用聲符的《説文》本義與出土文獻本義繫聯起來的同聲符同源詞之間没有聯繫,屬於不同的詞族,有"攸、录、敫、員、粦"。一是聲符的出土文獻本義與同聲符同源詞没有意義聯繫,有"昔、或、康、卂、四"。

聲符的《説文》本義與出土文獻本義有意義聯繫,但利用聲符的《説文》本義繫聯不到同聲符同源詞,有"昌、去₂、昆₂"。"昌"的《説文》本義與出土材料本義中有相同的詞義特點,但這個詞義特點没有成爲同源詞派生的詞源意義。"去₂、昆₂"都是因爲古文字中有兩系,《説文》中只保留了一系。

通過上文的分析,可得出如下兩點:

1.在《説文》本義與出土文獻本義不同但有意義聯繫的聲符中,《説文》本義在同聲符同源詞繫聯中也具有重要作用。只不過,在繫聯具體的同源詞、解釋聲符與同源詞之間的聯繫、解釋詞群間的聯繫幾方面,與利用出土材料相比有一定的差距。這可能是因爲,利用出土文獻判斷的聲符義在時間上更靠前,更接近詞彙的派生時期,詞命名取意的理據在詞彙意義中有更多的體現,也更多的體現於同時期的古文字字形中。王寧認爲漢語詞彙的積累大約經歷了三個時期:原生階段、派生階段、合成階段,周秦時代是漢語詞彙派生的高峰,兩漢以後合成造詞成爲主要的造詞方式①。《説文》本義在時間上稍晚,與詞彙的派生階段在時間上有一定的差距。

2.與出土材料本義毫無聯繫的《説文》本義,也可以繫聯起一部分同源詞,這些同源詞與聲符的出土材料本義無關。這一方面反映了詞義的發展,詞源意義不是一定跟更早的本義相關聯;另一方面反映了詞族與字族的不同,同源詞派生本身是詞彙問題,不是一定要與文字相關聯。

總之,整體上時代稍晚於先秦出土文獻的《説文》,大量繼承詞的古義,或是在古義的基礎上引申出新義,也有一部分與古義完全無關。對

---

① 王寧《訓詁學原理》第146—148頁。

於繫聯漢語同源詞來説，可以而且必須利用《説文》，但在某些方面要結合出土材料。本書重點在探討出土材料在哪些方面可以彌補《説文》，但不是否定《説文》。

第五章　詞源意義的相通

如前文所述,張博、黃易青已對詞源意義的相通作了系統研究。我們擬結合本書93個同源詞組(族),對不同詞組(族)內出現的相同或相近的詞源意義進行簡要分析。

在本書的研究範圍內,重複出現的相同相近的詞源意義共46個,具體如下[①]:

[并列]:

方—[并列]

匕—[并列、相近、親密]

桊—[鄰近、次比]

[**重複、重叠**]:

曾—[重叠]

枼—[薄]—[多]—[重複、反復]

[**落**]:

各—[由高而下]

員…[隕落]—[損減]

录—[從高而下]

帝—[下滴]

[**止**]:

各—[止]—[堅]

止—[止息]

寺—[止]—[直立]

去—[閉合]—[止]

尼—[止]

---

① 爲避免繁瑣,下面列舉多個同源詞族中重複出現的詞源意義時,每個詞族只列反映該詞源意義來源及與之直接相關的其他詞源意義。

帝—[至]—[止]

匕—[留止]

至—[止]—[容盛]

且—[止]—[至]；[聚積]

主—[駐立不動]—[灌注]

[相交、交錯]：

冓—[相交]

昔—[乾燥]—[粗糙]—[交錯]

[終盡]：

幾—[訖盡]—[微小]

勿—[終盡]

卒—[終盡]—[憂、病]

[包蘊、包含]：

畾—[包蘊在内]—[暖]

函—[包含]

今—[禁閉]—[含]

[閉合]：

去₂—[閉合]—[止]

合—[閉合]—[阻塞、隔絶]；[黑]

今—[禁閉、禁制]—[含]；[擒獲]；[覆蓋、覆蔭]；[黃黑色]；[低頭]

[捕取、求取]：

今—[禁閉、禁制]—[擒獲]

甫—[捕取]

孚—[取]—[聚集]

求—[聚集]—[求索]

[覆蓋]：

今—[禁閉、禁制]—[覆蓋、覆蔭]—[大]

冎—[覆蓋]

匕—[大]—[庇蔭]

孚—[取]—[聚集]—[外表、裏覆]—[上浮]

亡，網—[廣]—[蒙覆]—[迷茫、無]

[環繞]：

央—[環繞]—[廣、盛、大]

袁—[環繞]—[遠]；[攀援]；[急速]

韋—[圍繞]—[盛]；[守衛、保衛]

[聚集]：

孚—[取]—[聚集]—[多]；[外表、裏覆]

族—[聚]

求—[聚集]—[圓曲]；[求索]

卒—[會聚]

且—[止]—[聚]

呂—[相連]—[聚集]

[分離]：

韋—[違離]

勿—[分離]—[遠]

去₁—[分張]—[離開]

于—[大]—[分]

[斷裂]：

歺—[斷裂]

朱—[赤]—[斷裂]

夬—[決斷]—[疾速]

丯—[契刻]—[斷]

或…[界限]—[斷裂]

匕—[破裂]—[錯誤]

[擊打]：

敝—[擊打]

攸—[敲打]

敊—[擊打]—[堅硬]

[憂慮]：

卒—[終盡]—[憂、病]

弱—[軟弱]—[憂慮]

[親近]：

尼—［親近］—［止］

至—［親密］

［破敗］：

㞢—［破敗］—［倒下、死］；［惡］

單—［敝壞］

［遠］：

袁—［環繞］—［遠］

勿—［分離］—［遠］—［迷茫不清］

兆—［遠］—［高］；［長］

［疾速］：

攸—［和緩流動］—［疾速］

袁—［環繞］—［急速］

亟—［急］

易—［容易］—［快速］

丮…［迅疾］

［輕薄］：

袁—［環繞］—［急速］—［輕薄］

兆—［遠］—［高］—［輕薄］

易—［容易］—［輕視］

［迷茫］：

勿—［分離］—［遠］—［迷茫不清］

亡，網—［廣］—［蒙覆］—［迷茫、無］

［高］：

兆—［遠］—［高］—［輕薄］

參—［高、長］

危—［高峻］

良—［高、長］—［大］；［優良］

［乾燥］：

昔—［乾燥］—［粗糙］

干—［堅硬］—［乾燥］—［白色］

古—［堅固］—［乾枯］

[堅固、强固]:

吉—[强固]—[直]

建—[强固、堅硬]

朱—[堅硬、堅固]—[好]

匕—[堅硬、堅固]

至—[刺]—[堅固]

各—[止]—[堅]

弘—[强]—[大]

巠—[直而長]—[彊勁]

干—[堅硬]—[乾燥]

[直]:

吉—[强固]—[直]—[曲]

壬—[挺直]

寺—[止]—[直立]

必—[直]

巠—[直而長]—[彊勁]

[曲]:

吉—[强固]—[直]—[曲]

于—[大]—[曲]—[低窪]

出—[短]—[拙劣];[屈曲];[猝乍]

[斜]:

各—[運動軌迹]—[樹枝]—[分枝]—[斜]

甫—[輔助]—[兩側]—[傾斜]

[廣]:

方—[旁邊]—[廣博]—[盛]

央—[環繞]—[廣、盛、大]—[鮮明、光亮]—[白色]

黄—[廣大]—[粗獷]

亡,網—[廣]—[蒙覆]—[迷茫、無]

[盛]:

方—[旁邊]—[廣博]—[盛]

韋—[圍繞]—[盛]—[大]

[明亮]:

央—[環繞]—[廣、盛、大]—[鮮明、光亮]—[白色]

良—[明朗]—[響亮]

粦…[光亮]

[好]:

朱—[堅固、堅硬]—[好]

參—[好]

[美]:

差—[磋磨]—[精美、白淨]

霖(無)—[美]—[大]

[大]:

皇—[大]

今—[禁閉、禁制]—[覆蓋、覆蔭]—[大]

良—[高、長]—[大]

韋—[圍繞]—[盛]—[大]

昆₂—[大]

吳—[大]—[謬誤]

弘—[強]—[大]

古—[堅固]—[厚、大]—[苦味]

甫—[鋪陳]—[大]

于—[大]—[曲];[分]

霖(無)—[美]—[大]

匕—[大]—[庇蔭]

不—[大]

亡, 網—[廣]—[大]

[小]:

產—[細微]

幾—[訖盡]—[微小]

肖—[微小]

尚—[小]

奚—[小]

黃—［小］

兆—［界域］—［小］

單—［小而圓］—［盛器］

參—［小］

朱—［小］

［短］：

盧—［短小］

出—［短］—［拙劣］；［屈曲］；［猝乍］

［多］：

孚—［取］—［聚集］—［多］

枼—［薄］—［多］—［重複、反復］

录—［衆多］—［謹慎］

［空］：

用(甬)—［中空］；［中空而狹長］

良—［空廓］

巠…［空］—［隔、斷］

康—［空］

［不齊］：

差—［磋磨］—［參差不齊］

參—［錯雜］

［錯誤］：

吳—［大］—［謬誤］

匕—［破裂］—［錯誤］

［圓形］：

求—［聚集］—［圓曲］

單—［小而圓］—［盛器］

［黑］：

盧—［黑］

合—［閉合］—［黑］

今—［禁閉、禁制］—［黃黑色］

干—［堅硬］—［乾燥］—［白色］—［黑色］

［白］：

干—［堅硬］—［乾燥］—［白色］—［黑色］

央—［環繞］—［廣、盛、大］—［鮮明、光亮］—［白色］

［旁邊］：

方—［旁邊］—［方形］；［妨礙］；［廣博］

則—［旁側］

甫—［輔助］—［兩側］—［傾斜］

［界限］：

各—［運動軌迹］—［被軌迹分開］—［界限］

兆—［界域］—［小］

或…［界限］—［斷裂］

［福］：

畐—［福］

莽—［福］

從中可以得出如下幾點認識：

（一）正如前文所説，詞源意義一般是抽象的概念，同一個詞源意義可以和多個具體的詞發生關係，所以，詞彙意義不同的詞可以概括出相同的詞源意義。如：

“央”是以頸荷物，“袁”是穿衣，是衣服貫通身體，“韋”是脚圍於城外，其中都蘊含“環繞”義。

“皇”是神鳥鳳凰，“昆₂”是大腹之蠅，“吴”是大言，“弘”是弓的强大，“匕”大於飯匙，“不”是孕育盛大之花柎，“網”總是比要捕取的動物大，其中都包含“大”義。

“莽”是“細小”的斷裂；“幾”是“訖盡”，只剩下很小的部分；“肖”是月光消減；“㡏”是巾上有小塵；“黄”是身材矮小的人；“單”是小而圓的飛石索；“參”是形小之簪。其中都有“小”的詞源意義。

“用（甬）”是中空的桶，“良”是中空的走廊，“康”是穀皮，“悤”是心的孔竅，都包含“中空”義。

“莽”是穫麥，“畐”是盛滿酒的酒器，其中都蘊含“福”義。

（二）相同的詞源意義可以與不同的或相同的其他詞源意義相通

1.在兩個以上詞族中出現兩個或幾個相同詞源意義的相通，這説明了它們之間的意義聯繫具有普遍性。即張博所謂漢語同族詞的系統性，"漢語同族詞是漢語（特別是上古漢語）義衍音轉構詞的產物。由於語音和詞義的發展變化是有規律的，因此，不論音轉同族詞還是義衍同族詞都有顯著的系統性"①。即孟蓬生提出的利用平行互證法證明同源詞義轉關係②的基礎；即黃易青所謂"在整個上古漢語詞彙系統內部，詞族與詞族之間，詞源意義之間的聯繫，存在着共性，同一種反映客觀規律和現象的認識規律，在不同的詞族中都可能起支配作用，從而使不同詞族可以發生相同相類的運動"③。

本書繫聯的同源詞中有共性傾向的詞源意義的相通如下：

"親近、親密"與"止"義相通帶有普遍性。"匕、尼、至"均同時有"親近、親密"和"止"兩個意義。

"閉合"義與"黑色"義相通。閉合則無光，所以黑暗，由此"閉合"與"黑色"義通。"合、今"兩個詞族中有二義的相通。

"閉合"與"止"義相通。"去₂"族詞中二義相通，"合"族詞"閉合"與"阻塞、隔絕"義通，而阻塞、隔絕即使止。

"捕取、擒獲"與"禁閉、禁制"義相通。除"今"族詞明顯體現外，"甫"有"捕取"的詞源意義，而蔬果在圃中，亦有"禁制"的特點。

"聚集"與"取"義相通，清人王念孫、今人張博均有論證。"孚、求"兩個詞族都有體現。

"圍繞"與"廣、盛"義通。"央"是以頸荷物，物環繞於脖頸四圍，"環繞"與"廣、盛"義相通。"韋"是足趾圍城四周，有"圍繞"義，"圍繞"與"盛"義相通。可見於四旁"圍繞"即"廣、盛"。"方"是下端歧頭的農具，兩個尖端一個在另一個旁邊，其中"旁邊"義向"四旁"義發展，於是有"廣博"義，"廣博"義與"盛"義通。

"堅固、强固""直""止""攻擊"4個意義之間互相聯繫。"古"族詞"强固"與"直"義相通，"巠"族詞"强勁"與"直"義相通。與之相對，"軟弱"與"曲"義相通，段玉裁注釋《説文》的"弱，橈也。上象橈曲，彡象毛氂橈弱也"時講得很清楚："橈者，曲木也。引伸爲凡曲之偁。直者多

---

①張博《漢語同族詞的系統性與驗證方法》第15—16頁。
②孟蓬生《上古漢語同源詞語音關係研究》第50頁。
③黃易青《上古漢語同源詞意義系統研究》第551頁。

强,曲者多弱。”“匕”爲“杜”本字,同時含有“堅固”“留止”兩個意義,“各”族詞“止”義與“堅”義相通,“寺”族詞“止”與“直立”義相通,“主”族詞的詞源意義是“駐立不動”,同時蘊含“止”與“直立”的特點。那麼,“堅固、强固”“直”“止”可兩兩互通。又“至”族詞同時含有“止”和“刺”的意義,而“刺”與“堅固”義相通。“干”本義爲盾,同時含有“抵禦”“堅硬”的特點,而“抵禦”與“攻擊”義通。這樣,“堅固、强固”“直”“止”“攻擊”四個意義互通。

“堅固”與“乾燥”義通。在“干、古”兩個詞族有二義的相通。

“分枝”“旁側”義與“傾斜”義相通。“各”族詞中,“分枝”與“斜”義通。“甫”族詞中,“兩側”與“斜”義通,在兩側輔助,亦有主次之分,好比分枝與主枝,所以“側”與“斜”義通。

“明亮”與“廣盛”義通。在解釋“央”族詞中,引用黄易青的觀點:“質量範疇中,長度、量度的長、大,在亮度上即表現爲鮮明、光亮。”①“良”作爲“廊”本字,一方面有“高、長”的詞源意義,一方面有“明朗”的詞源意義。

“大”是外延很豐富的詞,與之相通的意義也比較多,在本書中大致可分爲三類。第一是平面、面積角度的相通。如“今”族詞中“覆蓋”與“大”義相通,“甫”族詞“鋪陳”與“大”義相通,“匕”族詞中“庇蔭”與“大”義相通。第二是事物的優秀品質、性狀與“大”義相通。如“良”族詞“高、長”義與“大”義相通,“韋”族詞“盛”義與“大”義相通;“古”族詞中“堅固”義與“厚、大”義相通,“無”族詞中“美”義與“大”義相通。實際上,這些優秀的品質、性狀之間亦可互通。第三,是“曲”與“大”義相通,“于”族中有所體現。

“界限”與“斷裂”義通。“各”族詞“分開”與“界限”義通,“或”族詞“界限”與“斷裂”義通。

這些詞源意義相通的普遍性,一方面是對本書繫聯同源詞的內部驗證,同時對於其他同源詞的繫聯與驗證亦具有重要價值。

2.與上述情況同樣普遍存在的是與之相反的情況。很多相同的詞源意義在不同的詞族會和不同的詞源意義相通。正如上引張博所言,

---

①黄易青《上古漢語同源詞意義系統研究》第288頁。

漢語同源詞族應該是有系統性的，從理論上講，詞源意義有相同的運動軌迹。但是，每個詞源意義所依附的具體詞不同，會有不完全相同的表現形式。換句話講，理論上詞源意義有同一運動的趨勢，但這一趨勢在不同的具體詞上都是局部的表現，或者説因爲受到具體詞的影響，每個詞族對這種趨勢有具體的表現——大部分是不完全的表現，也或者是帶有個性的表現。總之，詞源意義的相通從整體上是有一致的趨向的，而每個詞族只是這種整體鏈條中某一個環節的表現，不同的詞族表現不同的環節，即形成詞源意義相通的個性。

　　"方"這種下端歧頭的農具，一個尖端在另一個尖端的旁邊，所以有"旁邊"的詞源意義，兩個尖端的地位是并列的，所以它側重向"四旁"義的方向發展，由此會引申出"方形""廣博"的意義。"甫"族詞中亦有"旁側"的詞源意義，它由"輔助"義而來，所以主次分明，因而産生"斜"的意義。一物在另一物旁，相互之間的作用或是相輔相成，或是互相妨礙，所以"旁側"又可與"妨礙""輔助"義相通，這分別體現在"方"和"甫"族詞中。而"則"族詞中的"旁側"義没有與之相通的其他意義。

　　"畠"爲"藴"本字，義爲藴藏，藴藏即將物"包藴在内"，物被包藴則"暖"。"今"本義爲閉口，閉口與含物於口義通。"函"爲盛矢的器具，矢藏於其中，器包含矢。三個詞族中都有"包含"的意義，但没有相同的詞源意義的相通。

　　"今"本義爲閉口，其中可概括出"禁閉、禁制"的詞源意義，"禁閉、禁制"與"覆蓋、覆蔭"的情狀相似，義可通。"帩"的構意是巾上有塵，則塵"覆蓋"於巾上。"匕"族是"大"義與"庇蔭"義相通。"孚"有聚集的特點，外表裹覆内裹，則内裹之物聚集於外表之下，"裹覆"與"聚集"義通，"裹覆、覆蓋"都是存在於物體的外表，所以又與"上浮"義通。四個詞族中"覆蓋"分別與不同的詞源意義相通。

　　"勿"本義是"刎"，是割斷，割斷即"分離"，分離則雙方距離變"遠"。"去"本義爲開口，其中有"分張"義，分張即二物離開、分離。"分離"與不同的詞源意義相通。

　　"攸"族詞由"和緩流動"反向引申，有"疾速"義。"袁"有"環繞"的詞源特點，黄易青指出："動態範疇之圍束、迫束義，於質量範疇則爲急窄、局迫義"①,"環繞"義與"急速"義相通。"亟",黄易青指出其"造意以人在狹隘空間來表示空間的窄迫。空間窄迫與時間緊迫義相通,故文獻多表示時間緊"②,時間緊與"急速"義通。"易"構意是一器皿向一器皿倒水,有"容易"的詞源意義,"容易"則做起來快,與"急速"義通。"急速"分别與不同的詞源意義有聯繫。

這些都是相同的詞源意義在不同的詞族中與不同的詞源意義相通的例子,反映了詞源意義相通的個性。

詞源意義相通的共性與個性的表現是與詞族的多少以及每個詞族的完整度相關的。理論上講,詞源意義的相通普遍存在。越多越完整的詞族越能體現普遍性和共性,在局部的詞族中只能是普遍性和共性的不完全的表現——即表現出個性。本書因爲研究範圍的限制,只繫聯了同聲符同源詞族,并且這些聲符都是出土材料本義與《説文》本義不同的。就詞族的數量與詞族内部的完整性來講都是局部的,所以它對詞源意義相通的共性的反映也是局部的。在一定程度上,本書的同源詞繫聯反映了詞源意義相通的共性,同時,也表現出了極大的個性。

---

①黄易青《上古漢語同源詞意義系統研究》第 250 頁。
②同上注第 303 頁。

結　語

　　本書選取出土材料本義與《説文》本義不同的聲符爲研究對象,主要利用其出土材料本義從中概括詞源意義,繫聯同聲符的同源詞族(組),共得到 93 個詞族或同聲符同源詞組。其中所有同聲符同源詞與聲符的出土材料本義有直接或間接的聯繫的詞族有 63 個;24 個同源詞組,除了聲符可統攝的詞族外,還有與聲符及其能統攝的詞族意義無關的同聲符同源詞。有 6 個聲符其出土材料本義與所有同聲符同源詞没有任何聯繫。

　　在繫聯同源詞族(組)的基礎上,我們對聲符義與同聲符同源詞繫聯的關係、出土材料與同聲符同源詞繫聯的關係、詞源意義的相通三個問題做了分析與探討。得出如下結論:

　　同聲符同源詞的派生會以聲符爲基礎,聲符本義、本義所代表事物的特點、聲符構意或是與本義相通的意義會成爲第一層次派生的詞源意義,這個詞源意義又可能會和其他意義相通,進而聲符可以把同聲符的全部同源詞統一起來。這樣由聲符義逐層、逐級的分析,可以展現同源詞族的派生層次,揭示各詞群與聲符以及各詞群之間的關係,使所有同聲符同源詞成爲一個嚴密有序的系統。同時,因爲同源詞的本質是音義的衍化,不可能完全與字族相合,形聲字中只是部分聲符可以提示詞源意義。所以,一定會存在與聲符義没有任何聯繫的同聲符同源詞。

　　因爲出土材料與《説文》所利用的傳世典籍的種種不同,聲符義從出土材料角度和《説文》角度去分析,有些會有所不同,我們不會因此而使二者相互否定,而是用歷史的觀點去看待,尊重而且認同二者的不同。對於這些不同的訓釋,我們利用同源詞的繫聯更多地發現了二者之間的聯繫,更進一步地揭示了《説文》本義與出土材料本義之間的"同"的因素。

　　利用聲符的出土材料本義繫聯同聲符同源詞,有很大的優勢與價值。與利用《説文》本義相比,更能挖掘出同源詞與聲符的關係,各詞群之間的關係,更能全面地繫聯同源詞族。《説文》本義雖然在上述方面與出土材料相比存在着不小的差距,但其也有自身的價值,亦可以幫助繫聯同源詞族(組)。對它的作用我們客觀對待,既不誇大也不縮小或否定。

最後,通過對從 93 個同源詞族(組)中歸納出的重複出現的詞源意義的分析,論證了由於詞源意義的抽象性,相同的詞源意義可以由詞彙意義不同的詞來體現;詞源意義的相通既存在普遍的共性又會體現出特殊的個性。瞭解這些對於同源詞的繫聯與驗證均有重要的參考價值。

引書簡稱表

《包山》——《包山楚簡》

《北大》——《北京大學藏西漢竹書》

《東漢銅鏡》——《東漢銅鏡銘文整理與研究》

《額濟納》——《額濟納漢簡》

《郭店》——《郭店楚墓竹簡》

《漢石經》——《漢石經集存》

《合》《合集》——《甲骨文合集》

《花東》——《殷墟花園莊東地甲骨》

《集成》——《殷周金文集成》

《京都》——《京都大學人文科學研究所藏甲骨文字》

《九店》——《九店楚簡》

《孔家坡》——《隨州孔家坡漢墓簡牘》

《馬王堆》——《馬王堆漢墓帛書》

《清華》——《清華大學藏戰國竹簡》

《三代》——《三代吉金文存》

《上博》——《上海博物館藏戰國楚竹書》

《上孫家寨》——《大通上孫家寨漢簡釋文》

《睡虎地》——《睡虎地秦墓竹簡》（精裝本）

《隨縣簡》——《曾侯乙墓》竹簡

《陶彙》——《古陶文彙編》

《望山》——《望山楚簡》

《武威》——《武威漢簡》

《武威醫簡》——《武威漢代醫簡》

《璽彙》——《古璽彙編》

《新蔡》——《新蔡葛陵楚墓竹簡》

《信陽》——《信陽楚墓》

《銀雀山》——《銀雀山漢墓竹簡》

《尹灣》——《尹灣漢墓簡牘》

《英》——《英國所藏甲骨集》

《嶽麓》——《嶽麓書院藏秦簡》

《張家山》——《張家山漢墓竹簡》（釋文修訂本）

參考文獻

〔漢〕班固著，〔唐〕顏師古注《漢書》，中華書局 1962 年。

〔漢〕高誘注《戰國策》，世界書局 1936 年。

〔漢〕韓嬰撰，許維遹校釋《韓詩外傳集釋》，中華書局 1980 年。

〔清〕王先謙補，祝敏徹、孫玉文點校《釋名疏證補》，中華書局 2008 年。

〔漢〕許慎《説文解字》，中華書局 1996 年。

〔漢〕司馬遷撰，〔南朝宋〕裴駰集解，〔唐〕司馬貞索隱，〔唐〕張守節正義《史記》，中華書局 1982 年。

〔漢〕史游撰，〔唐〕顏師古注《急就篇》，中華書局 1985 年。

〔漢〕楊孚《異物志》，《叢書集成初編》本，中華書局 1985 年。

〔魏〕王弼注，樓宇烈校釋《老子道德經注校釋》，中華書局 2008 年。

〔晋〕戴凱之《竹譜》，《叢書集成初編》本，中華書局 1985 年。

〔南朝宋〕范曄撰，〔唐〕李賢等注《後漢書》，中華書局 1965 年。

〔南朝宋〕劉義慶撰，徐震堮著《世説新語校箋》，中華書局 2001 年。

〔梁〕顧野王《大廣益會玉篇》，中華書局 1987 年。

〔梁〕顧野王編撰《原本玉篇殘卷》，中華書局 2004 年。

〔梁〕皇侃撰，高尚榘校點《論語義疏》，中華書局 2013 年。

〔梁〕蕭統編，〔唐〕李善等注《六臣注文選》，中華書局 2012 年。

〔北魏〕賈思勰著，繆啓愉校釋，繆桂龍參校《齊民要術校釋》，農業出版社 1982 年。

〔北魏〕酈道元著，陳橋驛校證《水經注校證》，中華書局 2007 年。

〔唐〕杜甫著，〔清〕楊倫箋注《杜詩鏡銓》，上海古籍出版社 2019 年。

〔唐〕房玄齡等《晋書》，中華書局 1974 年。

〔唐〕陸德明《經典釋文》，中華書局 1983 年。

〔唐〕姚思廉《梁書》，中華書局 1973 年。

〔南唐〕徐鍇《説文解字繫傳》，中華書局 1987 年。

〔宋〕戴侗《六書故》，中華書局 2012 年。

〔宋〕丁度《宋刻集韻》,中華書局 2005 年。

〔宋〕洪适《隸釋・隸續》,中華書局 1985 年。

〔宋〕洪興祖撰,白化文等點校《楚辭補注》,中華書局 1983 年。

〔宋〕司馬光《類篇》,中華書局 1984 年。

〔清〕王文誥輯注,孔凡禮點校《蘇軾詩集》,中華書局 1982 年。

〔漢〕揚雄撰,〔宋〕司馬光集注,劉韶軍點校《太玄集注》,中華書局 1998 年。

〔唐〕李鼎祚撰,王豐先點校《周易集解》,中華書局 2016 年。

〔宋〕唐慎微撰,曹孝忠校,寇宗奭衍義《證類本草》,上海古籍出版社 1991 年。

〔宋〕朱熹集注《詩集傳》,中華書局 1958 年。

〔宋〕朱熹《四書章句集注》,中華書局 1983 年。

〔宋〕鄭樵撰,王樹民點校《通志二十略》,中華書局 1995 年。

〔元〕周伯琦《六書正譌》,北京圖書館出版社 2005 年。

〔明〕李時珍《本草綱目》,人民衛生出版社 1975 年。

〔明〕梅膺祚《字彙》(明萬曆四十三年刊本),李學勤《中華漢語工具書書庫》,安徽教育出版社 2002 年。

〔明〕宋濂《篇海類編》,明刻本。

〔明〕楊慎《異魚圖贊》,中華書局 1985 年。

〔明〕臧晋叔編《元曲選》,中華書局 1958 年。

〔明〕張自烈《正字通》(清康熙清畏堂刊本),李學勤《中華漢語工具書書庫》,安徽教育出版社 2002 年。

〔清〕陳奐《詩毛氏傳疏》,中國書店 1984 年。

〔清〕陳立撰,吳則虞點校《白虎通疏證》,中華書局 1994 年。

〔清〕段玉裁《說文解字注》,上海古籍出版社 1981 年。

〔清〕桂馥《說文解字義證》,上海古籍出版社 1987 年。

〔清〕高士宗《皇帝素問直解》第 2 版,科學技術文獻出版社 1982 年。

〔清〕郝懿行《爾雅義疏》,上海古籍出版社 1983 年。

〔清〕郝懿行《郝懿行集・竹書紀年校證》,齊魯書社 2010 年。

〔清〕郝懿行《郝懿行集・山海經箋疏》,齊魯書社 2010 年。

〔清〕馬瑞辰撰,陳金生點校《毛詩傳箋通釋》,中華書局 1989 年。

〔清〕鈕樹玉《説文解字校録》（光緒十一年江蘇書局刻本），董蓮池主編《説文解字研究文獻集成》（古代卷），作家出版社 2007 年。

〔清〕錢繹撰集，李發舜、黄建中點校《方言箋疏》，中華書局 1991 年。

〔清〕阮元校刻《十三經注疏》，中華書局 2009 年。

〔清〕邵晋涵《爾雅正義》，上海古籍出版社 2017 年。

〔清〕孫詒讓撰，孫啓治點校《墨子閒詁》，中華書局 2001 年。

〔清〕孫詒讓撰，王文錦、陳玉霞點校《周禮正義》，中華書局 1987 年。

〔清〕王筠《説文句讀》，中國書店 1983 年。

〔清〕王筠《説文釋例》，武漢市古籍書店 1983 年。

〔清〕王念孫《讀書雜誌》，中國書店 1985 年。

〔清〕王念孫著，張其昀點校《廣雅疏證》，中華書局 2019 年。

〔清〕王先謙《漢書補注》，中華書局 1983 年。

〔清〕王先謙撰，沈嘯寰、王星賢點校《荀子集解》，中華書局 1988 年。

〔清〕王先謙撰，吳格點校《詩三家義集疏》，中華書局 1987 年。

〔清〕王先謙撰，沈嘯寰點校《莊子集解》，中華書局 1987 年。

〔清〕王先慎撰，鍾哲點校《韓非子集解》，中華書局 1998 年。

〔清〕王引之《經義述聞》，上海古籍出版社 2018 年。

〔清〕王照圓《列女傳補注》，華東師範大學出版社 2012 年。

〔清〕徐灝《説文解字注箋》，上海中原書局 1928 年。

〔清〕俞樾《諸子平議》，中華書局 1954 年。

〔清〕尤怡著，張印生等校注《金匱翼》，中醫古籍出版社 2003 年。

〔清〕朱駿聲《説文通訓定聲》，武漢市古籍書店 1983 年。

白壽彝《中國交通史》，武漢大學出版社 2012 年。

白於藍《銀雀山漢簡校釋》，《考古》2010 年第 12 期第 81—87 頁。

白於藍編著《戰國秦漢簡帛古書通假字彙纂》，福建人民出版社 2012 年。

白於藍編著《簡帛古書通假字大系》，福建人民出版社 2017 年。

白玉峥《契文舉例校讀（十四）—（二十二）》，《中國文字》第 52 册，1974 年。

北京大學出土文獻研究所編《北京大學藏西漢竹書》（壹）—（伍），

上海古籍出版社 2012—2015 年。

貝塚茂樹《京都大學人文科學研究所藏甲骨文字》,京都大學人文科學研究所 1959 年。

蔡永貴《漢字字族研究》,福建師範大學 2009 年博士學位論文。

曹方向《讀〈天水放馬灘秦簡〉小劄》,簡帛網 2009 年 10 月 3 日。

長沙市文物考古研究所、中國文物研究所編《長沙東牌樓東漢簡牘》,文物出版社 2006 年。

陳初生編纂,曾憲通審校《金文常用字典》,陝西人民出版社 1987 年。

陳漢平《古文字釋叢》,文化部文物局古文獻研究室編《出土文獻研究》第 219—238 頁,文物出版社 1985 年。

陳建初《〈釋名〉考論》,湖南師範大學出版社 2007 年。

陳建初《近十年來漢語語源研究述評》,《湖南師範大學社會科學學報》1990 年第 4 期第 95—99 頁。

陳建初《論“溧”“慄”同源——語源研究中的認知觀芻議》,《古漢語研究》1999 年第 4 期第 35—39 頁。

陳建初《試論漢語顏色詞(赤義類)的同源分化》,《古漢語研究》1998 年第 3 期第 16—22 頁。

陳劍《甲骨金文舊釋“蠢”之字及相關諸字新釋》,《出土文獻與古文字研究》第 2 輯第 13—47 頁,復旦大學出版社 2008 年。

陳劍《甲骨金文考釋論集》,綫裝書局 2007 年。

陳劍《馬王堆帛書〈五十二病方〉、〈養生方〉釋文校讀札記》,《出土文獻與古文字研究》第 5 輯第 456—534 頁,上海古籍出版社 2013 年。

陳劍《戰國竹書論集》,上海古籍出版社 2013 年。

陳夢家《殷虛卜辭綜述》,中華書局 1988 年。

陳夢家《祖廟與神主之起源——釋且宜俎宗祐祊示主寳等字》,《文學年報》1937 年第 3 期第 63—70 頁。

陳年福《“易”字形義考》,《浙江師大學報》(社會科學版)1999 年第 3 期第 34—35、53 頁。

陳平、王勤金《儀征胥浦 101 號西漢墓〈先令券書〉初考》,《文物》1987 年第 1 期第 20—25、36 頁。

陳平《試論戰國型秦兵的年代及有關問題》,《中國考古學研究論集——紀念夏鼐先生考古五十周年》第 310—335 頁,三秦出版社 1987 年。

陳世輝、湯餘惠《古文字學概要》(修訂本),福建人民出版社 2017 年。

陳斯鵬《楚簡中的一字形表多詞現象》,《出土文獻與古文字研究》第 2 輯,復旦大學出版社 2008 年。

陳松長、廖名春《帛書〈二三子問〉、〈易之義〉、〈要〉釋文》,《道家文化研究》第 3 輯第 424—435 頁,上海古籍出版社 1993 年。

陳松長《帛書〈繫辭〉釋文》,《道家文化研究》第 3 輯第 416—423 頁,上海古籍出版社 1993 年。

陳松長《馬王堆帛書〈繆和〉、〈昭力〉釋文》,《道家文化研究》第 6 輯第 367—380 頁,上海古籍出版社 1995 年。

陳松長《馬王堆帛書〈刑德〉研究論稿》,臺灣古籍出版社 2001 年。

陳松長主編《嶽麓書院藏秦簡》(肆)—(伍),上海辭書出版社 2015—2017 年。

陳偉《讀沙市周家臺秦簡札記》,《楚文化研究論集》第 5 輯第 340—345 頁,黃山書社 2003 年。

陳偉主編《里耶秦簡牘校釋》第 1 卷,武漢大學出版社 2012 年。

陳偉主編,彭浩等撰著《秦簡牘合集.釋文注釋修訂本(壹、貳)》,武漢大學出版社 2016 年。

陳偉主編,李天虹等撰著《秦簡牘合集.釋文注釋修訂本(叁)》,武漢大學出版社 2016 年。

陳偉主編,孫占宇等撰著《秦簡牘合集.釋文注釋修訂本(肆)》,武漢大學出版社 2016 年。

陳偉武《銀雀山漢簡釋讀小札》,《出土文獻與古文字研究》第 6 輯第 493—498 頁,上海古籍出版社 2015 年。

陳五雲《古文字學習札記》,《古文字研究》第 23 輯第 205—217 頁,中華書局、安徽大學出版社 2002 年。

陳曉強《漢語詞源與漢字形體的關係研究》,北京師範大學 2008 年博士論文。

陳曉強、陳燦《陸宗達、王寧先生漢語詞源學思想述學》,《甘肅社會科學》2010 年第 5 期。

陳雍《儀征胥浦 101 號西漢墓〈先令券書〉補釋》,《文物》1988 年第 10 期第 79—81、28 頁。

程少軒《放馬灘簡式占古佚書研究》,中西書局 2018 年。

程燕《"坐""跪"同源考》,《古文字研究》第 29 輯第 641—643 頁,中華書局 2012 年。

初昉、世賓《懸泉漢簡拾遺(三)》,《出土文獻研究》第 10 輯第 228—248 頁,中華書局 2011 年。

大西克也《論古文字資料中的"邦"和"國"》,《古文字研究》第 23 輯第 186—194 頁,中華書局、安徽大學出版社 2002 年。

戴家祥主編《金文大字典》,學林出版社 1995 年。

黨懷興《〈六書故〉研究》,陝西師範大學出版社 2000 年。

丁山《甲骨文所見氏族及其制度》,中華書局 1988 年。

丁山《數名古誼》,《史語所集刊》第 1 本第 1 分第 89—94 頁,1928 年。

董蓮池《"皇"字取象皇羽説平議兼論"煌字説"》,《古文字研究》第 31 輯第 500—506 頁,中華書局 2016 年。

董蓮池《説文解字考正》,作家出版社 2006 年。

董蓮池《字形分析和同源詞繫聯》,《古籍整理研究學刊》1999 年第 6 期第 28—30 頁。

董珊《讀〈上博藏戰國楚竹書(四)〉雜記》,簡帛研究網 2005 年 2 月 20 日。

董珊《侯馬、溫縣盟書中"明殛視之"的句法分析》,復旦大學出土文獻與古文字研究中心網 2008 年 1 月 15 日。

凡國棟《"挈令"新論》,《簡帛》第 5 輯第 457—466 頁,上海古籍出版社 2010 年。

方環海、王仁法《論〈爾雅〉中同源詞的語義關係類型》,《徐州師範大學學報》2000 年第 4 期第 67—71 頁。

方向東《大戴禮記匯校集解》,中華書局 2008 年。

馮蒸《〈説文〉聲訓型同源詞研究》,《北京師範學院學報》(社會科學版)1989 年第 1 期第 25—32 頁。

復旦大學出土文獻與古文字研究中心研究生讀書會《〈上博(七)·凡物流形〉重編釋文》,《出土文獻與古文字研究》第 3 輯第 274—283 頁,復旦大學出版社 2010 年。

方勇編著《秦簡牘文字編》,福建人民出版社 2012 年。

甘肅省博物館、武威縣文化館編《武威漢代醫簡》,文物出版社 1975 年。

甘肅省文物工作隊、甘肅省博物館編《漢簡研究文集》,甘肅人民出版社 1984 年。

甘肅省文物考古研究所、甘肅省博物館、文化部古文獻研究室、中國社會科學院歷史研究所編《居延新簡——甲渠候官與第四燧》,文物出版社 1990 年。

甘肅省文物考古研究所、甘肅省博物館、中國文物研究所、中國社會科學院歷史研究所編《居延新簡——甲渠候官》,中華書局 1994 年。

甘肅省文物考古研究所編《敦煌漢簡》,中華書局 1991 年。

甘肅省文物考古研究所編《敦煌懸泉漢簡釋文選》,《文物》2000 年第 5 期第 27—45 頁。

高大倫《張家山漢簡〈脈書〉校釋》,成都出版社 1992 年。

高大倫《張家山漢簡〈引書〉研究》,巴蜀書社 1995 年。

高亨纂著,董治安整理《古字通假會典》,齊魯書社 1989 年。

高鴻縉《毛公鼎集釋》,《師大學報》1956 年第 1 期。

高鴻縉《中國字例》,三民書局 1960 年。

高明《帛書老子校注》,中華書局 1996 年。

高明《高明論著選集》,科學出版社 2001 年。

高明編著《古陶文彙編》,中華書局 1990 年。

高山《〈説文解字約注〉同族詞注釋研究》,華中師範大學 2012 年博士學位論文。

高田忠周纂述《古籀篇》,大通書局 1982 年。

高文《漢碑集釋》(修訂本),河南大學出版社 1997 年。

廣瀨薰雄《安徽天長紀莊漢墓"賷且"書牘解釋》,《簡帛研究 2011》第 94—102 頁,廣西師範大學出版社 2013 年。

郭沫若《長安縣張家坡銅器群銘文彙釋》,《考古學報》1962 年第 1

期第 1—12 頁。

郭沫若《甲骨文字研究》,《郭沫若全集・考古編・第一卷》,科學出版社 1982 年。

郭沫若《金文叢考》,人民出版社 1954 年。

郭沫若《兩周金文辭大系圖録考釋》,上海書店出版社 1999 年。

郭沫若《石鼓文研究　詛楚文考釋》,《郭沫若全集・考古編・第九卷》,科學出版社 1982 年。

郭沫若《殷契萃編》,科學出版社 1965 年。

郭沫若《殷周青銅器銘文研究》,科學出版社 1961 年。

郭沫若主編《甲骨文合集》,中華書局 1978—1982 年。

郭永秉《關於"兆、涉"疑問的解釋》,《古文字研究》第 30 輯第 485—492 頁,中華書局 2014 年。

郭永秉《再談甲骨金文所謂"温"字》,《古文字研究》第 31 輯第 54—61 頁,中華書局 2016 年。

國家文物局古文獻研究室大通上孫家寨漢簡整理小組《大通上孫家寨漢簡釋文》,《文物》1981 年第 2 期第 22—26 頁。

國家文物局古文獻研究室、河北省博物館、河北省文物研究所定縣漢墓竹簡整理組《〈儒家者言〉釋文》,《文物》1981 年第 8 期第 13—19 頁。

國家文物局古文獻研究室編《馬王堆漢墓帛書(壹)》,文物出版社 1980 年。

韓自强《阜陽漢簡〈周易〉研究》,上海古籍出版社 2004 年。

漢語大字典編輯委員會編纂《漢語大字典》(第二版),崇文書局、四川辭書出版社 2010 年。

郝士宏《古漢字同源分化研究》,安徽大學出版社 2008 年。

何介鈞主編《長沙馬王堆二、三號漢墓・第一卷・田野考古發掘報告》,文物出版社 2004 年。

何金松《釋"良"》,《中國語文》1985 年第 3 期。

何琳儀《安徽大學漢語言文字研究叢書・何琳儀卷》,安徽大學出版社 2013 年。

何琳儀《仰天湖竹簡選釋》,《簡帛研究》第 3 輯第 105—115 頁,廣西教育出版社 1998 年。

何琳儀《戰國古文字典——戰國文字聲系》,中華書局 1998 年。

何琳儀《戰國文字通論》,中華書局 1989 年。

何琳儀《戰國文字通論》(訂補),上海古籍出版社 2017 年。

何琳儀《者汈鐘銘校注》,《古文字研究》第 17 輯第 147—159 頁,中華書局 1989 年。

何寧《淮南子集釋》,中華書局 1998 年。

河北省文物研究所定州漢墓竹簡整理小組《定州西漢中山懷王墓竹簡〈論語〉釋文選》,《文物》1997 年第 5 期第 49—54 頁。

河北省文物研究所定州漢墓竹簡整理小組《定州西漢中山懷王墓竹簡〈論語〉選校注》,《文物》1997 年第 5 期第 55—58 頁。

河北省文物研究所定州漢墓竹簡整理小組《定州西漢中山懷王墓竹簡〈六韜〉釋文及校注》,《文物》2001 年第 5 期第 77—83 頁。

河北省文物研究所定州漢簡整理小組《定州西漢中山懷王墓竹簡〈文子〉釋文》,《文物》1995 年第 12 期第 27—34 頁。

河北省文物研究所定州漢簡整理小組《定州西漢中山懷王墓竹簡〈文子〉校勘記》,《文物》1995 年第 12 期第 35—37、40 頁。

河北省文物研究所定州漢墓竹簡整理小組《定州漢墓竹簡論語》,文物出版社 1997 年。

河南省文物考古研究所編著《新蔡葛陵楚墓》,大象出版社 2003 年。

河南省文物研究所《信陽楚墓》,文物出版社 1986 年。

賀昌群《漢簡釋文初稿》,北京圖書館出版社 2005 年。

胡厚宣主編《甲骨文合集釋文》,中國社會科學出版社 1999 年。

胡繼明《〈廣雅疏證〉同源詞研究》,巴蜀書社 2003 年。

胡平生、韓自強《阜陽漢簡詩經研究》,上海古籍出版社 1988 年。

胡平生、張德芳編撰《敦煌懸泉漢簡釋粹》,上海古籍出版社 2001 年。

胡世文《黃侃〈手批爾雅義疏〉同族詞研究》,中國社會科學出版社 2013 年。

湖北省博物館編《隨縣曾侯乙墓》,文物出版社 1980 年。

湖北省荆州市周梁玉橋遺址博物館編《關沮秦漢墓簡牘》,中華書局 2001 年。

湖北省荊沙鐵路考古隊《包山楚簡》，文物出版社 1991 年。

湖北省文物考古研究所、北京大學中文系編《九店楚簡》，中華書局 2000 年。

湖北省文物考古研究所、北京大學中文系編《望山楚簡》，中華書局 1995 年。

湖北省文物考古研究所、隨州市考古隊編著《隨州孔家坡漢墓簡牘》，文物出版社 2006 年。

湖北省文物考古研究所（陳振裕執筆）《江陵鳳凰山一六八號漢墓》，《考古學報》1993 年第 4 期第 455—513 頁。

湖南省文物考古研究所編著《里耶秦簡》（壹）—（貳），文物出版社 2012—2017 年。

湖南省博物館、中國科學院考古研究所編《長沙馬王堆一號漢墓》，文物出版社 1973 年。

華陸綜注譯《尉繚子注譯》，中華書局 1979 年。

華學誠匯證，王智群、謝榮娥、王彩琴協編《揚雄方言校釋匯證》，中華書局 2006 年。

黃懷信《小爾雅匯校集釋》，三秦出版社 2003 年。

黃德寬《對古代漢字發展沿革內在關係的探索與揭示——關於〈古文字譜系疏證〉》，《學術界》2005 年第 1 期第 292—295 頁。

黃德寬《〈戰國楚竹書（二）〉釋文補正》，《學術界》2003 年第 1 期第 78—84 頁。

黃德寬《開啓中華文明的管鑰》，北京師範大學出版社 2011 年。

黃德寬主編《古文字譜系疏證》，商務印書館 2007 年。

黃德寬、徐在國主編《安徽大學藏戰國竹簡（一）》，中西書局 2019 年。

黃德寬主編《清華大學藏戰國竹簡（玖）》，中西書局 2019 年。

黃懷信、張懋鎔、田旭東《逸周書彙校集注》，上海古籍出版社 1995 年。

黃懷信主撰，孔德立、周海生參撰《大戴禮記彙校集注》，三秦出版社 2005 年。

黃金貴《古代文化詞義集類辨考》，上海教育出版社 1995 年。

黃金貴《古代文化詞義集類辨考》（新一版），商務印書館 2016 年。

黃金貴《評王力的同源詞與同義詞關係論——兼談同源求異法》，《浙江大學學報》（人文社會科學版）2003 年第 3 期第 55—64 頁。

黃景春《早期買地券、鎮墓文整理與研究》，華東師範大學 2004 年博士學位論文。

黃侃批校《黃侃手批爾雅義疏》，中華書局 2006 年。

黃侃述，黃焯編《文字聲韻訓詁筆記》，上海古籍出版社 1983 年。

黃靈庚疏證《楚辭章句疏證》，中華書局 2007 年。

黃盛璋《西周銅器中服飾賞賜與職官及册命制度關係》，《傳統文化與現代化》1997 年第 1 期第 37—45 頁。

黃天樹《花園莊東地甲骨中所見的若干新資料》，《陝西師範大學學報》（哲學社會科學版）2005 年第 2 期第 57—60 頁。

黃天樹《黃天樹古文字論集》，學苑出版社 2006 年。

黃錫全《甲骨文“吉”字新探》，《“紀念甲骨文發現 120 周年國際學術研討會”論文集》，中共中央宣傳部、教育部、文化和旅游部、科學技術部、國家語言文字工作委員會、國家文物局、中國社會科學院和河南省人民政府主辦，2019 年。

黃易青《上古漢語同源詞意義系統研究》，商務印書館 2007 年。

黃永武《形聲多兼會意考》，文史哲出版社 1984 年。

吉林大學歷史系考古專業赴紀南城開門辦學小分隊《鳳凰山一六七號漢墓遣策考釋》，《文物》1976 年第 10 期第 38—42 頁。

季旭昇《〈上博五・鮑叔牙與隰朋之諫〉釋文暨三個問題》，《古文字研究》第 29 輯第 512—515 頁，中華書局 2012 年。

季旭昇《上博五芻議（上）》，簡帛網 2006 年 2 月 18 日。

季旭昇《說文新證》，福建人民出版社 2010 年。

季旭昇《說文新證》，藝文印書館 2014 年。

季旭昇《說朱》，《甲骨文發現一百周年學術研討會論文集》第 129—144 頁，文史哲出版社 1998 年。

賈蘭坡、衛奇、李超榮《許家窯舊石器時代文化遺址 1976 年發掘報告》，《古脊椎動物與古人類》1979 年第 4 期第 277—293 頁。

賈連敏《新蔡葛陵楚簡中的祭禱文書》，《華夏考古》2004 年第 3 期第 89—101、108 頁。

蔣紹愚《古漢語詞彙綱要》,商務印書館 2005 年。

蔣紹愚《漢語歷史詞彙學概要》,商務印書館 2015 年。

蔣玉斌《釋殷墟自組卜辭中的"兆"字》,《古文字研究》第 27 輯第 104—110 頁,中華書局 2008 年。

金立《江陵鳳凰山八號漢墓竹簡試釋》,《文物》1976 年第 6 期第 69—75 頁。

劉釗《郭店楚簡〈語叢二〉箋釋》,《古墓新知——紀念郭店楚簡出土十周年論文專輯》第 245—260 頁,香港國際炎黃文化出版社 2003 年。

荆門市博物館編《郭店楚墓竹簡》,文物出版社 1998 年。

荆州地區博物館(劉德銀執筆)《江陵王家臺 15 號秦墓》,《文物》1995 年第 1 期第 37—43 頁。

考古研究所編輯室《武威磨咀子漢墓出土王杖十簡釋文》,《考古》1960 年第 9 期第 29—30 頁。

黎翔鳳撰,梁運華整理《管子校注》,中華書局 2004 年。

李春桃《太師氏姜匜銘文釋讀》,《古文字研究》第 31 輯第 191—195 頁,中華書局 2016 年。

李冬鴿《〈釋名〉新證》,上海古籍出版社 2014 年。

李冬鴿《從〈説文〉本義與出土材料本義的不同談詞義的引申方式》,《語文研究》2017 年第 1 期第 50—54 頁。

李國英《〈説文〉的造意——兼論辭書對〈説文〉訓釋材料的采用》,《辭書研究》1987 年第 1 期第 62—70 頁。

李家浩《戰國官印考釋(二篇)》,《文物研究》第 7 輯第 346—353 頁,黄山書社 1991 年。

李家浩《戰國官印考釋三篇》,《出土文獻研究》第 6 輯第 12—23 頁,上海古籍出版社 2004 年。

李家浩《戰國貨幣銘文中的"刖"和"比"》,《中國語文》1980 年第 5 期。

李家浩《著名中年語言學家自選集·李家浩卷》,安徽教育出版社 2002 年。

李均明、何雙全編《散見簡牘合輯》,文物出版社 1990 年。

謝桂華、李均明、朱國炤《居延漢簡釋文合校》,文物出版社 1987 年。

李零《北大藏秦簡〈酒令〉》,《北京大學學報》(哲學社會科學版)2015 年第 2 期第 16—20 頁。

李零《北大藏秦簡〈禹九策〉》,《北京大學學報》(哲學社會科學版)2017 年第 5 期第 42—52 頁。

李零《長沙子彈庫戰國楚帛書研究》,中華書局 1985 年。

李零《楚國銅器銘文編年匯釋》,《古文字研究》第 13 輯第 353—398頁,中華書局 1986 年。

李零《讀梁鑑藏鏡四篇——説漢鏡銘文中的女性賦體詩》,《中國文化》第 35 期第 30—39 頁,2012 年。

李零《視日、日書和葉書——三種簡帛文獻的區別和定名》,《文物》2008 年第 12 期第 73—80 頁。

李零《隱書》,《簡帛》第 8 輯第 11—16 頁,上海古籍出版社 2013 年。

李守奎、曲冰、孫偉龍編著《上海博物館藏戰國楚竹書(一—五)文字編》,作家出版社 2007 年。

李守奎《〈周公之琴舞〉補釋》,《出土文獻研究》第 11 輯第 5—23頁,中西書局 2012 年。

李孝定編述《甲骨文字集釋》,史語所 1965 年。

李孝定《金文詁林讀後記》,史語所 1982 年。

李新城《東漢銅鏡銘文整理與研究》,華東師範大學 2006 年博士學位論文。

李學勤、齊文心、艾蘭《英國所藏甲骨集》,中華書局 1985 年、1992 年。

李學勤《放馬灘簡中的志怪故事》,《文物》1990 年第 4 期第 43—47 頁。

李學勤主編《清華大學藏戰國竹簡》(壹)—(捌),中西書局 2010—2018 年。

李學勤《上博楚簡〈魯邦大旱〉解義》,《孔子研究》2004 年第 1 期第 4—7 頁。

李學勤《試釋所謂“寡子卣”》,《出土文獻》第 10 輯第 35—36 頁,中西書局 2017 年。

李玉《漢語同源詞詞群考》,《廣西師範學院學報》2003 年第 2 期第110—117 頁。

李玉《漢語同源字考釋(二)》,《廣西師範學院學報》(哲學社會科學版)2007 年第 4 期第 52—57 頁。

李玉《漢語同源字研究》,《賀州學院學報》2008 年第 1 期第 52—56 頁。

李宗焜編著《甲骨文字編》,中華書局 2012 年。

里耶秦簡博物館、出土文獻與中國古代文明研究協同創新中心中國人民大學中心編著《里耶秦簡博物館藏秦簡》,中西書局 2016 年。

連佳鵬《釋甲骨文中从"尻"之字及相關問題》,《第十三屆全國古代漢語學術研討會論文集》第 207—211 頁,2016 年。

連劭名《長沙楚帛書與中國古代的宇宙論》,《文物》1991 年第 2 期第 40—46 頁。

連雲港市博物館、東海縣博物館、中國社會科學院簡帛研究中心、中國文物研究所編《尹灣漢墓簡牘》,中華書局 1997 年。

廖名春《楚文字考釋三則》,《吉林大學古籍整理研究所建所十五周年紀念文集》第 87—97 頁,吉林大學出版社 1998 年。

林梅村、李均明編《疏勒河流域出土漢簡》,文物出版社 1984 年。

林梅村編《樓蘭尼雅出土文書》,文物出版社 1985 年。

林清源《釋參》,《古文字研究》第 24 輯第 286—290 頁,中華書局 2002 年。

林義光《文源》,中西書局 2012 年。

林澐《釋㫃》,《古文字研究》第 24 輯第 57—60 頁,中華書局 2002 年。

林澐《林澐學術文集》,中國大百科全書出版社 1998 年。

劉國勝《上博(五)零札(六則)》,簡帛網 2006 年 3 月 31 日。

劉桓《殷契新釋》,河北教育出版社 1989 年。

劉精盛《王念孫〈釋大〉"大"義探微》,《古漢語研究》2006 年第 3 期第 88—94 頁。

劉鈞傑《同源字典補》,商務印書館 1999 年。

劉鈞傑《同源字典再補》,語文出版社 1999 年。

劉紹剛、鄭同修《日照海曲漢墓出土遣策概述》,《出土文獻研究》第 12 輯第 202—212 頁,中西書局 2013 年。

劉信芳編著《楚簡帛通假彙釋》,高等教育出版社 2011 年。

劉雨、盧岩《近出殷周金文集録》,中華書局 2002 年。

劉雨、嚴志斌編著《近出殷周金文集録二編》,中華書局 2010 年。

劉雨《西周金文中的祭祖禮》,《考古學報》1989 年第 4 期第 495—522 頁。

劉又辛、張博《釋"方"》,《語言研究》1992 年第 2 期第 150—155 頁。

劉又辛、張博《釋空》,《固原師專學報》1996 年第 1 期第 87—90 頁。

劉樂賢《馬王堆天文書考釋》,中山大學出版社 2004 年。

劉釗等編纂《新甲骨文編》(增訂本),福建人民出版社 2014 年。

劉釗《古文字考釋叢稿》,嶽麓書社 2005 年。

劉釗《郭店楚簡校釋》,福建人民出版社 2005 年。

劉釗《齊國文字"主"字補正》,《出土文獻與古文字研究》第 3 輯第 137—151 頁,復旦大學出版社 2010 年。

劉釗《"集"字的形音義》,《中國語文》2018 年第 1 期第 106—116 頁。

盧烈紅《黃侃的語源學理論和實踐》,《武漢大學學報》(哲學社會科學版)1995 年第 6 期第 12—17 頁。

陸宗達《〈說文解字〉同源字新證》,學苑出版社 2019 年。

陸宗達、王寧《訓詁與訓詁學》,山西教育出版社 1994 年。

陸忠發《〈說文段注〉的同源詞研究》,《古漢語研究》1994 年第 3 期第 45—47 頁。

羅福頤主編《古璽彙編》,文物出版社 1981 年。

羅福頤主編《古璽文編》,文物出版社 1981 年。

羅福頤編《漢印文字徵》,文物出版社 1978 年。

羅琨《釋"帝"》,《古文字研究》第 28 輯第 66—72 頁,中華書局 2010 年。

羅振玉編《三代吉金文存》,中華書局 1983 年。

羅振玉《殷虛書契考釋三種》,中華書局 2006 年。

呂志峰《東漢石刻磚陶等民俗性文字資料詞彙研究》,上海人民出版社 2009 年。

馬承源主編《商周青銅器銘文選》(三)、(四),文物出版社 1988、1990 年。

馬承源主編《上海博物館藏戰國楚竹書》(一)—(九),上海古籍出版社 2001—2012 年。

馬承源《越王劍、永康元年群神禽獸鏡（上海博物館藏）》,《文物》1962 年第 12 期第 53—55 頁。

馬承源《中國青銅器》（修訂本）,上海古籍出版社 2003 年。

馬衡《漢石經集存》,上海書店出版社 2014 年。

馬繼興《馬王堆古醫書考釋》,湖南科學技術出版社 1992 年。

馬王堆漢墓帛書整理小組《馬王堆帛書〈六十四卦〉釋文》,《文物》1984 年第 3 期第 1—8 頁。

馬王堆漢墓帛書整理小組《馬王堆帛書〈式法〉釋文摘要》,《文物》2000 年第 7 期第 85—94 頁。

馬王堆漢墓帛書整理小組《馬王堆漢墓帛書〈相馬經〉釋文》,《文物》1977 年第 8 期第 17—22 頁。

馬王堆漢墓帛書整理小組編《馬王堆漢墓帛書》（叁）、（肆）,文物出版社 1983、1985 年。

馬叙倫《説文解字六書疏證》,上海書店出版社 1985 年。

孟蓬生《上古漢語同源詞語音關係研究》,北京師範大學出版社 2001 年。

中國社科院歷史研究所編《甲骨文合集補編》,語文出版社 1999 年。

秦建明《釋皇》,《考古》1995 年第 5 期第 431—433 頁。

青海省文物考古研究所《上孫家寨漢晋墓》,文物出版社 1993 年。

裘錫圭《讀簡帛文字資料札記》,《簡帛研究》第 1 輯第 26—33 頁,法律出版社 1993 年。

裘錫圭《古代文史研究新探》,江蘇古籍出版社 1992 年。

裘錫圭《古文字論集》,中華書局 1992 年。

裘錫圭《湖北江陵鳳凰山十號漢墓出土簡牘考釋》,《文物》1974 年第 7 期第 49—63 頁。

裘錫圭《裘錫圭學術文化隨筆》,中國青年出版社 1999 年。

裘錫圭《釋殷墟卜辭中的“卒”和“裨”》,《中原文物》1990 年第 3 期第 8—17 頁。

裘錫圭《文字學概要》,商務印書館 1988 年。

裘錫圭《文字學概要》（修訂本）,商務印書館 2013 年。

裘錫圭《殷墟甲骨文字考釋（七篇）》,《湖北大學學報》（哲學社會科學版)1990 年第 1 期第 50—57 頁。

裘錫圭《中國出土古文獻十講》,復旦大學出版社 2004 年。

裘錫圭主編《長沙馬王堆漢墓簡帛集成》,中華書局 2014 年。

饒宗頤《殷代貞卜人物通考》,香港大學出版社 1959 年。

饒宗頤、曾憲通《隨縣曾侯乙墓鐘磬銘辭研究》,中文大學出版社 1985 年。

人民衛生出版社整理(影印本)《黃帝内經素問》,人民衛生出版社 2015 年。

任繼昉《漢語語源學》(第 2 版),重慶出版社 2004 年。

容庚編著《金文編》,中華書局 1985 年。

山西省文物工作委員會編《侯馬盟書》,文物出版社 1976 年。

陝西省博物館編《秦漢瓦當》,文物出版社 1964 年。

單育辰《清華六〈子產〉釋文商榷》,《出土文獻》第 11 輯第 210—218 頁,中西書局 2017 年。

商承祚《甲骨文字研究》,天津古籍出版社 2008 年。

商承祚《説文中之古文考》,上海古籍出版社 1983 年。

邵英《古文字形體考古研究》,科學出版社 2010 年。

沈兼士《沈兼士學術論文集》,中華書局 1986 年。

沈培《上博簡〈姑成家父〉一個編聯組位置的調整》,簡帛網 2006 年 2 月 22 日。

沈之傑《干、盾補説》,《中國語言文學研究》2020 年第 1 期第 23—31 頁。

史建偉《説"还(還)"——兼析从"睘/䍤"得聲字的音義同源關係》,《南開語言學刊》2006 年第 1 期第 93—97 頁。

史樹青《長沙仰天湖出土楚簡研究》,群聯出版社 1955 年。

睡虎地秦墓竹簡整理小組編《睡虎地秦墓竹簡》(綫裝本),文物出版社 1977 年。

睡虎地秦墓竹簡整理小組編《睡虎地秦墓竹簡》(平裝本),文物出版社 1978 年。

睡虎地秦墓竹簡整理小組編《睡虎地秦墓竹簡》(精裝本),文物出版社 1990 年。

宋永培《〈説文〉對反義同義同源關係的表述與探討》,《河北大學學報》(哲學社會科學版)1992 年第 4 期第 58—67 頁。

宋永培《〈説文解字〉與文獻詞義學》,河南人民出版社 1994 年。

蘇寶榮《〈説文解字〉今注》,陝西人民出版社 2000 年。

蘇寶榮《詞彙學與辭書學研究》,商務印書館 2008 年。

蘇寶榮《文字的多源性與字典本義的説解》,《辭書研究》1988 年第 5 期第 71—78 頁。

蘇建洲《讀〈上博(六)·天子建州〉筆記》,簡帛網 2007 年 7 月 22 日。

孫常叙《秏秜的起原和發展》,《東北師範大學科學集刊》1956 年第 2 期第 113—164 頁。

孫常叙《孫常叙古文字學論集》,東北師範大學出版社 1998 年。

孫常叙《則、灋度量則、則誓三事試解》,《古文字研究》第 7 輯第 7—24 頁,中華書局 1982 年。

孫機《漢代物質文化資料圖説》,文物出版社 1991 年。

孫慰祖、徐谷富編著《秦漢金文匯編》,上海書店出版社 1997 年。

孫詒讓《古籀拾遺　古籀餘論》,中華書局 1989 年。

孫占宇《放馬灘秦簡甲種日書校注》,《出土文獻研究》第 10 輯第 113—136 頁,中華書局 2011 年。

孫占宇《放馬灘秦簡日書整理與研究》,西北師範大學 2008 年博士學位論文。

譚步云《説"朱"及其相關的字——兼説"守株待兔"之釋義》,《中國文字學會第五屆年會暨漢字學國際學術研討會論文集》,2009 年。

湯可敬《説文解字今釋》,嶽麓書社 1997 年。

湯餘惠《邵鐘銘文補釋》,《古文字研究》第 20 輯第 130—137 頁,中華書局 1999 年。

湯餘惠《略論戰國文字形體研究中的幾個問題》,《古文字研究》第 15 輯第 9—100 頁,中華書局 1986 年。

唐蘭《懷鉛隨録(續)——釋示宗及主》,《考古社刊》1937 年第 6 期第 315—334 頁。

唐蘭《唐蘭全集》,上海古籍出版社 2015 年。

唐蘭《天壤閣甲骨文存考釋》,北京輔仁大學出版社 1939 年。

唐仲良等《神經系統生理學》,復旦大學出版社 1991 年。

滕華英《近 20 年來漢語同源詞研究綜述》,《江漢大學學報》(人文科學版)2007 年第 6 期第 70—73 頁。

田恒金《談方以智對同源詞的研究》,《湖北民族學院學報》(哲學社會科學版)2000 年第 3 期第 85—88 頁。

田天《北大藏秦簡〈醫方雜抄〉初識》,《北京大學學報》(哲學社會科學版)2017 年第 5 期第 52—57 頁。

汪慶正主編《中國歷代貨幣大系(1)先秦貨幣》,上海人民出版社 1988 年。

汪少華《中國古車輿名物考辨》,商務印書館 2005 年。

汪榮寶撰,陳仲夫點校《法言義疏》,中華書局 1987 年。

王艾錄、司富珍《漢語的語詞理據》,商務印書館 2001 年。

王利器《文子疏義》,中華書局 2009 年。

王恩田《商周銅器與金文輯考》,文物出版社 2017 年。

王恩田編著《陶文圖録》,齊魯書社 2006 年。

王恩田編著《陶文字典》,齊魯書社 2007 年。

王鳳陽《古辭辨》,吉林文史出版社 1993 年。

王國維《觀堂集林》,中華書局 1959 年。

王國維《王國維遺書》第 6 册,上海古籍書店 1983 年。

王浩《鄭玄〈三禮注〉同源詞研究》,河北師範大學 2010 年博士學位論文。

王浩《鄭玄〈三禮注〉〈毛詩箋〉同源詞研究》,北京師範大學出版社 2017 年。

王暉《古文字與商周史新證》,中華書局 2003 年。

王暉《西周金文所見大宗"收族"現象研究》,《史學月刊》2016 年第 12 期第 25—31 頁。

王輝編著《古文字通假字典》,中華書局 2008 年。

王輝編著《秦銅器銘文編年集釋》,三秦出版社 1990 年。

王輝主編《秦文字編》,中華書局 2015 年。

王輝《史密簋釋文考地》,《人文雜誌》1991 年第 4 期第 99—103、

98 頁。

王輝《殷人火祭説》,《古文字研究論文集》(四川大學學報叢刊,第 10 輯)第 255—279 頁,四川人民出版社 1982 年。

王建軍《聲符"盧"所示詞源義考察》,《井岡山學院學報》2009 年第 7 期第 57—59 頁。

王力《同源字典》,商務印書館 1982 年。

王力主編《王力古漢語字典》,中華書局 2000 年。

王利器《顔氏家訓集解》(增補本),中華書局 2002 年。

王寧、黃易青《詞源意義與詞彙意義論析》,《北京師範大學學報》(人文社會科學版)2002 年第 4 期第 90—98 頁。

王寧《關於漢語詞源研究的幾個問題》,《陝西師範大學學報》(哲學社會科學版)2001 年第 1 期第 62—66 頁。

王寧《漢字構形學講座》,上海教育出版社 2002 年。

王寧《訓詁學原理》,中國國際廣播出版社 1996 年。

王雲路、王誠《漢語詞彙核心義研究》,北京大學出版社 2014 年。

王蘊智《同源字、同源詞説辨》,《古漢語研究》1993 年第 2 期第 29—33 頁。

王蘊智《殷周古文同源分化現象探索》,吉林人民出版社 1996 年。

王蘊智《字學論集》,河南美術出版社 2004 年。

魏堅主編《額濟納漢簡》,廣西師範大學出版社 2005 年。

魏啓鵬、胡翔驊《馬王堆漢墓醫書校釋(壹)》,成都出版社 1992 年。

魏啓鵬《簡帛文獻〈五行〉箋證》,中華書局 2005 年。

文化部古文獻研究室、安徽阜陽地區博物館阜陽漢簡整理組《阜陽漢簡〈萬物〉》,《文物》1988 年第 4 期第 36—47、54 頁。

文物局古文獻研究室、安徽省阜陽地區博物館阜陽漢簡整理組《阜陽漢簡〈倉頡篇〉》,《文物》1983 年第 2 期第 24—34 頁。

文物局文獻研究室、安徽阜陽地區博物館阜陽漢簡整理組《阜陽漢簡〈詩經〉》,《文物》1984 年第 8 期第 1—12 頁。

吴大澂《説文古籀補》,中華書局 1988 年。

吴九龍《銀雀山漢簡釋文》,文物出版社 1985 年。

吴礽驤、李永良、馬建華釋校《敦煌漢簡釋文》,甘肅人民出版社

1991 年。

吳振武《古璽姓氏考（複姓十五篇）》,《出土文獻研究》第 3 輯第 74—88 頁,中華書局 1998 年。

吳鎮烽《逑尊銘文初探》,復旦大學出土文獻與古文字研究中心網 2014 年 7 月 29 日。

夏渌《"差"字的形義來源》,《中國語文》1979 年第 1 期。本書引自 曾憲通《古文字與漢語史論集》第 52—55 頁,中山大學出版社 2002 年。

夏征農、陳至立主編《辭海》（第六版縮印本）,上海辭書出版社 2010 年。

蕭聖中《與古代穴居生活相關的一個漢字——"晶（温）"字本義初 窺》,《古文字研究》第 30 輯第 499—503 頁,中華書局 2014 年。

蕭毅《讀簡札記一》,《古文字研究》第 29 輯第 592—596 頁,中華書 局 2012 年。

謝明文《商周文字論集》,上海古籍出版社 2017 年。

徐寶貴《石鼓文考釋五篇》,《出土文獻與古文字研究》第 6 輯第 423—442 頁,上海古籍出版社 2015 年。

徐朝華《爾雅今注》,南開大學出版社 1994 年。

徐時儀校注《一切經音義三種校本合刊》,上海古籍出版社 2012 年。

徐錫臺、樓宇棟、魏效祖《周秦漢瓦當》,文物出版社 1988 年。

徐元誥撰,王樹民、沈長雲點校《國語集解》,中華書局 2002 年。

徐在國《安徽大學漢語言文字研究叢書·徐在國卷》,安徽大學出 版社 2013 年。

徐正考《漢代銅器銘文文字編》,吉林大學出版社 2005 年。

徐中舒主編《甲骨文字典》（第 3 版）,四川辭書出版社 2014 年。

徐中舒《耒耜考》,《農業考古》1983 年第 1 期第 65—74 頁。

徐中舒《耒耜考（續）》,《農業考古》1983 年第 2 期第 121—136 頁。

許維遹撰,梁運華整理《呂氏春秋集釋》,中華書局 2009 年。

許雄志主編《秦印文字彙編》,河南美術出版社 2001 年。

嚴學宭《論漢語同族詞內部屈折的變換模式》,《中國語文》1979 年 第 2 期。

嚴一萍《美國納爾森美術館藏甲骨卜辭考釋》,藝文印書館 1973 年。

晏昌貴《秦家嘴"卜筮祭禱"簡釋文輯校》,《湖北大學學報》(哲學社會科學版)2005 年第 1 期第 10—13 頁。

楊伯峻《列子集釋》,中華書局 1979 年。

楊樹達《積微居金文説》(增訂本),中華書局 1997 年。

楊樹達《積微居小學金石論叢》,商務印書館 2011 年。

楊樹達《積微居小學述林全編》,上海古籍出版社 2007 年。

姚孝遂、肖丁《小屯南地甲骨考釋》,中華書局 1985 年。

姚孝遂《再論古漢字的性質》,《古文字研究》第 17 輯第 309—323 頁,中華書局 1989 年。

姚萱《殷墟花園莊東地甲骨卜辭的初步研究》,綫裝書局 2006 年。

葉玉森《説契》,《學衡》第 31 期,1924 年。

葉玉森《擘契枝譚》,《學衡》第 31 期,1924 年。

葉玉森《殷虚書契前編集釋》,大東書局 1934 年。

殷寄明《漢語同源詞大典》,復旦大學出版社 2018 年。

殷寄明《漢語同源字詞叢考》,東方出版中心 2007 年。

殷寄明《漢語語源義初探》,學林出版社 1998 年。

殷寄明《語源學概論》,上海教育出版社 2000 年。

銀雀山漢墓竹簡整理小組《臨沂銀雀山漢墓出土〈王兵〉篇釋文》,《文物》1976 年第 12 期第 36—43 頁。

銀雀山漢墓竹簡整理小組編《孫臏兵法》,文物出版社 1975 年。

銀雀山漢墓竹簡整理小組編《孫子兵法》,文物出版社 1976 年。

銀雀山漢墓竹簡整理小組編《銀雀山漢墓竹簡》(壹)、(貳),文物出版社 1985、2010 年。

銀雀山漢墓竹簡整理小組《銀雀山簡本〈尉繚子〉釋文(附校注)》,《文物》1977 年第 2 期第 21—27 頁。

銀雀山漢墓竹簡整理小組《銀雀山簡本〈尉繚子〉釋文(附校注)》,《文物》1977 年第 3 期第 30—35 頁。

銀雀山漢墓竹簡整理小組《銀雀山竹書〈守法〉、〈守令〉等十三篇》,《文物》1985 年第 4 期第 27—38 頁。

于省吾《甲骨文字釋林》,中華書局 1979 年。

于省吾《釋皇》,《吉林大學社會科學學報》1981 年第 2 期第 19—

23 頁。

于省吾《壽縣蔡侯墓銅器銘文考釋》，《古文字研究》第 1 輯第 40—54 頁，中華書局 1979 年。

于省吾《雙劍誃殷契駢枝　雙劍誃殷契駢枝續編　雙劍誃殷契駢枝三編》，中華書局 2009 年。

于省吾《澤螺居詩經新證》，中華書局 1982 年。

于省吾主編《甲骨文字詁林》，中華書局 1996 年。

袁健惠《漢語同源詞研究方法論略》，《綿陽師範學院學報》2007 年第 1 期第 118—122 頁。

袁健惠《認知隱喻學視野下的同源詞詞源結構闡釋》，《貴州大學學報》（社會科學版）2009 年第 1 期第 122—124 頁。

袁仲一編著《秦代陶文》，三秦出版社 1987 年。

游順釗《“聾”“盲”同源》，《中國語文》2000 年第 4 期第 327—332 頁。

曾憲通、林志強《漢字源流》，中山大學出版社 2011 年。

曾憲通《“作”字探源——兼談“朱”字的流變》，《古文字研究》第 19 輯第 408—421 頁，中華書局 1992 年。

曾憲通《古文字與出土文獻叢考》，中山大學出版社 2005 年。

曾憲通《釋“鳳”“皇”及其相關諸字》，《中國語言學報》第 8 期第 166—172 頁，北京語言文化大學出版社 1997 年。

曾昭聰《形聲字聲符示源功能述論》，黃山書社 2002 年。

詹鄞鑫《禘禮辨——兼釋卜辭“帝”禮及“咢”禮》，《中國文字研究》第 1 輯第 34—60 頁，廣西教育出版社 1999 年。

詹鄞鑫《華夏考——詹鄞鑫文字訓詁論集》，中華書局 2006 年。

章季濤《實用同源字典》，湖北人民出版社 2000 年。

章太炎《章太炎全集：新方言　嶺外三州語　文始　小學答問　說文部首均語　新出三體石經考》，上海人民出版社 2014 年。

章太炎講授，朱希祖、錢玄同、周樹人記錄，陸宗達、章念馳顧問，王寧整理《章太炎說文解字授課筆記》（縮印本），中華書局 2010 年。

張博《漢語同族詞的系統性與驗證方法》，商務印書館 2003 年。

張傳官《北大漢簡〈妄稽〉校讀與復原札記》，《出土文獻》第 11 輯第

295—322 頁,中西書局 2017 年。

張純一撰,梁運華點校《晏子春秋校注》,中華書局 2014 年。

張崇禮《釋〈凡物流形〉的"其夬奚適,孰知其疆"》,復旦大學出土文獻與古文字研究中心網 2009 年 3 月 19 日。

張光裕、黄德寬等主編《古文字學論稿》,安徽大學出版社 2008 年。

張頷《古幣文編》,中華書局 1986 年。

張家山二四七號漢墓竹簡整理小組編著《張家山漢墓竹簡》〔二四七號墓〕,文物出版社 2001 年。

張家山二四七號漢墓竹簡整理小組編著《張家山漢墓竹簡》〔二四七號墓〕(釋文修訂本),文物出版社 2006 年。

張麗萍、張顯成《〈敦煌馬圈灣漢簡集釋〉釋讀訂誤》,《簡帛》第 14 輯第 175—184 頁,上海古籍出版社 2017 年。

張世超等《金文形義通解》,中文出版社 1996 年。

張舜徽《説文解字約注》,華中師範大學出版社 2009 年。

張希峰《從〈釋名〉看劉熙在詞源學上的成就和局限》,《古籍整理研究學刊》1992 年第 6 期第 38—43 頁。

張希峰《漢語詞族叢考》,巴蜀書社 1999 年。

張希峰《漢語詞族三考》,北京語言大學出版社 2004 年。

張希峰《漢語詞族續考》,巴蜀書社 2000 年。

張亞初編著《殷周金文集成引得》,中華書局 2001 年。

張玉金《釋甲骨文中的"𠂤"和"𠂤"》,《古文字研究》第 23 輯第 3—9 頁,中華書局、安徽大學出版社 2002 年。

張震澤《孫臏兵法校理》,中華書局 1984 年。

張政烺《馬王堆帛書〈周易〉經傳校讀》,中華書局 2008 年。

張政烺《釋因蘊》,《古文字研究》第 12 輯第 73—84 頁,中華書局 1985 年。

張政烺《張政烺文史論集》,中華書局 2004 年。

趙超《漢魏南北朝墓誌彙編》,天津古籍出版社 1992 年。

趙超《山東嘉祥出土東漢永壽三年畫像石題記補考》,《文物》1990 年第 9 期第 88—90 頁。

趙誠《甲骨文字的二重性及其構形關係》,《古文字研究》第 6 輯第

211—226 頁,中華書局 1981 年。

趙儷生《中國土地制度史》,武漢大學出版社 2013 年。

趙平安《〈説文〉小篆研究》,廣西教育出版社 1999 年。

趙平安《釋參及相關諸字》,《語言研究》1995 年第 1 期第 168—173 頁。

趙平安《新出簡帛與古文字古文獻研究》,商務印書館 2009 年。

趙小剛《羌漢語言接觸形成的一組同源漢字》,《中央民族大學學報》2004 年第 6 期第 125—128 頁。

趙學清《試論詞源意義與文字構意的關係》(摘要),"第三届出土文獻與上古漢語研究(簡帛專題)學術研討會暨 2017 中國社會科學院社會科學論壇",2017 年 8 月 14—16 日。

中國簡牘集成編委會編《中國簡牘集成》,敦煌文藝出版社 2001 年。

中國社會科學院考古研究所編《殷墟婦好墓》,文物出版社 1980 年。

中國科學院考古研究所、甘肅省博物館編《武威漢簡》,文物出版社 1964 年。

中國科學院考古研究所編《居延漢簡甲編》,科學出版社 1959 年。

中國社會科學院考古研究所、湖北省博物館編《曾侯乙墓》,文物出版社 1989 年。

中國社會科學院考古研究所編《居延漢簡甲乙編》,中華書局 1980 年。

中國社會科學院考古研究所編《殷周金文集成》(修訂增補本),中華書局 2007 年。

中國社會科學院考古研究所編《殷周金文集成釋文》,香港中文大學中國文化研究所 2001 年。

中國社會科學院考古研究所編著《殷墟花園莊東地甲骨》(修訂版),雲南人民出版社 2016 年。

中國文物學會專家委員會主編《中國文物大辭典》,中央編譯出版社 2008 年。

中國文物研究所、湖北省文物考古研究所編《龍崗秦簡》,中華書局 2001 年。

鍾柏生等編《新收殷周青銅器銘文暨器影彙編》,藝文印書館

2006 年。

　　周波《中山器銘文補釋》，《出土文獻與古文字研究》第 3 輯第 196—207 頁，復旦大學出版社 2010 年。

　　周策縱《一對最古的藥酒壺之發現》，《古文字研究》第 10 輯第 418—429 頁，中華書局 1983 年。

　　周法高主編《金文詁林》，香港中文大學出版社 1974 年。

　　周光慶《"屯春"詞族考論》，《通往中國語言哲學的小路——周光慶自選集》第 79—85 頁，華中師範大學出版社 2011 年。

　　周光慶《從同根字看語言文字之系統與根源》，《華中師院學報》（哲學社會科學版）1984 年第 5 期第 110—117 頁。

　　周光慶《古漢語詞源結構中的文化心理》，《華中師範大學學報》（哲學社會科學版）1989 年第 4 期第 19—26 頁。

　　周一謀、蕭佐桃《馬王堆醫書考注》，天津科學技術出版社 1988 年。

　　周祖謨校《廣韻校本》，中華書局 2011 年。

　　朱芳圃《殷周文字釋叢》，中華書局 1962 年。

　　朱鳳瀚《北大藏秦簡〈從政之經〉述要》，《文物》2012 年第 6 期第 74—80 頁。

　　朱鳳瀚《古代中國青銅器》，南開大學出版社 1995 年。

　　朱鳳瀚《中國青銅器綜論》，上海古籍出版社 2009 年。

　　朱克敏編《秦漢瓦當文字》，文海出版社 1972 年。

　　朱漢民、陳松長主編《嶽麓書院藏秦簡》（壹）—（叁），上海辭書出版社 2010—2013 年。

　　朱歧祥《殷墟甲骨文字通釋稿》，文史哲出版社 1989 年。

　　宗福邦、陳世鐃、蕭海波主編《故訓匯纂》，商務印書館 2003 年。

　　諸祖耿編撰《戰國策集注匯考》（增補本），鳳凰出版社 2008 年。

　　鄒芙都《楚系銘文綜合研究》，巴蜀書社 2007 年。

　　鄒曉麗《基礎漢字形義釋源——〈說文解字〉部首今讀本義》，北京出版社 1990 年。

後　記

　　這本小書是我 2010 年獲批的國家社科基金青年項目《出土文獻的同源詞族研究》的結項成果。從課題立項至今已有 10 餘年,現在拿出來出版,依然是誠惶誠恐。漢語同源詞研究是漢語研究中的重要問題,近些年也依然不斷有新作問世。

　　這個課題的申報與獲批都與我的博士論文《〈釋名〉新證》有直接關係。我讀研期間沒有特別地關注過古文字,後來師從趙平安老師讀博,在趙老師的指導下選擇了《〈釋名〉新證》的題目,嘗試利用古文字的研究成果解決一些《釋名》研究的問題。由於自己能力的問題,論文最後呈現出的結果與最開始的預期還是有一些距離。參加工作之後,學院鼓勵申報國家項目,我在博士論文的基礎上,嘗試利用出土文獻研究漢語同源詞。在工作的第二年項目獲得立項,真正開始了這一課題的繫統研究。

　　整個課題的開展,過程不是很順利,但結果還算説得過去。申報之初的計劃是利用出土文獻通過還原文字孳乳來確定詞彙派生,進而系聯同源詞。但隨着研究的開展,發現這種做法非常不容易操作,效果也并不好。後來就調整成現在的樣子,只研究同聲符同源詞,只關注出土材料本義與《説文》本義不同的聲符。課題結項前,得到了評審專家的指導,有很多肯定與鼓勵,也尖鋭地指出了一些問題。根據專家的意見,對課題進行了比較多的修改與調整,最終在 2016 年結項,等級是優秀。

　　雖然結項被鑒定爲優秀,但我深知書稿裏還是有些問題沒有處理好,沒有馬上出版的打算。2018 到 2019 年,陸續地進行了較大的修改,對部分同源詞的繫聯進行調整,重新論證了一些問題。2020 年,距離結項已經 4 年多,這期間的古文字研究、同源詞研究都有了很多新成果,於是,又吸收這些新成果對書稿進行了補充和完善。與此同時,爲漢語言文字學、語言學及應用語言學專業的碩士開設《文字學研究》課程,研讀《段注》,在與學生的交流中也得到了不少啟發。到 2021 年初最終修改基本結束。

在一次次修改打磨、完善書稿的過程中,會因爲一點點小的發現而欣喜,但更多的還是要解決各種問題。對於同源詞研究,不管是同一個詞群的繫聯,還是詞源意義的相通,能夠找到堅實的證據是最理想的,書稿也一直向這方面在努力。但目前來看,還是存在一些證據不是十分完備的詞條,這一部分如果將來能找到更好的材料,會加以補充,如果没有的話只能放棄。

這部小書能夠出版,要感謝的太多。感謝孟蓬生老師賜序,感謝孟老師一直以來的鼓勵與支持。感謝秦淑華編審的熱情幫助與誠懇建議。感謝張芃編輯的精心編校,專業、認真、負責,提出了特别好的修改建議,使本書避免了很多錯誤。

讀研、讀博、工作直到現在,蘇寶榮老師、趙平安老師、鄭振峰老師給了我非常多專業上的引領,以及莫大的關懷、無限的包容與無私的幫助。同時,我也得到了很多前輩學者的關愛與提攜,從學院領導、同事和學界同行那裏收穫了無數的善意與啟迪。這些一直是激勵我繼續前行的動力。

希望這部小書對漢語同源詞研究能有些許的推動,也非常真誠地希望得到大家的批評指正。

李冬鴿

2024 年 4 月 3 日